KNAUR

BÄRBEL SCHRÖDER

Mutterzeit

Vom Glück, meine Mutter
in ihren letzten Jahren zu begleiten

KNAUR

Besuchen Sie uns im Internet:
www.knaur.de

Aus Verantwortung für die Umwelt hat sich die Verlagsgruppe Droemer Knaur zu einer nachhaltigen Buchproduktion verpflichtet. Der bewusste Umgang mit unseren Ressourcen, der Schutz unseres Klimas und der Natur gehören zu unseren obersten Unternehmenszielen. Gemeinsam mit unseren Partnern und Lieferanten setzen wir uns für eine klimaneutrale Buchproduktion ein, die den Erwerb von Klimazertifikaten zur Kompensation des CO_2-Ausstoßes einschließt. Weitere Informationen finden Sie unter: www.klimaneutralerverlag.de

FSC www.fsc.org
MIX
Papier aus verantwortungsvollen Quellen
FSC® C083411

Originalausgabe April 2020

Ein Imprint der Verlagsgruppe
Droemer Knaur GmbH & Co. KG, München

Redaktion: Jan Strümpel
Covergestaltung: Kathrin Keienburg-Rees
Coverabbildung: Shutterstock / Everett – Art
Satz: Adobe InDesign im Verlag
Druck und Bindung: CPI books GmbH, Leck
ISBN 978-3-426-21470-1

2 4 5 3 1

Esperanza
span. Hoffnung
(aus Mutters Zettelkasten)

Inhalt

Hin und her

In diesen Tagen hätte ich angefangen, Mutters Zimmer zu dekorieren. Ich hätte Glocken und Tannenbäumchen aus Filz und glänzende Sterne an ihr Fenster geklebt, frische Tanne in die dickwandige grüne Vase gestellt und die Lichterkette mit den winzigen Birnchen um die Zweige gewickelt. So hätte ich es wieder gemacht. Wie jedes Jahr kurz vor dem ersten Advent, seit Vaters Tod. Wir hätten zusammen Weihnachtslieder gesungen, »Stille Nacht«, »Es ist für uns eine Zeit angekommen«, zweistimmig, und »Leise rieselt der Schnee«, Mutters Lieblingslied, das sie manchmal mehrmals hintereinander sang, auch noch, wenn der Winter längst vorbei war. Mit ihrer schönen Altstimme klang es ein bisschen nach Zarah Leander, wie »Der Wind hat mir ein Lied erzählt«, auch eines von Mutters Lieblingsliedern.

Im Singen sehnte sich Mutter weg, so schien es mir. Wohin, blieb mir verborgen, vielleicht dorthin, wo sie hergekommen war und seit über vierzig Jahren nicht zurückkonnte, von ein paar Besuchen mit Einreisegenehmigung zu besonderen Familienanlässen abgesehen. Zwischen ihrer Familie und unserer verlief seit meiner Kindheit eine Grenze, *die* Grenze. Auch deshalb waren Feste wie Weihnachten bei uns nur vordergründig fröhlich. Ein Teil der Verwandten fehlte, telefonieren war nicht möglich, unterm Baum lag ein einsames Päckchen »von drüben« mit bescheidenen Gaben, eingewickelt in raues, trotz der weihnachtlichen Motive farblos wirkendes Papier. Dennoch wurden die Dinge wertgeschätzt und lebten weiter bei uns, fast alle sind bei irgendwem untergekommen. Der Kasper mit den schlackernden Beinen gelangte nach einem Zwischenhalt bei den Enkeln, den er trotz seines Tonkopfes mit nur leichten Blessuren überstand, zurück in meinen Besitz.

Auch Ostern war nur ein halbsonniges Fest. Dann fuhren wir in den Harz, stiegen an verschiedenen Stellen aus dem Auto und schauten vorbei an grauen Wachtürmen und Schildern – »Deutschland dreigeteilt? Niemals!«, »Achtung, Demarkationslinie!« – über den Todesstreifen hinweg in den Osten, streng genommen in den Wald. Nur das Gebell der Hunde war zu hören. Ich erinnere mich nicht, dass Mutter etwas dazu sagte. Und ich bin mir nicht einmal sicher, ob es ihre Idee gewesen war oder die meines Vaters, genützt hat es ja nicht viel, ihren Eltern und Geschwistern ist Mutter dadurch kein Stück näher gekommen. Dachte ich. Tief in mir aber keimte vielleicht da schon eine Art Bestimmung meines eigenen Lebens, Mutter von ihrer Traurigkeit zu befreien, ihr beizustehen und sie über den Verlust ihrer Familie hinwegzutrösten, meine schöne stille Mutter. Auch wenn ich das lange, sehr lange Zeit nicht so gesehen habe. Vater ist es nicht gelungen, sie aufzuheitern, auch wenn es immer mal kurz den Anschein hatte, als ließe sie sich von seiner rheinischen Art ein wenig mitreißen. Deswegen war ich nicht verwundert, als er mir an einem feuchten Frühherbsttag ins Ohr hauchte: Kümmer dich um die Mamm!

Es hatte mich überrascht, dass er überhaupt sprechen konnte, so steinern und bleich wie er dalag auf der Intensivstation. Und ich weiß noch sehr genau, wie ich neben den Infusionsschläuchen in seiner Hand über einen Rest freier Haut strich und mit stillem Einverständnis nickte.

Für mich war der Tod bis zu diesem Moment kein Thema. Ich dachte, dass Vater mal wieder einen schweren Asthmaanfall erlitten hatte, von dem er sich erholen würde, was er für kurze Zeit ja auch tat. Aber Vater hatte weiter gedacht und ebenso leise, aber verständlich hinzugefügt: Die Mamm is ’n ärm Dier!

Ich fragte mich damals nicht, warum er das sagte. Dass ich mich um Mutter kümmern sollte, fand ich überflüssig zu erwähnen. Es schien mir selbstverständlich, diese Aufgabe zu übernehmen, zumal ich als einzige von uns drei Geschwistern in der Nähe wohnte. Ich fragte mich auch nicht, warum er gesagt hatte, Mutter sei ein ärm Dier, ein armes Tier, also nicht jemand, der mal in schlechter Lage ist, sondern dessen Lage schlecht ist, ganz allgemein.

Lange Zeit behielt ich seine Worte unter Verschluss. Auch als ich allmählich zu ahnen begann, was er gemeint haben könnte, erzählte ich niemandem davon, so fremd und ungeheuerlich kam mir vor, wie er Mutter bezeichnete. Bis dahin hatte ich ihn so nur über Menschen sprechen hören, die keinen haben, wie er sagte, die ganz auf sich allein gestellt sind, wie Emmi, die Kriegerwitwe mit dem stark verkürzten Bein, der wir als Kinder verlegen zuschauten, wie sie die Holzstiege rauf- und runterhumpelte. Sie war Vaters Ansicht nach ein ärm Dier. Auch die geistig behinderte Tochter eines befreundeten Kunden meines Vaters, die dem Kindesalter entwuchs und um deren Schicksal er sich immer wieder Gedanken machte. Was wird, fragte er, wenn die Eltern mal nicht mehr sind?

Beide Menschen interessierten mich wenig, und vor allem fand ich, dass sie nichts, aber auch gar nichts mit unserer Mutter verband. Unsere Mutter war nicht behindert, sie war eine attraktive Frau, »Glaube und Schönheit« hatten die Freunde sie genannt, damals, als Vater und sie heirateten. Und sie sah immer noch gut aus, hatte eine tolle Figur, kaum ein graues Haar, jeder schätzte sie jünger. Sicher fehlte es ihr an Selbstständigkeit, wie sie heute üblich ist, sie war eine Frau ihrer Zeit. Wie viele, vielleicht die meisten Mütter ihrer Generation hatte sie ihren Beruf für die Kinder aufgegeben, war Hausfrau geworden und fällte keine wichtige Entscheidung allein, sagte, wie alle anderen auch, da frage ich erst mal meinen Mann. Es würde für Mutter also sicher schrecklich sein, ihren Mann zu verlieren, das dachte ich damals schon, aber sie war dreiundsiebzig Jahre alt, ein bisschen gezeichnet von den Jahren, in denen es Vater immer schlechter ging und sie kaum noch schlafen konnte, aber das würde vergehen. In dem Alter kann man vieles lernen, da starten andere noch mal durch. So dachte ich.

Im Rückblick war es vielleicht sogar gut, dass ich mir lange Zeit keine Gedanken um mein Versprechen machte. Ich hätte das Gewicht meiner stummen Antwort auf Vaters Bitte nicht einzuschätzen gewusst. Ich konnte damals nicht wissen, nicht einmal ahnen, dass diese Aufgabe zwanzig Jahre dauern und mein eigenes Leben immer mehr bestimmen sollte, dass ich an ihrem Ende selber alt sein und an manche Grenzen gestoßen sein würde, nicht zuletzt meine eigenen. Noch weniger hätte ich mir vorstellen können, wie nah Mutter und ich uns durch die Erfüllung meines Versprechens kommen sollten, ja, so nah, wie es zwischen Mutter und Tochter nur geht, am Ende in wunschloser Nähe, einem so leichten wie innigen Gefühl.

*

Nach Vaters Tod veränderte Mutter ihr Leben kaum, jedenfalls wirkte es von außen so. Sie schlief morgens etwas länger, weil sie nicht mehr durch Vaters Asthmaanfälle geweckt wurde. Auch ihre Körperpflege konnte sie nun in Ruhe verrichten. Nach der Hafersuppe zum Frühstück ging sie wie gewohnt schnurstracks ins Dorf. Dorf sagten nur die Alten, die, die früher noch zu Fuß hinunter in die Stadt laufen mussten, weil es keinen Bus gab und man abgeschnitten lebte wie auf dem Dorf. Als wir mit der Familie hier auf den Berg gezogen waren, hatte sich das Viertel gerade zu einer bevorzugten Bonner Wohnlage entwickelt.

Mutter hatte den Sprachgebrauch von der Schmitz übernommen, einer älteren Frau aus der Nachbarschaft, die schon seit Jahrzehnten hier wohnte. Zu uns sagte Mutter, dass sie zu

Kaiser's ginge oder zu Edeka. Aber seit Vaters Tod lief sie an den Läden vorbei zuerst zum neuen Friedhof am Hang, zündete ihm eine Kerze an und erledigte ihre Einkäufe auf dem Rückweg. Kartoffeln, Zwiebeln, Tomaten, ein bisschen Suppengemüse und ausreichend Obst hatte sie neben Brot, Käse und Milch immer im Haus. Sie kochte eine Suppe für zwei Tage, fischte abends die Kartoffeln aus dem Sud, um sich mit Zwiebeln und Öl einen kleinen Salat aus ihnen zu machen. Später beim Fernsehen gab es noch ein Käsebrot, ein Glas Rotwein dazu, mit einer Flasche kam sie die ganze Woche aus. Mutter war mehr als genügsam.

Ich hatte gedacht, dass sie die neue Freiheit nutzen und hinunter in die Stadt fahren würde, um ein bisschen durch die Kaufhäuser zu schlendern, so wie sie es als junge Frau gern gemacht hatte, aber Mutter blieb zu Hause, als müsste sie weiter auf Vater achtgeben. Einladungen von Nachbarinnen folgte sie eine Zeit lang mit zwiespältigem Gefühl, dann schlug sie sie aus. Ich erwarte Besuch von meiner Tochter, von meinem Sohn, meinem Enkel, entschuldigte sie sich. Zu uns sagte sie, damit fange ich gar nicht erst an. Sie wollte sich nicht revanchieren müssen, wollte keine Fremden im Haus, da blieb sie lieber allein. Einzige Ausnahme war die alte Schmitz, die vorbeischaute, wenn sie wieder Neuigkeiten aus dem Dorf zu erzählen hatte.

Fahr doch zur Kur, rieten wir Kinder, oder mach mal Urlaub. Wegen Vaters Krankheit waren die Eltern seit fast zehn Jahren nicht mehr verreist. Aber Mutter war zu nichts zu bewegen. Es blieb bei einem einzigen Besuch bei meiner Schwester Ute in Berlin. Während des Flugs hielt Mutter nicht meine Hand, sie krallte sich an ihr fest. So anhaltend groß war ihre Angst, dass sie bei meinem zweiten Versuch, sie zu einem Tochterbesuch zu überrumpeln, ihr Ticket verfallen ließ. Auch eine Zugfahrt in ihre Heimat schlug sie aus. Lasst mich doch, sagte sie, ich komme schon zurecht.

Die Dinge, mit denen Mutter nicht zurechtkam, übernahm ich, Vaters Part. Ich kümmerte mich um größere Anschaffungen, Reparaturen, regelte das Behördliche und Finanzielle (Mutter wusste nur mit Barem etwas anzufangen, Schecks, Überweisungen waren ihr fremd, ein Vertrag, die Steuererklärung Blätter mit sieben Siegeln). Täglich rief ich sie an, fragte, ob alles in Ordnung sei, samstags besuchte ich sie weiter wie gewohnt. Aber jetzt hatte sie mich für sich ganz allein. Und für mich war es, als lernten wir uns neu kennen, so sehr hatte Vater die Jahre vor seinem Tod dominiert. Wir tranken Kaffee und aßen mitgebrachte Hefeteilchen, Mutters Lieblingsgebäck. Bei uns zu Hause, sagte sie, wurde alles mit Hefe gemacht. Danach gingen wir zum Friedhof und an den Pferdekoppeln vorbei im großen Bogen zurück, bei schönem Wetter noch ein Stück weiter, durch den Wald. Mutter lief schnell. Der Wald war ihr nicht vertraut. Kennst du dich aus?, fragte sie jedes Mal, und wenn wir am Altenheim vorbeikamen, da, wo die Straße endete, sagte sie: Hier ziehe ich später mal ein. Ganz nüchtern kam ihr das über die Lippen, ohne jede Spur von Melancholie. Und wenn wir von Vater sprachen, sagte sie im selben Ton: Ich kann gar nicht weinen.

Dafür las sie wieder, am Nachmittag, wenn sie alles erledigt hatte. Auf dem Wohnzimmertisch wuchs ein Stapel mit Ausschnitten aus der Tageszeitung, die sie mir zeigen wollte. Wenn mein Bruder zu Besuch kam, brachte er Zeitschriften mit, für die sie niemals selbst Geld ausgegeben hätte. Ich blättere nur mal durch, sagte sie, weil sie mit den Themen des Boulevards nicht viel anfangen konnte. Ihre Heldinnen waren keine Filmsternchen, sondern Frauen wie Loki Schmidt, Rut Brandt, Katharina von Bora, die Frau Martin Luthers – Frauen also, die selbst viel mitgemacht haben, wie Mutter sagte. Nicht zu vergessen Margret Wittmer, die Schwester von Vaters Chefin. Sie war 1932 mit ihrem Mann nach Floreana ausgewandert, um die kleine Galapagosinsel urbar zu machen; ihren Erfahrungsbericht »Postlagernd Floreana« hatten wir in unserer Familie alle gelesen.

Mutter dichtete auch wieder. In allen Zimmern lagen kleine Zettel mit gereimten Versen, die ihr in den Sinn gekommen waren. Meist hatten Geburtstage oder Jubiläen sie dazu animiert. Als Jugendliche waren wir nicht eben begeistert, wenn sie loslegte: Heut zu deinem Ehrenfeste … Nein, nicht schon wieder!, fuhren wir ihr manchmal in die Parade, was sie sicher gekränkt haben muss. Andere waren mehr angetan von ihren Reimen, gaben bei ihr sogar Gedichte in Auftrag. Die alte Schmitz etwa, Leute ihrer Generation, die es mochten, wenn Mutter auf leichte Art reimte, wie früher alle zusammengehalten hatten, nach dem Krieg, als keiner was hatte und es dann besser wurde, immer besser, und sie dann alle was hatten, aber der Zusammenhalt wieder verschwand. Viele Seiten füllte so ein Gedicht von Mutter.

Einmal hatte sie eins in einem Saal verlesen, vor zweihundert Menschen beim Geschäftsjubiläum eines Kunden von Vater. Ohne Mikrofon hatte sie sich durchgesetzt mit ihrer schönen klaren Stimme, Mutter im blauen Kostüm mit weißer Bluse, es gibt ein Foto davon. Das war ihr größter Erfolg, wie sie sagte, und so war es wohl auch. Ihr Gedicht zu Vaters Sechzigstem war dagegen nicht so gut angekommen, wo sie im kleinen Kreis von den alten Zeiten sprach, aber auf einmal auch davon, wie allein, wie schrecklich allein sie sich fühlte, als Vater so oft weg war, um Geld zu verdienen, und die Kinder schon alle aus dem Haus. Ich sehe noch vor mir, wie Vater schluckte und über die Serviette strich und auch bei uns anderen die Stimmung anfing zu kippen, aber Mutter dann doch noch die Kurve kriegte und mit heiteren Versen schloss.

Jetzt sammelte sie also wieder Reime, ein großes Fest stand an zum Fünfzigsten von Karin, der ersten Frau meines Bruders. Schon lange war sie nicht mehr ihre Schwiegertochter, aber als Mutter ihrer Enkel Nico und Sonja gehörte sie weiter zur Familie. Mutter schien nicht unzufrieden mit ihrem neuen Leben, was ich kaum glauben konnte. Viel zu kümmern gab es für mich nicht.

*

Vier Jahre nach Vaters Tod beendete Mutter ihre täglichen Besuche an Vaters Grab. Es ist genug, sagte sie, mehr nicht. Von da an sahen wir dort nur noch gemeinsam nach dem Rechten, entfernten Vogelkot vom Findling, einem sofakissengroßen Rheinkiesel, den meine Schwester und ich aus der Bonner Grube geholt hatten, weil Vater doch am Rhein aufgewachsen war und etwas aus dem Rhein an ihn erinnern sollte. Drei D-Mark hatte der Arbeiter verlangt, der uns den schweren Stein mit seinem Gabelstapler in mein Auto hob. Vater wäre stolz auf seine Töchter gewesen. Mutter war es auch, schon des Geldes wegen. Im Fachhandel hätten wir locker das Hundertfache bezahlt.

Sie empfand wohl auch so etwas wie Stolz, als mein Buch erschien, »Abschied von meinem Vater«. Das Manuskript hatte sie nicht lesen wollen. Ich warte, bis es fertig ist, sagte sie. Und dann musste ich warten, bis sie es gelesen hatte, was eine Weile dauerte. Ich wurde unruhig, weil sie keinerlei Zwischenbemerkung machte, nicht ein einziges Wort, und ich begann zu fürchten, dass mein Text zu viel aufwühlte und sie traurig machen könnte, vielleicht auch, weil sie kaum vorkam darin und wenn, dann eher als Spaßbremse im Vergleich zu Vaters verschmitzter Art. Aber dann saß sie eines Samstags in ihrem Sessel, in dem sie immer saß, wenn ich sie besuchte, griff zu meinem Buch, das auf dem Tisch neben ihr lag, drückte es mit beiden Händen an ihre Brust und sagte: So war es! Und dass es jetzt auch ihr Buch wäre.

Und das wurde es auch. Die ersten Exemplare schickte sie nach Erfurt zu ihren Schwestern, über die Grenze sozusagen, die für Mutter weiter existierte, obwohl die Mauer längst gefallen war, denn durch Vaters Krankheit kam die Wiedervereinigung für meine Eltern zu spät. Nach und nach erzählte Mutter auch Nachbarn und anderen Leuten von unserem Buch, wenn sie ihr auf ihren Wegen durchs Dorf begegneten. Sie ließ sich Zeit dabei, wartete auf passende Gelegenheiten, weil sie nicht aufdringlich wirken wollte. Auf einen Artikel in der Bonner Zeitung hin erhielt sie plötzlich Anrufe von Leuten, die sich lange nicht gemeldet hatten. Es schien Bewegung zu kommen in ihre Welt.

Mir geht's doch gut, sagte Mutter und fand wieder Vergnügen an kleinen Ausflügen so wie früher mit Vater. Sie legte Rouge auf und Vaters goldene Kette um, die Lippen schminkte sie ganz dezent. Und wenn wir nicht zum Chinesen essen gingen und anschließend am Rhein entlang, flanierten wir durch den Kurpark in Godesberg oder schlenderten durch Münstereifel, alles Orte, wo sie mit Vater öfter war. Manchmal fuhren wir einfach in der Gegend herum. Mein Samstag gehörte ihr.

*

Ein paar Jahre ging das so, bis Mutter beim Abschied immer trauriger wurde und mir an den Fingern die Tage aufzählte, die sie nun wieder auf mich warten würde. Am Telefon weinte sie öfter und sagte: Ach, wenn du hier so allein bist. Sie tat mir leid, und ohne viel zu überlegen, kam irgendwann der Mittwoch als Besuchstag dazu, dann holte ich sie schon vormittags ab, und wir fuhren in die Stadt hinunter, bummelten durch die Geschäfte. Sie bekam wieder Lust, schöne Kleidung zu kaufen, auch wenn sie kaum Gelegenheit hatte, sie zu tragen, denn außer mit mir ging sie ja nicht aus. In der Nordsee aßen wir zusammen zu Mittag. Mutter hatte ein ausgeprägtes Nachholbedürfnis an Fisch. Trinken wollte sie meistens nichts. Das Mineralwasser sei ihr zu kalt, sagte sie. Aber wenn ich den Rest in meinem Glas mit den Händen erwärmte, trank sie es gerne aus, bedankte sich und fügte stets hinzu: Du denkst immer so an mich.

Für den Kaffee suchten wir uns einen anderen Platz. Danach fuhr ich Mutter zurück, nicht immer auf dem kürzesten Weg, am Schloss und Botanischen Garten vorbei durch Poppelsdorf, Mutter durfte wählen. Manchmal wollte sie über den Venusberg, um noch bei Kaiser's reinzuschauen – die Filiale war größer als Mutters im Dorf – oder entlang der Argelanderstraße durch die Südstadt, wo wir die Reuterstraße querten. Die war einmal eine schmale Straße mit großen Vorgärten gewesen, als Mutter und Vater dort ihre erste eigene Bleibe bezogen, eine kleine Mansarde gegenüber der Lutherkirche. Die Hauswirtin, die alte Mencke, hatte Mutter im Treppenhaus angeraunzt: »Hier können Sie den Kinderwagen nicht stehen lassen!« Mutter musste das schwere Korbgestell die Treppe hochschleppen und mit ihm den Jürgen, ihr erstes Kind. So waren die Zeiten damals, sagte sie. Aber sie hätte sich ja auch wehren können, dachte ich später, doch so war Mutter nicht und früher schon gar nicht. Als Frau »von drüben« wollte sie sicher höflich und freundlich sein und keinen schlechten Eindruck machen, auch wenn ihr die Schlepperei mächtig gestunken haben musste, sonst hätte sie nicht so oft davon erzählt.

Wird es dir nicht zu spät?, fragte sie mich unverändert höflich und freundlich, und manchmal fuhren wir dann auch rasch zurück. Aber wenn Zeit blieb, machten wir noch einen Schlenker, bogen am Spielplatz in die Blücherstraße und warfen bei dem großen Eckhaus einen Blick hinauf zu der Wohnung mit dem geräumigen Erker im zweiten Stock, in der, bevor unsere Familie einzog und wir drei Kinder dort aufwuchsen, eine Tanzschule ihr Quartier aufgeschlagen hatte. Der Balkon war abgerissen, aber die Fassade jetzt schöner denn je. Auch die mächtige Trauerweide vor dem Hutgeschäft stand nicht mehr. Ihre Zweige hingen so tief herunter, dass wir sie als Kinder fassen konnten und hin- und herschwangen, bis die Hutmacherin herauskam, dann war der Spaß vorbei. Den Laden gab es nicht mehr, auch die anderen nicht, Feinkost Falkenkötter, den Friseur Emons, der Mutters Zopf abschnitt und den verbliebenen Rest zu einem Helm toupierte, oder Hundesrügge, wo wir die Milch lose in der Kanne holten, die Zigarren- und Schreibwarenhandlung, in der die Schulhefte nach Rauch stanken, den Drogisten mit den orangenen Anisbonbons und daneben das erste Geschäft in der Gegend, in dem man sich selbst bedienen durfte, Kaffee und Dosen im Fenster und Apfelsinen, die in die Päckchen nach drüben kamen.

Ich weiß nicht, was Mutter bei unseren kleinen Fahrten durch den Kopf ging. Gesagt hat sie wenig, vielleicht dachte sie eher daran, dass sie gleich wieder allein sein würde. Meist war ich es, die fragte: Weißt du noch? Dann lächelte sie, nickte versonnen, und ich dachte, Erinnerungen bleiben wach, das zumindest, Zeit vergeht, und bis zu meinem nächsten Besuch sind es nur drei Tage.

*

Zu gerne wäre ich mit Mutter nach Erfurt gefahren und hätte mir dort die Orte ihrer Kindheit zeigen lassen, aber davor schreckte sie nach wie vor zurück. Doch als ich ihr von der Idee erzählte, dort meinen Fünfzigsten zu begehen, zusammen mit Gerd, meinem Mann, war ihr die Freude anzusehen. Mit für mich unbekanntem Eifer stieg sie in die Reiseplanung ein, diktierte mir eine Liste von Orten, die ich besuchen sollte. Beinahe täglich fiel ihr etwas Neues ein. Ich sollte schauen, ob das Haus in der Weidengasse noch stand und das in der Andreasstraße neben dem Blumengeschäft und das große Haus auf dem Ringelberg, an das ich mich selber noch erinnern konnte. Bis zuletzt hatte ihre Mutter mit Inge, Mutters jüngster Schwester, dort gewohnt, wo es diesen langen dunklen Flur gab und einen riesigen Garten, in dem wir mit den Cousinen gespielt hatten vor langer, langer Zeit.

Bis auf das Haus in der Weidengasse, die ganz neu bebaut

und wo der Bauernhof jetzt eine staatliche Berufsschule war, haben wir alles gefunden und fotografiert. Übernachtet haben Gerd und ich im Augustinerkloster gleich nebenan, wo Mutter zum Gottesdienst gegangen war mit langem schwarzem Zopf und weißen, fein geklöppelten Handschuhen. Mehrmals sind wir die Gasse hinunter zur Gera gegangen und am Ufer entlang bis zur Krämerbrücke, was Mutter früher unheimlich fand, weil da die Betrunkenen langtorkelten, wie sie sagte, und die leichten Mädchen hausten. Aber nun war alles schick angelegt mit Blumen und Bänken, und die Studenten saßen auf der Wiese und viele Touristen in den Restaurants und Cafés. Wir sind auch zur Gutenbergschule gegangen, wo die Lehrer streng waren, wie Mutter sagte, und die damals noch eine Volksschule war und kein Gymnasium und an Amoklauf nicht zu denken. Thüringer Bratwurst sollten wir essen, so stand es auf Mutters Liste. Das haben wir im Steigerwald in Schloss Hubertus abgehakt, wo sie so oft mit der Klasse gewesen war und das schon damals kein Schloss mehr war, sondern ein Landgasthaus mit einer riesigen Wiese dahinter, wo sie als Kinder ihr Pausenbrot verzehrten.

Jeden Tag habe ich Mutter angerufen, auch oben von der Cyriaksburg, und ihr beschrieben, wo wir gerade sind und wie schön alles geworden ist und nicht mehr so stinkend und grau wie bei den Besuchen in meiner Kindheit, als die einzige Farbe das Rot der Parteibanner war, die meterlang an den Fassaden hingen. Und als ich Mutter später die Fotos zeigte, auch die im Internet, und noch einmal alles erzählte, ganz genau mit jedem Detail, da war es für sie, so sagte sie jedenfalls, als wäre sie dabei gewesen und hätte alles selbst erlebt.

Als ich ihr zur Krönung vorschlug, gemeinsam mit uns dorthin zu ziehen und die letzten Jahre in der alten Heimat zu verbringen – weil es mir wirklich gut gefallen hatte und Gerd sich das auch vorstellen konnte –, hat sie nicht eine Sekunde gezögert und abgelehnt. Zumindest ein einziges Mal mit nach Erfurt fahren, so wie ich es mir für sie gewünscht und mit meinen Reiseberichten zu erreichen gehofft hatte, wollte sie auch nicht. Vielleicht, wahrscheinlich hat sie die vielen Fotos ja anders gesehen als ich, und so war ihr sicher vieles von dem, was ich ihr gezeigt und erzählt habe, eher fremd als vertraut vorgekommen. Gesagt hat sie es nicht so, schon um mir nicht die Freude zu verderben, ich hatte mir doch so viel Mühe gemacht.

*

Die Idee, mit Mutter zusammenzuziehen, hatte sich seit dieser Reise bei mir eingenistet und wuchs langsam heran. Die Fahrten zwischen Köln und Bonn wurden mir allmählich zu viel, zudem telefonierten wir täglich, und dann weinte sie immer öfter und beklagte sich, wie allein sie sei. Lass uns ein Haus suchen und mit Mutter zusammenziehen! Dann würde vieles einfacher, dachte ich. Gerd stimmte zu.

Am Telefon wollten wir unseren Vorschlag nicht mitteilen, wir warteten bis zum nächsten Samstag, nach dem Essen beim Kaffee, dann hätten wir genügend Zeit und Ruh. Es war der Tag vor dem ersten Advent, zehn Jahre nach Vaters Tod.

Wir haben die Lösung, verkündete ich Mutter, würdest du mit uns zusammenziehen? Mit euch würde ich sofort zusammenziehen, sagte sie. Ich habe nur eine einzige Bedingung, ein eigenes Bad. Hier in der Gegend ist es zu teuer, würdest du mit uns auch woanders hinziehen? An der Gegend hänge ich nicht.

Super, dachte ich, alles wird gut.

Am nächsten Tag Mutter am Telefon: Ich habe noch einmal darüber nachgedacht. Ich konnte gar nicht einschlafen und habe mir überlegt, dann verliere ich ja alles. Was meinst du mit alles? Ja alles, zum Beispiel meinen Ohrenarzt. Aber wieso? Da kannst du doch weiter hingehen (sie geht einmal im Jahr zum Ohrenarzt). Ja, aber dann kann ich nicht mehr so einfach vorbeigehen. Und die nette Frau mit dem Hörgerät! (Sie meint ihre Hörakustikerin, zu der sie zweimal im Jahr zur Wartung ihres

Hörgerätes geht, allerdings nur, wenn ich sie dorthin fahre, denn der Laden liegt in einem anderen Teil der Stadt.) Aber da fahren wir doch auch weiter hin, sage ich. Ja, ich habe nur so gedacht. Und dann … ist das auch nicht so eine Ausländersiedlung? Wo, was ist eine Ausländersiedlung? Ja, das Haus. Aber wir haben doch noch gar keins. Ich habe nur gesagt, dass wir ein Haus suchen, in das wir zusammen einziehen. Wir müssen erst mal eins finden, und dann schauen wir uns alles an. Ja, das muss man sich erst mal anschauen. Bei den Vermietern sind jetzt auch Ausländer ins Nachbarhaus gezogen. Und, leben sie noch? Ach red doch nicht so einen Blödsinn, ich meine ja nur, die kommen jetzt überall hin.

In der Nacht darauf liege ich wach, umringt von grässlichen Nachbarn, kläffenden Bestien und Horden gewaltbereiter Jugendlicher, die mit Luftgewehren auf uns schießen. Außerdem geht mir Mutters Satz nicht aus dem Kopf: Dann verliere ich alles! Den ganzen Tag bin ich irgendwie verstimmt und denke, wie ungerecht. Die meisten meiner Freunde würden ihre Eltern, ohne zu zögern, ins Heim stecken oder haben es bereits getan, und meine Mutter bekommt von uns das Jahrhundertangebot und sagt: Dann verliere ich alles!

Sie hat Angst, ihre Unabhängigkeit zu verlieren, einfach tun und lassen zu können, was und wie sie es will. Die gewohnten Wege, die vertrauten Gesichter beim Einkaufen. Aber da, wo sie jetzt wohnt, werden wir kein Haus finden, das können wir uns nicht leisten. Es wird nicht einfach, eher schwerer, als ich dachte. Gerd beruhigt mich, es braucht eben Zeit. An den Gedanken, unter ein Dach zu ziehen, müssen wir uns alle erst gewöhnen. Vielleicht müssen Ausflüchte auch erst einmal ausgelebt werden, dann wird man sehen.

Eine Woche später nehme ich den Faden wieder auf. Wir gehen zusammen essen, und ich spüre, dass ich mit ihr weiterreden will, weil mich ihre Worte irritiert haben, dass sie alles verlieren würde. So habe ich das auch nicht gemeint, sagt sie, es sind die Wege zum Lottogeschäft, zur Bäckerei, zur Sparkasse, zu Kaiser's (genau diese vier!), aber woanders hätte man das ja vielleicht auch. Das verstehe ich, sage ich. Aber ich sage auch, dass es besser sei, Veränderungen zu wagen, solange man es noch kann.

Auf dem Rückweg beschließen wir, im nächsten Jahr ein richtiges Weihnachtsfest zu feiern (vielleicht schon im gemeinsamen Haus, denke ich), mit allen Kindern und Enkeln und einem Weihnachtsbaum, den wir seit Vaters Tod nicht mehr aufgestellt haben. Wir freuen uns über unsere Pläne (aus denen dann doch nichts wurde).

Kuck mal in die Zeitung, sagt Mutter zum Abschied, vielleicht steht ja ein Haus drin, und dann machen wir uns einen schönen Lebensabend! Na, das klingt doch schon wieder ganz anders.

Am Sonntag mache ich mich mit Gerd auf, und wir laufen am Rhein entlang von Urfeld über Widdig und Üdorf bis nach Hersel auf der Suche nach einem passenden Haus. Hersel gefällt uns gut und eine Reihe von Häuschen auch, leider sind alle bewohnt bis auf eines. Die Leute grüßen auf der Straße, das habe ich zuletzt im Urlaub erlebt oder bei Freunden auf dem Land. Auf der Rückfahrt wünsche ich mir, schon bald in eines dieser Dörfchen zu ziehen, am liebsten nach Hersel in die Nähe des kleinen natürlichen Hafens. Am Abend erzähle ich Mutter am Telefon davon.

Ich träume von »unserem Haus«, sehe uns zusammen in der Küche werkeln, Mutter backt einen Pflaumenkuchen, wie früher, ihr Paradestück, dann sitzen wir im Garten. Manchmal sehe ich sie aber auch verschreckt in »ihr Zimmer« huschen, weil ich sie angebrüllt habe wegen irgendetwas oder weil ich etwas schnell selbst gemacht habe, weil es mir mit ihr zu lange gedauert hat oder weil sie wieder das Hörgerät nicht im Ohr hat. Vielleicht sollten wir Zeiten vereinbaren, in denen sie es unbedingt tragen muss, jeden Tag, vielleicht zum Tee am Nachmittag, sonst wird es schwierig mit der Verständigung.

Angst kommt auf, dass wir doch keine Gelegenheit finden werden, uns von früher zu erzählen, weil der Alltag zu schwierig wird und uns aufreibt, dann wieder freue ich mich auf die neue Zeit. Es ist ja nicht für die Ewigkeit. Aber zehn Jahre können es schon werden. Seltsames Gefühl, mit dem Lebensalter zu rechnen, ich bin fünfzig, und da denkt man nach hinten hin noch offen.

Mutter scheint es eher zu gefallen, dass wir kein passendes Haus finden, dass alle Bemühungen im Sande verlaufen. Vermutlich will sie, dass einfach alles weitergeht wie gewohnt, so groß ist die Einsamkeit noch nicht. Der Wunsch, im Vertrauten selbstständig zu bleiben, ist größer. Erst wenn sie nicht mehr laufen kann, wird sie für Veränderungen bereit sein. Ja, ich glaube, das ist ihre heimliche Deadline. Doch dann könnten wir auch nicht mehr viel für sie tun.

*

Ein paar Monate haben wir nicht mehr über Umzug gesprochen, Mutter wohnt weiter allein. Die Sonne scheint auf ihrer Seite, sie hat bei Super 6 gewonnen mit den letzten vier Zahlen: 2345. Mein Geburtsjahr ist 23, und 45 bin ich hierhergekommen, erklärt sie ihre Glückszahlen.

Sie wird immer fitter, seit ich sie zweimal die Woche besuche. Wie ein Wiesel flitzt sie durch die Stadt, probiert am liebsten Blusen oder Polohemden an, Rolltreppen sind auf einmal kein Thema mehr, wenn ich dabei bin. Sie würdigt Entwicklungen der Zeit. Ach, ohne Handy und Internet (Mutter spricht es Interneeed aus) ist man heute doch out, seufzte sie einmal vor sich hin.

Im Auto können wir uns besonders gut unterhalten. Auf einer Fahrt zum Chinesen erzählte ich ihr, dass ich einer Freundin die Freundschaft aufgekündigt habe in einem Brief. Mutter war sehr aufmerksam, wollte wissen, warum, und als ich bei der Einfahrt in die Tiefgarage noch nicht fertig war, sagte sie: Warte, als ich die Tür öffnen wollte, erzähl mal zu Ende, wir haben ja noch ein bisschen Zeit.

Nachdem ich ihr die Gründe erklärt hatte, sagte sie: Jetzt hast du dich schon zum dritten Mal in einer Freundin getäuscht. Nach einer kleinen Pause sprach sie weiter: Deswegen wollte ich auch nie eine nähere Beziehung, weil man dann nicht enttäuscht wird. (Mutter hatte wirklich nie eine Freundin, solange ich denken kann. Cobi aus Tilburg kam am ehesten in die Nähe von Freundschaft, Ende der Fünfziger lernten sich unsere Familien in Holland an der See kennen. Mit Cobi konnte ich alles bereden, erzählte mir Mutter mal, alles, was einen so angeht als Frau. Ich habe mich immer gefragt, wie diese Gespräche verliefen. Cobi sprach kaum Deutsch und Mutter kein Niederländisch. Nach ein paar Jahren, Cobis Mann war sehr früh gestorben, endete ihre Freundschaft, und Mutter ging nie wieder eine neue ein.)

Ich erwiderte, dass ich lieber das Risiko einginge und jemanden zum Reden habe. Ich habe ja dich, sagte sie. Aber was ist, wenn ich übermorgen von einem Auto erwischt werde? Na, ich bin ein Typ, der kämpft, der sich zwingt und sich sagt, das musst du jetzt schaffen! Außerdem habe ich immer ein bisschen Glück.

Abends am Telefon berichtet sie stolz, den Fernseher mittels Inges Ferndiagnose (Das liegt nicht am Gerät, das sind die Batterien in der Fernbedienung!) alleine repariert zu haben. Ich bin auch stolz und lobe sie.

*

»Ich hätte sie gerne noch vieles gefragt …« So etwas will ich nicht sagen müssen, wenn Mutter stirbt. Deswegen habe ich seit geraumer Zeit, ich glaube seit ihrem achtzigsten Geburtstag, angefangen, ihr alles zu sagen oder sie zu fragen, was immer ich von ihr wissen will. Und nach anfänglicher Skepsis spricht sie mit mir über Gefühle, über Situationen, die kränkend waren, aber die sie niemandem erzählt hat, die sie mit sich herumtrug, wie den Brief einer Verehrerin, den Vater nach einem Kuraufenthalt bekam und der auf Umwegen bei ihr gelandet war (aus meiner Sicht eine harmlose Sache, aber für Mutter ein schwerer Vertrauensbruch). Auch die Frage meines Vaters vor der Hochzeit, ob sie gesund sei, hat sie nie wirklich verdaut. Man war sich im Grunde fremd, sagte sie einmal über den Beginn ihrer Ehezeit.

Wir sprechen also klare Worte an manchen Tagen. Wo willst du mich beerdigen, wenn ich tot bin? Es scheint ihr egal zu sein, jedenfalls verspüre ich keine Erleichterung, als ich ihr sage: Neben Papa, was hast du denn gedacht? Es ist ein Urnengrab, und gleich nach Vaters Tod hat sie immer wieder gesagt, verbrannt zu werden wäre ihr ein schrecklicher Gedanke. Heute über zehn Jahre später spricht sie nicht mehr davon. Ich habe ihr auch gesagt, dass ich die Grabrede halten werde, den Pfarrer holen wir nicht dazu, der hat schon einmal Unpassendes gesagt. Wer will, kann weitere Reden halten. Der Gedanke gefällt ihr, auch weil es dann weniger kostet.

Wenn es die Grenze nicht gegeben hätte, wäre ich zurückgegangen, aber es ging ja nicht. Den Satz habe ich oft von Mutter gehört. Doch zum ersten Mal frage ich sie: Warum bist du überhaupt hierhergekommen, ganz allein, nur weil Vater dir schrieb, komm jetzt? Nur weil ihr mal Hand in Hand gegangen seid in Aachen, am Hangeweiher, du im Landjahr, Vater im Arbeitsdienst, nur wegen so einer kleinen Flirterei oder weil er dich während des Krieges einmal in Erfurt besucht hat. Nimm ihn nicht, diesen Rheinländer, hat doch deine Mutter gesagt.

Da gehst du in dein Schlafzimmer, öffnest eine Schublade der Frisierkommode und ziehst so ein zusammengeklapptes Stück graues Papier aus einer Brieftasche, einen Feldpostbrief, über sechzig Jahre alt, älter als ich, und du faltest ihn auseinander. Ich erkenne Vaters Schrift, fange an zu lesen: »Ich habe das Liebste zurückgelassen …«, und gleich schießen mir Tränen in die Augen, ich will aber nicht weinen, ich will nie weinen, wenn wir zusammen sind, dabei steigt mir oft das Wasser in die Augen, aber ich lasse es nicht zu, richtig zu weinen, wegen dir, wegen mir, ich habe viele Antworten, aber nie ist es die einzige und richtige.

Auf jeden Fall verstehe ich in dem Moment, was dich angezogen hat, was dir den Mut gegeben hat, einfach abzuhauen. Niemand wusste von deinen Plänen, du bist einfach nicht mehr zur Arbeit in den Kindergarten gegangen, nur deiner Mutter hast du es gesagt und sie heulend zurückgelassen, hast dich in den Zug gesetzt mit deinem kleinen Koffer (da müssen die Fotos drin gewesen sein, die du mir immer wieder zeigst, die von dir als Maid beim Arbeitsdienst, mit der weißen Schürze, und die aus Prag) und bist zu Onkel Willi gefahren, um in der Nacht schwarz, wie es damals hieß, über die Grenze zu gehen durch den Wald bei Nordhausen. Onkel Willi hat dich noch ein Stück gebracht, gegen seinen Willen. Bleib hier, Gerdchen, hat auch er dich ein letztes Mal versucht zurückzuhalten, geh nicht zu den jecken Rheinländern, das ist nichts für dich.

Ja, und es war auch nichts. Im November fünfundvierzig kam dein Zug in Bonn an. Schlimmer hätte es für eine junge Frau aus Thüringen nicht kommen können. Die Stadt in Trümmern, auch Vaters Elternhaus dem Erdboden gleich, in der Notwohnung zusammen mit Schwester und Schwiegermutter, die Bönnsch miteinander reden und du verstehst kein Wort. Wie allein musst du dich gefühlt haben, wie allein?

Aber zurück ging ja nicht, die Falle war zugeschnappt.

Die Angst, sagst du immer wieder, diese Angst, ich würde es nicht noch einmal machen, wenn ich nur daran denke, was ich meiner Mutter angetan habe.

*

Einmal, es ist Vollmond, sitzen wir im Restaurant und die Tränen kommen, ich glaube, wir sind beide anfällig. Da erzählt Mutter von Fräulein Mühlefeld, einer pensionierten Handarbeitslehrerin, die für den Bauern in der Weidengasse Strümpfe stopfte und dafür täglich eine warme Mahlzeit bekam, die du ihr nach der Schule zusammen mit einem Sack kaputter Socken vorbeibrachtest. Komm, Gerdchen, iss mit, das reicht für zwei. Das hat so lecker geschmeckt, ich habe meiner Mutter dann immer gesagt, ich gehe noch bei Fräulein Mühlefeld vorbei.

Langsam trocknen die Tränen. Irgendwie siehst du blass aus heute, Ringe um die Augen, oder ist es die Kaufhausbeleuchtung? Am Nebentisch nimmt ein älteres Paar Platz, sie bringt ihm das Essen, Nudeln mit Fleischsoße, er freut sich. Schön, ne?, sagst du und siehst mich an. Ich kenne diesen Blick, er heißt: Die haben es gut, die zwei, die sind noch zusammen, schön, wenn man sich versteht, wenn einer für den anderen da ist, es ist einfach schöner, wenn man nicht allein ist, wenn man noch was zusammen unternehmen kann …, aber der Papa hätte das ja nicht mehr gekonnt.

Ich verweise auf die Parkgebühr, wir wollen doch keine dritte Stunde anbrechen, Mutter trinkt schnell aus, und dann geht's auch schon die Rolltreppe hinunter. Du lässt mich aber nicht allein durch den Bahnhof?! Nein, natürlich nicht. Wir müssen zwischen den Pennern durch im Bonner Loch, die Stadt wollte da längst was machen, ich achte auf dich, auf deine Tasche, in der vierhundert Euro sind, die du am Morgen abgehoben hast.

Später habe ich ein blödes Gefühl, weil ich Mutters Erzählung abgewürgt habe, um eins sechzig zu sparen. Ich rufe sie noch mal an, doch sie ist kein bisschen verstimmt und sagt: Das war sehr, sehr gut, eine Mark haben oder nicht haben, das ist schon ein Unterschied.

*

Seit einiger Zeit hortet Mutter Gläser, Dosen mit Lebensmitteln in der Küche gleich neben der Tür und neuerdings auch noch zwischen Kühlschrank und Tisch. Dabei hat sie im Keller Vorratsregale, aber die sind fast leer. Lass mich, sagt sie, ich habe das lieber hier oben, wenn ich mal nicht laufen kann, und du bist ja auch nicht immer hier.

Die Vorratsecken wachsen an, und ich mache mir eher Sorgen, dass sie über das Zeug stolpert und hinfällt und dann wirklich nicht mehr laufen kann. Aber sie lässt sich nicht reinreden. Starker Wille oder Altersstarrsinn, wo ist die Grenze, ich denke oft darüber nach. Ich will sie nicht bevormunden, das liegt mir fern, aber vielleicht kommt der Moment, an dem sie vor sich selbst beschützt werden muss. Keiner weiß, wann das ist.

Gestern am Dreikönigstag habe ich Mutter wieder angesprochen, was nun wird aus unserem Plan, zusammenzuziehen, jetzt, wo es bei ihrer Schwester in Erfurt so schiefgelaufen ist, vom Krankenhaus direkt ins Heim. Aussuchen ging nicht mehr, weil alles besetzt war.

Schrecklich, sagt sie, warten, dass jemand stirbt, um an ein Zimmer zu kommen. Ja, so ist das eben, sage ich. Aber so muss es nicht kommen, wenn man sich rechtzeitig kümmert.

Mutter bemerkt die Parallele schnell und sagt wie immer in der letzten Zeit: Ich kann ja noch laufen, das ist was anderes. Aber das kann sich ja mal eben von heute auf morgen ändern. Sie wirft mir einen entsetzten Blick zu, sagt, mal den Teufel nicht an die Wand.

Später auf der Rückfahrt vom Restaurant – die nette Chinesin war wieder da, sie hat uns ihren Sohn gezeigt, neunzehn Monate, wir haben beide sein Händchen gehalten, ein Zukunftskind, deutsch-chinesisch, zwei Sprachen, ohne sie mühsam lernen zu müssen, sage ich zu der Chinesin, die lacht, ohne zu verstehen – erzähle ich Mutter von unserer Idee, gemeinsam zu Maria zu ziehen. Das ist meine alte Schulfreundin, eine gelernte

Altenpflegerin, die jetzt einen großen Ziegenhof an der Flensburger Förde betreibt mit abgeschlossenen Wohnungen, also Platz genug für uns alle. Das wäre doch eine einmalige Gelegenheit, sage ich. Ja, die Maria, sagt Mutter und sieht in die Ferne. Möglicherweise erinnert sie sich in dem Moment an Maria, die meinen Eltern fast wie eine dritte Tochter war, die mit uns in die Ferien fuhr, Maria, die liebe. Und als es mir für eine Antwort schon fast zu lange dauert, fragt sie: Was soll ich da? Wenn ihr mal weg seid, bin ich da völlig allein. Aber das bist du doch jetzt auch, keine Menschenseele, sagst du immer, kein Mensch weit und breit. Ja, aber hier ist es doch etwas anderes.

Ich bin lieber mit Gleichaltrigen zusammen, sagt sie auf einmal, du sagst hü und ich sage hott, das siehst du doch immer wieder, ja, und dann wäre das auch keine Lösung. Und nach einer kleinen Pause, in der sie weiter zu überlegen scheint, fragt sie: Kannst du mich denn überhaupt pflegen? Also sollen wir nicht zusammenziehen?, frage ich und merke, wie auch ich mich um eine Antwort drücke. Bei Frau Kohl ist es doch auch so schön gegangen, sagt sie. Wie meinst du das? Die hat Selbstmord begangen, die war unheilbar krank. Bei dir geht es ums Alter. Außerdem würdest du das nie machen. Das weißt du doch gar nicht. Doch, das weiß ich, ich kenne dich. (Später, als ich allein im Auto sitze, bin ich für einen Moment unsicher, ob sie es nicht vielleicht doch machen würde. Weil sie niemandem zur Last fallen will. Das hat sie oft gesagt: Ich will niemandem zur Last fallen.) Also dann suche ich jetzt nicht mehr nach einem Haus, und du bleibst so lange in deiner Wohnung, bis es nicht mehr geht, und dann ziehst du in ein Heim, irgendeins, das ein Zimmer frei hat, aussuchen kann man auf die Schnelle ja meist nicht, das hast du ja bei Inge gesehen.

Mutter sagt nichts, weder Ja noch Nein. Und ich wiederhole, dass es mir darum geht, es ihr recht zu machen. Ich möchte, dass du glücklich bist, sage ich. Sie erwidert immer noch nichts, aber so ist sie eben, ich habe nichts gesagt, sagt sie oft, wenn ich finde, dass sie etwas hätte sagen müssen, aber sie will keinen Disput, nirgendwo anecken. Vielleicht denkt sie auch, Glück ist nicht das richtige Wort. Was soll das, Glück? Mit knapp vierundachtzig, wenn man keinen Partner mehr hat und der Weg kaum noch weiterführt, sondern immer mehr bergab. Vielleicht sollte ich Glück gegen Zufriedenheit tauschen, denke ich später, aber in dem Moment lasse ich es so stehen.

Also, dann suche ich jetzt kein Haus mehr, okay? Mutters Blick geht in Richtung Seitenfenster. Irgendwann, sagt sie, wirst du denken, ich vermisse was. Vielleicht dachte sie dabei an unsere zweisamen Ausflüge, vielleicht meinte sie aber auch sich selbst.

Als wir wieder in ihrer Wohnung sind, zeigt Mutter mir einen Umschlag mit kleinen Fotos von früher, sie beim Arbeitsdienst auf einer Bank sitzend vor einer Baracke, mit einer anderen Maid, wie sie sagt, beim Flötespielen.

Weiße Blusen habt ihr an, graue Röcke (soweit man das bei Schwarz-Weiß-Fotos sagen kann) und über den derben Schuhen weiße umgeschlagene Socken. Ihr habt beide die Haare hochgesteckt, aber nicht sehr streng, kleine Locken umspielen dein Gesicht. Auf einem anderen Foto stehst du mit zwei Maiden im Schnee auf Skiern. Auf einem weiteren stehst du mit Hut auf der Karlsbrücke in Prag, im Hintergrund der Hradschin. Zwei Fotos sind aus einem anderen Papier, dünner, richtig schwarzweiß ohne Gelbstich, auf einem gibst du einem Pferd Zucker, oder vielleicht streichelst du auch nur seine weiche Schnauze. Zwei Pferde im Geschirr, die einen Schlitten ziehen, den man aber nicht mehr sehen kann, nur die Kufen noch am Bildrand. Auf dem anderen stehst du in weißer Tracht mit bestickter Schürze und Kopftuch vor einem Lattenzaun, dahinter ein geöffnetes Fenster, du strahlst in die Kamera, auf dem Busen eine riesige dunkle Schleife, die von einer Brosche gehalten wird, es muss Sommer sein, unter den kurzen Pluderärmeln braun gebrannte Arme, Mittel-, Ring- und kleiner Finger ein bisschen angewinkelt, so sieht deine Hand auch heute noch auf Fotos aus.

*

Dein vierundachtzigster Geburtstag ist auf einen Samstag gefallen, ich habe alle eingeladen, und alle sind gekommen, alle Enkel, deine Kinder und Schwiegerkinder, von überall her. Wird dir das nicht zu viel?, hast du mich vorher mindestens zwanzig Mal gefragt, und ich habe jedes Mal Nein geantwortet, es macht mir Spaß. Ich habe den Schreibtisch von der Wand gerückt und den Küchentisch ausgezogen und von der Nachbarin noch Stühle geliehen und in meinem Arbeitszimmer eine lange Tafel gemacht.

Ja, und dann hat es wirklich Spaß gemacht. Du hast dich gefreut, dass wir mal alle zusammen sind, das ist doch nicht der Fünfundachtzigste, hast du gesagt, weil alles so schön dekoriert war mit Blumen und einer ganzen Wand voll Fotos von dir aus deinem langen Leben, und die Enkel haben gestaunt, wie toll Oma einmal ausgesehen hat. Und das Essen hat wieder super geschmeckt, dein Lieblingsessen, Kabeljau auf Porreebett und diese Kartoffeln, es geht doch nichts über eine anständige Kartoffel. Und auf der Rückfahrt hast du noch geschwärmt, und dann habe ich dich nach Hause gebracht, und du hast mir vom Fenster aus nachgewunken, und später habe ich noch angerufen, und du hast gesagt: Schön, wenn man dann auch mal wieder die Beine hochlegen kann, es ist ja doch anstrengend.

Eine Woche später stehst du mit Tränen in den Augen im Flur und sagst, du möchtest nicht mehr leben. Okay, sage ich amüsiert, jedenfalls um den Ausdruck von Amüsiertsein bemüht, wir können das ja zusammen machen, aber vorher gießen wir uns noch einen hinter die Binde und gehen dann gemeinsam über den Jordan. Aber erst warten wir noch heute Abend die Lottozahlen ab, entgegnest du, ebenfalls um Amüsiertheit bemüht.

Geld, viel Geld würde unsere Probleme lösen, denkt Mutter, ein großes Haus, wo jeder genügend Raum hat, das wäre es, daran klammert sie sich fest und kreuzt jede Woche ihre Zahlen an.

Vielleicht gibt es keine Lösung, mit der sie glücklich wäre, und das muss ich aushalten – viel für die Mutter zu tun und sie doch nicht glücklich zu sehen, von kleinen beglückten Momenten abgesehen. Gestern zum Beispiel, als ich ihr von dem Baby einer Freundin erzählt habe, wie ich es auf dem Arm halte und es jedes Mal lächelt, wenn ich so einen kleinen Pfeifton von mir gebe, hat Mutter so gelacht wie lange nicht. Sie war Kindergärtnerin, bevor sie über die Grenze gegangen ist, sie liebt kleine Kinder, und Kinder lieben sie, kein Augenpaar, das sich nicht zu ihr dreht, wenn sie an einem Kinderwagen vorbeigeht, auch heute noch.

Weißt du, was das Schönste wäre, hat sie nach Vaters Tod zu mir gesagt. Wenn ihr noch einmal klein wärt …

*

Ich nenne sie neuerdings Schneckchen, das gefällt Mutter, sie antwortet mit Schnecke, dann müssen wir beide lachen.

Das Springen und das Singen, das ist nicht zu erzwingen, trällert sie nach dem Essen auf dem Weg zum Parkhaus vor sich hin, als ich mich immer wieder nach ihr umdrehe, ob sie mir noch folgen kann. Wir lachen, bis wir am Auto sind, und auf der Fahrt lachen wir weiter. Sie freut sich so über ihren Einfall, wahrscheinlich auch, weil es mich so amüsiert. Es gibt ihr richtig neuen Schwung, der für ein paar Tage reichen wird, in denen ihr alles leichtfällt.

Als wir den Berg hochfahren, sagt sie: Ich habe eine Idee, wie wir meinen fünfundachtzigsten Geburtstag feiern (sie denkt weit voraus). Es ist ein Montag, und du weißt ja, Montag ist immer schlecht mit Einkaufen und so, da holen wir für jeden, der kommen will, ein halbes Hähnchen bei meinem Hähnchenmann, der aus dem Iran, nette Leute und so sauber, die mussten ja fliehen, sie ist eigentlich Lehrerin, wirklich sympathische Leute. Wer kommt, kommt, und wer nicht, der lässt es bleiben. Am Samstag können wir ja dann zum Chinesen gehen für alle, die in der Woche nicht können.

Tolle Idee, sage ich nach einer winzigen Pause, die ich brauche, um in mir ein »Du spinnst ja wohl, halbe Hähnchen von der Bude zum fünfundachtzigsten Geburtstag« abzuwürgen. Auch mein Lächeln kommt verspätet, aber das fällt ihr nicht auf, weil ich nach vorne sehe und auf den Verkehr achten muss.

Zum Abschied nehme ich sie ein bisschen zu stürmisch in den Arm. Du brichst mir das Genick, beschwert sie sich mit rotem Kopf. Wäre doch ein schöner Tod, denke ich, in den Armen der Tochter.

*

Über die Karnevalstage sind Gerd und ich mit unseren Freunden auf Mallorca. Ich rufe Mutter täglich an, um mich zu vergewissern, dass es ihr gut geht. Ja, sagt sie jedes Mal, wünscht uns noch eine schöne Zeit. Genießt mal eure Freiheit.

Zurück in Köln, erfahre ich, dass Inge gestorben ist, ihre jüngste Schwester. Mir graut vor der Nacht, habe Inge als Letztes zu Mutter gesagt. Es wird schon gut gehen, habe sie erwidert, aber es ging nicht gut. Mutter wollte uns den Urlaub nicht verderben und hat deshalb am Telefon nichts davon erzählt.

Doch seitdem geht es mit ihr bergab. Ihre Aufgabe, sich um die schwer kranke bettlägerige Inge zu kümmern, war plötzlich weg. Jeden Tag hatte Mutter ihre Schwester angerufen, versucht, sie aufzuheitern oder zu beruhigen, wenn der Blutdruck wieder anstieg oder der Zucker. Sie haben per Telefon zusammen »Wer wird Millionär?« geguckt, gemeinsam die Antworten überlegt und quasi zusammen mitgespielt. Sie waren immer in Kontakt, die Krankenhauszeiten ausgenommen. Jahrelang ging das gut, zum Schluss war es Mutter ein bisschen viel geworden, weil Inge nur noch weinte und nicht mehr aufzuheitern war.

Mutter hüpft noch im Unterhemd herum, als ich komme. Sei nicht böse, sagt sie beschämt, ich habe herumgetrödelt. Später sagt sie, dass es ihr schlecht gehe in den letzten Tagen. Sie habe fast nichts gegessen, nur Wasser getrunken, alles, was im Kühlschrank war, habe sie weggeschmissen. Der Schinken, der Käse, das kam mir komisch vor, sagt sie. Ihr sei auch so heiß geworden, alles mache sie nervös. Ich frage, ob sie wirklich in die Stadt fahren will und Fisch essen. Ja, sagt sie, ich muss auch mal an die Luft.

Wenn ich jetzt einen Schlag kriegen würde, wäre es gut, sagt sie auf der Fahrt. Du kannst den anderen sagen, dass es für mich gut wäre. Die Telefongespräche mit Inge fehlen mir, jetzt ist da nichts. Tod und Leben, so dicht beieinander, sagt sie.

Ich spüre, wie Mutter kleiner wird, anfängt zu verschwinden. Jedenfalls kommt es mir so vor. Sie bringt Sätze nicht zu Ende, spricht manche Wörter nur halb aus, ärgert sich, wenn ich sie nicht richtig vollende, verstehe. Du weißt doch, was ich meine, sagt sie dann. Ihre Einsamkeit tut mir leid, aber sie hat es nicht anders gewollt. Sie will sich auch kein Altenheim mehr ansehen, so wie in den Tagen vor meiner Reise vereinbart. Was ist, wenn mir das Essen nicht schmeckt, sagt sie. Und dann das viele Geld, das gebe ich lieber meinen Kindern. Früher habe ich von der Krankenkasse noch jedes Quartal zwanzig Mark bekommen, wenn ich beim Arzt war. Ja, sage ich, da waren die Kassen noch voll. Ja, sagt sie, wo sind wir hingekommen?

»Hansjörg Felmy: Schön in den Tod geschlafen«, titelt das Heftchen auf dem Tisch neben ihrem Sessel. Sie sieht, dass ich dorthin schaue. Schön in den Tod schlafen, sagt sie, das wünsche ich mir auch. Beim Abschied schmiegt sie sich lange an mich. Und ich bekomme wieder diese Wasseraugen. Auf dem Rückweg denke ich: Es ist immer zu wenig, zu selten, zu kurz.

*

Wir holen kein Hähnchen von der Bude, essen zusammen mit Gerd im Kaufhof zu Mittag, auf Gutschein, den Mutter aus der Zeitung ausgeschnitten hat.

Gefeiert wird ihr Fünfundachtzigster am Samstag drauf in großer Runde bei mir. Mutter ist die ganze Woche aufgeregt wegen des Verdi-Streiks. Busse und Bahnen fahren nicht, Flüge sind gestrichen. Aber dann haut doch alles hin, sogar das Wetter spielt mit, blauer Himmel, Sonnenschein, elf Grad. Am Tisch wirkt sie ein bisschen verloren, obwohl sie sichtbar bemüht ist, einen aufmerksamen Eindruck zu machen, aber sie versteht ja kaum, was gesprochen wird und warum manchmal alle plötzlich lachen. Nach dem Essen singt Ute ihr ein Ständchen mit schönen Weisen vom Mittelmeer. Die Jungs albern herum, finden es komisch. Dann fängt Mutter selbst an zu singen: »Aber heidschi bumbeidschi schlaf lange …« Bei »kommt nimmer heim« laufen ihr Tränen über die Wangen, aber sie singt bis zum Schluss weiter, beinahe trotzig klopft sie im Takt auf ihren Oberschenkel bis zum letzten »bumbeidschi bumbum«.

Ich verstehe mich selbst nicht mehr, sagt Mutter auf der Rückfahrt, ich habe nur noch Angst. Vor Angst, dass ein Zahn von ihrer Prothese bricht (nicht unberechtigt, eine Ecke ist schon weg, die hat sie verschluckt), isst sie kaum noch etwas, was sie kauen muss, bekommt Verstopfung, nimmt Abführmittel, die sie schwächen. Dann drückt der Darm wieder, und sie trinkt Tee zur Beruhigung, die Wärmflasche auf dem Bauch hilft ihr nicht mehr.

Mach doch alles wie früher, rate ich ihr, kehr zu deinen alten Gewohnheiten zurück. Aber sie nimmt nichts an. Das ist so, wenn man den ganzen Tag alleine ist, sagt sie. So begründet sie alles, was sie nicht mag, nicht will, nicht kann.

Dann erzählt sie mir aus heiterem Himmel von Tante Friedas Tochter. Von der Tante hat sie mir schon oft erzählt, aber von einer Tochter wusste ich bislang nichts, auch nicht, dass sie zwei Söhne hatte, die in den Westen geflüchtet sind. Und schon gar nicht, dass sie, die Tochter von Tante Frieda, die in der DDR zurückgeblieben war, aus Angst vor Repressionen ihrem Leben ein Ende setzte und aus dem Fenster sprang. Ist das nicht furchtbar?, fragt Mutter.

*

In ihrer Not war Mutter endlich beim Arzt, ihre Probleme hatten sich zugespitzt. Er hat mich vermisst, sagt sie am Telefon, das hätte er zu ihr gesagt und auch, dass sie das schon wieder hinkriegen würden. Aber dann hätte sie – wohl vor Freude darüber oder vielleicht auch aus Erschöpfung, weil sie drei Stunden warten musste – einen Fehler gemacht und den wichtigsten Teil ihrer Beschwerden vergessen.

Damit ihr das nicht wieder passiert, haben wir schnell aufgeschrieben, wo es überall schmerzt und drückt, und mit der Liste ist sie wieder zu ihm, und da sah die Sache schon ganz anders aus. Koprostase, Harnwegsinfekt, Hypertonie, Diabetes mellitus, steht auf dem Überweisungsschein, der in der Diele liegt, gleich neben Schlüssel und Telefon. Inges Krankheiten, ich fasse es nicht. Ich bin gekommen, um Mutter beim Packen zu helfen und zu besorgen, was noch fehlt. Da sie immer noch nackt herumläuft, bitte ich sie, kurz auf die Waage zu steigen. Sie hat abgenommen. Später bei der Aufnahme im Krankenhaus sagt sie zu dem Arzt: Ich habe meine Schwester mitgebracht!

Wie kommt so was?, fragt sie mich ein paar Tage später, wieder zu Hause an ihrem Küchentisch. Jeden Tag im Krankenhaus hat sie mich das gefragt. Wir sitzen da und schauen auf acht verschiedene Medikamente und ein schmales Merkblatt. In meinem ganzen Leben hab ich nie Pillen geschluckt, sagt sie. Nie war sie ernsthaft krank, hat alle Wehwehchen selbst kuriert, mit Wärme, Schlaf und Tee. Müde greift sie nach dem Merkblatt, das sie ihr im Krankenhaus gegeben haben: Ernährung bei Diabetes, und schiebt es mir zu. Ich weiß überhaupt nicht mehr, was ich essen darf, sagt sie. Was ihr ein Leben lang gesund erschien, soll auf einmal verboten sein. Ihr dröhnt der Kopf, sagt sie, und dass sie nicht mehr wisse, wie es weitergeht. Ich weiß es auch nicht, nicht in diesem Moment.

Ich habe Mutter wieder auf das Heim angesprochen. Zuerst sagte sie, sie stelle sich gedanklich schon darauf ein, dann schob sie nach: Das können wir (!) machen, wenn wir alt sind.

Tröste mich

Kurz nach acht ruft Mutter an, zwei Tage vor Heiligabend, spricht aufgeregt ins Telefon: Ich wollte dir nur sagen, der Krankenwagen holt mich gleich ab. Du brauchst nicht zu kommen, ich habe die Tasche schon gepackt. Der Arzt war eben da.

Er muss wohl ein Einsehen gehabt haben. Am Vormittag war Mutter noch in seiner Praxis, da war von Krankenhaus keine Rede.

Sie fühlt sich schwach, denke ich, fürchtet sich vor der Stille, vor dem Alleinsein an den Feiertagen. Seit Wochen kann sie kaum essen, die Reparatur der Zahnprothese war misslungen, eine neue lehnt sie ab. Sie weiß nicht mehr weiter.

Mutter liegt im hinteren Bett am Fenster, auf dem Nachttisch ihre piepsenden Hörgeräte, eine Pillenbox und ein Schälchen mit rosafarbenem Pudding. Den kannst du essen, sagt Mutter, der schmeckt gut. »Der schmeckt gut« heißt »den mag ich nicht«, und ich mag ihn auch nicht. Was gab es denn zu Mittag?, frage ich Mutter, sie ist ja hierhergekommen, um versorgt zu werden. Möhrensuppe, sagt sie, was sich in den nächsten Tagen wiederholen wird. Suppe und Pudding, mehr fällt ihnen für eine alte Frau ohne Zähne nicht ein. Du musst was essen, sage ich, sonst wirst du ganz schlapp. Ja, ja, sagt sie, ich schlafe mich mal richtig aus.

Jeden Tag fuhr ich nach Bonn, sah nach ihr. Am ersten Feiertag neben dem Pudding eine rote Kerze, ein Geschenk der Nonnen. So hatte ich mir Weihnachten nicht vorgestellt. Vielleicht war es für Mutter weniger schlimm, jedenfalls beschwerte sie sich nicht. Sorge machten ihr andere Dinge. Sie bat mich, ihr dringend Schlafanzüge zu besorgen, Nachthemden trage man hier nicht. Ich dachte, ich höre nicht richtig, ein Leben lang wollte sie nichts anderes tragen als wallende Blümchen in blassen Farben, nur so kenne ich sie. Aber dann begriff ich, dass sie nicht auffallen wollte, und so lief ich gleich nach den Feiertagen los, machte mich auch in der Apotheke kundig und kaufte ein Dutzend Flaschen hochkalorischer Zusatzkost, die Mutter nicht wirklich schmeckte und die sie nur in meinem Beisein trank.

Die Schlafanzüge gefielen ihr, das Frottee fand sie schön weich. Die Schwestern mochten Mutter, und die Ärzte waren nett zu ihr. Außerdem habe sie jemand getroffen, sagte Mutter, die hätte ihr von einem Heim erzählt, ganz in der Nähe, keine fünf Minuten von hier. Wir sind so eine richtige Clique, hätte die Frau geschwärmt, wir essen und spielen zusammen, uns geht es gut dort, richtig gut. Mutter bat mich: Hör doch mal nach, ob da was frei ist.

Mutters überraschende Wende kam mir vor wie ein Sechser im Lotto. Und das neu renovierte Haus am Hang mit schönem Blick über Bonn entpuppte sich als die richtige Zusatzzahl. Es lag nicht weit vom Schloss und Botanischen Garten, wo wir früher gewohnt hatten, und kaum zu fassen: Es hatte ein Zimmer frei mit großem Bad und Fenstern bis zum Boden, durch die man in einen kleinen Park hinaustreten konnte. Willst du es dir ansehen?, fragte ich Mutter, aber das wollte sie nicht. Ist gut so, sagte sie, ich vertraue dir. Vielleicht war es die Aussicht auf eine muntere Clique, jedenfalls unterschrieb Mutter den Vertrag, und ich fuhr damit zurück ins Heim. Mir war leicht flau, als ich die Fragen des Heimleiters beantwortete, was er mir anmerkte. Wie zur Beruhigung sagte er: Ihre Mutter hat selbst bestimmt, das ist die halbe Miete!

*

Es hatte den ganzen Tag geschneit, deswegen blieb ich in Bonn. Morgen war der große Tag. Ich sollte Mutter im Krankenhaus abholen und in ihr neues Zuhause begleiten. Sie war immer noch schwach auf den Beinen, ein Krankenwagen war bestellt. Ich schlief in Mutters Wohnung, um falls nötig den kurzen Weg mit dem Taxi zu fahren.

Den ganzen Abend und auch in der Nacht hörte es nicht auf zu schneien. Ich sah es, denn schlafen konnte ich nicht. Ich lag in Mutters Bett, das breiter war als das alte von Vater. Hier hatte sie all die Jahre gelegen, jede Falte, jedes Geräusch war ihr vertraut. Der Schlaf war ihr das Wichtigste, sagte sie immer, schlafen konnte sie wirklich gut. Was, wenn sich das ändern würde? Die Fallhöhe war groß.

Ich hatte immer etwas Besseres für Mutter gewollt. Ein Umzug ins Altenheim stand nicht auf meiner Liste, aber meinen so oft gemachten Vorschlag, zusammenzuziehen, hatte Mutter nicht angenommen. Ich weiß nicht einmal, warum, die Idee war einfach versandet. Ich brauche jemand zum Jammern, hatte sie einmal gesagt. Vielleicht war ein Heim ja der geeignetere Ort. Mutter hatte es so entschieden, obwohl eigentlich nicht einmal das. Sie hatte einfach abgewartet, die Zeit für sich entscheiden lassen.

Und ich hatte nach jahrelangem Suchen und Reden und Hin und Her die Route gewechselt. Auf meinem Wegweiser stand nicht mehr »glücklich machen«, sondern »kümmern«, so wie am Anfang, als Vater sich das gewünscht hatte. Von »glücklich machen« war nicht die Rede gewesen, das hätte Vater auch nie gesagt. Ich hätte Mutter gern glücklich gemacht, aber vielleicht oder sogar wahrscheinlich geht das gar nicht, jemanden glücklich zu machen, der das nicht will oder sein kann. Und es ist zumindest möglich, dass Vater es so gemeint haben könnte, als er sagte, die Mamm is 'n ärm Dier. Weil sie nur einen Teil von sich über die Grenze mitgebracht hatte, damals fünfundvierzig, der andere Teil war zurückgeblieben. Das denke ich heute, dreizehn Jahre nach Vaters Tod. Morgen würde Mutter eine neue Grenze überschreiten, wieder ohne zu wissen, was sie auf der anderen Seite erwartete. Ich würde sie begleiten und kam mir jetzt schon vor, als gäbe ich sie aus der Hand.

*

Wo bleibst du denn? Mutter war aufgeregt. Ich kam zu spät. Nicht meine Schuld, erklärte ich ihr, der Taxifahrer hatte seine Mühe am Berg. So viel Schnee hatte es seit Jahren nicht gegeben.

Obwohl es nicht unbedingt nötig war, wurde Mutter liegend transportiert und rollte mit den Füßen zuerst in ihr neues Heim. Die Frau an der Rezeption begrüßte sie freundlich, dann schoben die Sanitäter sie in den Aufzug und über den langen Gang in ihr Zimmer. Mutters Name stand an der Tür. Gardinen wehten weiß, auf dem Tisch eine gestärkte Decke und drei gelbe Tulpen. Eine Pflegerin gab Mutter die Hand. Die ließ Mutter nicht mehr los, mit Tränen in den Augen beschrieb sie, wie es ihr ginge und dass sie im Krankenhaus war und immer noch nichts beißen könne. Die Pflegerin nahm sie schließlich in den Arm und sagte mit ruhiger Stimme: Frau Schröder, das kriegen wir schon wieder hin.

Das war nicht zu viel versprochen. Eine Zahnärztin kam schnell ins Haus und auch ein Arzt, den Mutter auf Anhieb mochte. Der hat so eine ruhige Art, sagte sie, was bei ihr klang wie: Der versteht mich, das ist ein feiner Mann. Die kleine Fränkin aus dem Zimmer gegenüber verstand sie auch und erklärte ihr alles, wo der Friseur war und wie es so läuft im Haus. Und es dauerte nicht lange, da konnte Mutter wieder zubeißen, die neuen Zähne saßen gut und waren auch noch schön, schön zum Lächeln. Mutter kam zu Kräften, ihr schmeckte das Essen, sie konnte wieder laufen und nahm sogar zu. Endlich bot sich ihr Gelegenheit für die vielen schönen Jacken und Blusen, jeden Tag zog sie etwas anderes an.

Nach und nach holte ich Sachen aus Mutters Wohnung. Die Auswahl fiel mir schwer, Bilder, Fotos, Bücher, die Leselampe, der große Teppich aus dem Wohnzimmer, das Nussbaumregal. Ihre beiden Sessel passten nicht in die neue Bleibe hinein. Ich kaufte Mutter einen hellen Fernsehsessel, der schmaler war und mit Motor. Er wurde gleich ihr liebstes Stück, auch wenn sie den Motor nie benutzte, lass mal, das geht schon so.

Fast drei Monate lang fuhr ich in Mutters Wohnung, sah alle Schubladen durch, wendete jedes Stück. Was kann wer noch gebrauchen, was hebe ich für Mutter auf? Jürgen und die Enkel schauten einmal durch, ein Wochenende kam Ute dazu. Zu zweit war es leichter zu entscheiden, wie ein Leben eingelagert wurde oder in Containern verschwand. Mutter selbst wollte ihre Wohnung nicht mehr betreten, sie fragte nur immer, wer nimmt was, wo kommt das hin? Sie hätte wohl auch nicht dabei zusehen können, ich konnte es selber nicht und habe auch später nicht davon gesprochen, wie am Ende das Elterngut aus dem Fenster flog und von ihren Matratzen abgefedert im Vorgarten landete. So schnell haben die Leute alles raus- und weggeschafft, dass ich nachher nur noch ein paar Knopfbatterien und andere Fitzelchen aus dem Blumenbeet fischte, sonst erinnerte nichts mehr an die Wohnungsauflösung. Alles weg. Für Mutter gab es kein Zurück.

Auch nicht für die Frau aus dem Krankenhaus, die mit der netten Clique, nach der Mutter mich immer wieder suchen schickte. Verstorben, hieß es irgendwann, ihr Zimmer war schon neu besetzt. Mutters Enttäuschung hielt sich in Grenzen. Die kleine Fränkin war ja da.

*

Ich hatte eine schöne Wohnung, vier Zimmer, hörte ich Mutter manchmal sagen. Ich hatte ein großes Haus, die kleine Fränkin darauf, so ist das nun mal, das geht allen hier so. Man muss das

Beste daraus machen, sagte sie, man muss sich beschäftigen, sonst grübelt man zu viel. Da hatte sie recht, die kleine Fränkin, und sie konnte Mutter überzeugen oder überredete sie vielleicht auch, auf jeden Fall fing Mutter wieder an zu stricken, bunte Strümpfe für uns alle. Die kleine Fränkin half ihr bei der Ferse, die Mutter zu schwierig war. In der Stadt besorgten wir Wolle, Mittwoch und Samstag waren Mutter und ich unterwegs, daran hatte sich nichts geändert, das war auch der Rat vom Heim, behalten Sie alle Gewohnheiten bei. Nur kein Putzen, kein Aufräumen, kein Wasserkästenschleppen mehr, Mutter und ich machten es uns schön.

Die Kirschbäume begannen zu blühen, und wir saßen hinter dem Schloss im Botanischen Garten, fast an der Stelle, wo Mutter mit uns Kindern früher Gänseblümchen gepflückt und zu Haarkränzchen zusammengesteckt hat. Wie damals schlenderten wir am Weiher entlang, in dem Goldfische schwammen wie fünfzig Jahre zuvor. Auch die Eisdiele an der Ecke war noch da.

Manchmal fuhren wir auf den Berg zum Friedhof oder kreuzten im Dorf Mutters Zahlen an, und die Lottofrau freute sich. Mensch, sehen Sie toll aus, Frau Schröder, sagte sie jedes Mal. Und Mutter strahlte, mir geht es auch gut, ich habe ein schönes Zimmer, und das Essen schmeckt.

Gerd und ich fuhren an die See, und es war herrlich, sich keine Sorgen machen zu müssen, dass Mutter hinfällt oder das Telefon streikt. Jeden Abend rief ich sie an, freute mich, wenn sie vom leckeren Essen erzählte oder dass sie mit den anderen Wein getrunken hatte, spendiert vom Zimmernachbarn, wobei ihre hübschen Gläser zum Einsatz kamen. Und dass die nette Pflegerin gleich noch zu ihr käme, die Mutter sofort Engelchen nannte, weil sie wie Mutter leise war und zart.

*

Der Sommer kam, und Mutter machte eine Schiffsfahrt auf dem Rhein. Der Heimleiter, ein Mann der schnellen Tat, brachte sie und die anderen bis zum Anleger, weil nicht genug Personal da war. Das war so schön, sagte Mutter, beim nächsten Mal bin ich wieder dabei.

Zu ihrem Erstaunen wurde Mutter in den Heimbeirat gewählt, von dem sie gar nicht wusste, was das bedeutet, aber anscheinend war sie beliebt. Was besprecht ihr denn da?, wollte ich einmal wissen. Keine Ahnung, sagte sie, das interessiert mich nicht. Mehr Interesse zeigte sie für den kleinen Sohn des Hausmeisters, der neuerdings an ihre Scheibe klopfte und ihr zuwinkte und zeigen wollte, wie gut er mit seinem Dreirad fahren konnte. Manchmal ließ Mutter ihn auch in ihr Zimmer, gab ihm ein Blatt Papier, und er kritzelte ein bisschen darauf herum.

Ich glaube, mit dem stimmt was nicht, sagte sie einmal zu mir, und da lag sie richtig, aber das änderte nichts für sie. Oh, was hast du denn da Schönes?, fragte sie ihn, wenn er seinen abgewetzten Hasen in die Luft hielt. Wie heißt der denn? Die Antwort des Kleinen konnte sie nicht verstehen, aber das machte nichts, ihr nicht und ihm auch nicht, sie streichelte ihm über die dünnen Haare, er stieg wieder auf sein Rädchen, sie schloss das Fenster und winkte ihm nach.

Weniger lieb waren ihr die Sitzungen, wie sie es nannte, bei denen sie im Kreis zusammensaßen und im Takt rosa Tücher schwenken mussten, davon hielt sie nichts, auch Basteln und Malen war nicht wirklich ihr Ding. Schau mal, sagte sie eines Tages und zeigte mir ein DIN-A4-großes Blatt mit einem Mandala, das sollten wir ausmalen in unseren Lieblingsfarben. Ich sah vier Dutzend kleine Felder, fein säuberlich bis zum Rand bemalt in Braun und Beige. Meine Lieblingsfarben, wiederholte Mutter, die ziehe ich am liebsten an. Einzig beim Gedächtnistraining war sie ganz bei der Sache, da machte sie gerne mit, reimen, rechnen, Worte finden, Sprichwörter zu Ende schreiben. Des einen Leid ist … des anderen Freud.

Abends guckte sie in ihrem Zimmer wieder ihr Quiz, und wenn Engelchen Dienst hatte und zu ihr ins Zimmer kam, sagte sie, kommen Sie, setzen Sie sich, Engelchen, raten Sie doch ein bisschen mit. Und das machte sie auch. Sonst gab es bei Mutter ja für sie nichts zu tun. Nur am Morgen ließ sie sich helfen, dann wusch Engelchen ihr den schönen Rücken, ganz zart, wie Mutter sagte, und zum Schluss cremte sie ihn auch noch ein.

Alles war leicht und einfach, ich hatte es mir vorher kaum vorzustellen gewagt. Mutter im Heim, und alles läuft gut.

*

Das ging nicht allen so, nur die wenigsten Mitbewohner bekamen Besuch. Mutter taten sie leid. Sie kümmerte sich ein bisschen um die stumme Frau mit den langen weißen Haaren, die wie ein Geist den Gang hin- und herwehte, dabei nur selten den Kopf hob, und wenn, dann sah sie einen mit großen Augen an, als täte man ihr weh. Tatsächlich fasste die scheue Frau so etwas wie Vertrauen zu Mutter, fand nach einiger Zeit ein paar Worte wieder, lief von sich aus neben ihr her. Das war der schweren Frau von nebenan nicht vergönnt, sie lag den ganzen Tag im Bett. Ein ärm Dier, hätte Vater gesagt. Mutter sagte, komm mit, wir besuchen die mal, die ist sonst so allein.

Es kostete mich erst Überwindung, aber dann machte ich Erfahrungen, die ganz neu für mich waren. Ich wurde Zeuge, wie man das Leben lieben kann, obwohl nichts als der Kopf sich noch bewegt, ein beinahe lebloser Körper mit einem tiefen inneren Strahlen vor Glück.

Ähnlich ging es mir mit Herrn Will, dem Mann aus dem Zimmer gegenüber, den seine Kinder hier abgelegt hatten wie etwas, das seinen Wert verloren hat, und ihren Vater zurückließen, bloß weg hier! hörte ich die beiden noch auf dem Gang zueinander sagen. Herr Will war völlig verkrümmt, wollte sprechen, konnte aber kaum, und ich konnte ihn nicht einfach grüßen und weitergehen, denn er freute sich und wollte meinen Gruß erwidern, nicht nur mit Handheben, das ihm leichter gefallen wäre, sondern mit Gu-uu-te-ten Taaag, Fra-aa-au Schrö-öö-öö-der, wozu er eine halbe Ewigkeit brauchte, in der sich sein Kopf und Oberkörper wandten. Als ich ihn einmal wieder fragte: Wie geht es Ihnen, Herr Will?, merkte ich, dass er nach dem »g-g-g-guuut« noch etwas sagen wollte, und ich blieb stehen und wartete und freute mich, als er mit schiefem Lächeln herausstotterte: … we-we-wenn ich Si-Si-Sie sehhh.

Kurz vor Weihnachten schenkte der Buschauer, den Mutter Buschi nannte, ihr einen selbst gesägten Weihnachtsbaum aus Span, den er grün angemalt hatte, mit zwei Halbmonden darauf und einem rosa Herz. Wollen Sie auch einen?, fragte er mich, und ich folgte ihm in sein Zimmer, das einer Werkstatt glich. Auf dem Boden, dem Tisch, überall Holz, Pinsel und Späne, es roch nach Farbe, in einer Ecke zerwühlt sein Bett. Er zeigte mir seine fertigen Bäume, und ich wählte einen größeren und einen kleinen, fünf Mark verlangte er dafür. Ich gab ihm fünf Euro, wohl wissend, dass er dafür wieder Bier kaufen würde oder Wein, den er dann den Damen spendierte, wie er sagte, wenn er meinte, dass es einen Anlass gab.

Zu Weihnachten wurde die Tafel festlich gedeckt, es gab Wein und fein garniertes Essen, eine große Edeltanne stand geschmückt im Speisesaal, auf den Tischen kleine elektrische Kerzen, in deren Glanz sich die Gesichter spiegelten. Viele kannte ich nicht, ich war ja immer nur in der ersten Etage bei Mutters Maiglöckchengruppe zu Besuch, den fittesten Bewohnern im Haus. Jetzt waren alle aus den Betten geholt, auch die, die zuckten und manchmal laut raunten, denen die Augen nicht aufgingen oder nur eines zu und die von den als Engel verkleideten Pflegerinnen gefüttert wurden, auch Mutters schwere Nachbarin lag mit leicht erhöhtem Oberkörper im Rollstuhl dabei. Mutter stieß mich an, deutete auf eine Frau mit einer kindgroßen Puppe im Arm, dann senkte sie ihren Blick, erst schien mir, als schlösse sie die Augen, aber dann sah ich Mutter starr auf das Blatt vor sich sehen, der Saal war voll, die Bühne gehörte ihr. Mit geröteten Wangen ging sie zum Pult und las mit klarer, warmer Stimme: Markt und Straßen stehn verlassen, still erleuchtet jedes Haus …

*

Und wie geht's, Frau Schröder?, fragte die Lottofrau, als wir mal wieder auf dem Friedhof waren und danach im Dorf. Gut, sagte Mutter, Sie wissen ja, ich habe ein schönes Zimmer, das Essen schmeckt, nur leider alles Bekloppte, ich gehöre da nicht hin! Die Lottofrau veränderte ihre Mundwinkel, und das kundenfreundliche Lächeln wirkte auf einmal so, als hätte sie ein Haar aus ihrer Suppe gefischt. Ja, das ist nicht leicht, ne?, sagte sie, und Mutter: Nein, das ist ganz, ganz schwer.

Tatsächlich war die kleine Fränkin auf einmal nicht mehr für Mutter da, hatte sich mit einer anderen angefreundet, die neu eingezogen war. Die konnte besser stricken, hatte viel zu erzählen und machte im Heim alle Sitzungen und den Gottesdienst mit. Die hatte auch keine Tochter, die zweimal die Woche kam und sie ausführte und schöne Sachen kaufte. Die Neue passte besser zu ihr. Von da an schob mich Mutter gleich weiter, wenn ich sie abholte, und wir gingen auch nicht wie vorher zur Begrüßung zu der Fränkin an den Tisch, wenn sie mit der anderen in der Küche saß. Manchmal schielten sie zu uns rüber, oder sie taten, als ob sie uns nicht sähen. Mutter hatte jetzt niemanden mehr, mit dem sie ganz normal, wie sie sagte, ein Wort reden konnte, nur die Bekloppten, wie sie sagte, mit denen ging das nicht. Immer öfter saß sie in ihrem Zimmer, und wenn ich sie anrief, klagte sie, ich bin so allein hier.

Es blieb nicht die einzige Veränderung in Mutters Heimwelt. Der Mann der schnellen Tat machte seinem Namen alle Ehre und verließ das Haus Hals über Kopf, ihm folgten noch ein paar andere, die nette Frau mit der Gitarre genauso wie der wunderbare Koch. Es gab keine Schiffstouren mehr, und nur noch während des Gottesdienstes wurde gesungen, auch das Essen ließ nach. Eines Morgens blickte Mutter von ihrem Zimmer aus auf eine Baustelle, wo plötzlich gebaggert wurde und ein weiteres Haus entstand. Der Park war fortan kleiner, eher gar keiner mehr. Und als wäre das nicht genug, kam Engelchen in eine andere Abteilung und der kleine Christian den ganzen Tag in den Kindergarten, selten nur noch klopfte es an Mutters Tür.

Selbst der feine Arzt schickte jetzt öfter seinen polnischen Kollegen, der nicht unfreundlich war, den Mutter aber nicht verstand. Eben lieb Vertrautes wurde ihr wieder fremd. Die schönen Kulissen waren zur Seite geschoben, dahinter die graue Wand, nüchtern und kalt, für Mutter jedenfalls. Ihr Gefühl, ganz allein zu sein, wuchs, auch weil sie sich nicht wehren konnte und keinen mehr hatte für ein verständiges Wort. Immer stärker wurde dieses Gefühl, bis sie mich beinahe täglich fragte: Kann ich nicht woanders hin?

Sie saß in einer Sackgasse, ich auch, und die Einfahrt war zugestellt. Ohne Pflegestufe würde sie kein anderes Heim aufnehmen. Wie weiter? Ich hatte keine Idee. Heim bleibt Heim, sagten die Freunde, und woanders wird es nicht besser. Sorg dich nicht, mach dir nicht so viele Gedanken. Das beruhigte höchstens mal kurz. Lass sie, sagte auch meine Freundin Maria, sie geht ihren Weg. Ich war auf meinem und kam nicht voran. Es ging um Mutters Leben, und ich wollte mich darum kümmern, wo und wie sie es zu Ende lebt.

*

Etwas Besseres als durchzuhalten fiel mir nicht ein. Zum Glück gab es von Zeit zu Zeit helle Momente, immer dann, wenn Mutter jemand fand, der Verständnis zeigte. Dann sagte sie, sieh mal, da ist meine Freundin, so wie Vater es früher gesagt hatte, wenn er auf dem Friedhof die Witwe mit dem einen Zahn traf und beide über diesen Scherz lachten. So machte es Mutter bei neuen Pflegern und Helfern, bei Praktikanten, die ihr gefielen und von denen sie hoffte, dass sie sich ein bisschen mehr um sie kümmerten, als es üblich war.

Bei manchen gelang ihr das auch, wie bei der munteren Dicken, die denselben Namen trug wie die Frau, bei der Mutter uns früher Sahnehörnchen spendierte. Jedes Mal, wenn wir die Neue trafen, sagte Mutter zu mir, sieh mal, bei deren Mutter habe ich früher die Milch gekauft, und dabei blieb Mutter, auch wenn dem nicht so war. Kurzzeit-Freundinnen kamen und gingen wie die Pflegerin aus Moskau mit den himmelblauen Augen, die bald schwanger wurde. Oder die Frau vom Sozialen Dienst, die Mutter wieder zum Singen brachte und Bücher aus dem Regal nahm und fragte: Das ist ja Erfurt, waren Sie schon mal da? Und die beim Sommerfest Dosenwerfen durchsetzte und eine Rollatorrallye und sich ganz anders bewegte als die anderen, die die Arme um Mutter legte und sie summend auf der Stelle drehte. Solche Momente waren für Mutter sicher schön, aber es blieb Seelenwärme für den Augenblick, danach wurde es wieder kalt.

So wie bei Mutters abendlichen Ständchen am Telefon. »Ich schau den weißen Wolken nach …«, sang sie für mich noch sehnsuchtsvoller als Nana Mouskouri, und am Ende des Liedes kam mit gleich starker Sehnsucht die ständige Frage: Bärbel, wann komme ich hier raus? Sei doch mal zufrieden, es ist doch nicht alles schlecht, und was Besseres finde ich nicht für dich, sagte ich, wenn es mir manchmal zu viel wurde. Was ist los, du klingst so hart, sagte sie dann. Wie wär's mal mit ein bisschen Demut?, hätte ich fragen können, aber ich dachte es nur. Und das war auch gut so, wie ich später fand, denn es hätte ihr wohl nicht geholfen, weil es keinem hilft, dem das Herz weh in der Luft hängt und der raue Wind drumweht.

*

Mutters Wege wurden kürzer, ihre Kraft ließ nach. In die Stadt wollte sie nicht mehr, auch nicht samstags zum Chinesen, fragte sich selbst, was ist das nur, auf einmal mag ich keinen Reis. Ich brachte ihr Trauben mit und reife Tomaten, auf die sie sich gleich stürzte, wenn ich in ihr Zimmer kam. Ein winziger gläserner Salzstreuer stand griffbereit auf ihrem Tisch. Wir setzten uns nicht mehr so häufig ins Auto, spazierten lieber die Straße hinunter, besuchten das neue französische Café, Mutter trank Café au Lait mit extra viel Milch, dazu aß sie ein Croissant, oder wir teilten uns ein Erdbeerschnittchen, saßen einfach da, sahen nach draußen oder auf die briefmarkengroßen Bilder meines Sony Ericsson, die Mutter besser erkennen konnte als ich. Überall, wo sie nicht mehr hinkam, machte ich Fotos und zeigte sie ihr. Ganz nah beieinander gingen wir so auf Reisen, denn irgendwann waren Mutter auch die Schritte weiter zum Schloss und Botanischen Garten zu viel. Damit der Rückweg für sie nicht zu lang wurde, parkte ich schon vorher das Auto auf der Hälfte des Weges, wenn sie fit war, gingen wir zu Fuß.

Du bist meine Mutter, sagte sie einmal, als wir so saßen, du weißt, was gut für mich ist. Und in dem Moment fürchtete ich, sie könne es genau so gemeint haben, wenngleich sie ein bisschen dabei lachte, als sie sagte, du bist meine Mutter, ohne »wie«.

Hier wird man noch … empfing mich Mutter, sprach den Satz nicht zu Ende, zeigte nur einen Wischer vor ihrem Gesicht. Immer öfter sagte sie das, wenn ich sie besuchte. Sie aß wenig, zog sich seltener um. Nur Mittwoch und Samstag, wenn Sie kommen, wechselt sie die Kleidung, sagte die mit dem Milchgeschäft, sonst behielte Mutter ihre Sachen an.

Zu dem »Hier wird man noch …« kamen mit der Zeit ganze Sätze hinzu:

Etwas hat sich verändert.
Ich bin so durcheinander,
  hier ist auch alles so durcheinander.
Mir ist es hundeelend.
Ich bin am Boden zerstört.
Mir geht es so jämmerlich.
Ich hab so Heimweh (kurze Pause), aber wonach?

Erst standen sie einzeln, die Sätze, mit Pausen von Tagen, aber dann kamen sie immer schneller, mehrere hintereinander, manchmal alle während eines einzigen Telefonats. Das Karussell hörte kaum mehr auf, sich zu drehen, nicht nur Mutter schwindelte es, es schwindelte auch in meinem Kopf.

Wie geht es Ihnen?, fragte der feine Arzt mit der wärmenden Stimme. Mutter lächelte. Ich glaube, Herr Doktor, ich bin hier noch nicht angekommen. Wie lange sind Sie denn hier? Sie sah mich fragend an. Im Januar zwei Jahre, antwortete ich an ihrer Stelle. Er nickte, ließ einen Moment vergehen, in dem er irgendwas dachte oder vielleicht auch Mutter Zeit gab. Die nutzte sie für zwei schnelle Wischer, gefolgt von: … und dann, Herr Doktor, all die Bekloppten hier! Der feine Arzt nickte, was wie Verständnis wirkte, und reichte Mutter die Hand. Da kann man leider nichts machen, sagte er, alles Gute für Sie.

Nicht angekommen, nach zwei Jahren im Heim noch nicht angekommen. Mutter hatte ihre düstere Lage selbst benannt, was ihr nicht half und mir auch nicht. Erst viel später sah ich weiter oder besser tiefer, wie sich etwas in Mutters Leben wiederholte und dass es ihr Unglück war, nicht mit Leib und Seele dort anzukommen, wo es sie hinzog. Wie schon einmal, als nur ein Teil von ihr mit über die Grenze gekommen war, so war auch jetzt nur ein Teil von ihr hier.

Ich habe solches Heimweh.
Wonach denn? Nach Erfurt, wo du geboren bist?
NEIN, auf gar keinen Fall.
Woran denkst du denn, wenn du Heimweh hast?
Ich weiß es auch nicht. Es ist ganz schlimm. Warum bin ich nur so?

*

Immer ein bisschen Glück! Darauf hatte Mutter ein Leben lang gesetzt, ich habe immer ein bisschen Glück, wie oft hatte sie das gesagt, aber jetzt schien es sie verlassen zu haben, ihr Glück, und sie wusste nicht, warum. Ich habe doch alles richtig gemacht, warum ist das nur so? Es schmerzte sie, dass sie nicht unbedingt wiedergeliebt wurde, wenn sie meinte, alles richtig gemacht zu haben, man musste kein Hellseher sein, um das mitzubekommen. Sie verstand es nicht, sagte, ich habe doch nichts gesagt. Ein Leben lang wollte sie das, alles richtig machen, einen guten Eindruck hinterlassen, höflich und freundlich sein, kein falsches Wort sagen, lieber schweigen, und nun bekam ihr das schlecht. Selbst im schlappsten Zustand, an meinem Arm, zog sie mich an der Ampel vor und zurück, hin und her, wich allen aus, die uns entgegenkamen, ging zur Seite, machte den Weg frei, selbst jungen Leuten, was mich ärgerte. Die müssen dir Platz machen, du bist die Ältere, habe ich zu ihr gesagt. Aber das änderte sie nicht mehr.

Wie ein kleines Kind steht Mutter vor mir und sagt weinend, mit weich geschürztem Mund: Tröste mich! Warum, was ist passiert?, frage ich. Sie sagt nichts oder findet keine Worte, sieht mich nur traurig an.

Tröste mich! wurde bald zur Begrüßung, wenn ich sie besuchte, manchmal hatte sie auch die Hosen voll. Ist nicht schlimm, sagte ich dann, nahm sie in den Arm und streichelte sie, half ihr beim Umziehen und Waschen, was sie oft völlig erschöpfte. Die Tränen trockneten dabei, und sie wurde langsam ruhiger. Wie aufgeräumt sagte sie nach einer Weile: Ich bringe dich noch nach vorn. Nach vorn hieß bis zum großen Fenster vor dem Speisesaal neben der Voliere mit dem Papagei. Dort blieb sie stehen und wartete, während ich die Treppe hinunterlief zum Ausgang und von draußen zu ihr hochsah und winkte. Sie winkte zurück mit Armbewegungen so groß und weit, dass ich sie noch sehen zu können meinte, wenn ich längst auf der Autobahn war.

In der Nacht schreckte ich hoch, aber nicht mit rasendem Puls wie in den Nächten zuvor, sondern mit einem Heureka-Gefühl. »Tröste mich«, das war der Schlüssel, ich hatte ihn gefunden, und alle Räume gingen auf. Doch ein paar Stunden später fühlte ich mich eher wie Hitchcock, der im Schlaf die Ideen für seine Filme fand, aufwachte, notierte und dann am Morgen las: Mann liebt Frau.

Dennoch, eine Ahnung kam auf, das spürte ich. Es ging nicht um mich, es ging um Mutters Mutter. Ich musste ein paar Schritte zurück. Wenn man zu nah vor etwas steht, kann man manches nicht erkennen.

Schön, draußen zu sein, sagt Mutter im Café und nippt an ihrem Glas. Das ist mal was anderes als in dem Gefängnis.

Ich habe mir vorgenommen, Mutters Worte stehen zu lassen, seit sie sich über meine Widerreden beklagt hat. Sie brauche jemand zum Jammern, hat sie gesagt, und da helfe ihr das nicht. Aber immer will mir das nicht gelingen, und ich sage, immerhin ruhig: Es ist kein Gefängnis! Da gibt es so viele schöne Stellen, wo du draußen sitzen kannst, die Bänke vor dem Haus, hinten im Garten auf der Dachterrasse, vor deinem Zimmer, du kannst überall raus, es ist kein Gefängnis. Ja, ich weiß, sagt sie, es ist eigentlich ganz schön, wir haben da gestern bis zum Abendbrot gesessen, das war herrlich. Ihr Blick trotzt weiter dem Gesagten, es bleibt ein Gefängnis. Und als hätte sie es längst entschieden, sagt sie: Ich muss da raus!

*

Die Neurologin hat Mutter in die Praxis einbestellt, ich begleite sie. Gedächtnistest. Wir müssen ein Stockwerk höher, die Arzthelferin geht vor. Eine schmale Stiege mit Kopfeinziehen unter dem Dachbalken, nicht gerade patientenfreundlich, denke ich, Mutter stößt ans Holz.

Und schon geht's los. Die Frau in der engen Jeans nennt im flotten Tempo zehn Begriffe, fragt forsch: Welche Wörter habe ich gesagt? Mutter nennt drei. Denken Sie noch einmal nach, sagt sie mit Blick auf ihre Stoppuhr. Mir selbst fällt auch nur ein weiterer ein, Mutter keiner mehr. Bei den Zahlen klappt es besser. Drei Zahlen rückwärts sagen, vier Zahlen, da kommen erste Fehler, aber 286 minus 7, 279 gut, und 279 minus 7, 272, gut, und 272 minus 7, 265, das klappt! Ich bin nicht schneller. Dann muss Mutter zeichnen, zwei ineinander verschlungene Rauten. Klappt auch. Was kann man im Supermarkt kaufen? Warte mal, sagt Mutter, drosselt das Tempo, ich war so lange nicht einkaufen. Kleine Hilfestellung, was essen Sie denn zum Frühstück? Warte mal, na, Brot, Butter, Marmelade. Pause, Mutter kramt in ihrem Gedächtnis. Die Frau wird ungeduldig. Und was kann man noch kaufen? Mutter: Kartoffeln. Gut, und was noch? Möhren, sagt Mutter, die gab es bei uns früher oft zum Mittagessen. Die Arzthelferin drückt auf ihre Stoppuhr, die Zeit ist um.

Wo sind wir hier, Frau Schröder? Der Raum sieht aus wie ein gewöhnliches Zimmer, ein langer Tisch, Stühle, mit der Anrichte an der Seite die Kantine der Praxis vielleicht. Mutter wundert sich über die Frage. Ja, in einer Wohnung, sagt sie verdutzt. Und was ist das hier? Ein Krankenhaus? Nein, ich glaube nicht, sagt Mutter. Das ist eine Arztpraxis, Frau Schröder. Wie sollte sie darauf kommen?

Die Arzthelferin tippt in einen kleinen Rechner, zählt die Punkte zusammen, und dann geht's auch schon wieder die Stiege hinunter, was für Mutter noch schwerer ist als hinauf. Warte mal, sagt sie, aber dafür hat die Helferin wenig Zeit, und ein Warte-mal später schaut die Ärztin schon auf die Ergebnisse, sieht mich und nicht Mutter an und sagt: Ja, ganz klar Demenz. Kein Alzheimer, das nicht, schiebt sie hinterher, aber Demenz!

Mutter zieht den Kopf ein, als habe sie etwas Schweres getroffen. Fragend sieht sie mich an: Demenz? Nein, die spinnt, hätte ich Mutter am liebsten beruhigt und ihren Wischer dazu gemacht, weil ich daran gewöhnt war, Mutter nicht aufzuregen – regt Mutter nicht auf, höre ich Vater sagen – und unangenehme Wahrheiten von ihr fernzuhalten, so gut es ging. Aber jetzt ging das nicht. Ich konnte Mutter die Welt zurechtlegen, verändern konnte ich sie nicht. Deswegen druckse ich herum: So ein bisschen, ich erkläre dir das gleich.

Kann die mich nach Köln überweisen?, fragt Mutter jetzt, ohne die Ärztin anzusehen, doch die fährt dazwischen: Warum sind Sie denn so traurig? Das war ja der eigentliche Grund für unseren Besuch. Ich weiß auch nicht, sagt Mutter, ich muss immer weinen. Und ich muss an die Warnung der schwangeren Russin denken: Lassen Sie sie nicht mit Tabletten vollstopfen, Ihre Mutter ist nicht depressiv, sie hat einen Grund, warum sie weint.

Die nächsten Tage geht es Mutter immer schlechter. Der feine Arzt sieht nach ihr. Wie geht es Ihnen? Ganz mies, sagt Mutter und weint. Was ist es denn, beschreiben Sie mal, Frau Schröder. Mutter hält den Kopf noch ein bisschen schiefer, mit dem Blick fest an seinen Augen, und sagt: Sie wissen doch, ich bin noch nicht angekommen, diese Menschen hier, der eine sabbert und der andere …, sie ahmt ein wirres Zappeln nach. Ja, ich weiß, sagt der feine Arzt. Für diesen Fall hat er keine Lösung, er steht auf, gibt Mutter die Hand. Mir reicht er sie auch, oder war ich es, jedenfalls umfasst er nur meine Finger, greift nicht meine ganze Hand.

Erschöpft lehnt sich Mutter zurück ins Kissen: Komm, setz dich zu mir aufs Bett, dann spüre ich deine Nähe. Sie hält meine Hände oder ich ihre, und so halb liegend, halb sitzend warten wir, bis das Mittagessen kommt. Wird das wieder?, fragt sie. Ja, sage ich, es wird alles wieder gut.

*

Sicher war ich mir nicht. Demenz ist keine Krankheit, die man wie einen Diabetes behandeln und auch nicht heilen kann. Eigentlich schien mir schon die Diagnose mehr als suspekt. Wäre sich Mutter als junge Frau begegnet, hätte sie über die Alte gesagt: Die ist wohl ein bisschen verkalkt. So sagte man früher, wenn einer alt wurde, starr und vergesslich, das war ganz normal. Und wer vorher kein Einstein war, bei dem fiel das nicht einmal auf. Jetzt hatte es einen Namen, hieß Demenz, war nicht mehr ein kleiner Schaden, sondern eine Krankheit, vor der alle angstvoll zusammenzuckten, und die meisten guckten auch anders auf einen, wenn es hieß: Der ist dement! Nicht nur die Ärzte und Pfleger. Und auch einem, der starr und vergesslich ist, fällt auf, dass auf einmal alle anders gucken, und er sucht eine Lücke für seinen Blick.

Demenz, für Mutter war es erst mal ein Hammerschlag, mitten ins Herz. Was sich bewahrheitet, als wenig später der feine Arzt lange die gezackten Linien betrachtet und dann sehr ernst meint: Die Mutter muss ins Krankenhaus. Wann? Sofort! Und von jetzt auf gleich geht alles sehr schnell. Drei Sanitäter stürmen in die Praxis, schon liegt Mutter flach, und ich bekomme vom Beifahrersitz aus mit, dass sie hinten im Rettungswagen ein neues EKG machen, Blutdruck und Puls messen, und ich höre Mutter sagen: Ich bin jetzt ein bisschen aufgeregt, ist das schlimm? Nein, sagt einer, das ist okay.

Der Arzt in der Notfallambulanz ist weniger freundlich. Warum hat mir keiner den Myocard angekündigt?, raunzt er in den Raum, kann im nächsten Moment sein Gähnen nicht unterdrücken. Sorry, bin seit vierundzwanzig Stunden im Dienst. Eine Schwester kommt. Schnell eine Leitung, Heparin, ASS 500, sagt der Arzt, und zu Mutter: Wissen Sie, wo Sie hier sind? Ja, sagt Mutter blitzmunter, im Marienhospital, hier habe ich alle meine drei Kinder bekommen, und der Professor Krukenberg hat mir nach der Entbindung eine Flasche Wein ins Bett gelegt, stellen Sie sich das mal vor. Die Stimmung kippt, wird auf einmal gelöst. Der Arzt kennt den Namen. Nach dem ist doch ein Vaginaltumor benannt? Davon weiß Mutter nichts. Dann sieht er wieder auf das Anzeigegerät. Bei 139 zu 99 kracht das Bild zusammen. Irgendwie spinnt der Computer, sagt der müde Arzt. Die Ambulanzschwestern verdrehen die Augen.

Irgendwann gibt's dann doch einen Wert, und die Schwester von St. Joseph kommt mit dem Rollstuhl durch die Tür. Große Wiedersehensfreude. Jetzt sind Sie ja doch schon wieder da, sagt die Schwester. Nur leider fährt sie Mutter nicht auf St. Joseph, sondern St. Hildegard, wo die nette Schwester leider nur aushilft, Mutter also auf komplett neues Personal trifft. Die Station ist groß und noch nicht renoviert, Krankenhaus wie früher, grün-weiß oder besser steingrau, auf dem Gang leere Betten, Wäscheberge, das Zimmer teilen sie sich zu dritt, liegen eng nebeneinander, in einer Ecke sind die Spinde und ein kleines Bad. Ist doch schön hier, sagt Mutter und sieht aus dem Fenster. Mir gefällt's, und ob ich nun da liege oder da, ist doch egal.

Mutters Platz ist in der Mitte. Sie freut sich, als das Essen kommt. Na, da sind wir ja gerade richtig, sagt sie und teilt es für uns beide auf. Sie selbst will die Suppe, ein Gäbelchen Selleriesalat, für mich die Spaghetti in einer mir fremden Art. Die beiden anderen Patientinnen nörgeln am Essen, Mutter findet alles toll. Das Essen im Krankenhaus ist immer sehr, sehr gut, sagt sie löffelnd, und: Ich werde jetzt auch darauf achten, dass ich esse und trinke. Das ist gut, sage ich. Den Nachtisch hebt sie sich für später auf. In der Zwischenzeit will ich ins Heim, um Mutters Sachen zu holen. Brauchst du nicht, sagt sie, ich habe doch alles hier. Aber nicht dein Nachthemd und so weiter. Ach so, ja.

Im Heim wartet Mutters Rollator noch am Empfang. Ich schiebe ihn zurück ins Zimmer, wo ich das Nötigste zusammenpacke, diesmal nehme ich die Rosen mit. Irgendwann muss ich hier alles mitnehmen, ich hoffe, es hat noch Zeit.

Mutter hat die Zeit für ein Schläfchen genutzt. Ich verstaue die Sachen in ihrem Spind. Wohin mit den Toilettenartikeln, das Bad ist zu klein. Alles hier rein, sagt Mutter, zeigt auf den Nachttisch. Auch ihre Brille, das Kästchen für die Hörgeräte, Stift und Block, Letztere hat sie noch nie gebraucht. Mutter gelüstet es nach Kaffee. Vorsichtshalber frage ich eine Schwester, ob Kaffee geht bei Myokardverdacht. Ist das deiner?, fragt Mutter nach dem ersten Schluck, sie denkt, ich hätte mein eigenes Kaffeepulver mitgebracht. Nein, der ist von hier.

Eine Medizinstudentin stellt sich vor und will von Mutter allerhand wissen. Ich helfe, weil Mutter nicht versteht, was die Studentin will. Sie ist aber sehr lieb im Umgang, was Mutter darin bestärkt, dass sie hier richtig ist, gut aufgehoben. Kuck mal, wie die sich kümmern, sagte sie leise, eigentlich besser als im Heim.

Dann kommt der behandelnde Arzt, dem es nicht gelingen will, sich auf Mutters Schwerhörigkeit einzustellen, entweder brüllt er oder drückt sich zu kompliziert aus. Ich übersetze. Jedenfalls bringt er die gute Nachricht: Ein Herzinfarkt ist dem Bluttest zufolge ausgeschlossen, man werde aber weiter untersuchen. Und auf einmal steht das Wort Herzkatheter im Raum.

Als hätte ich auf das Stichwort gewartet, sage ich: Nein, das möchten wir nicht. Wobei das »wir« schon komisch klingt. Der Arzt sieht zu Mutter, die wirkt, als bekäme sie alles mit, dann wieder zu mir. Ach so, da haben Sie schon drüber nachgedacht, ja wir wollen Ihnen hier auch nichts aufzwingen, ich hätte Sie ohnehin über die Gefahren unterrichtet. Aber so wissen Sie, sagt er, dass es dann einfach aus sein kann. Ja, ich weiß, sage ich, das ist ja dann vielleicht auch gut. In meiner Erinnerung hat er in dem Moment gegrinst, vielleicht war es aber auch ein wohlmeinendes Lächeln. Aber es gibt eben auch Patienten, klärt er weiter auf, die sich damit noch einmal eine Steigerung ihrer Lebensqualität erhoffen. Das ist bei meiner Mutter sicher nicht so, sie ist eher müde, sage ich, weil mir »lebensmüde« nicht über die Lippen will.

Was ist denn mit mir?, fragt Mutter, als der Arzt wieder weg ist. Dein Herz wird schwächer, sage ich. Und wie kommt das? Du bist nun mal alt, und mit achtundachtzig darf ein Herz auch mal schwächer werden. Bin ich deswegen immer so müde und mache nicht mehr so mit die ganze letzte Zeit? Ja, das kommt sicher daher. Sie scheint zu überlegen, jedenfalls dauert es eine Weile, bis sie sagt: Einfach so, die Augen zu, das wär doch schön, oder?

Dann will sie ihren Wackelpudding zu Ende essen, eigentlich lieber gefüttert werden. Mit achtundachtzig darf man auch mal faul sein, sagt sie und putzt vergnügt alles weg. Ich beuge meinen Kopf nah an ihren, Schläfe an Schläfe sage ich ihr ins Ohr: Ich glaube, du wolltest hierhin, was? Sie lächelt. Ist doch schön hier, mir gefällt's.

Ich gehe den schmalen Weg zum Berg hoch, rund ums Krankenhaus war kein Parkplatz frei. Es kommt mir vor, als atmete ich seit dem Morgen zum ersten Mal aus. Erst der Myocardverdacht und ein paar Stunden später eine beinahe fröhliche Mutter, die ihren ganzen Charme versprüht, bis alle sie lieb haben oder so tun, jedenfalls mehr als im Heim.

Viel Verkehr auf der Autobahn, am Verteilerkreis hat es einen schweren Unfall gegeben, Krankenwagen, Feuerwehr, Polizei, ich biege zum Glück vorher Richtung Rheinufer ab. Wieder Parkplatzsuche und, bloß nicht vergessen, Lottospielen. Im Schaufenster der kleinen Buchhandlung lese ich: »Jeder stirbt für sich allein«. Ich fühle mich wie in einem schlechten Film.

*

Mutter lächelt mich an, freut sich über meinen Besuch und erzählt mir gleich, dass sie mich gestern Abend anrufen wollte, aber, gibt's denn so was, meine Nummer fiel ihr nicht mehr ein. Jetzt war nur noch eine Neun in ihrem Gedächtnis, und die kommt in meiner Rufnummer gar nicht vor. Ich schreibe ihr einen großen Zettel, Hörer abnehmen, Telefontaste drücken und dann die Nummer. Immer wieder fragt sie sich verwundert, warum ihr meine Nummer nicht einfiel.

Dazwischen lacht sie einfach so. Und erzählt mir voller Freude, wie lecker das Essen schmeckt, das Mittagessen sei richtig gut gewesen, ich esse hier mit Appetit, nicht so wie im Heim, wenn da das Essen kam, hatte ich schon keinen Hunger mehr. Sie hält die ganze Zeit einen Zipfel der Bettdecke von sich weg und sagt, da wäre alles rausgelaufen. Am Infusionsständer hängt eine noch halb volle Flasche Kochsalzlösung. Das Kissen hätte die Schwester ausgetauscht, aber das hier trocknet sicher gleich, auch das Betttuch hat was abgekriegt, aber Mutter stört sich nicht weiter daran. Es ist schön, dass du da bist, sagt sie, du bist die Einzige, die ich noch habe.

Bei unserem abendlichen Telefonat wünscht Mutter Gerd einen lieben Heilgruß. Auch nicht schlecht. Und etwas leiser sagt sie, damit es die Nachbarin nicht hört: Ich hätte Lust auf ein Glas Wein.

Was kostet das hier?, fragt Mutter drei Tage später. Ihr Blick schweift durchs Zimmer, sie meint das Krankenhaus. Nichts, sagte ich. Sie nickt zufrieden. Dann bleibe ich noch ein paar Tage, im Grunde bin ich ja da – jetzt meint sie das Altenheim – auch nicht richtig untergebracht, so nah an der Klapsmühle! Mir wird wohler, Mutter ist wieder da.

Im Heim aber haben die Alarmglocken geklingelt. Die Tatsache, dass sich eine Bewohnerin im Krankenhaus besser aufgehoben fühlt als dort, wo sie zu Hause ist, hat Fragen aufgeworfen, zum Nachdenken geführt. Auch bei mir. Nicht erst seitdem Mutter wissen wollte: Muss ich jetzt mein ganzes Leben lang hierbleiben oder komme ich raus, wenn ich gesund bin?

*

Der Sommer hat Kraft gekostet – trotz Mutters neuer Pillen. Sie weint nicht mehr, sagte Engelchen während ihrer kurzen Vertretung bei Mutter, aber sie versteht sich nicht. Mutter verließ kaum ihr Zimmer, wurde wund vom vielen Sitzen und Liegen. Sie müsse mehr laufen, warnten die Pfleger, aber niemand lief mit ihr, außer mir. Ich fuhr jetzt dreimal in der Woche ins Heim, auch wenn das Thermometer über dreißig Grad anzeigte und Mutter am Telefon sagte: Bleib zu Hause, kühl dich am Ofen!

Wie ein Ofen fühlte sich bald mein Kopf an, als ich mit Mutter beim Zahnarzt saß und er ihre Prothese herausbohren musste, weil es mit der Hand nicht mehr ging. Er zeigte mir die Kalkschicht, die Zahnfleisch und Prothese zementartig verband. Drum herum alles entzündet, kein Wunder, dass sie kaum aß. Höllische Schmerzen müssen das gewesen sein, sagte der Zahnarzt. Zu ihm begleitete ich Mutter nun jede Woche. Mir machten die Besuche mehr aus als ihr, für sie war es jedes Mal ein Ausflug zu dem Netten, wie sie sagte.

Der Zahnarzt war wirklich nett und nahm sich Zeit für Mutter, mochte die Geschichten, die sie ihm erzählte, nicht von sich aus, sondern weil er sie fragte: Woher kommen Sie? Sie haben so einen wunderschönen Akzent. Aus Erfurt, sagte Mutter, ich bin aber schon seit fünfundvierzig hier. Und warum sind sie nach Bonn gekommen?, fragte er weiter. Ich wollte zu meinem Freund, sagte Mutter. Der Onkel in Mühlhausen hätte sie gewarnt, sie solle nicht in den Westen gehen, aber ich wollte ja zu meinem Freund. Nie zuvor habe ich Mutter das Wort »Freund« für Vater sagen gehört. Ich war gerührt. Der Arzt anscheinend auch, er fragte weiter: Wie haben Sie sich denn kennengelernt? Mein Mann, sagte Mutter jetzt, war im Arbeitsdienst, und ich war als Kindermädchen bei Frau Göbel. Und da hätte er Frau Göbel gefragt, ob er mal mit mir Bötchen fahren dürfe auf dem Hangeweiher. Das hat mir so gut gefallen, sagte Mutter, dass er mich nicht angefasst hat, also so ganz brav. Der Arzt lachte, sah mich an und meinte, aber später dann wohl doch, was? Wenn wir die Praxis verließen, sah Mutter kritisch in den Autospiegel: Ich sehe aus wie eine Zigeunerin. Sie meinte die metallenen Teleskope in ihrem Unterkiefer. Es dauerte Wochen, bis alles verheilt war und sie wieder kauen konnte.

Sie müssen unbedingt wiederkommen, sagte der Zahnarzt bei unserem letzten Besuch zu Mutter. Sie erzählen so schön, und ich mag Sie. Mir hielt er die flache Hand entgegen wie ein Sportler, ich klatsche sie spontan ab. Doch so schnell waren wir noch nicht draußen. Mutter hatte Geschmack am Erzählen gefunden und sagte noch schnell, dass im Heim heute Weinprobe sei. Was für Wein?, fragte der Arzt. Von der Ahr. Ich komme von der Ahr, sagte er und klopfte ihr lachend auf die Schulter, viel Spaß bei der Weinprobe! Die Helferinnen hakten Mutter schmunzelnd unter und begleiteten uns bis zur Tür. Beinahe beschwingt verließen wir die Praxis.

Ich bin doch eigentlich ein bisschen beliebt?, fragte Mutter mit schelmischem Blick auf dem Weg zum Auto. Du kommst gut an, sagte ich. Alle mögen dich. Die kleine Fränkin ließ ich jetzt mal außer Acht.

Nicht außer Acht ließ ich die Frage des Zahnarztes: Wie kann so was passieren, noch dazu in einem Heim: ein Dekubitus im Mund? Diese Frage gab ich weiter, ein paar andere noch dazu. Danach muss sich auch der Kopf der Heimleiterin wie ein Ofen angefühlt haben, jedenfalls sah es für mich so aus. Aber auch mein Kopf wechselte wieder die Temperatur, als das Gutachten vom Medizinischen Dienst einging und ich Mutters Einstufung las: schwere Pflegebedürftigkeit! Kaum zu fassen, dafür stand einem Heimwechsel jetzt nichts mehr im Weg.

Warten, bis es so weit ist

Es war nicht leicht, etwas zu finden, ich sah jetzt genauer hin. Wo könnte ich denn noch hin?, fragte Mutter jedes Mal, wenn ich erfolglos von einer Heimbesichtigung kam. Allein die Aussicht auf Veränderung hatte neue Energie in ihr geweckt.

Auch mit dem Laufen klappte es besser, Mutter machte Fortschritte, seit ich die Anzahl meiner Besuche erhöht hatte. Bald schon schaffte sie es ohne Rollator bis zu den Papageien vor dem Speisesaal. Schwere Pflegebedürftigkeit sah für mich anders aus.

Die kleine Fränkin wollte Mutter nicht wiedersehen. Die hat mich kein einziges Mal besucht, sagte sie und erzählte jetzt mehr von früher, als Harry, der Nachbarsjunge, abends für sie Kirschen stibitzte und sie ihr heimlich durchs Fenster reichte. Geheiratet hat er dann Marianne, eine von Mutters fünf Schwestern. Ich habe die Kirschen gekriegt, und Marianne hat er geheiratet, sagte Mutter, auch komisch. Warum hast du nicht den Harry geheiratet?, habe ich einmal gefragt. Och nee, winkte sie ab, das kam nicht infrage, der war ja nur so ein Nachbarsjunge, also da war gar nichts.

Dafür wurde es endlich was mit dem neuen Heim. Das Essen werde frisch zubereitet, versicherte man mir. Im ganzen Haus roch es angenehm. Der Mann, der mich herumführte, grüßte alle Bewohner mit Namen, sie freuten sich, ihm zu begegnen, viele mit wachem Blick. Wollen Sie hier einziehen?, fragte eine. Die Stimmung im Haus wirkte lebendig, viel lebendiger als in Bonn, und es lag nur fünf Minuten zu Fuß von mir entfernt.

Ist das katholisch da?, war Mutters erste Frage. Nein, beruhigte ich sie. Von Scheinheiligen hatte sie wohl die Nase voll. Es gebe Zimmer nach vorne zur Straße und nach hinten zum Garten, berichtete ich ihr, vorne käme mehr Sonne hin, hinten wäre es dafür ruhiger. Mutter entschied sich für ein Zimmer zur Gartenseite. Die Zimmer sind ein bisschen kleiner als hier, gab ich zu bedenken. Das ist egal, sagte Mutter. Die Frauen, mit denen ich sprach, hätten das Essen gelobt, berichtete ich weiter, auch dass viele noch allein laufen könnten, so wie sie. Na, das klingt doch ganz gut, sagte Mutter, aber meinen kleinen Freund sehe ich dann nicht mehr. Das stimmt, sagte ich, aber neben dem Heim ist ein Kindergarten, die Kinder kommen manchmal zu Besuch.

Mutter sah vor sich hin. Dann wirst du auf deine alten Tage noch Kölnerin? Ja, sagte sie und lächelte. Ich habe in Erfurt, Bonn und Köln gelebt, kannst du dann sagen, aller guten Dinge sind drei. Eigentlich hätte ich noch Prag und Wien hinzufügen können, aber das fiel mir erst später ein. Ja, Bärbelchen, und du brauchst nicht mehr so viel zu fahren, das ist mir das Wichtigste. Und nach einer Pause sagte sie, dann können wir auch zusammen essen. Oder ich kann mal ein Weinchen mit dir trinken, sagte ich, dann brauche ich ja nicht mehr zu fahren.

*

Also dann machen wir das, sage ich, nachdem ich Mutter reichlich Bedenkzeit gegeben habe, ich melde dich in Köln an. Es gibt eine Warteliste, und ein paar Leute müssen erst sterben, bis ein Zimmer für dich frei wird. Es kann also noch dauern.

Da freue ich mich, sagt sie und strahlt: Da habe ich ja noch was vor! Das hätte ich nicht gedacht, noch ein Umzug. Ja, und wie geht das dann? Sie sieht sich im Zimmer um. Na, sind eigentlich nur meine Sachen, sie schaut weiter, und der Teppich. Und der Sessel, auf dem du sitzt, sage ich, und das

Bücherregal hinter dir. Und die Sachen da im Schränkchen, sagt sie, das kann man ja alles in eine Kiste packen, das überlasse ich dir. Darum brauchst du dich auch nicht zu kümmern, sage ich. Aber das geht doch nicht alles in dein Auto? Da hast du recht, sage ich, dann mieten wir uns ein größeres. Sie lacht, ja und dann fahren wir zu Nico, und die Ute hat es dann auch ganz nah (zwanzig Kilometer weniger bis nach Berlin!). Und dann gehen wir auch mal in die Stadt. Meinst du, das klappt noch in diesem Jahr? Ich weiß nicht, sage ich, aber schön wäre es.

Mutter sieht aus dem Fenster in eine neue Zukunft. Herr Will, sagt sie nach einer Weile, der wird mich vermissen.

Später erzählt sie, dass der elegante Mann sie besucht habe. Mutter kennt ihn nur vom Sehen. Vom Typ her ganz der feine Arzt. Es habe geklopft, und dann habe er die Tür geöffnet und gesagt: Gestatten Sie, dass ich eintrete? Sie habe ihn hereingebeten, und dann hätten sie ein bisschen erzählt, aber sie weiß nicht mehr, worüber. Hast du ihm die Fotos gezeigt? Nein, aber er hat sich so umgesehen, und zum Schluss hat er gefragt: Gestatten Sie, dass ich wiederkomme? Na, du hast ja Chancen, sage ich amüsiert, die sind ja alle hinter dir her. Mutter lacht. Ja, die sind alle hinter mir her.

Der erste Schritt ist getan, denke ich auf der Rückfahrt und bin froh. Ich nehme mir vor, Zweifel mal etwas auszublenden. Nicht alles wird perfekt sein. Ich hoffe nur, dass das Pflegepersonal nett sein wird und ein bisschen mehr Zeit für die Bewohner hat. Und vielleicht trifft Mutter ja tatsächlich noch jemand, der oder dem sie ihr Leben erzählen kann und die oder den sie mag.

*

Mutter scheint sich ganz gut zu fühlen. Sie hat neuen Schwung, singt wieder im Chor mit, animiert andere Frauen, sich mit ihr nach draußen zu setzen. Wer es im Einzelnen ist, weiß ich nicht, die eine oder die von oben, mehr ist nicht in Erfahrung zu bringen.

Ich habe ihr gesagt, dass sie mich in Köln erst besuchen kann, wenn es mit den Stufen wieder klappt. Statt den Aufzug zu nehmen, halte ich ihr die Tür zum Treppenhaus auf, und da stapft sie auch schon los, ohne anzuhalten, setzt sie einen Fuß vor den anderen, Stufe um Stufe, in einem ungekannten Tempo. Auf dem ersten Treppenabsatz macht sie kurz halt, dann geht es weiter. Oben angekommen, sage ich, toll, das hat ja super geklappt, willst du noch mal? Nein, sagt sie, ich bin doch ein bisschen außer Puste, was man aber kaum merkt. Jetzt muss ich erst mal gucken, dass ich das Ding hier loswerde, sagt sie unvermittelt. Sie meint den Rollator. Wahrscheinlich ist er ihr gerade ins Auge gesprungen. Aber vielleicht brauchst du ihn mal, wenn dir schwindelig ist, sage ich. Ach Quatsch, an so was soll man sich gar nicht erst gewöhnen, der verstellt mir nur das Zimmer.

Abends am Telefon erzählt sie, dass sie ihn fortgeschafft hat. Ich freue mich so auf Köln, sagt sie noch, in Gedanken habe ich schon alles gepackt. Aber du weißt, es kann noch dauern, wir (!) stehen erst auf der Warteliste. Aber du hast das im Griff, ja? Vielleicht wenn du ein bisschen … du kannst das doch immer so gut. Na ja, aber hier geht es streng nach der Liste, sage ich. Na gut. Jedenfalls freue ich mich richtig, nach Köln zu kommen.

Dann fällt ihr noch etwas ein. Der Mann war da, sagt sie, der mit mir, na, du weißt schon, der mit mir rumhüpfen soll. Sie meint den Physiotherapeuten. Aber das war so langweilig. Ich sollte Kniebeugen machen und mich am Bett festhalten, also das kann ich auch ohne den. Ist überhaupt ein langweiliger Kerl. Hat erzählt, er lebt mit seiner Tochter alleine, na, was das schon für einer ist, dem die Frau weggelaufen ist. Vielleicht ist ja er weggelaufen?, gebe ich zu bedenken. Aber Mutter bleibt dabei, ein langweiliger Mann. Sie hat immer noch ein Auge für Männer, bevorzugt den großen schlanken Typ mit gepflegtem

Haar ohne Bart, wie den Physiotherapeuten aus dem Krankenhaus mit den schönen blauen Augen. Mit dem kann der Kollege im Heim nicht mithalten. Da muss ich ihr recht geben.

*

Mutter steht auf Platz drei der Warteliste, jetzt könnte es schnell gehen. Ich möchte sicher sein, dass sie den Umzug auch wirklich will, deswegen fahre ich an einem sonnigen Augusttag mit ihr nach Köln. Freundlicher hätte man uns nicht empfangen können, Mutter wäre am liebsten gleich dageblieben. Wann kann ich einziehen?, fragt sie die Pflegedienstleiterin, aber die kann auch nur auf die Warteliste verweisen. Du bleibst da dran, sagt Mutter zu mir. Es ist ihr jetzt auch egal, ob es ein Zimmer zur Gartenseite wird. In Gedanken ist sie bereits in Köln.

Als wir an den Fußballfans vorbeifahren, die vor der Eckkneipe mit Biergläsern in der Hand Bundesliga gucken, frage ich Mutter im Scherz: Willst du auch ein Bierchen? Jetzt nicht, antwortet sie schnell, aber wenn ich in Köln bin, dann gehe ich mit Gerd ein Kölsch trinken. Dann können wir auch schön in die Stadt gehen und ein bisschen was kaufen, sagte sie. Du meinst shoppen? Ja. Ihre Augen strahlen, shoppen! Na, die werden Augen machen, wenn ich das im Heim erzähle, aber ich sage, vielleicht besser erst, wenn was frei wird, oder? Ja, sagt sie, und es hört sich nach Verständnis an, ich glaube auch, das wäre besser.

Hoffentlich muss sie nicht zu lange warten, denke ich, Vorfreude lässt sich nicht endlos ausdehnen. Momentan wäre Mutter fit für einen Umzug. Sie ist wieder schneller im Denken und besser orientiert. Demenz scheint doch keine Einbahnstraße zu sein.

Wenn Mutter überhaupt dement war, daran hatte ich nach wie vor meine Zweifel. Deswegen habe ich in dem Arztbogen für das neue Heim auch nichts davon erwähnt, und der Stellvertreter vom feinen Arzt hat einfach unterschrieben. Vielleicht war es ihm nicht aufgefallen oder er war sich selbst nicht sicher.

Ich hatte einiges gelesen über Demenz, die Erscheinungsformen, die Zusammenhänge. Über Hoffnung, Zuwendung und Zärtlichkeit stand da nicht ein Wort. Mutter hatte keinen Ausweg mehr gesehen, in ihrer Welt war es dunkel geworden. Jetzt blickte sie ins Helle, war wieder wach.

*

Mutters Umzugspläne waren dann doch schneller bekannt als geplant. Sie selbst hat wohl dafür gesorgt, als letzte Waffe gegen die kleine Fränkin und die anderen Stimmungskiller, die ihr vorhielten, sie würde zu sehr verwöhnt. Da hat sie ihr Ass aus dem Ärmel gezogen und gesagt: Lange braucht ihr euch das nicht mehr mit anzusehen, ich bin bald weg hier. So hat sie es mir erzählt. Die kleine Fränkin soll noch eins draufgesetzt und gesagt haben: Ich bin froh, wenn Sie weg sind! Sagte Mutter. Vielleicht hat sie aber auch erwidert: Sein S' froh, wenn S' weg sind! Und Mutter hat es nur falsch verstanden.

Ich zog Mutter von den schlechten Erinnerungen weg, erzählte, dass die Heimleiterin ein Abschiedsfest für sie geben wolle. Was sage ich denn da zum Abschied?, fragte Mutter und fing an zu überlegen. Reich mir zum Abschied noch einmal die Hände … Ich sag ganz leis auf Wiedersehen, na ja, irgendwie so, sagte sie. Oder ich singe. Sie fing an zu singen, »Leise rieselt der Schnee«, stoppte dann und sagte, nee, das passt nicht. Du hast doch eine Kiste mit Gedichten, schlug ich ihr vor, such doch da was raus. Ihr Mund verzog sich ein winziges bisschen, sie schien kurz zu überlegen und sagte dann: Guck du doch mal im Interneeed.

Sie sei wieder ganz gut dabei, sagte Engelchen über Mutter, und das mit der hohen Pflegestufe verstehe sie auch nicht. Sie hätten andere im Haus, die sie dringend bräuchten, weil sie nicht alleine essen können, die bekämen sie nicht. Aber egal, sagte Engelchen, Hauptsache, Mutter ginge es besser. Und mit dem Umzug nach Köln, das fände sie auch richtig.

Aber so weit war es noch nicht, erst stand die Hochzeit der Enkelin auf dem Plan. Was ziehe ich an, war tagelang Mutters wichtigste Frage. Über den Text für die Glückwünsche haben wir lange nachgedacht, für Mutter vielleicht zu lange. Kurz entschlossen nahm sie den Stift und schrieb im Blitztempo einen neuen, schüttelte ihn einfach so aus dem Handgelenk.

Ein paar Tage drauf sind wir in der Spätsommerhitze aufgebrochen. Heiraten Sie auch noch einmal?, fragte die Dame am Empfang belustigt. Neiiin, sagte Mutter lachend. Auf der Fahrt sang sie vergnügt: »Ich schau den weißen Wolken nach und fange an zu träumen …« Später dann hat sie sich gewundert, dass wir nicht in der Kirche saßen, sondern im Pfarrgarten, und als sich die Reihen füllten, fragte Mutter mich immer wieder, sind das alles Neugierige? Nein, das sind alles geladene Gäste. Wir setzten uns des Schattens wegen in die vorletzte Reihe.

Dann zog Sonja, die Enkelin, am Arm ihrer Mutter an uns vorbei, eine schöne Braut. Ohh, sagte Mutter und wunderte sich, dass nicht der Pfarrer sprach, sondern jeder, der dem Brautpaar etwas wünschen wollte. Ein Nachbar spielte Dudelsack, eine Kerzenzeremonie folgte und die Lesung vom Onkel, der auf die Tränendrüse drückte, bis wirklich alle, alle Frauen weinten. Dann enthüllte die schniefende Braut eine Überraschung für ihren Oli, ein Bild von seinem geliebten Opa und seinen Tanten, die verstorben waren und heute mit dabei hätten sein sollen, worauf dann auch dem Bräutigam die Tränen kamen: Scheiße, ich wollte nicht heulen.

Mutter verstand kein Wort, auch nicht das Jawort, für den Ringetausch saßen wir ebenfalls einfach zu weit weg und für das Harfensolo der Freundin, das die Frauen nutzten, um sich die Tränen abzuwischen, um ihnen während der anschließenden Sandzeremonie gleich wieder freien Lauf zu lassen. Mutter guckte einfach hin und her. »All you need is love«, sangen am Schluss alle zusammen, aber Mutter kannte das Lied nicht.

Danach drängten alle zum Gratulieren nach vorn, was bei den vielen Gästen dauerte, für Mutter und mich eine halbe Ewigkeit, bis wir dran waren. Mutter war wackelig auf den Beinen, der Rasen war nicht ganz eben, aber sie wollte sich auch nicht bei mir einhängen und schwankte hin und her. Wann gibt es was zu essen?, wollte sie wissen, aber ich musste sie vertrösten, im Programm stand vorher die Sektrunde. Schließlich kamen wir an die Reihe, zu gratulieren, aber Mutter waren auf dem langen Weg die Worte ausgegangen. Und als Sonja sagte, wie sehr sie sich freute, dass Mutter dabei war, antwortete Mutter knapp: Das ist doch selbstverständlich.

Dann ließen alle lila Luftballons steigen und wurden zusammengetrieben, um sich am Ende des Gartens für die Fotos aufzustellen. Es dauerte, bis sich die Masse im Sinne der Fotografin arrangiert hatte, und so besorgte ich einen Stuhl für Mutter, und auch die andere Oma durfte sitzen, während alle in die Sonne blinzelten und die Männer hochspringen mussten, mit den Armen in der Luft. Wofür war jetzt das?, fragte Mutter. Es wurde für ihren Magen langsam Zeit. Wo kriegt man denn hier mal ein Butterbrot? Aber da hätte sie noch lange warten müssen, und so wollte sie lieber schnell zurück zum Abendessen ins Heim, und dann saß sie endlich im Auto und winkte allen zu wie die Queen bei einem Staatsbesuch.

Später zu Hause liefen mir die Tränen vor ich weiß nicht was allem, vor Erschöpfung, Mitleid, weil Mutter das alles nicht richtig geschnallt hat, vor zu viel Liebesschwüren und Versprechungen, zu allen Zeiten gegenseitig zu vertrauen und zueinanderzuhalten, immer für den anderen da zu sein bis ans Ende der Tage und darüber hinaus …

Mach dir nicht so viele Gedanken, sagte Gerd, aber gegen den Hochzeitskater half es mir nicht.

*

Zwei Tage später empfing mich eine neue Schwester im Heim, Mutter hätte so geweint, weil sie hier wegmüsste. Ich dachte, ich höre nicht richtig, und sagte, genau das wäre seit Monaten Mutters Wunsch. Das muss sich ja nicht widersprechen, sagte die Schwester, sie will zu Ihnen, aber nicht den Wechsel. Der Einfachheit halber pflichtete ich ihr bei.

Was soll ich gesagt haben?, fragte Mutter. Das stimmt doch gar nicht, sagte sie entrüstet, hoffentlich klappt das bald mit Köln. Was meinst du, wie lange das noch dauert? Ich hätte mir eine Pistole besorgt, sagte ich, aber ich würde mich nicht trauen. Sie lachte, nee, lass mal.

Wir haben bis jetzt zusammengesessen, sagt Mutter abends am Telefon. Der Buschi hat eine Flasche Wein spendiert, es war so gemütlich. Na, das freut mich, du kannst ja auch mal eine Flasche ausgeben. Ach, solange die anderen was anbieten, halte ich mich zurück. Und dann singt sie: »Ich schau den weißen Wolken nach …« Ich muss lachen. Dann schlaf mal schön, Schneckchen. Und grüß mir den … sie kommt nicht weiter. Ich helfe und sage, den lieben Schwiegersohn. Ja, den lieben Schwiegersohn.

In der Nacht träume ich, ich will am Strand etwas trinken und aufs Meer blicken, aber dann sind es nur bemalte Wände, auf die ich sehe, ich suche eine Tür, um wirklich zum Strand zu kommen, aber es sind immer nur andere verbretterte Räume, aus denen und um die ich herumlaufe, immer schneller, mit dem Gefühl, jemand folgt mir nach. Als ich wach werde, rast mein Puls, und das Herz schlägt mir bis zum Hals.

Ich komme gerade vom Singen, sagt Mutter an einem anderen Tag am Telefon, so schön sei das gewesen, und schon singt sie los: »Schneefelder blinken, schimmern von ferne her, Lande versinken im Wolkenmeer …« Ich bin ganz verzückt von der Zeile »Schneefelder blinken, schimmern von ferne her«. Wir singen zusammen. »Wenn die bunten Fahnen wehen, geht die

Fahrt wohl übers Meer, woll'n wir ferne Länder sehen, fällt der Abschied uns nicht schwer.« Mehr Text fällt mir nicht ein, Mutter singt alleine weiter, auch den Refrain der vierten Strophe, »Schneefelder blinken, schimmern von ferne her, Lande versinken im Wolkenmeer …«

Als ich auflege, denke ich, hoffentlich gibt es im neuen Heim auch einen Chor. Vielleicht, und das ist wahrscheinlicher, ist sie aber nur jetzt noch einmal so aktiv, weil sie weiß, dass sie umziehen, sich noch einmal verändern wird. Ich befürchte, wenn sie erst mal umgezogen ist, in ihrem letzten Zuhause angekommen, wo ihr alles fremd sein wird, wird sie sagen, wäre ich doch nur dageblieben.

Die Heimleiterin hat die Pinnwand mit den Bildern vom Sommerfest abgehängt und die Fotos verschenkt. Ein Foto von Mutter und mir hätte besondere Aufmerksamkeit erregt und sei rumgereicht worden, berichtet sie nicht ohne Stolz. Für Herrn Will hätte sie auch ein Foto besorgt, der hätte sich vielleicht gefreut. Ich erinnere mich, dass es wirklich ein schönes Bild war. Ein Foto mit uns und anderen drauf hätte sie der Frau von oben überlassen. Warum wollen Sie uns verlassen?, hätte die gefragt. Und was hast du ihr geantwortet?, frage ich. Na, ich muss ja!!! Du musst nicht, sage ich. Mutter lacht und wechselt das Thema. Gestern Abend, sagt sie, habe ihr die Helferin – sie bleibt bei Helferin für Pflegerin – sogar einen Kuss auf die Wange gegeben und gesagt: Schlafen Sie schön! Da dachte ich, sagt Mutter, ich seh nicht richtig.

*

Weißt du, in letzter Zeit denke ich oft an meine Brüder, den ältesten, Kurt, der in Russland geblieben ist. Aber der ist doch aus Russland wiedergekommen, der war dann auch in Bonn, hat doch dem Adenauer die Post nach Rhöndorf gebracht. War es der zweitälteste vielleicht, der Paul? Mutter ist unsicher. Nein, der ist mit dem Motorrad verunglückt, der ist nicht im Krieg gefallen. Also ich muss noch mal nachdenken, beendet sie das Thema.

Dann fällt ihr aber Frau Nölle ein, die drei Häuser neben dem Kindergarten die Bäckerei hatte, deren Sohn ist auch nicht aus dem Krieg zurückgekommen, sagt sie, der einzige Sohn, die hat so geweint. Der Karli, der hat mir immer ein Brötchen geschenkt, wenn er welche ausgetragen hat, der war eigentlich hinter Susanne her. Die wollten ja damals auch, dass ich Nachtwache vor dem Rathaus mache, die Verrückten, aber da hat mein Vater gesagt, das machst du nicht, sollst du die Bomben auffangen oder was? Und dann sind wir auch schon in Prag. Da hatten wir Ausgangssperre um sechs, sagt Mutter, jemand war umgebracht worden. Der Heydrich, sage ich. Genau, der Heydrich, du kennst dich besser aus als ich. Ja, weil du mir das erzählt hast. Siehst du, das habe ich schon vergessen, und da war noch der Soldat, der mich gefragt hat, ob ich aus Erfurt komme, er hätte da eine Freundin. War das nicht im Prater in Wien? Ja, im Riesenrad … Und dann ist sie wieder bei den Brüdern, dem jüngsten, dem Hans: Den habe ich noch zum Bahnhof gebracht, der hat geweint und zu mir gesagt: Ich glaube nicht, dass wir uns wiedersehen.

Von diesem Abschied hat Mutter mir schon viele Male erzählt, sie war ein junges Mädchen, als der Krieg ihr den Bruder nahm. Wir schweigen ein bisschen in die Sonne, sitzen am Seerosenteich. Hier sind wir immer gern zusammen, ganz für uns, den anderen ist der Weg zu steil.

Sind das in Köln eigentlich auch alles so alte Leute, also älter als ich?, fragt Mutter auf einmal. Unterschiedlich, sage ich, eigentlich wie hier, manche sind älter, manche sicher jünger. Na ja, jedenfalls bin ich froh, wenn ich hier raus bin.

Sie erzählt das alles mit einer Heiterkeit, die sich erst eingestellt hat, seit sie weiß, dass sie das Heim wechseln und damit alle abhängen wird, die hierbleiben müssen und nie mehr rauskommen. Jede Heiterkeit genießen und als Geschenk sehen, sage ich mir und nehme Mutters linke Hand, lege ihr meine Linke um die Taille, summe »Ich schau den weißen Wolken nach« und mache ein paar Tanzschritte mit ihr, in die sie mühelos einfädelt. Als ich ihre Hand hochhalte und sie animiere, sich zu drehen, sagt sie: Das hat der Therapeut auch mit mir gemacht. Und dann stellt sie sich auf den Teppich. Hier oben – der Teppich ist zwei Zentimeter höher als der Fußboden –, hier oben hat er gestanden, sagt sie und hat meine Hand genommen, und – ich mache es gleich mit – dann habe ich mich gedreht. Toll, sage ich, als Mutter sich leicht wie ein junges Mädchen vor mir um die eigene Achse dreht. Na, der macht ja tolle Sachen mit dir. »Ich schau den weißen Wolken nach und fange an zu träumen«, singt Mutter weiter. Ich reime ein falsches Ende: »… die Affen laufen frei herum und sitzen auf den Bäumen …« Mutter lacht sich schlapp.

Ob ich hier noch zum Friseur gehe?, fragt sie. Klar, mach doch. Ich hätte ja mal Lust auf einen Pony. Steht mir der wohl? (Die Frage taucht seit fünfzehn Jahren in regelmäßigen Abständen auf, bislang hat sie sich noch keinen Pony schneiden lassen.) Ich streiche ihr die Haare in die Stirn und mache mit der Handykamera ein Foto. Hier, ich halte ihr das Foto hin, so sieht das aus. Ist doch ganz gut, oder?, sagt sie. Ja, es steht dir. Ich muss der (»der« ist die Friseuse) das beim nächsten Mal sagen.

Später am Telefon: Ich habe mich noch zu den anderen auf die Terrasse gesetzt. Da ist eine von oben dazugekommen, die hat zu mir gesagt: Nein, was sind Sie schmal geworden, Frau Schröder! Die hat sich gar nicht mehr eingekriegt. Ich habe gesagt, jetzt hören Sie aber mal auf, ich esse gut, ich trinke, ich fühle mich wohl, und dann habe ich denen erzählt, die Bärbel hat gesagt, ich soll mir einen Pony schneiden lassen, da hätten alle die Augen verdreht. Na, du bist vielleicht eine, sage ich, das habe ich doch gar nicht gesagt, du selbst willst doch einen Pony haben. Ja, stimmt, sagt Mutter, ich habe dich vors Loch geschoben. Das mache ich manchmal so. »Ich schau den weißen Wolken nach …«

Am Samstag darauf, als ich Mutter zusammen mit Gerd besuche, will sie von dem lieben Schwiegersohn wissen, was er von einer Ponyfrisur hält. Nichts, sagt Gerd. Gespielte Enttäuschung. Vielleicht aber auch nicht, Mutter schätzt sein unbestechliches Urteil. Gerd ist meine Axt, hat sie früher mal gesagt und meinte damit nicht nur sein technisches Geschick bei der Reparatur ihres Telefons; sie mag, dass er sie nicht wie eine debile Oma behandelt, sondern wie ein Gegenüber, das ernst genommen wird. Der Pony ist damit vom Tisch, und Mutter demonstriert ihm, wie gut sie wieder laufen kann, ohne fremde Hilfe, ohne das Ding, wie sie sagt, hält sich aber doch am Geländer fest, ich reiche ihr meinen Arm. Herr Will quält sich gerade mit dem Rollstuhl aus seinem Zimmer. Gut-t-ten T-tttaaaaak, Frrrrr … Wir gehen einen Kaffee trinken, Herr Will, sage ich, bis später. Biiii spääät.

Vor dem Fahrstuhl im Parterre hängen die Porträts der Heimbeiratsmitglieder. Mutter zeigt stolz ihr Foto, auf dem sie mindestens zwanzig Kilo schwerer ist und wie eine rüstige Rentnerin aussieht.

Draußen vor der Tür ist sie plötzlich ganz gerührt, sagt, wie sehr sie sich über unseren Besuch gefreut hat. Ich nehme sie in den Arm, spüre das spitze Schulterblatt und winke ihr beinahe von jeder Stufe aus zurück.

*

Und dann kam noch der Papst nach Erfurt. Wir sitzen vor dem Fernseher, ich in Köln und Mutter in Bonn, wir schauen beide zu und kommentieren am Telefon, wem der Papst gerade die Hand schüttelt, wie er vorfährt und in den Dom geht, den Kreuzgang abschreitet, im Garten das Grab eines Freundes besucht. Na, der ist aber doch schon ein bisschen tatterig, sagt Mutter. Ja, du kannst noch rumspringen, sage ich, das kann der Papst nicht mehr, dabei ist er vier Jahre jünger als du. Sie lacht.

Um zwanzig nach zwölf, sagt der Kommentator, finde in der Augustinerkirche eine Messe für den Papst statt. Da haben wir um die Ecke gewohnt, sagt Mutter, in der Augustinerkirche bin ich konfirmiert worden. War das nicht in der Andreaskirche? Ja, richtig. In die Augustinerkirche bist du zum Kindergottesdienst gegangen. Du weißt das besser als ich. Na, hab ich alles von dir. Ich würde ja gerne noch mal so durch Erfurt laufen, sagt sie.

Am nächsten Morgen geht es weiter. Ich rufe Mutter gegen zehn Uhr an. Schalte mal das Erste ein, sage ich, auf dem Domplatz findet eine Messe mit dem Papst statt. Sie sagt, warte mal, ich habe das dritte Programm an, und legt den Hörer zur Seite.

Ahh ja, der Dom und die Severikirche, sagt sie, als sie wieder ans Telefon kommt. In Erfurt ist strahlender Sonnenschein, kein Wölkchen am blauen Himmel, und dann sind wieder die Domstufen im Bild, auch wenn man sie nicht alle erkennen kann, denn da stehen dreißigtausend Menschen, aber ich sehe durch sie hindurch, wie Mutter da als Kind hoch- und runtergehüpft ist.

Da war früher Mittwoch und Samstag Markt, sagt Mutter, da ist Papa immer hin und hat am Ende das Gemüse eingesammelt, das da noch rumlag, wie Frau Steinauer, weißt du noch, in St. Peter Ording? Ja, ich weiß, sage ich und erinnere mich an die Pensionswirtin, bei der wir unsere Sommer verbrachten. Und dann hat sie daraus Suppe gekocht, sagt Mutter weiter. Ja, ich weiß, und du hast mitgeschnippelt. Ja, sagt sie, für die Studenten, die bei ihr für ein paar Mark im Garten schliefen, denen haben wir Suppe gekocht.

Sie selbst hat heute nicht viel gegessen, Samstag Suppentag, Graupensuppe, für Mutter bittere Nachkriegserinnerung, Graupensuppe gab es auf Lebensmittelmarken, die hat sie mit Vater damals im Gasthaus Zum Bären gegessen. Graupensuppe will ich nie wieder essen, hat sie mir einmal gesagt.

*

Wir sind noch ein paar Mal durchs Dorf gefahren und auf dem Friedhof gewesen, und auch von ihrer Frau Schmitz hat sich Mutter verabschiedet. Ich komme Sie mal besuchen, hat die Schmitzebilla versprochen, mein Sohn wohnt ja auch in Köln. Da würde ich mich freuen, hat Mutter gesagt, und ich glaube, sie meinte das genau so, also nicht, wie man aus Höflichkeit sagt: Das würde mich freuen. Auch bei der Lottofrau sind wir gewesen, aber da hatten wir einen schlechten Moment erwischt, der Laden gerade voll, sie hat Mutter kurz zugenickt, »Alles Gute« gesagt, tschö, und das war's.

Und das wäre es beinahe auch für Mutter gewesen, denn am Abend darauf stürzte sie in ihrem Zimmer. Engelchen fand sie und meinte am Telefon, vielleicht ist es ja nicht so schlimm, aber das war es dann doch und Mutters Becken gleich doppelt gebrochen, und sie lag da in ihrem Schmerzlabyrinth wie abgetaucht, lag da und rührte sich nicht, ihre Hand still in der meinen. Und auch wenn Vater das nicht hatte erahnen können und sicher auch nicht gemeint hatte, jetzt war Mutter wirklich ein ärm Dier.

Ein kleines bisschen Glück, Mutters Lebensmotto, flackerte aber wieder auf und zeigte sich in Gestalt von zwei Ärzten der Geriatrie, wie es sie eigentlich nur in der Fantasie gibt oder in Fernsehserien, Ärzte, die sich zu Mutter ans Bett setzten, wenn sie mit ihr sprachen, und ihre Hand hielten. Da kam sie zurück.

Und ein paar Wochen später an einem ungewöhnlich warmen und sonnigen Tag im November nehme ich Mutters Hände und sage: Ich habe eine Neuigkeit für dich. Drei Richtige, sagt sie wie der Blitz. Noch eine Neuigkeit!, sage ich. Auch hinten die Zahl?, fragt sie. Nein, etwas anderes, kein Lotto. Mit mir, etwas mit mir? Ja, sage ich. Sie sieht mir tief in die Augen, und ein Lächeln, wie ich es lange nicht gesehen habe, überzieht ihr Gesicht. Ist das Zimmer frei? Ja, sage ich, dein Zimmer ist frei, du kannst nächste Woche einziehen. Dann müssen wir ja einen Umzug machen. Ja klar, sage ich.

Und dann erzähle ich ihr von dem neuen Zimmer. Es ist ein bisschen klein. Das macht nichts, sagt sie. Aber es liegt schön mit Blick in den Garten, und vor deinem Fenster steht eine Birke. Sie lächelt selig. Es liegt im ersten Stock. Ohh, schön, erster Stock. Als wir das Heim besucht haben, sind wir hinten in den Garten gegangen, kannst du dich erinnern? Ja, sagt sie, und es scheint, als könne sie mir folgen. Da hast du doch auf die Fenster in der Sonne gezeigt und gesagt, da, so ein Zimmer. Ja, sagt sie wieder. Und genau da ist jetzt dein Zimmer.

Sie hält meine Hände fest und drückt sie noch ein bisschen fester. Ach, Bärbel, du bist immer für mich da. Wenn ich dich brauche, bist du da, immer kommst du im richtigen Moment, und jetzt hast du auch noch mein letztes Zimmer besorgt. Sie streichelt mit den Daumen meine Hände, und ich erzähle, dass direkt gegenüber ihrem neuen Zimmer ein Wohnzimmer ist mit einem Sofa und Sesseln und dass es in der Küche einen großen Tisch gibt, an dem alle zusammen essen. Dann ist ja alles, alles gut, sagt sie. Dann bin ich bei dir, und wir können noch ein bisschen zusammen auf der Bank sitzen. Ja, Schneckchen. Ja, Röschen, sagt sie, oder wie habe ich zu dir gesagt? Flöhchen, du hast Flöhchen gesagt. Ach ja, Flöhchen.

Zwei Tage später zeige ich ihr das Foto vom neuen Zimmer, das Gerd ihr ausgedruckt hat. Oh, ist das schön! Also der Gerd hat immer so Einfälle, ich habe auch was für ihn, sie kramt auf dem Nachttisch rum und gibt mir einen eingeschweißten Kokoskeks. Dann streichelt sie mir mit dem Zeigefinger sacht über die Nasenspitze, weint ein ganz kleines bisschen und sagt: Wenn ich dich nicht hätte. Und nach einer kleinen Pause: Jetzt fängt ein neues Leben an.

Eine zweite Chance

Klein, aber fein!, verkündet Mutter meiner Schwester am Telefon, und mein Regal und der Weihnachtsbaum vom Buschi, das passt alles wie angegossen. Sie spricht von ihrem neuen Zimmer, ihrem letzten, wie sie sagt. Vom Umzug hat sie nichts mitbekommen, ihr Weg führte vom Krankenhaus direkt nach Köln, in ihr neues Reich.

Der Ausblick ist das Schönste, sagt sie, man kann so schön die Vögel beobachten. Da brauche ich gar kein Fernsehen. Sie fängt an zu singen: »Es stehen zwei Birken vor meinem Fenster …« Kennst du das?, will sie wissen. Ich weiß es nicht, ich freue mich einfach nur, dass sie wieder singt. Ja, ich kann jetzt eigentlich zufrieden sein, sagt Mutter nach einer kleinen Pause. Dann fragt sie nach den Gedichten, die ich ihr ausgedruckt hatte. Gelegenheit, endlich den Stapel Papier zu sortieren, der sich auf dem Tisch im alten Zimmer angesammelt hatte. Ganz oben die Abschiedsgedichte. Die brauche ich nicht mehr, sagt Mutter, aber die Weihnachtsgedichte, die kann ich doch schön hier vorlesen, die lassen wir mal auf dem Tisch liegen.

Eine zweite Chance für Mutter. Und auch für mich: Von Beginn an alles richtig machen, nichts durchgehen lassen!

Als Erstes lasse ich Mutters Bett austauschen, das mir wacklig erscheint, sage dem Hausmeister, wenn Mutter schaukeln wolle, ginge sie auf die Kirmes. Eigentlich geht das nicht, wehrt er ab, aber dann geht es doch, und Mutter bekommt ein stabiles Bett, auf dem wir zusammen rumhopsen könnten.

Freie Arztwahl. Mutters neue Ärztin sollte verständnisvoll sein und wenig verschreibungsfreudig, sage ich der Pflegedienstleiterin. Sie macht einen Vorschlag, und wenig später kommt eine halbjunge Ärztin ins Heim. Mutter findet sie auf Anhieb sympathisch, sie ist ruhig, einfühlsam, unkompliziert, hat eine warme Stimme. Ich kann mit ihr reden wie mit einer Freundin oder guten Bekannten, wie Mutter es ausdrücken würde. Mit dem Rotstift geht sie die Medikationsliste durch. Mir war nicht bewusst, dass Mutter noch immer drei Pillen gegen Übelkeit schluckt, längst ohne Grund. Sie will sich alte Krankenhausberichte ansehen und sagt, ich könne sie jederzeit in der Praxis anrufen, sie rufe dann um die Mittagszeit zurück, in ganz dringenden Fällen würde ich durchgestellt.

Ich frage sie noch, ob das so bleibe, dass Mutter keine Kontrolle über Blase und Stuhl hätte. Das könne sich geben, meint sie, wenn sie wieder laufe. Sie verschreibt ihr Krankengymnastik, das könne dann schnell losgehen. Die Ärztin sitzt immer noch in der Hocke und spricht ganz nah an Mutters Ohr. Mutters Vertrauen ist geweckt, und sie erzählt, dass ihre andere Tochter in Berlin auch Therapeutin sei und eine bildschöne Tochter habe, die in Hamburg lebe, die Elsa. Mutter sei ein Familienmensch, füge ich hinzu, ihr größtes Glück sei, wenn wir zu Besuch kommen. Das ist doch schön, sagt die Ärztin, und mit dem Laufen, das wird auch wieder. Bringen Sie sie immer wieder in die Senkrechte, sagt sie zu mir. Und zu Mutter: Alles Gute, Frau Schröder, wenn ich im Haus bin, schaue ich nach Ihnen.

Kein Wort über Demenz. Ich bin erleichtert.

Wollte nur mal deine Stimme hören, meldet sich Mutter nach dem Mittagessen. Das ist schön, sage ich, ich komme dich ja gleich besuchen. Gut, dann lege ich auf.

Ich genieße es, nur die paar Schritte ins Heim hinüber zu laufen, auch wenn ich mit einem Beutel Inkontinenzvorlagen aus dem Bonner Heim und einem Berg Wäsche unterwegs bin. Mutter empfängt mich frohgemut und mit neuer Frisur in ihrem

Sessel. Sitzen meine Haare noch?, fragt sie. Ja, siehst richtig schick aus, Frau Gräfin. Ohohhh!!, sagt sie, hebt dabei keck die Schultern hoch und schließt die Augen. Ich lege ihr ein kleines Geschenkpäckchen in den Schoß, Coco, ihren Lieblingsduft, sie freut sich sehr.

Ich muss mich gar nicht mehr übergeben, stellt sie plötzlich fest. Du bist auch nicht mehr aufgeregt, sage ich. Du bist jetzt hier, wo du hinwolltest, in Köln. Ja, ich bin an meinem Ziel angekommen, sagt sie, und es klingt mehr als Erleichterung in ihrer Stimme, ich habe mein Ziel erreicht!

*

Wir machen einen ersten Ausflug in den Garten. Mutter erkennt ihr Fenster an der Bodenvase mit den Rosen. Der Heimleiter – groß, nicht zu dünn, braune Augen, ganz Mutters Typ – kommt über die Wiese und begrüßt uns freundlich, fragt, ob Mutter sich schon eingelebt hat. Ja. Und wie ist das Essen? Sehr gut, heute habe ich zum ersten Mal seit langer Zeit wieder einen Pfannkuchen gegessen, sagt Mutter, mein Mann hat die so gerne gegessen, und da habe ich öfter welche für ihn gemacht, das macht man ja, wenn der Mann das möchte. Der Heimleiter lacht. In diesem Sinne, sage ich locker und schiebe Mutter weiter.

Eine Runde reicht, dann will sie zurück ins Zimmer. Am Empfang nehmen wir uns das neue Apothekenheft mit, des großen Kreuzworträtsels wegen, werden allerdings immer wieder unterbrochen von einem Pfleger, den Karl May sicher Feuerauge genannt hätte. Der lässt mich jede Menge Zettel unterschreiben und erklärt mir, dass keine mitgebrachten Medikamente benutzt werden dürfen, für die es keine Verordnung gibt. Es sei doch bescheuert, halte ich dagegen, eine unangebrochene Tube Salbe wegzuschmeißen und gleichzeitig eine neu verordnete zu kaufen. Feuerauge grinst. Wir finden eine Lösung.

Die schwarze Pflegerin kommt herein, die mütterliche vom ersten Tag. Ich habe mir ihren Namen nicht gemerkt. Maari, hilft sie mir auf die Sprünge, Maari mit langem A, und fragt, ob Mutter Kaffee möchte. Ich komme mit in die Küche, sage ich, dann müssen Sie nicht zweimal laufen. Danke, sagt Schwester Maari, wir freuen uns über jede Hilfe. Was wir selber machen können, sage ich, das machen wir!

Leider kommt Mutter nicht zum Kaffeetrinken, denn ein auffallend dürrer Mann betritt das Zimmer, stellt sich als Mitarbeiter des Sozialen Dienstes vor, gibt uns eine harte, verschwitzte Hand, die mir vorn die Finger zusammendrückt, fragt Mutter, wie es ihr ginge? Gut. Ob sie sich schon eingelebt habe? Ja, wenn meine Tochter bei mir ist, dann geht's mir gut. Ob sie schon Bekanntschaft mit den Zimmernachbarn gemacht hätte? Wie? Ob sie ihre Nachbarn schon kennengelernt hätte? Ja. Ich füge hinzu, dass sie die freundliche Dame am Ende des Flurs schon begrüßt hätte, die allerdings sehr leise spreche, Mutter könne sie schlecht verstehen. Aber sie sei gut in nonverbaler Kommunikation. Der Mann nickt. Er ist nicht gerade Mutters Typ, verschwitzte Hände geht bei Mutter gar nicht. Vater hätte gesagt, trübe Tasse.

Gib mal dein Buch aus dem Regal, lenkt Mutter die Lage in ihre Richtung. Hier, sehen Sie, das hat meine Tochter geschrieben. Der Mann nimmt steif das Buch entgegen, schlägt es in der Mitte auf und sieht für eine lange Sekunde stumm auf die Seiten, dann besinnt er sich und fragt Mutter, ob sie aus Schwaben (!) käme, er höre da so einen Akzent. Ganz falsche Richtung, sagt Mutter, ich komme aus Thüringen, aus Erfurt, und deutet auf das Bild mit dem Erfurter Dom an der Wand neben ihrem Regal. Sehen Sie, das ist der Erfurter Dom. Erfurt ist sehr schön, ne, Bärbel, ihr wart doch da? Ich kenne nicht alle Kirchen, entschuldigt sich der Mann, der noch immer vor Mutter hockt, was bei seiner Größe etwas merkwürdig aussieht.

Mutter erzählt einfach drauflos, dass Onkel Willi, der mit dem Getreidegroßhandel, gesagt hätte, geh nicht zu diesen Rheinländern, bleib lieber bei uns. Und dass man den Soldaten Briefe an die Front geschrieben habe und dass ihr Vater den Fremdarbeitern immer was aus dem Garten geschenkt hätte und dass sie zu ihm gesagt hätte, pass auf, Papa, sonst sperren die dich noch ein, und dass die Frauen ihre Kinder immer früh im Kindergarten abgegeben hätten, schon um sechs Uhr, die mussten ja arbeiten, in der Munitionsfabrik, die Kleinsten hätten noch geschlafen, die hätte sie einfach so genommen und ins Bettchen gelegt, und dann erzählt sie noch von den holländischen Freunden, wir sind ja damals immer nach, wie hieß das noch, Bärbel? Nach Katwijk. Ja, nach Katwijk gefahren, und da haben wir die Vandijks, richtig, Bärbel? Ja. Die Vandijks kennengelernt, der Mann war Bankdirektor in … wo, Bärbel? In Tilburg. Ja, in Tilburg, die hatten drei Jungen, die wollten nichts mit uns zu tun haben, die waren noch so gegen die Deutschen, aber mit den Vandijks war es eine schöne Freundschaft, die haben uns besucht und wir die.

Der dürre Mann versucht einen neuen Einstieg, fragt, wie Mutter das Mandolinenkonzert gestern gefallen habe. Wie? Ob ihr das Mandolinenkonzert gefallen habe? Ja, sehr schön. Dazwischen äußert Mutter immer wieder, wie das nur passieren konnte, dass sie nicht mehr laufen kann, aber das wird wieder, ne, Bärbel? Ich sage kurz, dass Mutter bis zum Tag des Sturzes am 22. Oktober gut laufen konnte. Der Mann, der sich inzwischen aus der Hocke hoch auf Mutters Bett gesetzt hat und seine eingeschlafenen Füße massiert, sagt, der 22. Oktober ist der Geburtstag von Liszt, das sei ein gutes Zeichen, und meint auch, das würde wieder. Und ob ihr die Musik von Liszt gefalle? Mutter hat es nicht verstanden, und ich antworte, Liszt wäre wohl nicht so ganz ihr Ding.

Der dürre Mann macht jetzt Anstalten zu gehen, weist noch auf die Nikolausfeier hin. Wie?, fragt Mutter. Morgen kommt der Nikolaus, wiederholt er. Ahahhh?! Bärbel, gib mal das Gedicht rüber. Ich reiche Mutter die Mappe mit den Weihnachtsgedichten, und sie fängt gleich an vorzulesen, sehr schön vorzulesen, Markt und Straßen steh'n verlassen …, was dem Liszt-Liebhaber einen zarten Applaus entlockt und zu der Frage veranlasst, ob sich Mutter auch für epische Balladen interessiere? Mutter hört die Frage gar nicht und will schon das nächste Gedicht vorlesen. An was denken Sie da?, frage ich ihn. Er sieht zur Decke, streckt seinen sehnigen Hals, überlegt dabei wohl und sagt: Die Glocke. Na ja, sage ich, das ist für Mutter Schulzeit, vielleicht also nicht so prickelnd. Oder, sagt er nach einer langen Pause, in der Mutter schon weiterliest, Deutschland ein Wintermärchen. Also Heine?, frage ich und schüttele den Kopf. Von drauß' vom Walde komm ich her, liest Mutter weiter, während der Mann langsam in die Senkrechte geht.

Sie müssen los, unterbricht Mutter ihren Vortrag, Sie haben wohl noch mehr zu tun? Der Hauch eines Lächelns fliegt über sein gerötetes Gesicht. Ja, da sind ja noch andere Bewohner. Ich frage, welche Aufgabe er denn bekleide, wir würden so viele neue Gesichter kennenlernen und hätten noch nicht so den Überblick. Er zählt drei Mitarbeiter des Sozialen Dienstes auf, wovon wir schon zwei kennengelernt haben, und sagt dann über sich, er sei nicht festangestellt, er sei arbeitslos und mache hier seit August ein Integrationsprogramm. Ah, das ist ja schön, sage ich, denke im ersten Moment, er soll den neuen Bewohnern helfen, sich zu integrieren, verstehe dann richtig und frage rhetorisch: Sie unterhalten also die alten Leute hier? Er sieht mich an, als hätte ich das einen Arzt ohne Grenzen im Notstandsgebiet gefragt, und verabschiedet sich mit einem feuchten Fingerdruck.

Als er zur Tür raus ist, sagt Mutter – sie hat ganz rote Wangen vom vielen Erzählen –, gib mir mal einen Waschlappen für die Hände.

*

Bürgschaft und Heimvertrag sind unterschrieben und in der Verwaltung abgegeben. (Mutter lachend: Ist das mein Todesurteil?) Kurz darauf kommen die Pflegedienstleiterin und ein dicklicher Mann zur Tür herein.

Ich begrüße ihn, stelle mich als Tochter vor. Danach gibt er Mutter die Hand. Mutter sagt Guten Tag und fragt, wer er sei? Echhhh ben Nerrrfehnaarzt, nuschelt er. Wie bitte? Echhhh ben Nerrrfehnaarzt. Bärbel, was sagt er? Der dickliche Mann winkt in meine Richtung ab, gibt mir zu verstehen, ich solle ruhig sein. Dann fragt er die Pflegedienstleiterin, ob Mutter laufen könne? Nein, sagt sie, bislang nur stehen, aber es würde täglich besser. Ich frage sie, warum denn noch keine Krankengymnastik stattgefunden habe? Da dreht der kleine Dicke fast durch, daaahhs gäääht nicht. Er macht wieder so eine Halt-die-Klappe-Bewegung, fragt Mutter: Wähhlscher Thhhak iiiist cheute? Mutter versteht nicht, sagt, Bärbel, ich kann den nicht verstehen, und die Pflegedienstleiterin rät ihm, in das andere Ohr zu sprechen, was er aber partout nicht will, und dann sagt er, Mutter sei zeitlich und räumlich desorientiert. Da platzt mir der Kragen, das sei jetzt aber nicht so sehr ein kognitives, sondern ein akustisches Problem, woraufhin er völlig ausflippt, einen Zettel aus seiner Tasche zerrt, auf den er einen eurokleinen Kreis malt und mich anbrüllt: Dahhhn sahhhgen Sie chierer Muhhhtr, sie sohhhhl zähhhn Chuhr füüünfzäähn zeiiigähn.

Ich nehme den Zettel, sage Mutter, der Kreis soll ein Zifferblatt sein, mache Strichlein für zwölf und sechs Uhr, da brüllt der Dicke auf mich ein: Waaaaassss maaaachen Sie daahhhh? Reden Sie bitte in einem anderen Ton mit mir, sage ich ruhig. Aber er tobt: Chich maache nieeecht, und dreht sich zum Gehen um, was mir sehr recht ist, trotzdem sage ich noch, er möge bitte sofort das Zimmer verlassen. Die Pflegedienstleiterin klammert sich an ihre Unterlagen und folgt ihm wortlos auf dem Fuß. Chichh maaache nix määäähr, schreit er im Rausgehen vor sich hin. Das möchten wir auch nicht, rufe ich ihm hinterher und schließe die Tür.

Was war das denn für ein Kerl?, fragt Mutter, mäßig irritiert. Ich erkläre es ihr. Kommt der noch mal wieder? Nein, keine Angst, der kommt nie wieder.

Zur Entspannung creme ich Mutter erst mal schön ein. Dann hole ich das »Glück« aus der Tasche, das ich ihr mitgebracht habe. Sie liest unsere Horoskope vor, danach hat sie Lust auf ein Kreuzworträtsel, das sie im Nullkommanichts beinahe ganz löst. Die drei restlichen Wörter fallen mir auch nicht ein.

Kommt der noch mal wieder?, fragt Mutter dann doch noch einmal. Nein, keine Angst, aber ich spreche gleich mit der Pflegedienstleiterin. Mach das Licht aus, sagt Mutter, als ich mich verabschiede, ich schau noch ein bisschen den Vögeln zu.

Im Treppenhaus läuft mir das Gespann Neeerfeeenarzt und Pflegedienstleiterin über den Weg. Ich frage, ob sie morgen Vormittag im Haus sei. Ja, morgen früh bin ich da, sagt sie mit leicht zittriger Stimme. Der kleine Brüllhals steht mit gesenktem Kopf daneben und sieht auf seine Schuhe.

Der Gottesdienst ist noch nicht zu Ende, als ich das Haus verlasse. Der Heimleiter nickt mir freundlich zu, der Liszt-Liebhaber auch. Ich bin froh, als ich an die frische Luft komme. Alles auf Anfang, jetzt keine Fehler machen, keine Fehler zulassen. Die Weichen stellen. Hoffentlich wird es bald entspannter …

*

Blauer Himmel, Sonnenschein, die letzten Blätter der Birke schaukeln sanft vor sich hin. Mutter liegt bei geöffnetem Fenster in ihrem Sessel. Sie schlägt die Augen auf, als ich näher komme. Ganz schön kühl bei dir, sage ich. Och, mir ist aber nicht kalt, sagt sie und spricht weiter: Du, da war einer da, der war ganz schön bestimmend, der will mich kommandieren, das können

Sie doch auch so machen, also – ihr kommen die Tränen – da hätte ich am liebsten meine Sachen gepackt und wäre abgehauen. Wohin denn?, frage ich, während ich die mitgebrachten Tannenzweige in die Vase stelle. Ja, wohin?, sagt sie, ich überlege die ganze Zeit, wohin ich denn noch könnte. Gibt es denn nichts anderes hier? Du wolltest doch in meine Nähe, und jetzt bist du in meiner Nähe, da gibt es nichts anderes. Na ja, sagt sie, und ihr Blick geht nach draußen. Das ist so schön mit den Vögeln hier, die hüpfen den ganzen Tag da rum, und die Eichhörnchen, so kleine habe ich noch nie gesehen. Das ist ja süß, sage ich, und sieh mal da unten – ich entdecke in der Mitte des kleinen Parks zwei Sittiche, groß wie Papageien –, die grünen, das sind Sittiche. Sittiche? So, und was machen wir jetzt? Wo trinken wir Kaffee? Wir können uns unten ins Café setzen. Ja gut, los. Und wie komme ich da hin? Na, mit dem Rollstuhl. In ihrer Frage schien die Möglichkeit mitzuschwingen, sie könne zu Fuß gehen.

Ich hole die Weihnachtskarten mit ihrer neuen Anschrift aus der Tasche, die sie an die früheren Nachbarn und die schwere Frau aus dem Bonner Heim schreiben will. Die kleine Fränkin bekommt keine Post. Mutter überlegt lange. Dann schreibt sie: »Ich freue mich auf ein Wiedersehen. Ich denke an euch. Grüße aus Köln, andere Atmosphäre hier!«

Die streng wirkende Frau im Rollstuhl, die sich meist in der Nähe des Empfangs aufhält, wo sie die Hereinkommenden nicht unfreundlich, eher registrierend begrüßt, kommt an unseren Tisch gerollt. Störe ich?, fragt sie. Vom Aussehen her könnte sie eine ältere Schwester sein. Warum sie hier im Heim lebe, frage ich. Sie scheint auf eine solche Frage gewartet zu haben und erzählt, dass sie vor vier Jahren einen Schlaganfall hatte und nichts mehr alleine konnte, alles hätte sie neu erlernen müssen. Man könne es hier aber gut aushalten, sagt sie, nennt ein paar Aktivitäten, die das Haus anbietet, macht Werbung für den

Förderverein, berichtet, dass kürzlich jemand eine Million gespendet habe. Wofür dann noch Kleingeld einsammeln, denke ich, sage es aber nicht.

Sie wird wieder persönlich, erzählt, dass sie in Mainz geboren wurde, ihr Vater war Offizier, die Familie hat den Krieg in Österreich verbracht. Wir haben nichts mitbekommen von Bombenalarm und Luftschutzkeller, sagt sie. Später sind sie dann nach Köln gezogen. Köln ist bis heute meine Heimat, sagt sie mit einem Anflug von Lächeln. Mutter nutzt die kleine besinnliche Pause, fragt, ob denn der Vater nicht aus dem Krieg zurückgekommen sei, und erzählt vom Karli, der ihr immer ein Brötchen geschenkt hat und der auch nicht zurückgekommen ist aus dem Krieg. Das war eine ganz schreckliche Zeit, sagt Mutter. Und fängt – Stichwort Köln – an zu singen: »Wenn ich so an mein Heimat denke und seh de Dom …« Die Frau singt mit und sagt, die Männer hätten im Krieg bei diesem Lied geweint. Unser Vater auch, sage ich, wobei mir das »unser« schon, während ich es ausspreche, komisch vorkommt. Mutter fallen noch ein paar andere Liedchen ein, die die Offizierstochter wohlwollend mitsummt.

*

Mutters zuständiger Wohngruppenpfleger ist aus dem Urlaub zurück, Heidrun, die nordisch-herbe Pflegerin, stellt ihn mir vor. Kräftig wirkender Mann, braun gebrannt, mit seinem bedruckten Muskelshirt könnte er Animateur in einem Ferienclub sein oder auch Barkeeper in einem Strandcafé. Ich komme gleich mal vorbei, sagt er lässig.

Guten Tag, begrüßt er Mutter mit einem breiten Lächeln und reicht ihr die Hand, mein Name ist Werner Katzich. Wie? Ich heiße Werner Katzich, ich war bis heute in Urlaub. Wir sehen uns jetzt öfter, Frau Schröder. Mutter kontert ebenso charmant im Ton: Meine Tochter und ich gehen jetzt Kaffee trinken. Oh ja, da gibt es heute Punschtorte, sagt Herr Katzich und zieht die Augenbrauen hoch. Auf dem Gang fragt Mutter, was er gesagt hat.

Eine klitzekleine Frau mit der goldener Schleife im Haar steht neben der Kuchentheke und ruft uns strahlend zu: Geburtstag!!! Ich frage, haben Sie heute Geburtstag? Geburtstag, sagt sie wieder. Schön, das freut mich, dann gratuliere ich Ihnen ganz herzlich. Sie strahlt mich weiter an, schnappt sich meine rechte Hand und nimmt meinen Handrücken, um sich mit schnellen Bewegungen ihren schokoladen- und keksverschmierten Mund abzuwischen. Ich muss lachen. Geburtstag!! Alles Gute sage ich und streiche ihr mit meiner vermatschten Hand über die Schulter. Dann geht sie fröhlich weiter. Geburtstag!!! Geburtstag!!!

Ich bin so froh, dass du nicht mehr zu fahren brauchst, sagt Mutter am Tisch. Ja, erwidere ich, ich bin auch sehr froh, für mich ist jeder Tag Weihnachten. Wir haben alles richtig gemacht, ne, Bärbelchen? Ja, wir haben alles richtig gemacht. Ich frage, ob sie hier so einigermaßen mit allem zurechtkommt? Johh, eigentlich schon. In der Nacht hätte sie auf einmal so Schmerzen gehabt im Rücken, aber dann wäre einer gekommen und hätte ihr die kleinen Kissen ins Kreuz gelegt und dann wäre es wieder gut gewesen.

Im Aufzug krault Mutter der Frau im Rollstuhl von hinten die Schulter. Das kann nur Frau Schröder sein, sagt die Frau mit dem dichten Pony. Die Frauen in Mutters Wohngruppe halten meist Händchen, wenn sie sich begegnen, sehr lieb.

*

Laufen im Haus nur bei Gefahr, ermahnt mich Pfleger Katzich, als ich ihm eilig Mutters Versichertenkarte und die Ergoverordnung bringe, und fügt weniger ernst hinzu: Sie sind wohl von der janz schnellen Truppe! Seinem Blick entnehme ich, dass es auf sein eigenes Arbeitstempo keinen Einfluss haben wird. Aber vielleicht täusche ich mich auch.

Ich komme in Mutters Zimmer, neben ihr steht ein Rollator. Kuck mal, das Ding habe ich neu, schön, ne? Da kann ich alleine nach vorne gehen (damit meint sie in die Küche ihrer Wohngruppe). Ja, gut, sage ich, ignoriere, dass man im Zimmer kaum noch einen Schritt machen kann. Ich helfe Mutter in die rot-weiß gestreifte Bluse, die ich eigens aufgebügelt habe für den großen Tag der Weihnachtsfeier. Sie will noch Rouge auflegen, sagt, das mache ich lieber selber. Sie fürchtet, ich nehme zu viel, Lippenstift und Augenbrauen überlässt sie mir. Vor dem Garderobenspiegel letzte Kontrolle der Frisur. Wo ist die Mappe?

Im Café großes Gedränge. Wir finden gerade noch ein Plätzchen, wo wir nicht im Zug und nicht im Weg sitzen und trotzdem Luft bekommen. Die Mitarbeiter vom Sozialen Dienst fliegen hin und her, verteilen Kaffee, Kuchen. Auch der Liszt-Liebhaber packt mit an. Mutter zeigt auf ihn und sagt, das ist hier der Leiter.

Der Heimleiter, der echte, heute im Anzug, begrüßt alle, wirkt dabei ein wenig gehetzt. Er stellt ein junges Geschwisterpaar vor, das musikalisch durch den Nachmittag führen wird. Die beiden spielen Mozart, Schubert, das Ave-Maria, alles liebliche Weisen. Regelmäßig mahnt der Heimleiter zur Ruhe, damit die Künstler gehört werden können. Später wird das Ave-Maria erneut vorgetragen, diesmal von einer Bewohnerin im Rollstuhl. Donnernder Applaus, den der Heimleiter schürt, das ist, glaube ich, einen Riesenapplaus wert, Applaus für Frau Wallratter und ihr Ave-Maria. Noch mehr Applaus bei den Danksagungen an alle Mitarbeiter, vor allem aus der Pflege, er klatscht frenetisch in die Hände, ja, das muss einmal gesagt werden!!

Dann dimmt er das Licht und liest unter der einzig verbliebenen Leuchte ins Dunkel des Raums die Weihnachtsgeschichte

von der Weihnachtsfeier an, die wir an der Rezeption erstanden haben, fünfzig Cent das Stück. Die nimmst du dem Gerd mit, sagt sie, der kann die sich mal angucken. Eines lehne ich an die Blumenvase auf dem Tisch, die beiden anderen stecke ich ein, für Gerd, na, der wird sich freuen.

Ich schäle ihr noch einen Apfel, dann wärme ich ihr die Füße und erzähle von der Neurologenfreundin, die sich ihre CT-Aufnahmen angesehen hat. In deinem Oberstübchen sieht es noch ganz gut aus, sage ich, wirklich alles okay! Jahahh? Mutter staunt und strahlt. Und bald kannst du auch wieder laufen.

Wo ist eigentlich der Ausländer?, will sie auf einmal wissen und meint Feuerauge. Der ist jetzt nicht mehr auf deiner Etage. Ach so, dann kommt der nicht mehr zu mir? Nein, ich glaube nicht. Man vermisst den ja schon ein bisschen, sagt sie bedauernd. Mir verschlägt es für einen Moment die Sprache, während sie weiterredet. Das Mittagessen (Makkaroniauflauf) wäre so ein Fraß gewesen, den hätte sie nicht essen können, der Mann neben ihr auch nicht. Sie überlege überhaupt, wo man noch hin könnte. Wo willst du denn hin? Ja, ich weiß nicht. Du hast hier ein schönes Zimmer, die meisten sind sehr nett, und ich bin in deiner Nähe, also besser geht's wirklich nicht mehr.

Heute will ich ihr unbedingt die Prothesen reinigen. Das obere Gebiss bekommt Mutter schnell raus, aber für die untere Teilprothese braucht sie eine halbe Ewigkeit, bricht die Versuche immer wieder ab. Ich habe Sorge, dass die Prothese dann wieder festwächst, und ermuntere Mutter, es weiter zu probieren, und siehe da, irgendwann hält sie sie stolz in der Hand. Meine Vermutung, dass die Dinger eine Weile keine Bürste gesehen haben, ist nicht falsch. Als sie ihre frischen Beißerchen wieder im Mund hat, lächelt Mutter. Morgen wirst du Kölnerin, sage ich noch einmal, worauf sie ein kölsches Liedchen anstimmt: »Ich bin 'ne kölsche Jung, wat willste maache, ich bin 'ne kölsche Jung, un donn jern laache, ich bin och sonst nit schlech, ne, ich bin brav, ming Lieblingswörtsche heiß Kölle alaaf.« Weil sie den Ton nicht ganz hält, ergibt sich mehr und mehr so etwas wie eine zweite Stimme. Gemeinsam singen wir noch ein paar Lieder, am Ende ihr aktuelles Lieblingslied: »Leise rieselt der Schnee …« Meine Stimme ist so dunkel, sagt sie oder kommt mir das nur so vor? Mir kommt sie wie immer vor, sage ich. Ein bisschen schwächer vielleicht, aber das sage ich nicht.

*

Und hier bleibe ich jetzt?, fragt Mutter, nachdem sie eine Weile in Gedanken versunken schien. Ja, das wollten wir doch, dass du hierhin nach Köln kommst. Na, ist doch auch ganz gut hier, oder? Ja. Es gibt Schlimmeres, ne?, sagt sie mit Ironie in der Stimme. Ihr Blick wandert durch den Raum, sie beobachtet, wer an den anderen Tischen sitzt, wer rein- und rausgeht. Und was mache ich hier?, fragt sie auf einmal. Sie sieht mich an, als wollte sie die Antwort gleich nachreichen, was sie dann auch macht: Warten auf den Toood. Sie sagt das Wort zum ersten Mal auf ihr Leben bezogen, mit einer Betonung, die dem Wort die Härte nehmen soll. Ja, sage ich, aber es hat ja noch ein bisschen Zeit, erst mal willst du doch noch den Sommer erleben, wenn wir draußen sitzen und zum Rhein runter können? Sie bekommt feuchte Augen.

Ich erzähle, dass Ute und Bernd schon die Tickets gekauft haben zu ihrem Geburtstag. Zum Neunzigsten?, fragt sie. Nein, in ein paar Wochen zum Neunundachtzigsten, wir feiern doch jetzt alles. Ihre Augen bleiben feucht.

Wir fahren ins Zimmer zurück. Mach die Vorhänge zu, ich will nichts mehr sehen, sagt Mutter. Die Tränen kommen zurück. Ich kann sie nicht so sitzen lassen, denke ich und schlage vor, die Prothesen zu reinigen. Fast erleichtert stimmt sie zu, die untere bekommt sie sogar im Blitztempo heraus. Großes Lob meinerseits. Und der Gerd, findet der das in Ordnung, dass du hier bist? Ja, klar, sage ich, der findet das gut. Na ja, in Ordnung, sagt sie, als käme ihr das »gut« etwas übertrieben vor. Wir verabschieden uns mit vielen Küsschen. Sie hebt die Hand zum Winkewinke und sieht mir nach.

Von zu Hause aus rufe ich sie noch mal kurz an. Was, du bist schon da? Ach, es ist ja um die Ecke. Das freut mich aber, dass du noch einmal angerufen hast.

An manchen Tagen habe ich den Eindruck, Mutter lebt nicht, sondern sieht sich beim Schwächerwerden zu. Aufmunterungen, Komplimente, all das erreicht sie nur am Rand. Das ist traurig, auch für mich. Köln, ihr monatelanger Traum und Ausweg, als sie noch in Bonn war, hat sich auch nur als Heim entpuppt. Vielleicht ist es aber auch nur ein Winterblues …

*

Ahh, da ist ja meine Tochter, empfängt mich Mutter strahlend. Frau Rundgut und ein junges Mädchen, vielleicht eine Praktikantin, sitzen bei ihr auf dem Bett. Sie führe gerade die Befragung durch, die nach sechs Wochen Heimaufenthalt stattfinde, sagt Frau Rundgut.

Mutter gibt sich freundlich, sagt, sie finde alles gut, es gäbe nichts zu beanstanden. Wenn sie dachte, die beiden so schnell loswerden zu können, was möglich, sogar wahrscheinlich ist – sie wirkt ein bisschen wie auf heißen Kohlen, will endlich Kaffee trinken –, dann hat sie sich getäuscht. Frau Rundgut will alles ganz genau wissen, das Zimmer, die Reinigung, die Pflege, das Essen, die Veranstaltungen. Ja, alles gut. Aber warum machen Sie dann so wenig mit? Warum sagen Sie immer, Sie seien müde, Sie wollten lieber die Beine hochlegen? Ich weiß auch nicht, sagt Mutter, habe ich das gesagt? Ja, heute Morgen war Singen. Mutter: Oh ja, Singen, ich singe gerne, da muss mich nur jemand abholen. Frau Rundgut: Das tun wir ja. Aber als wir Sie heute Morgen abholen wollten, haben Sie gesagt, Sie wären müde! Jahahh, habe ich das gesagt? Frau Rundgut gibt noch nicht auf, fragt, ob sich Mutter für Museumsbesuche interessiert? Eher nicht. Und warum sie nicht zum Gottesdienst käme? Da muss ich immer weinen, also in die Kirche, das kann ich nicht. Frau Rundgut: Wir halten aber den Gottesdienst unten im Restaurant ab, also ohne Kirche, daran könnten Sie doch teilnehmen, das könnten wir doch mal versuchen? Mutter mit dünner Stimme – der Gegenwind ist einfach zu massiv –: Ja, das könnten wir versuchen. Und ob sie nicht mal mit in den Kindergarten wolle, bohrt Frau Rundgut weiter, Sie waren doch Kindergärtnerin. Johohh. Und dann gehen wir manchmal in den Park, setzen uns auf den Spielplatz, nehmen was zu essen und zu trinken mit, das wäre doch auch was für Sie? Joh. Und in den Zoo fahren wir auch. Wie soll ich denn da hinkommen?, fragt Mutter. Na, wir fahren Sie doch, wir haben ein großes Auto. Joh.

Von mir will Frau Rundgut noch mal wissen, ob ich täglich komme. Sie notiert: Tochter kommt täglich. Weil ich ihre Gedanken lese, füge ich hinzu, ich sei aber keine Konkurrenz zum Heimprogramm und würde meine Besuche zeitlich so gestalten, dass Mutter an allem teilnehmen könnte, wenn sie denn wollte. Ich würde sie auf die Veranstaltungen hinweisen und sie auf Wunsch auch dahin begleiten. Frau Rundgut notiert: Tochter keine Konkurrenz. Sie wirkt sichtlich erleichtert.

So, los, Kaffee trinken, sagt Mutter, als die beiden zur Tür raus sind. Moment, sage ich und ziehe endlich die neue Strickjacke aus meiner Tasche. Mutter ist ganz angetan, lässt sie gleich an. Ich öffne das Fenster auf Kipp, für vier Personen ist das Zimmer nicht gedacht. Dann rollen wir los.

*

Freitag, der Dreizehnte, war immer Mutters Glückstag, jedenfalls hat sie das früher gesagt. Heute sagt sie: Ich bin gerade wach geworden, dann bin ich immer so einsam, kommst du heute? Ja, ich bin gleich bei dir.

Es ist kalt geworden, ich habe Mutters dicken Wintermantel mitgebracht, bewundere gleich ihre neue Frisur. In der Küche malt das kölsche Liebchen vom Sozialen Dienst zusammen mit der Hundertdreijährigen. Mutter nennt sie hartnäckig die Holländerin, seit sie ihr von den Vandijks erzählt hat. Kommt Ihr auch zum Malen?, ruft uns die Holländerin zu. Später vielleicht, sage ich. Die Pflegedienstleiterin kommt dazu, will Mutter animieren, ihr persönlich einen Clown bunt zu malen. Mutter versteht nicht oder reagiert nicht darauf. Wir gehen jetzt runter Kaffee trinken, sagt sie, und dann wollen wir noch eine Runde an die frische Luft. Keine Eile, sagt die Pflegedienstleiterin.

Beim Kaffee sagt Mutter überraschend: Jetzt ist doch eigentlich alles in Ordnung. Ja, sage ich, das stimmt, alles ist in Ordnung. Trotzdem muss ich weinen und denke, wann komme ich hier raus? Ja, das ist manchmal so, sage ich. Wir drehen zwei Runden im Garten, es ist kalt, und die grünen Sittiche kämpfen um die besten Plätze an den Futterstangen.

Zum Treppenlaufen hat Mutter heute keine Lust. Ach nee, ich spür das hier, sagt sie und zeigt auf ihre Leisten. Wir bringen unsere Mäntel zurück ins Zimmer, dann will ich Mutter zum Malen in die Küche bringen. Du kommst doch mit, oder? Ich wollte sie nur hinbringen, aber sie lässt nicht locker, und schon sitze ich neben ihr am Maltisch. Feuerauge ist auch da, gut gelaunt, gibt Kommentare ab, wenn er nicht gerade Medikamente verteilt oder Astronautenkost an die Hundertdreijährige.

Die Holländerin zeigt, wie sehr sie ihre Arbeit und die Bewohner liebt, indem sie dauernd Küsschen verteilt. Ich bin die schnellste Küsserin von Köln, sagt sie, und schon bekommt die

Hundertdreijährige wieder eine Salve auf die Backe, was sie aber nicht weiter bewegt. Mutter kriegt das nicht mit, sie zögert noch bei der Auswahl des Clowns. Welchen möchten Sie, Frau Schröder? Keine Reaktion. Die Holländerin hält ihr eine Vorlage nach der anderen hin. Welchen Clown wollen Sie? Das haben wir früher oft gemacht, mit Frau Bach, sagt Mutter zu mir. Ich bin erstaunt, dass sie auf einmal den Namen weiß, in Bonn hat sie sie immer Frau Block gesagt.

Jetzt entscheide dich doch mal, sage ich und zeige auf die Holländerin, die Mutter erwartungsvoll ansieht. Vermutlich ist es Mutter egal. Sie äußert sich nicht. Die Holländerin legt ihr ein Blatt hin, der ist doch schön, ne? Welche Farben wollen Sie? Womit fangen wir an? Braun, das ist doch für die Haare. Mutter will es realistisch malen. Kann man auch mischen?, fragt sie, nachdem sie das Feld für die Haare pingelig bis an den Rand ausgemalt hat. Die Holländerin staunt, mischt ihr dann das gewünschte Hellblau für die Augen. Ich selbst komme gar nicht genau bis an die Ränder, male mehr so aus dem Handgelenk heraus. Das ist aber nicht schön, rügt mich Frau Edel neben mir, da ist noch Weiß an den Rändern. Ja, ich mache das so, sage ich, und als sie merkt, dass ich es auch bei den anderen Feldern nicht anders hinbekomme, trifft sie eine andere Bewertung, sagt: Doch, jetzt sieht es schön aus.

Mutter meint auch, das ist doch schön, dann hast du das auch mal gemacht. Ich bin wirklich dankbar und zeige wie Mutter meinen Clown herum. Super, sagt Feuerauge, und die Holländerin: Den kriegt die PDL. Ich soll noch das Datum und meinen Namen draufschreiben. Ich glaube, ich ziehe hier ein, sage ich lachend zu Feuerauge, der sich schief lacht, schreibe dann brav »Freitag, der 13.« auf das Papier und mein Kürzel bs.

Vor der toskanischen Küste ist die Costa Concordia, ein riesiges Kreuzfahrtschiff mit über 4200 Passagieren, auf Grund gelaufen, nachdem ein Riff den Rumpf aufgerissen hat. Der Kapitän hat das sinkende Schiff schneller verlassen als die Passagiere.

*

Du musst jetzt gehen, sagt Mutter, der Gerd wartet, und du hast bestimmt noch zu tun. Ja, ich muss noch an den Schreibtisch, ich schreibe ja ein Buch über dich. Waas? Und was schreibst du da? Zum Beispiel von deiner Mutter und dass sie aus Triptis an der Orla kommt. Ja, und weißt du, wie die sich kennengelernt haben? Sie meint ihre Eltern, meine Großeltern. Der Onkel Hugo, also Papas Bruder, hatte in Erfurt-Nord eine Kneipe am Fußballplatz, und davor hat Papa seine Bratwürste verkauft, die hatten ja alle Hunger, wenn sie vom Spiel kamen. Sah der Hugo deinem Vater ähnlich? Ach, das kann ich nicht sagen, die Altmänner waren ja alle schmal. Wie du, du bist auch schmal, sage ich und streiche Mutter über die Oberschenkel. Und jetzt probier noch mal den Schal. Ich halte mir den Schal an, den sie für mich strickt, gestern hat sie ein großes Stück geschafft, so viel wie lange nicht. Toll, der Schal sieht so schön aus, der steht mir sehr gut. Das macht mir auch Spaß, das Stricken. Aber jetzt musst du los, komm, ich bring dich noch bis vor.

Ich sehe, dass sie die Hausschlappen anhat, aber sie hat keine Lust, die Schuhe wieder anzuziehen. Ich gehe doch nur bis da vorne hin. Okay. Ist der Clown nicht schön? Sie sagt Klon, verbessert sich dann selbst und spricht es Klaun aus.

Als wir später telefonieren, sagt sie wieder, ich bin gleich die Erste, die im Bett ist. Das ist das Schönste, Licht aus, und keiner sagt mir mehr was.

Mutter geht nicht auf die Ansprache der anderen ein, lehnt beinahe jedes Angebot an Geselligkeit ab, es sei denn, ich bleibe dabei. Vor Weihnachten, also in den ersten vier Wochen hier in Köln, hat sie noch das ein oder andere mitgemacht, jetzt geht sie nicht einmal mehr mit zum Singen, igelt sich in ihrem Zimmer ein. Sie will auch kein Fernsehen mehr, sie schläft die meiste Zeit, isst ein bisschen, strickt und freut sich auf meinen Besuch, den sie selbst beendet, indem sie sagt: Du musst jetzt gehen, du hast bestimmt noch zu tun. Sie nennt mich hier »meine Tochter«, in Bonn hat sie immer »die Bärbel« gesagt, und da hieß es dann immer: Ahh, die Bärbel kommt, jetzt ist alles in Ordnung.

Sie will mich nicht zu sehr in Anspruch nehmen, sagt sie, und das glaube ich ihr auch. Die vielen Anrufe am Tag – der erste morgens um halb zehn (Bist du schon wach?), dann einer mittags (Ich gehe gleich essen), nach dem Mittagsschlaf (Kommst du gleich?), dann nach meinem Besuch und manchmal noch vor und nach dem Abendessen (Ich gehe jetzt ins Bett) – zählt sie nicht mit. Ihre Tränen fließen kurz und anfallartig, sie ist schnell zu beruhigen. Seit Weihnachten vorbei ist, singt sie nicht mehr, kein »Leise rieselt der Schnee«, kein »Ich schau den weißen Wolken nach«.

Die Nachrichten bringen immer neue Details über das sinkende Schiff vor der kleinen Insel Giglio. Es liegt jetzt auf der Seite und droht in die Tiefe abzurutschen. Wie ein verwundetes Tier liegt es da.

*

Sturm Andrea fegt über Köln. Nachts gab es Gewitter, gegen Morgen kracht es wieder, Graupelschauer, groß wie Murmeln. Am Mittag hat sich der Sturm gelegt.

Ich bin ein bisschen drähni, sagt Mutter, einer ihrer Spezialbegriffe, es bedeutet transusig, langsam, unsicher. Anscheinend bin ich selbst ein bisschen drähni, beim Reinigen rutscht mir Mutters Prothese aus der Hand und fällt auf den Boden. Du bist auch manchmal zu schnell, sagt Mutter. Das stimmt. Zum Glück ist nichts passiert, und Mutter beschäftigt es nicht weiter.

Ich hole den kleinen Schokoladenbären aus meiner Tasche, sage: Mach die Augen zu! und lege ihr das Bärchen in die Hände. Ein Schweinchen?, fragt sie. Früher hat sie Schweinchen gesammelt. Nein, sage ich. Sie macht die Augen auf. Och, wie süß, sagt sie und stellt ihn neben das goldene Hufeisen. Das haben die vom Heim mir geschenkt, schön, ne? Ja, das leuchtet so schön.

Von der Küche her Gesang, Pflegerin Heidrun holt uns dazu. Herr Krings, der Mann aus dem Zimmer gegenüber von Mutters, spielt Mundharmonika: Wenn et Trömmelsche jeht, dann stonn mer all parat … fehlerfrei. Heidrun, Tatschhändchen, selbst Frau Edel singt mit. Mutter und ich stimmen ein, werden allerdings unterbrochen durch das Amigo! Amigo! der Hundertdreijährigen, das bis in die Küche dringt. Ihre Stimme klingt wie die von der Alten bei den Golden Girls. Noch während des Liedes sagt Mutter zu Heidrun: Mein Vater hat auch immer Mundharmonika gespielt. Dem Krings geht langsam die Luft aus, eine nach der anderen verlässt den Tisch, und auch Mutter und ich schieben zurück in ihr Zimmer.

Willst du mir mal zeigen, ob du Treppe laufen kannst? Mutter sieht mich kritisch an, aber dann lässt sie den Rollator stehen, greift mit beiden Händen ans Geländer und ist mir nichts, dir nichts auf dem nächsten Treppenabsatz. Und wie kommst du wieder runter?, frage ich. Na, genauso, sagt sie trocken, greift mit beiden Händen auf der anderen Seite ans Geländer und geht Stufe für Stufe runter. Ich bin begeistert. Klappt ganz gut, sagt sie bescheiden. Dann hat sie genug. Beim Blick auf den Heimkalender an der Wand fragt sie: Fünfter Januar, wer hat da noch mal Geburtstag? Mir fällt niemand ein. Ach nee, fünfter Februar, da hat mein Vater Geburtstag.

Später erzählt sie, dass sie am Morgen einfach aufgestanden ist und sich angezogen hat, ohne sich zu waschen. Dann creme ich dir wenigstens mal das Gesicht ein, sage ich scherzhaft. Merkt doch keiner, flachst sie zurück.

Ich halte wieder mal den Schal an, den sie für mich strickt, und sage, dass er sehr schön wird und ich mich schon freue, wenn er fertig ist. Bevor der Frost kommt, bin ich fertig, sagt sie, amüsiert sich über ihre findigen Worte.

Als wir am Abend telefonieren, sage ich Mutter, dass der Bundespräsident zurückgetreten ist, heute Morgen in Berlin, im Schloss Bellevue. Wer?, fragt sie. Der Christian Wulff, unser Bundespräsident. Der Name sagt ihr nichts, Mutter hat sich aus dem politischen Alltagsgeschehen zurückgezogen. Wie, und der ist einfach zurückgetreten? Ja, der hat Dinge gemacht, die er nicht sollte. Willst du das nicht machen, die neue Bundespräsidentin werden? Ach nein, sagt Mutter ganz ernst, ich will den Kopf frei haben! Dann schlaf gut und träum was Schönes. Du auch, und grüß den Gerd.

*

Hast du Lust auf einen Spaziergang?, frage ich Mutter um halb elf am Telefon. No. (Die Thüringer, habe ich gelesen, sind die einzigen Deutschen, die für »ja« »no« sagen. Es ist aber kein o wie in Ostern, sondern mehr ein offenes wie in foppen.)

Mutter erzählt mir, am Frühstückstisch hätte eine Frau gesagt: Ich muss mal was sagen, also die Frau Schröder ist eine ganz aparte Frau! Wer genau hat das denn gesagt?, frage ich. Frau Edel und Tatschhändchen waren es nicht, mehr bekomme ich nicht heraus. Da kannst du mal sehen, sagt Mutter, obwohl ich immer dasselbe anziehe und die anderen jeden Tag neue Sachen anhaben, sagt die das zu *mir!* Also, da muss ja dann an mir was dran sein. Ja, klar, sage ich, das ist doch schön. Du könntest allerdings auch öfter andere Sachen anziehen. Dein Schrank ist voll. Ja, gesteht sie ein, aber ich bin zu faul. Das ist das Stichwort, nix wie raus in den Garten und die Regenpause nutzen.

Feuerauge überholt uns, zeigt auf Mutter: Wenn die so weitermacht, sagt er lachend, müssen wir sie bald als Aushilfe anstellen. Dann eine Spur ernster: Heute Morgen ist sie ohne Rollator losgelaufen, als eine Bewohnerin am Tisch sagte, dass sie ihre Tasche im Zimmer vergessen hat. Da ist sie sofort losgeflitzt. Er schüttelt den Kopf, unglaublich.

Mutter wirkt hellwach, grüßt immer wieder jemanden. Da gerade Schichtwechsel ist, kommen viele Pfleger, Pflegehelfer, Aushilfen vorbei, am Tisch in der Ecke isst der Heimleiter mit einem Gast zu Mittag. Als sie aufstehen, grüßt er Mutter, sie grüßt zurück. Ja, so langsam kennt man die Gesichter, sagt sie.

Später begegnen wir den Clowns, sie sind zu dritt, haben schon mit Tatschhändchen Kontakt aufgenommen. Sie sind so schöööön, hauchen sie im Chor. Ohh, antwortet Tatschhändchen mit noch weiter aufgerissenen Augen. Komplimente muss man ein...at...men, sagen die Clowns mit weit ausholenden Armgesten, zu denen sie geräuschvoll ausatmen.

Was sind das für welche?, fragt Mutter. Das sind die Clowns, die alle zwei Wochen herkommen. Da haben sie auch schon Mutter am Wickel. Ihr Haar glänzt so schöööön. Komplimente muss man ein...at...men... Sie sind auch schön, sagt Mutter. Ohhh, Komplimente muss man ein...at...men... Tatschhändchen hat ihren Spaß, man merkt, dass sie das Spielchen kennt, und reagiert spontan mit einem Lied: »Nää wat simmer schön ...« Die Clowns stimmen ein, Mutter und ich singen leise mit. Wir halten Sie auf, sagt die Clownsfrau mit der Blume an ihrer grauen Strickmütze zu Mutter. Ja, wir gehen jetzt Kaffee trinken, trinken Sie doch eine Tasse mit, sagt Mutter und schiebt ihren Rollator schon mal ein Stück weiter. Die Clowns verbeugen sich tief und hauchen wieder: Ohhh dan...ke für die Einladung, aber wir müssen wei...ter...ziehn...

Was sollte das jetzt?, fragt mich Mutter. Ich erkläre ihr, dass die Clowns ins Heim kommen, um die Leute hier ein bisschen aufzuheitern, so nach dem Motto: Lachen ist gesund. Na ja, das ist aber nicht jedermanns Sache, sagt Mutter.

Auf dem großen Tageskalender neben dem Aufzug heute eine Weisheit von Kierkegaard: »Verstehen kann man das Leben nur rückwärts. Leben muss man aber vorwärts.« Mutter und ich überlegen gemeinsam, was das heißt. Man weiß ja nie, was noch kommt, sagt Mutter. Ja, und hinterher weiß man erst, ob man sich richtig entschieden hat. Würdest du alles wieder so machen, wie du es getan hast?, frage ich Mutter im Aufzug. Ja, sagt sie, drei Kinder aufgezogen, alle gesund … also das ist doch schön! Ja, sage ich, das ist auch schön, und alle so gut geraten.

Wir sitzen noch ein bisschen in ihrem Zimmer, schauen aus dem Fenster, die Eichhörnchen flitzen wie wild durchs Geäst. Ist das nicht ein schöner Ausblick?, fragt Mutter. Ich bin froh, sagt sie, dass ich hier bin und nicht mehr in Bonn. Ich fühle mich wohl hier. Da freue ich mich, denn das ist auch schön für mich, sage ich.

Vielleicht ist Mutter wirklich angekommen. Ich hab so Heimweh, das hat Mutter schon seit einiger Zeit nicht mehr gesagt. Und so klar wie gestern und heute habe ich sie lange nicht erlebt.

*

Die Studentin vom Empfang hilft mir, den Rollator in den Kofferraum zu packen. Mutter hat die Bewegungen beim Einsteigen ins Auto noch gespeichert, rechte Hand an den oberen Griff, linkes Bein steigt ein, Kopf einziehen, setzen, das rechte Bein folgt, Hand los, Tür zu. Dann brechen wir auf. Der Himmel ist grau, ziemlich kalte neun Grad, ich drehe die Heizung auf. Mutter redet nicht viel, ich auch nicht. Kurz überlege ich, ob und wie ich ansprechen soll, dass es so nicht weitergeht, dass sie x-mal hintereinander anruft und »Tröste mich« sagt. Aber dann denke ich, kein Stress, das ist heute für sie seit Langem die erste Autobahnfahrt und noch dazu eine sehr spezielle, eine Reise in ihre Vergangenheit.

Bei jedem Fahrzeug, das auf ihrer Seite von der Auffahrt kommt, zuckt sie zusammen. Das ist ungewohnt, sagt sie, wenn man lange nicht Auto gefahren ist. Ich bin auch lange nicht Auto gefahren, sage ich. Es ist vier Monate her, dass ich die Strecke jeden Tag hin- und hergefahren bin.

Hast du eine Schere dabei?, fragt Mutter. Ich stutze, weil ich im ersten Moment nicht an die Gartenschere denke, sage dann Ja, und einen Besen habe ich auch dabei.

Der Parkplatz am Friedhof ist leer, kurz nach uns hält ein anderes Auto. Ich bitte den Fahrer, mir dabei zu helfen, den Rollator aus dem Kofferraum zu holen. Ist doch gut, dass wir das Ding dabeihaben, sagt Mutter und geht ein bisschen wackelig. Beim abschüssigen Eingang zum Friedhof empfehle ich ihr zu bremsen, aber diesen Griff benutzt sie einfach nicht. Ich halte das schon so, sagt sie.

Den Weg zum Grab findet sie mühelos. Sieht doch noch ganz gut aus, sagt sie angesichts des vertrockneten oder erfrorenen Efeuteppichs, in dem noch die künstlichen Christsterne stecken. Ich fege das Laub vom Grab, ziehe die Sterne aus der harten Erde und stecke an ihre Stelle gelbe und rote kleinblütige Kunstblumen, die sich Mutter im Eineuroladen ausgesucht hat. Ja, so sieht es wieder schön aus, sagt sie und schiebt schon Richtung Brunnen, wo ich noch ein paar Kannen Wasser hole. Vielleicht erholt sich der Efeu ja wieder.

Wir drehen noch eine Runde auf dem Friedhof, aber es ist Mutter zu kalt, sie will schnell ins Auto zurück. Und was machen wir jetzt?, fragt sie. Zurück?, frage ich. Meinst du, wir können mal bei Frau Schmitz vorbeifahren, wo wir schon mal hier sind? Die hat es ja lieber, wenn man vorher anruft, sage ich, aber wir können es versuchen. Mutter bleibt im Auto sitzen, als ich klingele. Es macht niemand auf, im Briefkasten steckt noch die Zeitung. Keiner da, sage ich, als ich wieder einsteige. Mutter sieht mich an, als wollte sie sagen, ich hätte nicht richtig geklingelt, erst die Zeitung scheint als Argument zu zählen. Sie wirkt enttäuscht. Als kleine Entschädigung mache ich einen Schlenker durchs Dorf. Kuck mal, hier sind wir immer spazieren gegangen, dahinten bis zum Spielplatz, sagt Mutter, schön, mal wieder durch die alte Heimat zu fahren. Und jetzt zurück?, frage ich. Ja, du musst ja dann auch noch nach Hause. Wir fahren den Berg runter und dann wieder hinauf zur Autobahn, wundern uns über den starken Verkehr. Dann wird es still, Mutter sagt kein Wort auf der Rückfahrt. Sie sieht aus dem Fenster. In regelmäßigen Abständen höre ich ein »ts ts«.

Gleich sind wir da, sage ich. Die Studentin hilft wieder beim Ausladen. Mutter kommen für einen Moment die Tränen. Dann sagt sie: Ich muss aufpassen, ich muss nämlich mal. Mach langsam, sage ich, vielleicht schaffst du es. Sie wartet einen Moment ab, steigt dann vorsichtig aus und geht, ohne nach rechts und links zu schauen, an den vielen Kaffee trinkenden Leuten vorbei, konzentriert sich auch im Aufzug ganz auf ihre Blase und schafft es tatsächlich bis zu ihrer Toilette. Noch mal gut gegangen. Sie lässt sich in ihren Sessel fallen und trinkt einen Schluck Wasser. Dann kommen die Tränen.

Was ist denn eigentlich so schlimm, also was ist das Schlimmste? (Die Frage habe ich bei den Validationstechniken im Umgang mit Dementen gelesen.) Ich weiß nicht, sagt Mutter. Und was wäre das Schönste? Nach Bonn, könnte ich wieder nach Bonn. Ich glaube, du spinnst, sage ich (Dieser Satz steht nicht in den Validationstechniken). Ja, sagt Mutter, ich spinne jetzt wirklich. Das gibt es doch nicht, sage ich, als du in Bonn warst, hast du jeden Tag gesagt, wann komme ich endlich nach Köln, und jetzt bist du in Köln, alles ist gut, das Essen, das Zimmer, die Leute, ich bin jeden

Tag bei dir, und jetzt willst du nach Bonn. Ja, ich bin immer so hin und her, sagt sie weinerlich, ich weiß auch nicht, was mit mir los ist.

Auf dem Nachhauseweg fühle ich mich nicht gut. Aber irgendwie hat mich meine kurze Ungehaltenheit auch ein bisschen erleichtert, so als hätte ich mal kurz ein schweres Gepäckstück abgesetzt. Es ist nicht leichter danach, fühlt sich aber so an.

*

Frühling satt, über zwanzig Grad, Sonnenschein, blauer Himmel. Die Straßencafés sind voll. In Mutters Zimmer leuchten die Tulpen, gelb, orange, rot.

Als wir eine Weile sitzen, sage ich, du, ich kann mich gar nicht mehr richtig an deine Mutter erinnern. Das geht mir genauso, sagt Mutter, ich habe auch keine Bilder … Es gibt aber welche, sage ich, die müssen wir mal raussuchen. Jetzt haben wir beide keine Lust dazu. (Später bin ich nicht mehr sicher, ob Mutter wirklich Fotos meinte oder eher ihre Bilder im Kopf.) War deine Mutter auch so zärtlich wie du? Das kann ich so nicht sagen, bei zehn Kindern, obwohl, die waren ja nicht immer alle da. Mutters Blick geht nach draußen. Nach einer Weile spricht sie weiter: Mutti wollte eigentlich gar keine Kinder. Sie war ja damals bei Tante Frieda in Stellung, und die hat ihr geraten, nimm doch den Franz, der ist schon vierunddreißig, der will bestimmt keine Kinder mehr. Und das hat Mutti dann gemacht …

Durchs Fenster weht Musik herauf, vom Tanztee mit Herrn Feil unten im Café. Sind die jetzt alle da drinnen?, fragt Mutter, die gerne raus möchte, aber nicht durch den vollen Saal, was wir dann aber doch machen, das Wetter ist einfach zu schön. Die Hundertdreijährige sitzt in der Sonne, und auch zwei andere Frauen haben der Musik den Rücken gekehrt. Wir setzen uns zu ihnen auf die Bank vor dem Haus. »Swing with Feil« steht in pinkfarbener Schrift auf dem dunkelblauen Kombi, der direkt vor dem Eingang parkt. Wat heißt dat?, fragt die Hundertdreijährige vor sich hin und liest mehrmals hintereinander: zwing witt Feil? Durch die offenen Fenster schallt es: Bei mir bist du schön …

Ihre Mutter ist hier angekommen! Katzichs Worte, ein paar Tage nach Mutters Geburtstag ausgesprochen, wirken nach. Sie haben keine ungetrübte Freude bei mir ausgelöst, inzwischen weiß ich zu gut, dass Mutter niemals ganz ankommen wird, aber das sage ich dem Katzich natürlich nicht. Für den Teil von Mutter, der in den letzten Jahren Bereitschaft gezeigt hat, sich auf Neues einzustellen, Wohnortwechsel, neue Menschen, zwei grundverschiedene Altenheime, für diesen Teil hat Katzich recht, das ist nicht zu übersehen. Mutter hätte Glück gehabt mit ihrer Wohngruppe, hat der Katzich gesagt, auch der Heimleiter hat es bestätigt, durchweg freundliche Leute, die keinen Ärger wollen, bescheiden in ihrer Art. Auch die Mitarbeiter sind, wie Mutter sagt, alle sehr nett, Ausnahmen gehören dazu.

Sie stört sich nicht an der Vielzahl ihrer Nationalitäten, der einzelne Mensch zählt für sie. Früher, als sie noch im Dorf wohnte, sagte sie, wir werden von Ausländern überschwemmt, aber das war etwas anderes. Wie die nur hierhergekommen sind?, fragt sie jetzt manchmal, aus Kenia, Nigeria, dem Iran, dem Irak, aus Polen, Russland und vielen anderen Ländern. Die fremden Namen der Pfleger kann sie sich nicht merken, sie prägt sich die Gesichter ein und ihr Wesen, jedenfalls so wie es bei ihr ankommt, jemand ist geduldig, sanft, hilfsbereit oder nervös und übellaunig, ungehalten, frech. Mit der Zeit findet sie sich zurecht.

Gedächtnisübungen, wie überhaupt jede Art speziellen Seniorentrainings lehnt Mutter weiterhin ab, auch das Demenzcafé. Was soll ich da? Der eine schlabbert, der andere sabbert, sagt sie. Deshalb wird sie auch nicht beim Singen dabei sein, denn da – das habe ich herausbekommen – machen ein paar Demente mit. Den Mitarbeitern gegenüber drückt es Mutter sicher anders aus, wahrscheinlich sagt sie, da kann ich leider nicht mitmachen, meine Tochter kommt zu Besuch. Sie hat mir ihren Trick ja selbst verraten, mich schnell vors Loch zu schieben, wie sie sagt, um Nachfragen aus dem Weg zu gehen.

Seit Mutter in Köln lebt, hat sie nie wieder vom Sterben gesprochen. Vorher war sie immer wieder darauf gekommen, wenn ich gesagt habe, du siehst aber gut aus. Jahahhh?, hat sie dann gefragt, ein Schnütchen gezogen, ein paar Tränen rausgedrückt und mit einem Schluchzer gesagt: Dabei möchte ich lieber sterben.

Das bin ich, frei

Die Birke vor Mutters Fenster beginnt zu blühen, und bald verändern die jungen Blättchen den Blick aus ihrem Zimmer, scheinen den Raum zu vergrößern. Es wird wieder schön, für Mutter und für mich.

Jeden Tag sind wir draußen. Auch die anderen Bewohner zieht es in den Garten oder vors Haus auf die Bank. Letztere ist sogar noch beliebter, obwohl man von dort auf den Parkplatz und die Straße schaut. Dafür kann man sehen, wer ein und aus geht, wer zu Besuch kommt und zu wem der Rettungsdienst. Mal wird Sonne gesucht, dann wieder Schatten, manche Bewohner, und Mutter gehört dazu, sehen aus wie nach vier Wochen Ferien auf Sylt.

Mutter ist freundlich und hilfsbereit zu ihren Tischnachbarn, singt mit Tatschhändchen ein Lied, sitzt mit Goldlöckchen zusammen, einer zurückhaltenden Frau, die genauso alt ist wie sie, füttert die Hundertdreijährige, streichelt Pony über die Wange und schenkt Herrn Sonnenheim den Morgenkaffee ein. Sie schäkert mit dem jungen Koch, der mit der Zeit ihren Geschmack kennt, Soße und Gemüse lieber als Fleisch, gerne Süßes, kein Reis. Überhaupt hat sie wieder Freude am Essen, seit sie das Mittagessen nicht mehr in ihrer Wohngruppe, sondern im Restaurant zu sich nimmt, wo man à la carte bestellt und entsprechend bedient wird. Hier essen nur die Bewohner, die noch gut beieinander sind, für die ein Dreigangmenü mit anschließendem Kaffee und Gebäck keine kritische Herausforderung ist, die Demenzler sitzen hier nicht. Das gefällt Mutter, das gefällt ihr sehr. Sie gehört zu den Letzten, die vom Tisch aufstehen, zu besonderen Anlässen esse ich mit.

Es ist schön zu sehen, wie Mutter von vielen begrüßt wird und auch von sich aus grüßt. Besonders freut sie sich, wenn sie dem charmanten Mann vom Sozialen Dienst begegnet, der bei den Ausflügen das Heimauto chauffiert. Mit dem würde ich bis nach Afrika fahren, sagt sie. Er ist jetzt ihr Ausflugsfreund. Sichtliches Vergnügen bereiten Mutter inzwischen auch die Clowns, nachdem sie den (Un-)Sinn der albernen Auftritte erfasst hat. Jedenfalls haben ein paar von ihnen das poetische Potenzial in Mutter erkannt, ihr Gefallen am Reimen und mehrstimmigen Gesang. Wenn sie mit ihnen singt, hat es etwas von Gaudi, von Parade, da macht es ihr Spaß. Ich möchte das mal lernen, sagt Mutter neuerdings und meint die Ukulele, das Instrument der Clowns spricht sie sehr an. Aber richtig Stunden nehmen will sie auch nicht.

Wenn keine Veranstaltung ist, bleibt Mutter oft nach meinem täglichen Besuch im Café am Fenster sitzen, winkt mir durch die Scheibe nach und schaut dann wohl den Leuten zu, oder sie grüßt die Pfleger, die sie kennt und die oft durch das Café laufen, weil neben dem Empfang das Faxgerät steht. Mit ihren Gedanken ist Mutter wahrscheinlich woanders. Mag sein, dass sie bei ihren Kindern ist, ihren Enkeln. Wenn sie dann wieder in ihr Zimmer geht, ruft sie mich an, obwohl wir uns ja am Nachmittag schon zwei Stunden gesehen haben, doch dann fühlt sie sich wieder allein.

Egal, wie schön oder munter es vorher gewesen ist, gibt es nur diese zwei Worte: Tröste mich! Ist doch alles gut, Schneckchen, sage ich dann, wiederhole für sie, was am Tag war und wie herrlich es im Garten geduftet hat oder wie weit und wie toll sie wieder gelaufen ist und was wir Schönes gekauft haben, und dann sagt sie: Ja, Bärbelchen, mach's gut. Aber manchmal helfen meine Worte auch nicht, und dann lasse ich mir noch ein bisschen mehr einfallen und bin froh, wenn sie nicht mehr weint. Manchmal hilft alles nichts. Dann sage ich, sie soll doch mal rausgehen zu den anderen, so allein im Zimmer wär vielleicht nicht so gut. Und das macht sie dann auch. Ich geh schon mal vor, sagt sie, meint damit die Küche, und gucke, ob es was zu essen gibt. Manchmal höre ich dann nichts mehr von ihr, oder sie ruft gleich wieder an und sagt, die eine hat gesagt: Frau Schröder, Abendessen erst um halb sechs!

Bei den Ausflügen sieht es anders aus. Macht dir doch nichts aus, wenn wir heute nicht zusammen sind, dann hast du mal ein bisschen Zeit für dich, sagt sie und klettert flink wie nix in den sechssitzigen Heimwagen, und dann geht es ab durch Köln, zum »Haus am See« oder zum Club Astoria mit ihrem Ausflugsfreund. Das war so schön, erzählt sie abends am Telefon. Am liebsten würde sie jedes Mal mitfahren, aber sie zeigt auch Einsehen, wenn sie nicht an der Reihe ist. Sie hat ja immer noch mich.

Die Woche über gehen wir zusammen in den Garten oder um den Block oder hinüber zu den Geschäften an der Hauptstraße, und seit sie wieder laufen kann, hole ich sie samstags wieder mit dem Auto ab. Gleich nach dem Mittagessen packen wir den Rollator in den Kofferraum – nur zur Sicherheit, sage ich jedes Mal –, und dann fahren wir an den Rhein, setzen uns dort auf eine Bank an der Uferpromenade, sehen den Kindern beim Spielen zu, oder wir besuchen die Enkel. Manchmal fahren wir auch nach Bonn, durchs Dorf und zu Vater, ans Grab. Es ist schön, durch die alte Heimat zu fahren, sagt Mutter unterwegs. In ihr altes Heim will sie aber doch nicht mehr, alle Versprechen, einmal vorbeizuschauen, haben sich in Luft aufgelöst. Sie erkennt es wieder, das Haus am Hang, in dem sie fast drei Jahre gewohnt hat. Was, so lange?, fragt sie.

*

Wir sind eine große Familie, hat Feuerauge zu mir gesagt in den ersten Tagen, als Mutter eingezogen ist. Daran denke ich manchmal. Wie er das gemeint hat, weiß ich nicht genau, ich jedenfalls kümmere mich nicht nur um Mutter, sondern auch um die Leute um sie herum, fange schon mal eine Bewohnerin ein, die sich gerne unbemerkt auf den Weg macht, ihn aber nicht zurückfinden würde. Die Polizei vor Ort kennt sie schon. Sie erinnert mich an meine erste Lehrerin. Sie war tatsächlich früher Lehrerin, habe ich gehört, sie selbst weiß es wohl nicht mehr.

Frau Rahn, so heißt sie, aber auch das weiß sie nicht, lässt sich nicht einfach an die Hand nehmen, sie mag keine Bevormundung, was ich verstehe, deswegen lasse ich mir immer etwas einfallen. Darf ich Ihnen mal etwas zeigen?, unterbreche ich ihren Lauf, was ihr zwar auch nicht zu gefallen scheint, aber die Neugierde siegt. Die Pfleger sind jedenfalls froh, wenn man ihnen einen Gang abnimmt. Mutter gefällt es auch, sie bietet gerne die Hilfe ihrer Tochter an. Bring der mal ein Glas Wasser! Heb dem das mal auf! Ich glaube, die fällt gleich, halt mal ihren Arm!

Seit sich der Sommer breitgemacht hat, kümmern wir uns auch um die vernachlässigten Rosenbeete, beschneiden die Zweige, entfernen welke Blätter, zupfen Unkraut, das heißt, ich zupfe, Mutter steht mit ihrem Rollator daneben oder sitzt am Rand des Beets und dirigiert: Hier noch das Ästchen, Bärbel, kuck mal, die Rose da rechts von dir, die ist auch verblüht. Es ist, als pflegten wir gemeinsam unseren Garten, so wie wir es ja mal gedacht hatten, als wir noch ein Haus suchten für uns, viele Jahre ist das her.

Mach nicht zu viel!, mahnt Gerd manchmal. Lass mal, winke ich ab, ich tu das gern! Mutter und ich leben jetzt fast ein bisschen zusammen, wir sind neulich gewogen worden, wiegen wieder gleich viel. Seit einiger Zeit lernen wir auch die anderen Bewohner kennen. Anders als im Bonner Heim und höchstwahrscheinlich auch als in den meisten anderen Heimen, leben hier noch viele Leute, die zwar ein Handicap haben, aber Herr ihrer Sinne sind, und einige erzählen gern. Man ist schnell in Kontakt auf den Bänken vor dem Haus. Der große Ehrenamtliche, der mittwochs ins Heim kommt, um mit der zierlichen Frau aus dem zweiten Stock spazieren zu gehen, ruft uns schon von Weitem zu: Ahh, da sind ja die Schröder Sisters! Mutter begrüßt er mit Handkuss, vor Kurzem ist er mit ihr ins Gespräch gekommen. Er weiß viel über Erfurt, hat Mutter mir später gesagt.

*

Die Menschen hier reden nicht viel drum herum, sagen direkt, was sie bewegt. Und sie benutzen andere Wendungen, sagen: Wir haben uns köstlich amüsiert!, Das Angebot war so verlockend und reichlich!, Für jede Seele war etwas dabei! Mutter hatte früher mit einer gewissen Zeitverschiebung unsere jeweiligen Jugendwörter für »gut« übernommen, dufte, spitze, super, irre, bei geil war sie ausgestiegen, das kam ihr nicht über die Lippen, genauso wenig wie scheiße. Seit ich denken kann, hat sie dieses Wort nicht in den Mund genommen, selbst wenn sie Grund dazu gehabt hätte. Aber auch dufte, spitze, irre sind längst wieder aus ihrem Sprachschatz verschwunden. Alles Temporäre ist weg, es bleibt die Substanz.

Nach langer Zeit höre ich jetzt wieder Wörter wie unumwunden, nimmermüde, herzallerliebst … Auch Mutter ergreift häufiger selbst das Wort. Einmal erstaunte sie mich, wie sie von dem Banküberfall erzählte, den sie vereitelt hat. Sieben Jahre ist das her, sie wohnte noch allein im Dorf, als sie mit zwei Taschen vom Einkaufen kam und die schwarzmaskierten Täter sie überholten und vor ihr in die Sparkasse liefen. Sie ist damals schnell weitergegangen, nebenan in die Drogerie und hat in den Laden gerufen: Schnell, Banküberfall, ruft die Polizei! So hat sie es mir damals erzählt. Später war in der Zeitung zu lesen, dass die Räuber mit ihrer Beute nicht weit kamen, weil aufmerksame

Bürger – so stand es geschrieben – schnell reagiert hätten. Mutter hatte seinerzeit ihr Geld gerettet, aber seitdem auch etwas mehr Angst, davon ist immer noch etwas zu spüren. Jedes Mal, wenn sie die Geschichte zum Besten gibt, wird es ein bisschen wilder, gefährlicher, plötzlich haben die Räuber, inzwischen ist es eine ganze Horde schwarzer Männer, sie nicht mehr überholt, sondern sind ihr fest auf den Fersen geblieben, aber Mutter ist schneller, als Erste in der Drogerie, wo sie wieder Schutz sucht: Los, Leute, schnell alle Türen zu!

Im Fernsehen lief ein Mehrteiler über die Kennedys, ich habe Mutter davon erzählt und sie gefragt, ob sie sich noch an Jacky Kennedy, die Frau des Präsidenten, erinnern kann? Ja, sagte Mutter. Hat sie dir mal was bedeutet, auf alten Fotos hast du oft so ähnliche Kleider an? Nein, eigentlich nicht, hat Mutter gesagt. Und wie bist du auf die schönen Kleider gekommen? Ich hab viel bei C&A eingekauft. Aber C&A gab es damals in Bonn noch nicht, sagte ich. Ja, die gab es noch nicht, erwiderte sie eher fragend als feststellend, aber im Kaufhof war ich und bei Appelrath und Cüpper, der Name fiel ihr wieder ein. Hattest du denn jemand dabei, der dich beraten hat, mal gesagt hat, das steht dir aber gut? Mutter sah an einen Punkt in der Ferne. Ich weiß nicht … nein, eigentlich nicht … Ich höre mein eigenes »Schön, Mutti, steht dir gut«, aber vielleicht war ich ja auch nicht bei ihren Kleiderkäufen dabei, wahrscheinlich ist sie am Vormittag losgezogen, wenn wir Kinder in der Schule waren, nur für sich, ganz allein.

*

Hören bleibt weiter ein Problem. Ich moderiere die Lebensgeschichten von anderen, wenn Mutter sie nicht versteht. Gut, wenn man einen Dolmetscher hat, sagt Pony oft, nicht ohne Neid. Sie passt ein bisschen auf Mutter auf, ohne dass ich sie darum gebeten habe, sagt mir, wenn ihr irgendwas aufgefallen ist, das so vielleicht nicht richtig war. Leider spricht Pony leise, und Mutter kann sie kaum verstehen, zudem denkt sie, Pony wäre – in Vaters Worten – ein »ärm Dier«, weil sie im Rollstuhl sitzt. Für Mutter bedeutet Rollstuhl auch im Kopf nicht ganz richtig, davon lässt sie sich nur schwer abbringen, und oft ist es ja auch so, aber nicht bei Pony, da verschätzt sie sich gewaltig.

Ihre Mutter ist eine aparte Frau, hat Pony zu mir gesagt, ich würde sie gerne näher kennenlernen. Mutter fühlte sich geschmeichelt, als ich ihr das gesagt habe, aber sehr nah sind sie sich bis jetzt nicht gekommen. Mutter kann Pony nicht gut verstehen und Pony ihrerseits kaum sehen, womit Mutter nicht klarkommt. Auch nicht damit, dass Pony mich bat, Mutter auszurichten, sie solle ihr nicht mehr über die Wange streicheln, sie schätze zwar diese Zartheit, aber die Geste als solche passe doch eher zu einem Kind. Pony ist eine gebildete Frau. Mein Geist verhungert hier, hat sie mir einmal gesagt. Sie führt gerne intellektuelle Gespräche, aber das geht eigentlich nur mit ihrer Schwester, die leider viel zu weit weg wohnt und die ihr alle paar Wochen Artikel aus der Zeitung oder ganze Bücher vorliest. Ponys Ehemann lebt noch in der gemeinsamen Wohnung, besucht sie oft, sie trinken zusammen Kaffee, er wirkt ziemlich finster, eigentlich ein Fehlgriff, hat Pony mir selbst anvertraut.

Die Männer im Heim sind zum Teil sehr charmant, einige flirten gerne, besonders Herr Feiersinger, der immer adrett gekleidet ist, was bei den Männern hier eher selten vorkommt. Mutter sieht durch ihn hindurch. Zu alt, zu wenig an Dezenz (Achtung, Majöner!, hätte Vater gewarnt). Herr Feiersinger hat aber auch keine Augen für Mutter. Wenn er mich sieht, ruft er mir lächelnd zu: Schauen Sie mich an, schöne Frau, und machen Sie mich glücklich! Ich lächele dann zurück, werfe ihm einen Handkuss zu, den er lässig erwidert. Immer wieder sagt er, die im Heim wollen, dass er hundert wird (was ihm in drei Jahren gelänge). Ich will aber nicht hundert werden, sagt er, ich will zu meiner Frau. Sie war seine große Liebe, als junger Mann hat er sie kilometerweit auf den Schultern getragen, weil sie zu schwach war auf dem langen Weg von Breslau, das heute Wroclaw heißt und polnisch ist. Er bekommt feuchte Augen, wenn er davon erzählt, nicht nur wegen seiner Frau.

Flucht und Vertreibung sind vielen Bewohnern noch präsent, an manchen Tagen reicht es, dass eine sagt: Ja ja, damals auf der Flucht …, dann stockt das Gespräch, und die Blicke werden stumm, und man kann spüren, wie den Leuten die Bilder kommen, und für einen Moment, der manchmal auch länger ist, schwebt so ein stilles Einvernehmen im Raum, und ohne dass jemand spricht, hört man: Ich weiß, was Hunger bedeutet, ich weiß, was Heimweh ist. Wie seinerzeit Familien zerrissen, Lieben getrennt, der Vater, der Bruder genommen wurde, etwas davon haben hier alle im Gepäck. Und ich verstehe allmählich, was Mutter gemeint haben könnte, als sie vor vielen Jahren sagte, sie sei lieber mit Gleichaltrigen zusammen. Es ist ein gewaltiger Unterschied, ob man anderen von früher erzählt oder sich gemeinsam – ohne viele Worte – erinnert an die schwere Zeit, so sagen sie, die Alten, die schwere Zeit.

Welchen Weg Mutter genau gegangen ist, nachdem der Onkel in Mühlhausen sie als Letzter gewarnt hat, geh nicht zu dem jecken Rheinländer, werde ich wohl nicht mehr erfahren, sie weiß es nicht, es bleibt ein schwarzes Loch. Ich bin kein Flüchtling, habe ich Mutter hier einmal sagen hören, ich bin geflohen.

*

Wenn Mutter und ich alleine sind, erzählt sie viel von ihrer Kindheit, immer wieder von der Angst vor dem weiten Weg vom Ringelberg bis zum Kindergarten in der Stadt, wo sie gearbeitet hat. Harry, der Nachbarsjunge aus dem Haus, hat sie zum Glück oft begleitet. Und ihre Mutter hat sich abends ans Fenster gestellt, um sie möglichst früh sehen zu können.

Zum ersten Mal höre ich, dass Mutter in der Andreasstraße, der ersten Wohnung in Erfurt, nicht gerne gelebt hat. In der Schule hätte es immer geheißen, die wohnen in der Kaserne. Papa hatte ja da den Hausmeisterposten, sagt Mutter. Unten war ein Blumengeschäft, die Frau konnte keine Kinder leiden. Seid leise, hätte Mutti immer gesagt, seid leise, ständig dieses »Seid leise«. Aber die eine (Angestellte) hätte sie manchmal ins Hinterzimmer gelockt – Mutter macht eine Geste wie die Hexe bei Hänsel und Gretel –, dahin, wo die Kränze gebunden wurden. Die hatte es gern, wenn ich ihr bei der Arbeit zuguckte, dann war die nicht so alleine, sagt Mutter, das war eigentlich ganz schön.

Mutter fühlt sich weitgehend wohl, das kann man ihr ansehen, auch wenn das Fundament labil bleibt. Wie sich an dem Tag zeigte, als die exaltierte Frau ins Heim zog, die man sich mit ihren langen Beinen, ihrer ganzen mondänen Erscheinung auch im vorgerückten Alter noch auf einer Segelyacht in Saint-Tropez vorstellen kann und die beim Sommerfest den Heimleiter fast in Verlegenheit brachte, als sie ihm mit ihrer markanten Stimme durch den Garten zurief: Oh, *mon cher*, jetzt muss ich mal küssen! Von dieser Frau fühlte sich Mutter gleich bedroht, und als sie am Mittagstisch auch noch den Platz für sie räumen musste – was von der Organisation her verständlich war, aber für Mutter eine Degradierung bedeutete –, fühlte sie sich in ihrer neuen Heimat abgelehnt. Alte Wunden schmerzten wieder, und es dauerte eine Weile, bis sie beruhigt waren. Die neuen Tischnachbarinnen am Fenster machen es ihr zum Glück leicht. Eine war früher selbst Pflegerin, Frau Rosen, ein liebes Wesen, die ihr schweres Schicksal mit Würde erträgt.

*

Mutters Pflegestufe wurde überprüft. Schwer pflegebedürftig, das passte nicht mehr. Ein Mann vom Medizinischen Dienst war da. Fast mussten der Katzich und ich Mutter ein bisschen bremsen, um nicht am Ende ganz ohne Pflegestufe dazustehen und die Voraussetzung für eine Heimunterbringung zu verlieren. Mutter hat super mitgemacht, freute sich irgendwie, dass sie wieder was geleistet hat. Dem Katzich wollte sie hinterher ein Lied vorsingen. Ja, was war das noch mal? Kein Feuer … Jahahh, soll ich das wirklich …? Überleg's dir, habe ich gesagt, aber da ist sie schon losgeschossen, mehr sprechend als singend: »Kein Feuer, keine Kohle kann brennen so heiß als heimliche Liebe, von der niemand nichts weiß …« Der Katzich hat den kleinen Flirt mitgemacht und ihr zärtlich an den Hinterkopf gepustet, sodass die feinen Härchen flogen. Das macht er in der letzten Zeit öfter, und Mutter freut sich jedes Mal: Schöhöhhn …

Wir haben eine neue Lottobude, die Mutter zu Fuß erreichen kann und in der ein paar ältere Frauen bedienen, die ihr immer kleine Komplimente machen, wie toll sie aussieht, wie gut sie sehen kann. Noch alles ohne Brille? Mutters Schlagfertigkeit gefällt ihnen. Ich werde bald neunzig!, sagt Mutter jedes Mal.

Wenn ich am Nachmittag nach Hause gehe, begleitet mich Mutter inzwischen bis zum Ende des Grundstücks. Ihr Radius ist größer geworden, erst bis zur Treppe, dann bis zum Ausgang, jetzt bis zur Straße und den ganzen Weg zurück, also auch alleine mit dem Aufzug wieder nach oben in den ersten Stock. Ich finde es gut, sagt sie selbst, dass ich gar keine Angst mehr habe. Und ich glaube, sie meint damit nicht nur das Aufzugfahren. Ja, sage ich, das ist schön, dadurch bist du frei. Ja, sagt sie, das bin ich, frei!

Mutter singt wieder

Ich muss immer wieder an den Mann denken, der gestorben ist, sagt Mutter, und an die Töchter, wie mag es denen jetzt gehen?

Später, als wir in der Küche Kaffee trinken, kommt die freundliche Pflegerin dazu, die Mutter ins Vertrauen gezogen hat. Sie fragt mich, ob ich weiß, dass Herr Sonnenheim gestorben ist. Ja, sage ich, ich mochte ihn gerne. Selbst die Pfleger seien traurig, sagt sie, Herr Sonnenheim wurde von allen geschätzt. Waren die Töchter bei ihm, als er gestorben ist?, will ich wissen. Sie waren im Garten, sagt sie, sind zu ihm zurückgekommen, und eine Minute später hat er seinen letzten Atemzug getan. Wie schön, sage ich, der Wunsch der Töchter – mit einer der beiden habe ich oft darüber gesprochen – hat sich erfüllt. Ja, sagt die Pflegerin, aber jetzt brauchen sie wohl eine Weile, bis sie realisiert haben: Der Papa ist endgültig tot. Dann eilt sie weiter.

Mutter hat nichts verstanden, zu laut die Hallo-Rufe der Hundertvierjährigen, die ihren Geburtstag feiert, zusammen mit der Tochter ihrer Nichte, alle näheren Verwandten leben nicht mehr. In kurzen Abständen ein heiseres Hallo aus ihrem Zimmer, hallo, hallo, ich muss mal aufs Klo. Ist das nicht schrecklich, wenn da keiner kommt, sagt Mutter. Also wenn es einem selber mal so geht, dass man auf Hilfe angewiesen ist, das ist nicht schön. Nein, sage ich, da hast du recht.

Nachher im Aufzug sagt Mutter, die war das (sie meint die freundliche Pflegerin), die mir gesagt hat, dass der nette Herr tot ist. Mit der komme ich sehr gut zurecht. Mir war bislang nicht aufgefallen, wie gut sich Mutter mit der neuen Pflegerin versteht. Sie wirkt sanft, einfühlsam, es leuchtet mir ein. Sie könnte für Mutter ein zweites Engelchen werden. (Und das wurde sie auch, für lange, lange Zeit.)

Auf der Gartenterrasse ist Partystimmung. Die Diva, eine stattliche Alliance aus Liz Mohn und Queen Mum, hat Geburtstag, lässt die Puppen tanzen, die Theke randvoll mit Kuchen und Gebäck, Champagnerkübel auf allen Tischen. Mutter traut sich kaum vorbei, der Koch ermutigt sie: Keine Angst, das ist eine offene Gesellschaft, Augen zu und durch!

Die Diva hat viel Geld ins Heim gesteckt, schon bevor sie hier einzog, munkelt man. Sie bewohnt keines der Pflegezimmer, sondern residiert in einer noblen Wohnung mit Terrasse, von wo aus sie vermutlich über die Dächer hinweg auf das Logo ihrer Firma blicken kann. Sie hat noch immer die Ausstrahlung einer Chefin, und das Personal im Heim hält sie vermutlich für ihre Angestellten, jedenfalls spricht sie sie so an. An guten Tagen strotzt sie vor Energie. Ah, da kommt ja die Treue, sagt sie, wenn sie mich sieht, und es schwingt Hochachtung mit in ihrer kräftigen Stimme, kein Neid, sie selbst hat eine persönliche Assistentin, die auch täglich kommt, die sie aber dafür bezahlt. Der Liszt-Liebhaber zählt auch zu ihren Angestellten, seit er vom Heim nicht übernommen wurde. Sie schätzt wohl Liszt und kann mit Alexander von Humboldt etwas anfangen, jedenfalls kommt der Liszt-Liebhaber jetzt jeden Sonntag und liest ihr aus den Forschungsreisen Humboldts vor.

Heute Morgen haben sie uns gefragt, was für ein Tag ist, sagt Mutter, aber keiner hat's gewusst. Und was für ein Tag ist heute?, frage ich. Mutter bleibt stehen, fasst sich mit der Hand ans Kinn, überlegt, sagt: Also mein Gott, was ist das nur mit mir? Ich gebe ihr eine kleine Hilfestellung. Heute ist Daumendrücktag, sage ich und halte ihr beide Daumen vor die Nase. Ahh jaaah, dann ist Mittwoch, meldet sich ihr Glücksspielsinn. Aber morgen war doch auch noch was? Ja, morgen gehst du zum Friseur. Ja, stimmt, ich sage der, sie soll mir eine schöne Hochzeitsfrisur machen …

*

Endlich der große Tag, Mutters Enkelsohn Nico heiratet seine Janine. Ich helfe Mutter in das neue Festtagskleid. Das gefällt mir eigentlich gar nicht mehr richtig, stellt sie plötzlich fest, fasst an die kleinen Falten unterhalb des Busens. Das sitzt so komisch. Du hattest vier Monate Zeit, dir das zu überlegen, jetzt ziehst du es an, wir haben kein anderes, entfährt es mir unwirsch beim Blick auf die Uhr. Ich hole den Bernsteinring und ihre goldene Uhr aus meiner Tasche, beides Geschenke von Vater, dazu die weißen Perlenketten aus dem Eineuroladen, die ihr besser gefallen als der echte Schmuck. Sie füllen den Ausschnitt des Kleides zugegeben sehr hübsch.

Noch ein bisschen Puder, den Lippenstift nicht zu stark, sagt sie, aber die Augenbrauen brauchen eine leichte Kontur. Ihre Frisur sitzt immer noch erstaunlich gut, die Friseuse hat ganze Arbeit geleistet. Mutter betrachtet sich im Spiegel, erst skeptisch, dann ist sie doch zufrieden. Toll, du siehst supertoll aus, sage ich, wie Anfang siebzig. Ach, sagt sie, doch so alt! Wir lachen beide. Nun die ungelöste Frage: Mantel oder Jackett? Ich schlage vor, das Jackett anzuziehen und den Mantel mitzunehmen. So machen wir es. Vorbei an Feuerauge, der Mutter Komplimente macht, was sie mit einem gesungenen »Aber dich gibt's nur einmal für mich …« honoriert.

Vor dem Haus nehmen uns Ute und Gerd in Empfang. Uhh, ist das kalt, sagt Mutter und will am liebsten gleich den Mantel anziehen. Aber im Auto ist es warm, sage ich. Das sieht sie ein. Und wo fahren wir jetzt hin?, fragt Mutter. Zur Hochzeit. Ach ja.

Vor der Kirche wartet der Bräutigam, sichtbar nervös. Mutter umarmt ihn, nein, Nico umarmt seine Oma, die gleich zu singen beginnt: »Aber dich gibt's nur einmal für mich …«

Die meisten Gäste sind auch schon da, die Brauteltern und viele Verwandte, die Mutter von den Enkelgeburtstagen kennt. Mutter grüßt sich so durch, auch wenn ihr die Namen nicht einfallen, überhaupt wer zu wem gehört. Es sieht so aus, als habe sie alles im Griff.

Dann öffnet sich das Kirchenportal. Unser Platz ist in der dritten Reihe, wir können nicht viel sehen, Mutter fragt, ob das jetzt die Hochzeit ist. Ja, flüstere ich und zeige auf Nico, der ganz vorne steht mit Blick zum Altar. Mutter nützt mein Hinweis nichts, ein kräftiger Mann versperrt ihr die Sicht. Dabei fällt ihr aber auf, dass sich der Kragen der Frau daneben verdreht hat und den Markennamen preisgibt. Mutter ist ganz auf das Schildchen konzentriert, bis sie es wagt, es einfach umzudrehen. Die Frau sieht sich kurz um, lächelt Mutter an.

Da setzt auch schon die Musik ein, kein Gemeindegesang, die Töne kommen vom Band, erst ist nur eine Geige zu hören, dann werden es mehr, und schließlich singt eine weibliche Stimme auf Englisch. Mutter versteht es nicht, ich kenne den Song auch nicht, aber er verleiht der Atmosphäre Showcharakter, eine Art Deutschland sucht die Superbraut, und als ich mich leicht von der harten Kirchenbank erhebe, sehe ich sie am Arm ihres Vaters durch das Kirchenschiff ziehen. Da ist Janine, souffliere ich Mutter und zeige nach links. Mutter schaut hoch, nickt, aber da ist die Braut schon vorbei. Mutter schaut wieder nach unten, auf ihre Hände, die in ihrem Schoß liegen und das Programm festhalten, das sie mir immer wieder zeigt und fragt: An welcher Stelle sind wir jetzt?

Bis auf »Großer Gott wir loben dich« kennt sie keines der Lieder, wie wohl die meisten anderen Gäste auch, denn kaum jemand singt richtig mit. Münder bewegen sich zwar, aber heraus kommt nur Gemurmel, kein richtiger Gesang. Den Pastor kümmert es nicht, er freut sich aus anderen Gründen. Sie haben die Kirche vollbekommen, ist das Erste, was er sagt. Dann hält er eine Predigt über den Fels, die Ehe möge ein Fels sein, wie der Glaube, wie Gott …

Mutter versteht nichts, macht aber wohl auch keinen Versuch. Vielleicht ist sie mit den Gedanken bei ihrer eigenen Hochzeit, einer bescheidenen Feier mit ein paar Leuten, von ihrer eigenen Familie war keiner dabei, alle jenseits der Grenze zurückgeblieben. Mutter trug auch keinen Schleier und nicht so ein zauberhaftes Spitzenkleid, sondern ein einfaches Schwarzes, hochgeschlossen mit heller Bordüre, und das war ausgeliehen. Vielleicht hat sie aber auch an gar nichts gedacht und nur gewartet, bis es im Programm weitergeht. Jedenfalls wird Mutter wieder aufmerksam, als sich das Brautpaar erhebt und sie jetzt auch etwas sehen kann. Und als der Pastor seine goldene Stola über die Hände von Janine und Nico legt, ist sie ganz da und flüstert mir zu: Jetzt wird er angekettet.

Das Tauschen der Ringe entzieht sich unserem Blick. Später erzählt Mutters jüngste Enkelin Elsa, dass der kleine Junge, der die Ringe reichte, versehentlich von einem Schwall Weihwasser erwischt wurde und er es nicht gelassen nahm, sondern während des gesamten Brautsegens hin und her hopste, um sein Hemd zu trocknen. Haben wir alles nicht gesehen, Mutter und ich, und auch beim feierlichen Auszug, wieder mit bedeutungsreicher Musik vom Band, erhaschen wir nur einen kurzen Blick auf das frischvermählte Paar. Wir warten noch ein bisschen, sagt Mutter, als sich die Gäste dem Brautpaar anschließen und hinter ihm her ins Helle gehen. Was war das jetzt noch mal?, fragt mich Mutter. Nicos Hochzeit, sage ich. Ach, Mensch, sagt sie, ja, klar.

Auf dem Kirchplatz ist dichtes Gedränge, und wir müssen lange Schlange stehen, um den Eheleuten unseren Glückwunsch auszusprechen. Mutter hält tapfer durch, die Hände fest an ihren Rollator geklammert. Dann ist sie endlich an der Reihe. Schön, dass du gekommen bist, sagt Janine und beugt sich herunter zu ihrer neuen Oma. Für ein weiteres Lied ist es Mutter aber zu viel. Fahren wir jetzt wieder zurück?, fragt sie.

Am nächsten Tag erzählt Mutter, sie hätte das Kleid beim Abendbrot noch angelassen. Ohh, hätten alle am Tisch gesagt, das steht Ihnen aber gut. Die im Heim sind die Einzigen, die Mutter so gesehen haben. Es gibt kein Foto von ihr im schicken Abendkleid. Beim großen Familienfoto hatte sie den Mantel an, später bei der Feier war sie schon nicht mehr dabei. Mutter scheint es nichts auszumachen. Ihre brennendste Frage: Was ist das nächste große Fest? Dein neunzigster Geburtstag, sage ich, aber das ist noch ein bisschen hin.

*

Heute ist Steinesammeln angesagt, neue Kiesel für Vaters Grab, das Mutter und ich verschönern wollen. Die Sonne scheint, aber es ist ziemlich windig. Am Rhein windet es noch mehr, und als wir zum Uferstrand gehen, sehe ich über dem Dom eine Front schwarzer Wolken. Mutter sieht sie zum Glück nicht, ist ganz auf die Schräge der Bootsrampe konzentriert, hält ihren Rollator ganz fest, statt zu bremsen, weswegen ich ihn immer mit einer Hand zurückhalten muss.

Am Ende der Rampe bleibt sie stehen, während ich in Windeseile gleich große Kiesel in meinen Jutesack stopfe. Die Wolkenfront rückt immer näher, jetzt hat auch Mutter sie entdeckt. Los, lass uns schnell zurück, ruft sie. Ich will noch einen Zwischenstopp auf der Bank neben dem Fußballplatz einlegen, aber Mutter hat Angst, einen Ball an den Kopf zu bekommen von den Hobbyspielern, die dort samstags kicken. Wir setzen uns trotzdem einen Moment, aber da wird der Wind auf einmal so heftig, dass Mutter es gar nicht schnell genug gehen kann, hinauf zum Auto zu kommen. Mit den vielen Steinen im Korb ist der Rollator jetzt schwerer. Zusammen schieben klappt auch nicht richtig, schon rutscht er von den Betonplatten ab und seitlich ins Gras.

Ich wuchte alles wieder auf den Weg. Große Tropfen fallen, und Mutter jammert laut: Oje, oje, hoffentlich kommen wir noch bis zum Auto, oje, ist das ein Sturm … Hör doch mal auf, sage ich, weil ich glaube, dass ihre Kraft besser mit Schieben als mit diesem Untergangsgeheule eingesetzt ist, aber da wird sie sauer, sagt: Man wird doch mal jammern dürfen. Ja, sage ich, aber nicht in einer Tour, so schlimm ist es doch gar nicht. Wir müssen nur noch die Straße überqueren, dann sind wir am Auto. Als hätte sie das oberste Lager am Mount Everest erreicht, lässt sie sich in den Sitz fallen. Und als der Regen wirklich heftig wird, sodass auch die Scheibenwischer an ihre Grenzen kommen, kriegt sie sich gar nicht mehr ein. Mein Gott, das ist vielleicht was, sagt sie, ich bin fix und fertig …

Auf der anderen Rheinseite scheint schon wieder die Sonne, es ist nicht einmal vier Uhr. Ohhh, noch so früh, sagt Mutter nach unserem abgebrochenen Ausflug, will aber nicht, dass ich noch mit ins Heim komme. Ich lege jetzt die Beine hoch, sagt sie.

Drei Tage später ist es angenehm warm. Goldener Oktober, sagt Mutter, und ich habe kurzerhand beschlossen, mitten in der Woche mit ihr nach Bonn zu fahren und nicht wie geplant erst am Samstag, weil für das Wochenende Regen angesagt ist. Mutter genießt die Fahrt, auch als wir vor dem Verteilerkreis länger im Stau stehen, beschwert sie sich nicht, schaut in den Himmel. Heute kann man wirklich singen Ich schau den weißen Wolken nach, sagt sie, und dann legt sie auch schon los: »Ich schau den weißen Wolken nach und fange an zu träumen …« Das hat sie lange nicht gesungen.

Jetzt bin ich gespannt, sagt sie nach einer Weile, ob die (Jürgens neue Bekanntschaft) hierhin zieht oder Jürgen da rauf. Vorläufig keins von beiden, sage ich, die wollen sich erst mal kennenlernen. Aber so lernt man sich ja nicht kennen, sagt Mutter. Morgen fahren die beiden zusammen nach Rügen, sage ich, da können sie sich ein paar Tage beschnuppern. Ist ja praktisch ein Fremder, sagt Mutter und scheint eher mit der Frau mitzufühlen, die sich auf einen neuen Mann einlässt, als mit ihrem Sohn.

Wir fahren von der Autobahn ab und schlängeln uns den Berg hoch. Auf dem Friedhof machen wir es wie beim letzten Mal. Mutter setzt sich auf den Rollator, und ich schneide nach ihren Anweisungen den Efeu, lege die neuen mitgebrachten Kiesel aus. Ein bisschen Grün lassen wir stehen, ein großes »S« für Schröder, aber das fällt mir erst später auf. Mutter gefällt es so, vor allem das rote Grablicht aus Glas. Ich habe schon gedacht, das hätten sie geklaut, sagt sie.

Als wir fertig sind, setzen wir uns auf die Bank mit dem weiten Blick Richtung Eifel, trinken einen Schluck, für Mutter habe ich Kekse dabei. Die Sonne ist wohltuend warm wie das Holz der Bank. Haben wir gut gemacht, sage ich, als wir auf dem Rückweg noch einmal auf das Grab schauen. Ja, sagt Mutter, jetzt kann es ruhig schneien.

*

Mutter sei schnell eingeschnappt, sagt der Katzich am nächsten Tag zu mir, als wir zum Kaffeetrinken in die Küche kommen. Manchmal müsse er hier eben sagen, wo es langgeht, er wisse nicht, ob ihm das selber so passen würde, aber so wäre es eben. Und wenn er dann zu Mutter sage, jetzt bleiben Sie mal sitzen und essen Ihr Omelett warm, weil die – er zeigt auf die Hundertvierjährige – sie wieder hin- und herschickt, kippe Mutters Stimmung schnell und dann lege sie los: Ich war Kinderschwester, ich habe immer geholfen … und dann würde sie aufstehen und beleidigt abziehen.

Die Hundertvierjährige ruft zum fünften Mal nach Kaffee.

Ich sage ihr, dass gerade frischer gekocht wird. Der Katzich verdreht die Augen und geht auf die Terrasse rauchen. Hör mal, sagt die Hundertvierjährige zu mir, komma her, hol mich ein bisschen näher zu euch! Was will die?, fragt Mutter. Ich schiebe den Rollstuhl von der Alten neben meinen Stuhl. Sie hält mir ihre mit schwarzbraunen Flecken übersäte Hand entgegen. Ich nehme sie und streichle sie ein bisschen. Mir isset so komisch, sagt sie, japst nach Luft, ich weiß janit. Der Kaffee ist durchgelaufen. Ich hole ihr erst mal eine Tasse und uns auch.

Barack Obama ist wiedergewählt worden!, sage ich zu Mutter. Ich bin gespannt, ob sie etwas davon mitbekommen hat. Hat sie. Die eine hätte am Tisch so was erzählt, aber sie hätte es nicht verstanden. In Amerika waren Wahlen, sage ich, Obama ist wieder zum Präsidenten gewählt worden. Da siehst du, sagt sie, die Menschen wollten den doch haben, sonst hätten sie ihn ja nicht gewählt. Der Läuferin – eine zierliche Mitbewohnerin, die auf ihren kleinen Füßen ständig unterwegs ist, durchs Haus, durchs Viertel, durch den Park – sagt der Name Obama nichts, sie freut sich trotzdem, sagt, es wäre schöner, wenn man so zusammensitzt. Hinter dem Küchentresen werkelt die Neue, die sich als Pflegeschülerin vorstellt, sehr jung, sehr dick, ein Ausdruck in ihren Augen, der keine Freude kennt.

Frau Edel fragt mich, ob ich sie ein bisschen fahren kann. Ich verstehe erst nicht richtig, versuche den Rollstuhl zu bewegen. Der ist festgestellt, sage ich und suche den Hebel. Das hat seinen Grund, sagt die Pflegeschülerin scharf aus dem Hintergrund. Da kommt gleich jemand, sage ich zur Edel und schaue zu der Pflegeschülerin. Die bewegt sich langsam hinter dem Tresen hervor, löst den Feststeller und sagt mit erhobenem Zeigefinger: Aber nur ausnahmsweise! Frau Edel ist erleichtert. Ich bin irritiert. Später fallen mir die Worte des Amtsrichters ein, der hier vor einiger Zeit über freiheitsentziehende Maßnahmen gesprochen hat.

Laut polternd und vor sich hin schimpfend, weil die Kanne leer ist, setzt die Pflegeschülerin neuen Kaffee auf. Nit so laut!, beschwert sich Herr Krings. Ich darf das, sagt sie, wer arbeitet, darf auch laut sein, ihr dürft das nicht, ihr tut ja nichts. Ich überlege, ob ich sie direkt auf ihren Ton anspreche oder später die Pflegedienstleitung informiere. Was hat die gesagt?, fragt Mutter. Ich winke ab, will Mutter nicht irritieren. Das Diensthandy der Dicken klingelt, sie sieht auf das Display. Wollen die mich verarschen?, fragt sie sauer vor sich hin. Sie steckt es wieder in ihre Gesäßtasche, singt das Lied aus dem Radio mit, das sie laut gestellt hat, Eins Live Pop Music. Woher kommt das?, fragt Mutter und fasst sich an ihr Hörgerät. Das ist das Radio, sage ich.

Als Mutter ihren Kaffee getrunken hat, brechen wir zum Spaziergang auf. Das findet die Läuferin ein bisschen schade.

Im Restaurant werden wir vom Herrn am Empfang informiert, dass fortan die Terrassentür zum Garten geschlossen bleiben soll, wegen der Diebstähle. Er lässt uns trotzdem durch, schließt hinter uns wieder zu. Wenn das so bleibt, denke ich, wäre es eine blöde Einschränkung für unsere nachmittäglichen Runden.

Später auf dem Rückweg, als Mutter und ich am Zimmer vom seligen König – ich nenne ihn so, seit er mir von seinem Fenster aus mit ausgebreiteten Armen in den Garten zugerufen hat: Alles mein Reich! – vorbeikommen, höre ich die Pflegeschülerin schimpfen: Was glaubste, wie mich das alles ankotzt hier … Der selige König hat wohl in die Hose gemacht, er kann nichts dafür. Mutter versteht zum Glück nichts. Wie ein einziger Mensch die Atmosphäre versauen kann, denke ich und entscheide, es wird ein Fall für die Heimleitung.

Bevor ich mich aufmache, erinnere ich Mutter daran, dass heute die Kinder von der Tagesstätte zum Martinssingen ins Restaurant kommen. Sie ruft um kurz vor fünf an, sagt, der eine wäre eben gekommen und hätte gesagt, Frau Schröder, im Restaurant singen gleich die Kinder, nett, ne?

Später ruft sie an, das wäre vielleicht schön gewesen, ein richtig schöner Abschluss. Glück für Mutter.

*

Es hat sich einiges verändert in Mutters Wohngruppe, nicht nur zum Guten. Die misslaunige Pflegeschülerin, der erste personelle Fehlgriff, den ich bemerke, verbreitet weiter schlechte Stimmung. Und nachdem lange, eigentlich seit Mutters Einzug vor einem Jahr, also ungewöhnlich lange, wie mir der Heimleiter bestätigte, kaum jemand verstorben ist, sterben plötzlich so viele hintereinander, als sollte das Versäumte nachgeholt werden. Zwei bettlägerige Frauen, die Mutter nie zu Gesicht bekommen hat, kann sie nicht vermissen, aber Goldlöckchen und nun die Hundertvierjährige, die fehlen ihr, mit beiden konnte Mutter gut. Frau Edel könnte die Nächste sein, die geht; seit sie im Krankenhaus war, verlässt sie nicht mehr ihr Zimmer. Mutter muss wieder mit neuen Leuten zurechtkommen.

Die eine, sagt Mutter, war auch Kindergärtnerin, und die hat erzählt, was sie mit den Kindern so alles gemacht haben. Das konnten wir ja gar nicht, sagt Mutter. Damals war Krieg, wir haben die Kinder nur immer unter den Arm geklemmt und sind in den Keller mit denen. Einmal war ich am Dom (in Erfurt), da kamen die Flieger, und ich wollte da auch in den – ihr fällt das Wort Bunker nicht ein –, da war ein Gang, so in den Berg, der war schon voll, und ich hab gesagt, Mensch, rückt doch noch ein bisschen. Also das war schrecklich, sagt sie. Ich hab schlimme Zeiten erlebt. Dagegen ist das jetzt gold, goldene Zeiten für mich.

Vielleicht hat Mutter deswegen schon lange nicht mehr gefragt: Gibt es nicht noch etwas anderes, wo ich hinkönnte? Und was sie überhaupt nicht mehr gesagt hat, kein einziges Mal, seit sie im Heim lebt: Ich wäre am liebsten nicht mehr da.

Kriegssituationen tauchen immer wieder auf in ihren Erinnerungen. Wie sie sich mit ihrer Schwester Marianne in den Graben geflüchtet hat, zum Schutz vor den Tieffliegern. Marianne wurde von einem Splitter gestreift, erzählt Mutter immer wieder, wir haben so geweint, warum haben die auf junge Mädchen gezielt? Neulich fiel ihr der Name Fritz Steurer ein, der war damals Soldat. Die Flak lag ja rund um Erfurt, sagt Mutter, die haben von da geschossen, das muss man sich mal vorstellen, wenn das alles in die Luft gegangen wäre … Aber Mutti hat immer eingeladen, da stand die Tür offen, auch für die Soldaten, und da hat der (Fritz Steurer) bei uns auch Kaffee getrunken und was zu essen bekommen.

Fritz Steurer, der Name sagt mir was. Ich erzähle Mutter von meinen Erinnerungen an den Besuch bei Fritz Steurer in Lörrach, das muss Anfang der Sechzigerjahre gewesen sein. Wir waren noch Kinder und mussten seiner bettlägerigen Mutter die Hand geben, es war dunkel im Schlafzimmer und roch ganz schrecklich, und ich erinnere mich, dass ich in dem verwinkelten Fachwerkhaus schnell die Stiege hinuntergestürzt und zu Vater gelaufen bin, der mit Fritz Steurer vor dem Haus stand und lachte.

Was wohl aus dem geworden ist?, fragt Mutter. Der war älter als du, sage ich und verspreche, später mal im Internet nachzuforschen. Mach mal den Schrank auf!, sagt Mutter beinahe übergangslos. Ich öffne die Tür ihres Kleiderschranks und sehe im untersten Fach einen Haufen Süßes, Bounty-Riegel, Schokolädchen, Fruchtbonbons, alles kann ich gar nicht sehen. Das hat mir die eine gegeben, sagt Mutter, weil ich sie immer so schön in ihr Zimmer fahre. Erst dachte ich, sie meint die Frau an ihrem Mittagstisch, aber es war wohl Pony. Das hat die so gerne, sagt Mutter und streift mit ihrem Handrücken über ihre Wange, wenn ich die so streichle, so was gibt es ja im Alltag sonst nicht.

*

Ich habe Tannenzweige für Mutter gekauft, Nobilis, die nicht nadeln, schmücke ihr Zimmer. Sie dirigiert die Position der Sterne am Fenster, mehr nach rechts, ein bisschen höher. Nach einer Dreiviertelstunde sieht es weihnachtlich aus.

Vor der Tür begegnen uns Tatschhändchen und die Läuferin. Mutter lädt sie ein, sich die Dekoration in ihrem Zimmer anzusehen. Neben dem Bett bleiben sie stehen und staunen. Ohh, ist das schön. Wo kann man das kaufen?, fragt die Läuferin. Auf der Hauptstraße, sage ich, aber die Sachen wären noch aus dem letzten Jahr. Außerdem findet die Läuferin Mutters Zimmer viel größer als ihr eigenes. Kommen Sie mal mit, sagt sie, und schauen Sie. Es ist eher umgekehrt, stelle ich fest, aber die Wände im Zimmer der Läuferin sind mit ihrem Bett, zwei hohen dreitürigen Schränken und einem klobigen Sideboard zugestellt, dazu ein Tisch mit zwei Sesselchen, in die sie sich, wie sie sagt, nur reinschleichen könne. Ich kann mich nicht drehen, sagt sie und bleibt dabei, dass ihr Zimmer kleiner ist.

Im Hintergrund hört man unentwegt die schwache Stimme von Frau Edel. Immer wieder: Hallo, hallo, hallo. Später, als Mutter und ich zum Kaffee in der Küche sitzen, rollt Pony herein und beklagt, dass die Hallo-Rufe kein Ende nehmen. Die nette Bufdi-Frau sagt: Wir hören das auch. Ja, ich wollte es nur sagen, sagt Pony und verschwindet Richtung Aufzug. Wir folgen ihr. Im Aufzug frage ich Pony, ob sie zum Kreuzworträtseln in den dritten Stock fährt. Ja, sagt sie, früher habe ich mich darüber lustig gemacht, heute mache ich mit.

Am Empfang sitzt die Offizierstochter, will Mutter zum abendlichen Bingo überreden, aber Mutter hört gar nicht hin, schiebt ihren Rollator Richtung Ausgang. Huhh, ist das kalt, sagt sie, auf dem Rückweg findet sie es gar nicht kalt. Wir drehen eine große Runde. Als wir auf das Heim zugehen, sagt sie: Ich sitze übrigens wieder auf meinem alten Platz. Warum? Du weißt doch, die eine, die fiese, ich zeig sie dir mal, hat mich die ganze Zeit fixiert, ich habe zu der am Tisch gesagt, setzen Sie sich doch ein bisschen zur Seite, damit die mich nicht mehr ansehen kann, aber das hat die nicht gemacht, dann bin ich einfach aufgestanden und zu meinem alten Platz gegangen, da guck ich wenigstens aus dem Fenster.

Sie hat die nette Gesellschaft der Läuferin aufgegeben, denke ich, nur weil eine Frau am Nachbartisch sie schief anguckt.

*

Dunkles Novembergrau. Kaum sind wir draußen auf der Straße, fängt es an zu nieseln, für Mutter gewöhnlich ein Grund umzukehren, aber sie will unbedingt zum Lottoladen. Lass den Schirm, sagt sie, so doll regnet es gar nicht. Als das Nieseln in leichten Regen übergeht, frage ich nach: Sollen wir zurück? Nein, los, jetzt sind wir einmal hier, es ist gar nicht mehr weit. Ich erkenne Mutter kaum wieder. Im Affenzahn, jedenfalls für einen Rollator mit fast neunzigjährigem Antrieb, erreichen wir den Lottoladen, wo mal wieder die Rothaarige bedient.

Sie haben wir lange nicht gesehen, sagt Mutter und errubbelt zwei Euro Gewinn, so viel wie ihr Einsatz. Los, das lassen wir uns aber geben, sagt sie. Klar. Und, geht's gut?, fragt die Rothaarige. Sehr gut, sagt Mutter. Ich muss Ihnen mal was sagen, fährt sie fort und stützt sich auf die Glastheke. Also ich wohne ja hier in einem ganz tollen Heim, das Essen ist super, die Leute da sind alle nett, wir sitzen so zusammen und können uns schön unterhalten, also wenn Sie mal ein Heim suchen, da ist es super! Dat is ja doll, sagt die Rothaarige, und dann in meine Richtung: Sie sieht auch rischtisch gut aus. Ja, sage ich, sie wird im nächsten Jahr neunzig. Wat?, staunt die Lottofrau. Mutter sieht mich fragend an. Ich habe gesagt, du wirst im nächsten Jahr neunzig. Ja, sagt Mutter. Wann haben Sie denn Geburtstag?, fragt die Rothaarige. Am dritten März, das ist ein Sonntag, sagt Mutter freudig, fast ein bisschen stolz. Ohhh, ein Sonntagskind, dat is ja doll, den Hundertsten feiern wir dann zusammen, ne? Jahah, sagt Mutter und lacht. Also Ihre Mutter, die ist wirklich doll, so was nee, wie die dat alles macht, super, überhaupt auch, wie Sie dat mit der machen, dat finde ich janz doll.

Was hat die gesagt?, fragt Mutter, als wir draußen sind. Ich wiederhole, was die Rothaarige gesagt hat, Mutter strahlt, der Regen hört auf. Sie schiebt los, beginnt zu singen: Es fängt schon an zu dunkeln, nach Hause wollen wir gehen …, dann wissen wir beide den Text nicht weiter.

Wir singen viel zusammen, manchmal mit zweiter Stimme beim Refrain, Mutters Augen strahlen dabei, und wenn ein Lied zu Ende ist, lacht sie kurz auf.

Seit einem Jahr lebt Mutter in Köln, heute auf den Tag genau, fällt mir auf dem Nachhauseweg ein. Wir haben es nicht gefeiert, es nicht mal erwähnt. Am Abend schaue ich in den Vollmond. Heute war es gut, sehr gut, besser geht es nicht!

Fallen, aufstehen, laufen lernen

Silvester. Ich bin krank, habe Halsschmerzen, kann kaum sprechen, was Mutter am Telefon wahrnimmt. Da bin ich doch stabiler, sagt sie, was uns beide zum Lachen bringt.

So stabil war Mutter dann doch nicht. In der Nacht zum 14. Januar stürzt oder fällt sie auf dem Weg ins Bad. Keiner kann sagen, wie lange sie auf ihrem gebrochenen Bein gelegen und vor Schmerz geschrien hat. An den Notrufschalter kam sie nicht heran. Der Nachtdienst fand sie gegen drei Uhr auf seinem Routinegang durchs Haus. (Ein Mitarbeiter für achtzig Bewohner.) Mutter kann sich an nichts erinnern.

Ahh, da ist ja die Bärbel, seufzt sie erleichtert. Das ist meine Tochter, die gibt mir so viel Halt, stellt sie mich dem Arzt vor, mit dem ich ein paar Stunden später Mutters Krankenzimmer betrete. Als der Arzt weg ist, sagt Mutter: Ich bin so froh, dass du da bist, du machst was her, da gucken die Ärzte ganz anders.

Ihr ist nicht klar, dass der Oberschenkel gebrochen ist und dass sie noch am Mittag operiert werden soll, sie wird irgendwann dazwischengeschoben, sagt man mir. Sie darf nichts trinken, nichts essen, lediglich den Mund ausspülen darf sie. Die … wie heißen die noch mal, die immer zu uns kommen und Quatsch machen?, fragt sie mich. Die Clowns. Ja, die werden mich vermissen, sagt sie. Ja, das glaube ich auch.

Nach drei Stunden endlich die rosa Pille für Mutter. Langsames Wegdämmern. Sie schläft schon fast, öffnet aber plötzlich noch einmal die Augen und sagt: Die einen, wie heißen die noch mal, die immer so Quatsch machen? Die Clowns, sage ich. Ja, die werden mich vermissen, sagt Mutter. Dann sagt sie, ich soll das Wurstbrot essen, das läge noch da. Was für ein Wurstbrot?, frage ich. Ich weiß nicht, sagt sie mit schwacher Stimme, dann schläft sie ein.

Die waren alle so nett zu mir, sind ihre ersten Worte am Abend, als ich wieder an ihrem Bett sitze. Sie hat nichts mitbekommen, und ich erfahre erst vierzehn Tage später bei ihrer Entlassung, dass sie nach der Operation vom Tisch gefallen ist, weil sie im Überhang operiert wurde, wie es hieß, und ihr Bein sich auf einmal drehte und in dem Moment keiner da war, der sie halten konnte. Zwei Wochen lang wurde mir das verschwiegen. Als ein Arzt, dem ich am Morgen ihrer Entlassung zufällig vor Mutters Zimmer begegne, es mir offenbart, bekomme ich kein Wort heraus, als er verlegen grinsend sagt: Sie hätten es ja ohnehin gleich im Entlassungsbrief gelesen.

Habe ich was nicht richtig gemacht?, fragt mich Mutter kurz bevor die Sanitäter kommen, um uns abzuholen. Sie spürt, wenn etwas nicht stimmt, aber jetzt ist nicht der richtige Zeitpunkt, um sie aufzuklären. Du hast alles richtig gemacht, sage ich, du kannst gar nichts falsch machen.

Im Krankenwagen halte ich ihre Hand, die sie so fest drückt, dass meine und auch ihre Finger weiß werden. Mit der anderen Hand krallt sie sich an einem Griff so fest, dass auch aus diesen Fingern die Farbe weicht. Wo komme ich jetzt hin?, fragt sie immer wieder. Ich sage nicht: Nach Hause, sondern: In dein Zimmer, in dein schönes Zimmer, wo die Birke vor dem Fenster steht und die Eichhörnchen und Vögelchen sind. Ja, haucht sie eher, als dass sie spricht. Wirklich beruhigt klingt es nicht, die Atmung ist flach, sie scheint die Luft anzuhalten, bis der Schrecken vorbei ist.

Die Sanitäter schieben sie schnell am Empfang vorbei, an Mutters Ausflugsfreund gelingt es ihnen nicht. Schön, dass Sie wieder da sind, Frau Schröder, sagt er und reicht Mutter die Hand. Mutter lächelt ihn an: Ich freue mich schon auf unsere nächste Tour, sagt sie und fragt: Meinen Sie, das klappt? Sie zeigt auf ihren liegenden Körper. Na klar, sagt der Mann mit vollem Optimismus in der Stimme, das wird wieder.

Mutters Zimmer wird auch bald wieder. Jetzt sieht es verwahrlost aus. Decken und Kissen stapeln sich auf dem Sessel, das Bett ist zerwühlt, so wie Mutter es vor zwei Wochen verlassen hat, Staub, Wollmäuse, wohin man schaut. Mutter sieht es nicht, sie ist froh, endlich von der harten Trage aufs Bett geschoben zu werden. Danke, sagt sie zu den Sanitätern, vielen Dank, und atmet, so scheint es, zum ersten Mal aus. Und fast in einem Zug beginnen die Tränen zu fließen. Bist du froh, wieder hier zu sein?, frage ich sie, als wir allein sind. Sie schließt die Augen und nickt.

Nach einer Weile kommt Mutters Lieblingspflegerin ins Zimmer, beugt sich zu ihr herunter, umarmt sie ganz sacht und sagt: Ich freue mich so, dass Sie wieder da sind, ich habe Sie schon vermisst. Ja?, fragt Mutter und streichelt ihr mit dem Zeigefinger über die Wange. Ja, sagt Mutters Beste (das ist sie für Mutter seit einiger Zeit), aber zum Glück sind Sie ja wieder da. Jetzt hole ich Ihnen erst mal was zu essen.

Als Mutters Beste die Tür hinter sich schließt, weint Mutter weiter. Du brauchst nicht mehr zu weinen, sage ich und streiche ihr über den Kopf, jetzt wird alles gut. (Ich hoffe es.)

*

Die halbe Nacht bin ich mit meinen Gedanken bei Mutter, ihrem hilflosen Sturz, immer wieder sehe ich sie vom Operationstisch fallen, höre, wie ihr Körper auf den Boden klatscht. Ich finde keine Ruhe, gleich nach dem Aufstehen schreibe ich einen Brief an den verantwortlichen Chefarzt. Einen langen Brief schreibe ich, schildere den Fall, frage, warum Mutter nach der Operation ohne Sicherung verblieb, warum sie überhaupt fallen konnte, und nachdem sie gefallen war, warum sie nicht auf weitere Schäden untersucht wurde? Wieso man einfach darauf vertraute, dass Mutter sagte: Alles ist gut, eine frisch operierte Patientin mit beginnender Demenz, frage ich weiter, die ohne ihr Hörgerät nahezu nichts versteht und unter Narkoseeinwirkung steht? Und wie es sein kann, dass ich von all dem zwei lange Wochen nichts erfuhr, obwohl ich täglich mehrere Stunden auf Station anzutreffen war? Das möge er mir sagen, der Chefarzt, und auch, wie es jetzt weitergeht.

Was wollen Sie? Wollen Sie Rache?, fragte der Chefarzt ein paar Tage später, als ich mit Gerd vor seinem breiten Schreibtisch saß.

Nein, an Rache denken wir nicht, sagte ich, wir wollen Hilfe für Mutter, ganz unmittelbar. Zwanzig Stunden und nicht Einheiten, wie es üblich ist, sondern echte Stunden Physiotherapie. Das könnte ihr jetzt helfen. Außerdem wollen wir, dass die Kontrollröntgenaufnahme von ihm persönlich begutachtet wird. Die Idee gefiel ihm, aber allein könne er nichts entscheiden, sagte der Chefarzt, er müsse sich besprechen. Sofort mitgeben würde er uns allerdings eine CD mit allen bisherigen Aufnahmen, die könnten wir ja unabhängigen Ärzten zeigen, sagte er, dann würden wir sehen, dass nicht gepfuscht worden sei.

Ganz zum Schluss fragte er, wie es Mutter jetzt ginge, drückte noch einmal sein Bedauern aus und dass es am schönsten wäre, man könnte alles ungeschehen machen. Dann wollte er Feierabend haben, das merkte man, es war spät geworden, die meisten Lichter im Krankenhaus waren aus. Ein langer Tag lag auch hinter mir, und als Gerd meinen Mantel holte und ich neben dem Chefarzt in der Tür stand, wurden mir plötzlich die Augen feucht. Es war wirklich ein Schock, sagte ich. Das erschüttert mich zutiefst, erwiderte der Chefarzt mit regloser Miene, so als hätte er gesagt, beeilen Sie sich bitte, in wenigen Minuten schließt die Außentür.

Er hatte seinen Job gemacht. Für uns, für mich und vor allem für Mutter ging er jetzt erst richtig los.

*

Es hat sich schnell herumgesprochen, dass Mutter wieder da ist. Frau Fromm, die ehemalige Gemeindehelferin, deren angebliche Demenz kaum auffällt, hat Blumen gebracht und ein Büchlein mit Psalmen, eine andere Bewohnerin ein Netz Mandarinen. Ich hab ja nix dabei, sagt Tatschhändchen und nimmt Mutters Hand in ihre beiden und küsst sie, küsst sie sehr lange. Die Läuferin steht am Fußende und sieht verständnisvoll zu. Auch Frau Döse, die Neue, hat mitgekriegt, dass das Zimmer offen steht, und kommt angelaufen, wünscht Mutter alles Gute und verspricht, sie käme jetzt immer nach ihr gucken. Und das machen sie alle auch.

Der Katzich sieht die praktische Seite, sagt, dass er Mutter bewegen müsse, damit sie sich nicht wundliegt, das würde ihr nicht gefallen, aber so wäre das eben jetzt. Wir müssen die Rollen verteilen, sagt er zu mir, ich bin der »bad guy« und Sie der »good guy«. Letztlich läge es an Mutter selbst, ob sie wieder auf die Beine komme. Sie allein hätte es in der Hand, das solle ich ihr immer wieder versuchen klarzumachen.

Es wird Zeit brauchen, denke ich, viel Zeit. Mutters Körper ist traumatisiert von zwei Stürzen, sie hat panische Angst zu fallen, wieder zu fallen, obwohl sie von dem letzten Sturz noch nichts weiß. Ein Bettgitter schützt sie. Wenn ich das Gitter runtermache, um mich zu ihr setzen zu können, fragt sie ängstlich, ob sie da jetzt nicht rausfallen kann.

In meinen Aufzeichnungen lese ich nach, wie sich Mutter kurz vor ihrem ersten Herzkasper gefühlt hat und in den vielen Wochen danach, die sie gebraucht hat, um wieder in die Spur zu kommen. Ich hatte vergessen, wie lange das alles gedauert hat, zum Glück hatte ich es vergessen.

Es dauert nicht lange, dann kannst du wieder aufstehen und alleine laufen, sage ich zu Mutter. Du meinst, ich soll die … Mutter überlegt. Den Mut nicht verlieren?, frage ich. Die Flinte nicht ins Korn werfen, korrigiert sie. Ja, ich glaube, dafür ist es zu früh, sage ich. Wenn du noch andere Krankheiten hättest, ein kaputtes Herz oder Geschwüre im Bauch, würde ich sagen, da könnte man schon die Flinte ins Korn werfen und sagen, so macht das Leben keinen Spaß mehr, aber du musst nur (!) laufen lernen, sonst bist du gesund. Na gut, sagt sie, und es klingt fast wie Zustimmung.

Warum ist der so, der war doch mal anders?, fragt Mutter einige Zeit später, als es dem Katzich zu viel wird mit Mutters Angst vor dem Fallen, mit ihrem Weinen und er gerne die Medikation erhöht hätte (Da ist noch Spiel nach oben!). Du warst auch mal anders, sage ich. Sie staunt. Ja, sage ich, früher hast du alles selbst gemacht und mit dem Katzich rumgealbert, du hast dich an ihn gekuschelt und ihm Liedchen gesungen – »Aber dich gibt's nur einmal für mich«, singe ich –, und heute weinst du und nichts ist dir recht. Ich kann verstehen, wenn du willst, dass die Pfleger alles langsam machen, aber noch langsamer geht nicht, dann schaffen die ihre Arbeit nicht und werden angeraunzt. Deine Beste ist eine Ausnahme, aber die Zeit, die sie mit dir verbringt, muss sie bei anderen einsparen, das gefällt denen dann wieder nicht. Also, es wird nicht perfekt sein, Schneckchen, du musst dich ein bisschen daran gewöhnen, und vergiss nicht, du bekommst viel Besuch von mir, du wirst verwöhnt, das haben die anderen nicht. Jahahh? Ja. Sie weint weiter, es hört sich leiser an.

Bleibst du noch ein bisschen bei mir?, fragt sie, was sie in den letzten Tagen immer sagt, wenn sie denkt, dass ich gleich aufbreche. Sie schafft es, mich zu erweichen, jeden Tag bleibe ich ein bisschen länger, sitze an ihrem Bett, streichle sie, halte ihre Hand.

*

Will Mutter einfach nicht mehr? Vielleicht kann sie auch nicht mehr und ihre Kraftreserven sind aufgebraucht? Wenn sie stundenlang schluchzt und weint, habe ich Angst, dass sie irgendwie durchdreht, ganz den Faden verliert.

Sie verträgt nicht die leiseste Kritik, die geht im wahrsten Sinne in die Hose. Also Handtuch, Waschzeug holen, Gummihandschuhe überstreifen, Beine aufstellen, Hose runter, zur Wand drehen, was sie auch nicht mehr alleine machen will. Schubs mich mal an, sagt sie und: Ihh, was ist das? Gecker? Sie sagt neuerdings Gecker oder Groß, so wie sie es zu uns Kindern gesagt hat, als wir klein waren. Musst du geckern? Ich hatte das Wort vergessen, vielleicht auch später aus meinem Wortschatz gestrichen.

Wenn sie frisch versorgt im Kissen liegt, fragt sie: Kann ich die Augen zumachen? Ja, wenn du schlafen willst, dann komme ich später wieder. Nein, so habe ich das nicht gemeint, sagt sie dann. Ich soll bei ihr sitzen und ihre kalten Hände halten. Ich fühle dich so gerne, sagt sie. Nach einer Stunde fühle ich mein Kreuz, aber nicht so gerne. Ich frage, ob sie nicht ein bisschen Gymnastik machen will. Keine Lust. Aber wenn du dich nicht bewegst, wird das mit dem Laufen nicht klappen. Du musst dich entscheiden, laufen und leben oder liegen und sterben – so hat es der Katzich zu mir gesagt.

Das sind Sätze, die Mutter nicht liebt, sie zieht die Lippen nach innen, die Vorstufe zum Weinen. Gut, dann mach ich mal die Übungen, aber nur im Bett. Wir machen gerade drei Streck- und Beugeübungen, wie sie mir der Physiotherapeut gezeigt hat, da stöhnt sie: Das war aber anstrengend. Ja, sage ich, das ist auch anstrengend, aber je öfter man sich bewegt, umso weniger anstrengend wird es. In manchen Momenten kommt es mir vor, als wolle Mutter mit ihrem mangelhaft funktionierenden Körper nichts mehr zu tun haben, als hätte sie ihn längst uns überlassen, den Pflegern, dem Physiotherapeuten, mir. Was bin ich nur für ein …?, jammert sie und macht gleich wieder in die Hose. Also

Gummihandschuhe … Alles okay?, fragt irgendwann später jemand von der Pflege. Ja, alles okay.

Ich sage, dass ich eine kleine Überraschung für sie habe. Was denn? Das verrate ich erst an deinem Geburtstag. Sie streichelt meine Arme, was sie öfter macht in der letzten Zeit – du bist so schön warm –, sieht in die Zweige der Birke und sagt: Ich hätte nie gedacht, dass ich mal neunzig werde. Das ist auch etwas Besonderes, sage ich, so alt werden nicht viele, der Papa ist nur fünfundsiebzig geworden. Ja, der Papa, der hatte auch Asthma, sagt sie. Sie streichelt weiter meine Arme. Ach, Bärbelchen, wo wäre ich ohne dich? Sie sieht noch immer aus dem Fenster und gibt sich dann selbst die Antwort: Ohne dich wäre ich gar nicht hier. Und es sieht aus, als lächele sie dabei. Das stimmt, sage ich, vielleicht würdest du die Radieschen schon von unten wachsen sehen, das hat der Papa immer gesagt. Als hätte sie es nicht gehört, sieht sie mich an und fragt: Und was machen wir jetzt?

Obwohl sie sehr schlapp ist, lässt sie sich dazu bewegen, zum Kaffee das Zimmer zu verlassen. Also erst mal vom Bett in den Rollstuhl, was ihr gelingt, aber nach langem Hin und Her doch in ihrer Huschhusch-Manier, so nennt sie die kühne Methode, ihr Becken, ohne aufzustehen, Richtung Rollstuhl oder umgekehrt ins Bett zu schieben, was meist misslingt. Ich muss dann blitzartig zupacken und Mutter mit ihrem ganzen Gewicht halten, um eine harte Zwischenlandung zu vermeiden. So hat es dir der Therapeut nicht gezeigt, das kannst du doch besser, kritisiere ich sie ein bisschen, für sie aber schon zu viel, und die Tränen beginnen zu fließen.

Mutters alter Fensterplatz ist frei, und sie kann nach draußen schauen, mal ein Tapetenwechsel. Sie ist sehr in sich gekehrt, will sich nicht weiter aufhalten im Café, will zurück in ihr liebstes Reich, aufs Bett. Auf dem Gang animiere ich Mutter zu einer Übung am Handlauf, der einzigen für heute. Ich stelle den

Rollstuhl vor die Wand und ziehe die Bremsen, so kann Mutter sich am Handlauf festhalten und nicht fallen, wenn sie sich in die Senkrechte stemmt. Mutter ist mittlerweile geübt, der erste Versuch gelingt, aber nicht ohne Kollateralschäden. Oh nein, Bärbel, ich setz mich wieder, es läuft. Ich leiste Pannenhilfe, blitzschneller Wechsel im Bad.

Ich erneuere auch die Tischdecke, die noch von Weihnachten liegt und an der Mutter hängt, aber zum Geburtstag muss mal eine andere drauf. Dann setze ich mich zu ihr aufs Bett. Hast du noch was zu tun?, fragt sie. Kannst ruhig gehen, ich mache noch ein bisschen die Augen zu.

Mir geht so vieles durch den Kopf, sagt Mutter später am Telefon. Zu deinem Geburtstag?, frage ich. Ja, sagt sie, das ist schon aufregend. Mach dir nicht so viele Gedanken, du musst ja nichts machen. Ja, ist gut, sagt sie, ich überlasse einfach alles dir.

Was sie seit ihrem Sturz nicht mehr gesagt hat: Tröste mich! Dafür sagt sie umso häufiger: Bleibst du noch ein bisschen bei mir? Und: Kommst du nachher noch mal wieder? Und vor allem, beinahe stündlich: Warum bin ich nur so? Ich könnte mich selbst …

*

Mutter wird neunzig! Doch bei ihr will keine Freude aufkommen. Sie ist kurz vorm Heulen, egal was man macht oder zu ihr sagt. Schon das Ankleiden für die Geburtstagsfeier ist schwierig, sie ist schreckhaft, nervös, voller Selbstvorwürfe, was bin ich nur, warum bin ich nur …? Ihre Stimme ist schwach, ihr Gesicht blass, und man sieht ihr jetzt an, dass sie wenig isst und (zu wenig?) trinkt.

An der Geburtstagstafel schafft sie von ihrem Stückchen Obstkuchen keine zwei Zentimeter, die von der Spitze. Mehr kriege ich nicht runter, sagt sie und wirkt, als würde sie sich die ganze Zeit zusammenreißen, um nicht auf der Stelle loszuheulen. Dann wieder scheint sie in Gedanken, und plötzlich ist ihr nach einem Gedicht. Ein Vierzeiler, der erste Versuch scheitert, nach der zweiten Zeile weiß sie nicht mehr weiter, was sie noch trauriger aussehen lässt. Sie gibt aber nicht auf, probiert es noch einmal und hat Erfolg, wir freuen uns mit ihr und applaudieren. Dann versinkt sie wieder in sich. Iss doch mal was von deinem Kuchen, sage ich. Sie winkt ab. Wenn ich den ganzen süßen Kram sehe, kriege ich schon zu viel, sagt sie zur farbenfrohen Kuchentafel mit Riesenerdbeeren wie im vergangenen Jahr. An ihrem Kaffee nippt sie nur, das Glas Saft rührt sie nicht an.

Ute singt ein langes Liedchen, selbstgedichtet mit viel Refrain: Ich bin allein, ich bin allein, wo ist die Bärbel? Mir steigt das Wasser in die Augen, Mutter sieht leer in die Runde. Vielleicht versteht sie den Text auch nicht. Enkelsohn Nico zeigt Videos auf dem Computer, Vater ist zu sehen, sechs Monate vor seinem Tod. Nicht wirklich erheiternd.

Dann müssen die Berliner zum Zug, winken in die Runde, Mutter sieht ihnen wehmütig hinterher, die Enkel wollen auch los, Jürgen und Freundin wissen noch nicht recht. Schließlich bringen wir Mutter gemeinsam zurück auf ihr Zimmer, wo sie gleich in Tränen ausbricht. Mach es kurz mit dem Abschied, bitte ich meinen Bruder, bevor Mutter völlig zusammenkracht. Als Mutter und ich alleine sind, fragt sie: Bleibst du noch ein bisschen? Ja, sage ich, bis zum Abendbrot. Isst du denn mit?, fragt sie wie so oft. Mal sehen.

Ich räume die Geschenke so zusammen, dass Mutter sie sehen kann, stelle das Fenster auf Kipp. Dann bringe ich Mutter in die Küche, wo die anderen, die Döse und Frau Dax, die gerade eingezogen ist, und Tatschhändchen erwartungsvoll zu ihr sehen. Jetzt ist sie bei uns, sagt die Döse und nimmt Mutters Hand, jetzt gehört sie uns. Beim Rausgehen höre ich die Döse hinter mir fragen: War's schön, der Geburtstag? Ja, sagt Mutter mit leiser Stimme, alle waren da.

Gerd hat vor dem Heim auf mich gewartet, ich will noch nicht nach Hause, wir gehen an den Rhein, essen Currywurst und Fritten an der Bude am alten Hafen, schlendern am Ufer entlang zurück. Bewegung tut gut. Die Luft ist kalt und klar.

*

Geht doch schon wieder, begrüßt der Heimleiter Mutter zwei Tage später und gratuliert ihr nachträglich zum Geburtstag. Na ja, mit dem Laufen aber noch nicht so, sagt Mutter und kräuselt die Nase. Aber vor vier Wochen lagen Sie so, sagt er und simuliert eine Leiche, da ist das ein Fortschritt, und Sie üben ja auch fleißig. Ja, sagt Mutter, heute war der junge Mann wieder da. Aha, der junge Mann … Der Heimleiter lächelt uns vielsagend an. Der hat mit mir so Bein hoch und runter gemacht, spricht Mutter weiter, und dann sind wir raus. Ist der nett?, fragt der Heimleiter. Ja, seeehr nett, sagt Mutter. Na, da kommen die Lebensgeister ja wieder, sagt er und wünscht uns noch einen schönen Nachmittag.

Mutter findet den Heimleiter sympathisch, nicht nur weil er ihrem Typ entspricht – groß, schlank, Augen, die zu lachen verstehen –, sondern oder vor allem, weil seinem burschikosen Ton nichts Bestimmendes anhaftet und er sie als Frau anspricht, wenn auch nicht ganz so formvollendet wie der feine Herr in Bonn oder der verstorbene Herr Sonnenheim, aber eben nicht als Fall oder Patientin. Ist denn hier ein Zimmer frei?, fragt Mutter, als er weg ist. Wie meinst du das?, frage ich, du wohnst doch hier. Sie tippt sich an die Stirn, sagt: Da siehst du mal, ich werde immer …

Als ich nach Hause gehe, bin ich irgendwie verstimmt. Einerseits haben die Mitarbeiter ja recht, der Katzich hat als Erster gemeint, ich möge mal ein bisschen zurückrudern, andererseits weiß ich, dass Mutter mich als Ausrede benutzt, wenn sie etwas nicht mitmachen will. Sie hasst Gedächtnistraining, sie hat keine Lust auf Bingo und Playstation-Bowling, und auch die Teilnahme am Tanztee entspannt sie nicht, kostet sie eher Kraft. Die Gottesdienste lehnt sie ohnehin ab. Mutter würde sich gerne mit den Pflegern unterhalten, oder besser gesagt, ihnen von sich erzählen, aber dafür ist immer weniger Zeit. Jetzt halten Sie mal Ihren Mund, hätte gestern eine zu ihr gesagt, beschwert sich Mutter über eine Mitarbeiterin, die eigentlich ganz nett ist. Da kommen mir Zweifel, ob meine Besuche durch etwas ersetzt werden können, das Mutter gefällt.

Andererseits spüre ich, wie meine Laune zu schwanken beginnt. In meinem Hinterkopf stand immer die Neunzig, so lange wollte ich alles geben, damit es Mutter an nichts fehlt, danach würden die Zugaben beginnen. Ich muss schauen, was noch geht. Mit meinen Besuchen kann ich das Weinen nicht stoppen, und wenn ich Mutters täglichen Beschwerden – wie allein sie sich fühle und wie fies die wieder zu ihr waren und dass keiner nach ihr geguckt hätte – die nüchterne Heimrealität entgegenhalte, fühlt sie sich auch von mir unverstanden und abgelehnt, es ist ein Teufelskreis. Sie hätte so Heimweh, sagt sie jetzt wieder zu den Pflegern, zu mir allerdings nicht. Heimweh wonach?

Denk mal in größeren Einheiten, rät mir Gerd am Abend, lass dich nicht immer so von ihrer Tagesform runterziehen. Deine Mutter lebt noch lange, die hat noch nicht aufgegeben.

In der Nacht träume ich. Ich stehe in einem Schwimmbecken, soll einer alten Frau ins Wasser helfen. Ich frage: Wollen Sie flach im Wasser liegen? Nein, nehmen Sie mich auf Ihren Rücken, sagt die Frau. Wie ein Kind klammert sie sich an mich, die Hände um meinen Hals, die Beine um meine Hüften geschlungen. Ich mühe mich, mit ihr durchs Wasser zu gehen, doch dann rutsche ich mit den Füßen plötzlich ab ins Tiefe. Ich will die Frau abschütteln, aber sie krallt sich noch fester, und so trudeln wir nach unten, bis mir die Luft ausgeht und ich den Mund öffne. Da wache ich auf.

*

Blauer Himmel, alle Dächer sind weiß. Es hat aufgehört zu schneien.

Nein, dass du mich besuchen kommst, das hätte ich nicht gedacht, begrüßt mich Mutter und weint gleich los, als hätten wir uns Monate nicht gesehen. Ich habe den Geburtstagsgutschein von der Sparkasse eingelöst in einen üppigen Strauß Rosen mit dunkelrot und weiß gesprenkelten Blüten. Ihr verwöhnt mich so, schluchzt sie. Ich drücke das Bettgitter runter und streichle sie.

Ich bin am Boden zerstört, jammert Mutter und umklammert meine Hände, warum bin ich nur so hinfällig geworden? Du musst es mal andersherum sehen, sage ich und versuche ihre eiskalten Hände zu wärmen, es geht dir doch schon viel besser, vor vier Wochen konntest du nur liegen, jetzt kannst du im Rollstuhl fahren und sogar schon ein bisschen laufen. Du musst mal nach vorne schauen und nicht immer zurück. (Während ich das schreibe, fällt mir ein, dass ich genau diesen Satz einmal zu Vater gesagt habe, und er hat mir geantwortet: Wenn du so alt bist wie ich, schaust du auf das Leben zurück, vorne ist nämlich nichts mehr!) Du musst akzeptieren, wie es ist, sage ich zu Mutter, und nicht immer klagen, wie es sein könnte. Sie sieht mich an, nickt, dann beginnt sie von vorn, weint und sagt: Warum bin ich nur so hinfällig geworden?

Ihre Mutter hört inzwischen nicht nur schlecht, sagt der Katzich, sie begreift auch nicht mehr, was man ihr sagt. Ich glaube, das ist mit ein Grund für Mutters Traurigkeit, Verzweiflung. Sie spürt, dass sie die alltäglichen Dinge nicht mehr auf die Reihe bekommt. An meiner Seite fühlt sie sich sicher, aber genauso spürt sie, wenn es mir zu viel wird und dass ich nicht den ganzen Tag bei ihr verbringen kann. Wieder ein Grund, traurig zu sein. Wie soll sie aus dem Dilemma rauskommen? Wie soll ich da rauskommen?

Auf dem Weg zum Kaffeetrinken treffen wir Tatschhändchen. Die sich freut, Mutter zu sehen, und sagt: Juut, dat et so wat jibt, womit sie den Rollstuhl meint. Sie berührt Mutters Arm. Dat is wirklisch 'ne Liebe, sagt sie. Mutter versteht nicht, ich souffliere. Dann scheint Tatschhändchen noch etwas hinzufügen zu wollen, steigt von einem Bein aufs andere, sucht wohl nach den richtigen Worten, strahlt plötzlich und sagt: Dat (also Mutter) is en escht kölsche Mädschen. Mutter fragt, was sie gesagt hat, und schüttelt bei meiner Wiederholung den Kopf. Ich erkläre Tatschhändchen, dass Mutter aus Erfurt kommt, über vierzig Jahre in Bonn gelebt hat und erst seit einem Jahr hier in Köln ist. Isch bin auch nit aus Köln, sagt Tatschhändchen, isch bin aus 'm Westerwald. Und erzählt, dass sie ihren Mann schon mit vierzehn Jahren kennengelernt hat und gleich dachte, den möchte ich mal haben, aber dann wäre der Krieg gekommen und die Gefangenschaft und er in Südamerika, aber seine Eltern hätten geholfen, dass sie wieder zusammenkamen, ja, sie hätten eine schöne Zeit gehabt, sie und ihr Mann.

Gegenüber öffnet sich die Tür und die Döse kommt dazu, tätschelt Mutters Hand, sagt: Oh, wie kalt. Ist doch nicht kalt, sagt Mutter. Auf einmal tätscheln wir alle gegenseitig die Hände und überprüfen die jeweilige Temperatur. In dem Moment kommt der Katzich vorbei, schüttelt den Kopf angesichts des wilden Hühnerhaufens, dann dreht er sich noch einmal um und grinst ein breites Charlie-Brown-Lächeln. Kuck mal, wie der lacht, sagt Mutter, und als er schon ein Stück weiter ist, zeigt sie ihm die Faust hinterher, worauf die Döse meint: Ja, genau!

Das ZDF unterbricht seine Sendung und schaltet nach Rom. Weißer Rauch ist aufgestiegen, habemus papam. Es dauert noch über eine Stunde, bis sich der neue Papst, Franziskus I., Jorge Mario Bergoglio, bis dahin Erzbischof von Buenos Aires, auf dem Balkon zeigt und die wartende Menge mit einem freundlichen Brüder und Schwestern, *buona sera* begrüßt.

Es scheint mir, sagt er, als habe man mich vom Ende der Welt geholt.

*

Wo fahren wir jetzt noch mal hin?, fragt Mutter. Zu einer Freundin von mir, die ist Ärztin, die will mit dir mal über das viele Weinen sprechen. Ach so, du meinst, weil ich so viel weine. Ja. Und wo fahren wir da hin? Zu einer Freundin, die ist Ärztin, ich kenne sie schon seit zwanzig Jahren, die ist sehr, sehr nett. Und wo fahren wir da hin? …

Wie geht es Ihnen, Frau Schröder? Mutter hebt die Schultern ein bisschen. Sonst eigentlich gut, sagt sie. Sie haben ja einen schweren Unfall gehabt, sagt meine Freundin. Obwohl Mutter beide Hörgeräte trägt, sieht sie mich fragend an. Soll die Bärbel mal erzählen?, kürzt die Ärztin ab. Ich beschreibe Mutters Situation, auch dass das anfallartige Weinen schon besser geworden ist. Man kann aus einem melancholischen Typ mit neunzig Jahren auch keinen anderen mehr machen, sagt sie.

Zusammen schauen wir auf die Computertomographie von Mutters Gehirn. Das sieht alles sehr gut aus, keine Einblutungen, zwar alterstypische Veränderungen, aber keine Anzeichen für Demenz! Mutters Medikament hält sie für das Mittel der Wahl und will ihr auch kein weiteres verschreiben. Wir wissen nicht, wie so etwas auf ein altes Hirn wirkt, da können zu viele Nebenwirkungen entstehen, sagt sie. Ansonsten finde sie Mutter sehr alert für ihr Alter.

Sie sind nicht krank, Frau Schröder, es ist alles in Ordnung, wendet sie sich wieder Mutter zu und beglückwünscht sie, dass es ihr schon wieder besser geht. Mir rät sie zu viel Bewegung und vor allem viel Händchenhalten.

Es ist alles gut, sage ich, als Mutter auf dem Gang gleich wieder die Tränen kommen. Alles ist in Ordnung.

Wir nutzen das Bilderbuchwetter, um vor dem Mittagessen

noch eine Runde an der frischen Luft zu drehen. Später am Tisch begrüße ich Frau Bellevie, sage, wie schön es sei, sie wiederzusehen, und dass Mutter sich sehr über ihre kleine Aufmerksamkeit gefreut habe – sie hat Mutter eine Schachtel Kekse zukommen lassen mit einem Zettel: Gute Besserung! Sie soll wissen, sagt sie, dass wir noch da sind, es geht ja auch schon besser. Ja, sage ich, sie läuft schon den ganzen Gang entlang. Da ist sie weiter als ich, sagt Frau Bellevie, ja, Ihre Mutter ist zäh …

Am Nachmittag schiebe ich sie zum Hörakustiker. Bin ich schwer zu schieben für dich?, fragt sie unterwegs. Nein, sage ich (gelogen). Am Geschäft gibt es keine Rampe, Mutter muss davor warten. Seltsamerweise versteht sie mich auf einmal ohne Hörgeräte und trotz des Straßenlärms. Auf dem Rückweg weist sie von sich aus den Weg, korrigiert mich, wenn ich nicht die niedrigste Stelle des Bordsteins ansteuere, und bei jedem Gehuppel auf dem brüchigen Pflaster kommt ein »uähh« oder »uoahh«, was die Kurverei nicht eben entspannt.

Zurück im Heim sehen wir schon die Clowns am Ende des Ganges. Fröhliches Gewinke, Mutter freut sich. Es wird ein langes Theater mit Mutters Hymne (»Aber dich gibt's nur einmal …«), gesungen und gepfiffen und mit Händchenhalten von Mutters Lieblingsclownin, der Frau mit der Mütze. Ihr teilt sie meist mit, wie es ihr geht, im Spiel verkleidet, als Ratschlag getarnt. Heute antwortet sie ihr auf die Frage, wie es ihr ginge, ganz locker: Och ja, man muss es nehmen, wie es kommt.

Vom Zimmer gegenüber höre ich die neue Praktikantin, einen stimmgewaltigen Zwerg. Es dauert nicht lange, da kommt das kleine Ungeheuer zu Mutter herein, setzt sich frech auf meinen Stuhl und dröhnt drauflos. Ich ergreife die Flucht, schnelles Bussi Bussi für Mutter, der Zwerg klatscht mir zum Abschied auf den Arm, den seinen hätte ich am liebsten umgedreht.

Doch so rasch komme ich nicht aus dem Haus, der Heimleiter hält mich auf, fragt, wie es geht, nicht nur so aus Höflichkeit, er will alles genau wissen, scheint in Stimmung für einen längeren Plausch, und der wird es dann auch. Am Ende erzählt er von der schlimmen Zeit mit seiner eigenen Mutter und dass er aus allem mal raus müsste. Passen Sie mehr auf sich auf, hätte sein Chef schon gesagt. Das kommt mir irgendwie bekannt vor, und ich benutze einen Vorwand, verabschiede mich und reiße mich endlich los. Auf der Straße begegne ich dem Mann, der stets seine Frau sucht. Die hat ihn jetzt untergehakt, sein Arm ist ganz steif, sein Blick geradeaus gerichtet, nichts von seinem Körper wendet sich seiner Frau zu, nach der er jeden Tag hundertmal fragt.

Von zu Hause rufe ich Mutter an. Ich sitze hier und gucke in den Baum, sagt sie ganz ruhig.

*

Mutter gelingt es, Jürgen auf dem Handy anzurufen und ihm zum Geburtstag zu gratulieren. Er freut sich wohl sehr darüber, ruft mich gleich danach mit heiterer Stimme an.

Später erzähle ich Mutter davon. Na, dann konnte ich wenigstens auch mal eine kleine Freude machen, sagt sie. Auf ihrem Tisch liegt die Benachrichtigung über die neue Pflegestufe, ein dicker Brief, er enthält auch das Protokoll der Begutachtung. Erschreckend, wie jemand Mutter wahrnimmt, der sie und den sie nicht kennt. Der Weg zu ihr ist schmal geworden und an viele Bedingungen geknüpft. Und der Weg zur Toilette zu weit, wie sich gleich wieder zeigt. Zum Glück muss ich nicht noch die Hose wechseln, was streng genommen auch nötig gewesen wäre, aber die Toleranzen verschieben sich auch hier.

Wir trinken in der Küche Kaffee, zusammen mit Tatschhändchen und der Rahn, der alten Lehrerin, die in ihrem privaten Code undefinierbares Zeug doziert. Tatschhändchen wiederum versteht nicht, warum Mutter ihr einen Piccolo überreicht, nachträglich zu ihrem Geburtstag. Nee, waröm? Hab isch ihr denn auch wat?, fragt sie mich. Mutter kann keinem von beiden folgen. Was machen wir jetzt?, fragt sie mich. Die Holländerin will ein Spiel mit dir machen. Ich mache keine Spiele, sagt Mutter und will zurück in ihr Zimmer.

Auf dem Gang holt uns Pony ein, sie kommt vom Vorlesen, sagt, Mutter hätte nichts verpasst. Ich weiß nicht mehr, wie sie darauf gekommen ist, doch, es war der Birnbaum des Herrn von Ribbeck auf Ribbeck im Havelland und der Gedanke, dass nach dem eigenen Tod etwas weiterlebt, denn plötzlich erzählt Pony, dass sie und neun Freunde sich eine gemeinsame Grabstelle in einem Friedwald in der Eifel gekauft hätten, und wenn es einem von ihnen mal sehr schlecht gehen würde, trösteten ihn die anderen: Ist nicht so schlimm, wir sehen uns dort ja alle wieder! Ein schöner Gedanke, im Zimmer wiederhole ich es für Mutter, die aber nichts Tröstliches daran findet. Ich nehme das Strickzeug aus dem Körbchen. Fang du an, sagt Mutter, mit den Laufübungen warten wir bis zum Eintreffen des Physiotherapeuten. Lange müssen wir nicht warten.

Und dann überrascht mich Mutter. Sie läuft mit dem Rollator (!) alleine (!) bis zum Fenster der Küche und wieder zurück. Das hat sie am Samstag auch schon gemacht, sagt der Physiotherapeut. Mutter hat nichts davon erzählt. Als wir am Zimmer von Frau Döse vorbeilaufen, kommt sie an die Tür und kommentiert laut: Toll, wie se läuft, dat wird, dat sag ich ja immer, toll, wie se dat macht … Der Physiotherapeut sieht in meine Richtung, verzieht das Gesicht. Dann folgen Aufstehübungen. Sie mache zu viel mit den Armen, erklärt er Mutter, das Hochkommen sollen aber die Beinmuskeln wieder übernehmen. Er zeigt mir, worauf ich achten soll, wenn ich es mit Mutter übe. Außerdem zeigt er mir, wie Mutter vom Rollstuhl aufs Bett umsteigt, wenn er dabei ist. Der Rollstuhl steht einen Meter vom

Bett entfernt, sodass sie gar nicht erst husch, husch rüberrutschen kann. Programm genug für die nächsten Tage, er will am Sonntag wiederkommen.

Wir stricken noch ein paar Reihen. Ich erzähle Mutter, dass Heidrun, ihre erste Pflegerin, als sie hier ins Heim gekommen ist, angerufen hat und ich sie von ihr grüßen soll. Sie hätte sich gefreut, dass Mutter schon wieder so gut laufen kann, und gesagt, sie glaube, dass Mutter bestimmt hundertzehn wird und die Frau Hengesbach überholt. Wer ist noch mal Frau Hengesbach?, fragt Mutter. Das ist die, die hundertvier Jahre alt geworden ist, der du immer geholfen hast. Ach, die, sagt Mutter. Und die Heidrun meint, du würdest noch älter als Frau Hengesbach. Aber ich weiß ja nicht, will man so alt werden?, frage ich vorsichtig. Mutter überlegt, hebt die Schultern an und sagt: Was heißt wollen …

*

Ich bringe Mutter das Gedicht mit, das sie mir zu meinem dreißigsten Geburtstag geschenkt hat. Dass du das noch hast, sagt sie. Ich habe alles von dir aufgehoben, sage ich und bitte sie, es mir vorzulesen, staune, als sie es mit der ihr eigenen Betonung so flüssig vorliest, dass man denken könnte, sie hätte es eben erst verfasst. Wen habe ich da kennengelernt?, fragt sie am Anfang. Den Papa, sage ich, dann liest sie weiter, freut sich selber, wie schön sie liest, es ist ihr Leben, das sie da vorliest. Vor achtundzwanzig Jahren hat es mich befremdet, dass sie zu meinem Geburtstag von sich erzählt, heute gefällt es mir, wie sie da sitzt und liest, alert, wie meine Neurologenfreundin gesagt hat. Man lebt eigentlich nur in der Erinnerung, sagt Mutter. Ja, sage ich, das ist ja auch ein großer Reichtum, neunzig Jahre Erinnerungen.

Seit Langem scheint wieder ein wenig Sonne, und ich schlage Mutter vor, mal nach draußen zu gehen. Mit dem Ding, meinst du? Sie klingt nicht begeistert. Ja, klar, sonst ist die Sonne weg, Kaffee können wir später trinken.

Es wird ein Miniausflug, die Einfahrt hoch und runter, dann will Mutter schnell wieder ins Warme. Sie friert, behält auch im Café Schal und Mütze an. Die Holländerin setzt sich zu uns an den Tisch. Sie hatte mich schon bei meiner Ankunft mit weit ausgebreiteten Armen überschwänglich begrüßt: Isch hab sie, isch hab de Mutter, jetzt hab isch de Mutter. Mutter ist jetzt auf der Liste § 87 und hat als dementiell Veränderte (so heißt es offiziell) Anspruch auf zusätzliche Betreuung. Das ist der Zuständigkeitsbereich der Holländerin, die Mutter zum Gedächtnistraining animieren will, muss.

Sie fängt sofort an, zieht aus einer Kiste Fotos von Einrichtungsgegenständen aus den Fünfzigerjahren, manche sind noch älter. Wat is dat?, fragt sie Mutter. Wofür brauchte ma dat? Mutter erkennt alles bis auf den mehrarmigen Blumenständer. Die Holländerin ist begeistert, kommt richtig in Fahrt. Warte mal, isch hab noch wat. Sie läuft los und kommt mit einer Plastikschüssel zurück, die mit einem Küchentuch bedeckt ist. Greifen Se mal da rein, et kann nix passieren, isch tu Ihnen nit weh. Mutters Hand fährt vorsichtig unter das Tuch. Die Holländerin hält es so, dass wir beide Mutters Finger sehen können, die aus dem Sand eine Muschel fischen. Wat is dat? Eine Muschel, sagt Mutter. Doll, sagt die Holländerin, nimmt Mutter die Muschel aus der Hand und hält sie hoch. Weiter, suchen Se mal weiter!

Ein Fingerhut, Murmeln, ein Pinsel, zwei Knöpfe, Mutter scheint Gefallen daran zu haben und gräbt sich weiter vorsichtig durch den Sand. Beim Flaschenöffner zögert sie, kein Wunder, so ein flaches Modell hatten wir zu Hause nicht, war auch nicht nötig, es wurde kein Bier getrunken. Was man alles machen kann, sagt Mutter, lehnt sich jetzt zurück und hat offensichtlich genug. Auch die Holländerin muss weiter. Du, Bärbel, jetzt muss ich noch mal fragen, wo sind wir hier eigentlich? Im

Flur, da vorne ist dein Zimmer. Das meine ich nicht, sagt sie, was das hier ist? Das ist dein Altenheim, wo du wohnst. Also, manchmal, sagt sie beinahe entschuldigend, da ist man wirklich … und bevor ihr das passende Wort einfällt, sagt sie: Komm, wir fahren noch ein bisschen hin und her.

Morgen, sage ich, kommt der Physiotherapeut und übt mit dir mit dem Rollator. Ach, mit dem Ding, sagt sie. Ja, sage ich, wenn du den Rollstuhl nicht mehr brauchst, können wir bald auch mal wieder auf den Friedhof fahren. Da ist doch Papas Grab, ne?, fragt sie unsicher. Ja, sage ich und zeige ihr auf dem Handy Vaters Grab, das wir vor Weihnachten mit Christsternen verziert haben. Die nehmen wir raus, sage ich, wir können was anderes dafür einsetzen. Ja, sagt sie, die ziehen wir einfach raus. Dann hat sie genug, will lieber ein paar Reihen stricken, wir wechseln uns ab, in den Pausen kommen ihr die Tränen. Wenn ich abends ins Bett gehe, sagt sie, bin ich nur am Heulen … Ich lege das Strickzeug weg, schlinge meine Arme von hinten um sie, sie kuschelt sich ein, unsere Wangen berühren sich zart. Die Tränen versiegen. Ein Weilchen bleiben wir so, dann wird es Zeit für mich. Mutter bringt mich bis zur Treppe. Vorsicht, fall nicht!, sagt sie neuerdings immer. Ja, sage ich, und dann erst winken wir uns zu.

*

Mutter denkt, es sei Nachmittag, als ich gegen elf ins Heim komme. Mal sehen, ob wir in der Küche noch einen Kaffee bekommen, sagt sie. Ihre Beste räumt gerade die letzten Tassen vom Frühstück in den Geschirrspüler. Frau Edel sitzt vor einem leeren Glas und spielt mit dem Strohhalm. Wir setzen uns zu ihr an den Tisch.

Du, ich hab mal die Rosel (ihre jüngere Schwester in Erfurt) angerufen, sagt Mutter, ich wollte wissen, ob unsere Eltern noch leben. Stell dir das mal vor, so ein Blödsinn, die sind doch schon lange tot. Das kann passieren, wenn man viel an die Kindheit denkt, sage ich. Ich wäre ja beinahe weg gewesen, sagt sie, entführt. Der Kurt sollte auf mich aufpassen, ich lag noch im Kinderwagen, und er hat gespielt und mich da stehen lassen, und dann hat mich eine mitgenommen, und unsere Nachbarin hat die angehalten und gesagt, das ist doch der Kinderwagen von der Frau Altmann! Das war so einer aus Korb. Wenn die nicht aufgepasst hätte, wer weiß, wo ich da hingekommen wäre?, fragt Mutter vor sich hin.

Dann erzählt sie, dass sie beim Abendessen so geweint hätte, sie hätte gar nicht aufhören können. Die neben mir, wie heißt die noch mal, die hat mich immer angeguckt. Ich hab dann gesagt, die sollen mich aufs Zimmer fahren, und dann hab ich die Augen zugemacht und bin gleich eingeschlafen. Nachts kommen die immer und gucken nach, fühlen auch da unten nach, da wird man wach von. Mutters Beste hört mit, sagt, manche Kollegen vom Nachtdienst leuchten den Bewohnern sogar mit der Taschenlampe ins Gesicht. Bei Menschen, die sehr ruhig atmen, könne man kaum feststellen, ob sie noch leben.

Ich hole das Strickzeug aus dem Zimmer, Mutters Beste soll den Schal probieren, den sie gestrickt bekommt, und ihr sagen, ob er lang genug ist. Das Knäuel noch zu Ende, sagt Mutters Beste, dann reicht's. Sie freue sich schon auf den Schal, sagt sie und streichelt Mutter über die Schulter. Mutter tätschelt ihr die Hand. Zum Glück sind die Männer heute nicht da, sagt Mutter, als ihre Lieblingspflegerin im Büro verschwindet.

Dann erzählt sie immer wieder die beiden Harry-Ringelberg-Geschichten – die »Es war ja so dunkel, und hinter jedem Baum …« und die »Lass dein Fenster auf, Gerdchen, ich bring dir Kirschen oder Äpfel oder Birnen« – immer wieder, bestimmt siebenmal hintereinander, zweimal unterbrochen von der Tante-Frieda-Geschichte – ich schlafe bei Tante Frieda, hab ich dann zu Mutti gesagt, es gab ja noch kein Telefon, dann brauchte ich nicht bis auf den Ringelberg, das lag ja auf halber Strecke, und ich hatte da mein Bett. Am Ende sagt sie: Wenn man hier nachts so liegt, geht einem vieles durch den Kopf. Und: Ich würde ja gerne noch mal so den Ringelberg hochgehen und das Haus sehen.

*

Mutters erster Urenkel ist auf die Welt gekommen, ich erfahre es erst von Jürgen am nächsten Morgen, worauf ich Mutter gleich anrufe und ihr gratuliere, weil sie nun eine Uroma ist. Ihre Stimme wirkt hellwach, sie freut sich, auch als ich berichte, dass der Kleine ähnlich wie Ute geboren wurde, keine langen Wehen, einfach schnell rausgeschlüpft.

Beim Kaffee am Nachmittag zeige ich Fotos von Urenkelchen Julius auf dem Handy. Tatschhändchen und die Läuferin sind begeistert, selbst Frau Edel lächelt, bekommt aber keinen passenden Satz zusammen. Ihre Medikamentendosis ist erhöht worden, bis zum Anschlag, ich habe den Katzich gefragt. Darunter leidet ihr Sprachzentrum, sie zittert, bekommt einen roten Kopf, quält sich, kriegt kaum die Worte heraus. Alle Blicke sind auf sie gerichtet. Sie kann nicht mehr erzählen, wie sie einst als einzige Frau ihres Semesters Betriebswirtschaft studiert hat und welch schöne Zeit das für sie war. Sie kann nichts mehr erzählen. Sie tut mir leid, sie ist ja nicht dement, sie weiß, wie es um sie steht.

Wenn sie zur Toilette oder ins Zimmer gebracht werden möchte, um eine Serviette bittet oder darum, dass man ihr die Tasse abnimmt, reagiert das Personal nicht mehr. Der Rollstuhl ist oft festgestellt, sie hat nicht die Kraft, die Bremsen zu lösen, sich zu befreien und wie noch vor einiger Zeit zwar langsam, aber selbstständig über den Gang zu fahren. Manchmal ruft sie zwei Stunden lang ununterbrochen »Hallo«. Die Pfleger gehen vorbei, nehmen es wie Musik, Sender Radio Hallo. Die Läuferin sagt, es hätte sie anfangs verrückt gemacht, aber jetzt hätte sie sich daran gewöhnt. Es ginge ja auch nicht anders. Pony fällt es wohl schwerer, sie hat das Zimmer direkt nebenan, Mutter bekommt zum Glück nicht viel mit. Sie beobachtet das Zittern der Hände, wenn Frau Edel am Tisch sitzt, beobachtet das Klirren des Löffels am Tassenrand, das Überschwappen des Kaffees. Aber sie sagt nichts, sieht nur kurz zu mir herüber. Früher wäre sie aufgestanden, hätte die Kaffeepfütze aufgewischt, der Edel eine neue Serviette gegeben. Jetzt kann Mutter auch nicht mehr einfach aufstehen.

*

Was machst du gerade?, frage ich Mutter am Telefon. Ich sitze hier und schaue hinaus … Mutter ist fasziniert von den weißen Wolken am blauen Himmel. Wie die nur entstehen und ob man darauf laufen kann? Nein, sicher nicht, sage ich, das ist ja Wasserdampf, mit dem Flugzeug fliegt man durch sie hindurch. Ja, sagt Mutter, das ist schon ein Wunder.

Um halb drei sitzt sie noch immer oder schon wieder da und sieht aus dem Fenster. Anscheinend legt sie sich nach dem Mittagessen neuerdings nicht aufs Bett. Ich kann nicht herausfinden, ob sie das freiwillig macht oder weil sie niemanden findet, der ihr dabei behilflich ist. Jedenfalls ist ihr Hintern dunkelrot vom vielen Sitzen. Sie ist müde, kein Wunder.

Wir trinken in der Küche Kaffee. Mit Tatschhändchen, Frau Rahn, der alten Lehrerin, heute in Bestform mit zyclamrotem Pullover und passendem Nagellack (wahrscheinlich von der Holländerin, ihre Schwester betreibt einen Beauty-Salon). Der Mann aus der benachbarten Wohngruppe, der immer seine Frau sucht, sitzt teilnahmslos am Tisch, blickt kein einziges Mal auf, auch nicht, als der Ausflugsfreund eine Schülerin vorstellt, die sich in den Osterferien ehrenamtlich beteiligen will. Frau

Rahn, wenn Sie Lust auf einen Spaziergang haben, sagt der Ausflugsfreund, kann die Clara mit Ihnen gehen. Und zu dem Mädchen: Die Frau Rahn war früher Lehrerin. Ja? Welche Fächer haben Sie denn unterrichtet? Ach, lehnt sich Frau Rahn zurück, das sind alles so Kleinigkeiten, die kennt man heutzutage gar nicht mehr.

Die Schülerin stutzt, sieht irritiert in die Runde. Auf welche Schule gehen Sie denn?, unterbreche ich die Stille. Sie erzählt, dass sie auf ein englisches Gymnasium gehe, die Lehrer seien allesamt Briten und der Unterricht komplett auf Englisch. Ja, ja, sagt Frau Rahn, one, two, three, four, five … Das Mädchen lacht, Frau Rahn auch, die anderen haben es nicht verstanden oder nicht zugehört. Bevor die anschließende Stille wieder zu lang wird, frage ich die Schülerin, ob denn ein Elternteil britisch sei. Nein, aber beide hätten in London studiert, und sie selbst werde im nächsten Schuljahr auch dorthin gehen und dann in einem Internat wohnen.

Mutter hat ihren Kaffee ausgetrunken und deutet mit dem Zeigefinger an, den Abflug zu machen. Die Sonne vom Vormittag ist leider verschleiert. Mutter findet es zu kalt, also wieder rein, Mantel, Schal und Mütze aus und auf den Gang zum Lauftraining. Beim Aufstehen und den ersten Schritten jammert Mutter, wie weh es tue, aber dann geht sie immer leichter, sie ist selbst überrascht. Jetzt klappt es prima, sagt sie. Und so traue ich mich zum ersten Mal, den Rollator rauszuholen und Mutter damit laufen zu lassen. Sie geht so sicher, dass ich sie nicht einmal festhalte. So, sagt sie, jetzt ist genug, jetzt muss ich mich wieder hinsetzen. Komm, fahr mich noch ein bisschen hin und her. Das gefällt ihr neuerdings besser, als im Zimmer zu sitzen, einfach im Haus hin und her fahren, mal da um die Ecke gucken, mal dort.

Als sie den Mann auf uns zukommen sieht, der mal wieder seine Frau sucht, sagt sie: Los, dreh um, der ist mir unheimlich. Aber der Mann lässt sich nicht abwimmeln. Entschuldigen Sie, sagt er wie immer, ich habe mich verlaufen, ich kann mein Zimmer nicht finden. Ich zeige ihm den Weg. Er öffnet die Tür, bedankt sich und sieht mich dabei an, als hätte ich ihm ein geheimes Versteck verraten. Mutter will auch zurück in ihr Zimmer, ich halte ihr noch ein bisschen die Füße warm, die eiskalt sind und in denen sich Wasser gesammelt hat, auch im Unterschenkel, der Drucktest zeigt es. Was machst du da, fragt Mutter, einfach nur festhalten, sonst nix. Ich bin so müde, sagt sie, wie das nur kommt? Du hast keinen Mittagsschlaf gemacht. Ich weiß gar nicht, sagt sie.

Wir rufen noch Jürgen an, Mutter wünscht ihm schöne Ostern. Nachdem sie aufgelegt hat, fragt sie, wo ist der jetzt? Ich erkläre, dass er gleich zu seiner Freundin fährt und dort die Feiertage verbringt. Außerdem überlege er, ganz zu ihr zu ziehen. Dann ist ja alles in Ordnung, sagt Mutter, der Jürgen kann nicht alleine sein, das ist nichts für den.

Es ist heute angenehm ruhig in Mutters Wohngruppe. Außer dem Lachen der fröhlichen Bufdi-Frau hört man nichts, erst kurz bevor ich gehe, dringt aus dem Zimmer von Frau Edel ein heiseres Hallo, hallo, hallo …

In der Nacht fällt Schnee.

*

Ostersonntag. Große Freude für Mutter, für mich, Ute kam zu Besuch und blieb bis Dienstag. Im Heim führte es zu Verwirrung. Das Haar meiner Schwester ist auch silberweiß, zurzeit tragen wir es beide gleich lang. Der Mann an der Rezeption hat gestutzt, als Ute allein ins Heim ging, genau wie die Pflegerin, die sie angesprochen hat. Auch die Fromm hielt Ute im ersten Moment für mich, der Koch hat gefragt, ob wir Zwillinge seien, andere haben nur komisch geguckt, die Läuferin hat nicht mal einen Unterschied registriert. Und für Frau Rahn sind wir ohnehin alle Geschwister, Ute, Mutter und ich.

Kurz nach den Feiertagen klärt mich Mutters Beste auf – sie hat freundlicherweise den Besuch abgewartet –, dass die Pfleger die Döse und Mutter am Tisch auseinander gesetzt haben. Zusammen würden sie zu viel meckern. Mutter wäre ja eigentlich nicht so der Typ, sagt Mutters Beste, aber die Döse würde sie ins Schlechte runterziehen. Andere, wie Frau Dax und auch Pony, hätten sich schon beschwert.

Die Döse ist eine echte Kaffeetante und schimpft, wenn früh am Nachmittag die Kanne schon leer ist oder noch nicht gefüllt. Ihre Stimme ist laut, man hört, dass sie sich ein Leben lang durchsetzen musste, als Schuhverkäuferin in einem Kaufhaus, als Mutter, ganz allein, ohne Mann. So schnell wie die Döse hat sich keine hier eingelebt, dafür wurde sie anfangs gelobt. Ich kann nichts Schlechtes sehen. Das wundert mich, sage ich zu Mutters Bester. Sie hebt die Schultern. Ihr Blick schwankt zwischen »Ich sehe es auch anders« und »Sie bekommen ja nicht alles mit«.

Mutter empfängt mich gut gelaunt. Sie war beim Friseur, sieht zehn Jahre jünger aus, trägt ein Twinset, das sie lange nicht anhatte – ich verstehe gar nicht, sagt sie, das haben die mir einfach ausgesucht. Sie wirkt wie auf dem Sprung, will sofort los und laufen, mit dem Rollator! Erst bis in die Küche, dann runter ins Café. Es scheint beinahe normal für sie zu sein nach dem gestrigen Testlauf mit dem Physiotherapeuten. Vielleicht denkt sie aber auch nicht weiter darüber nach, denn als wir uns an ihren Lieblingstisch setzen, wird sie plötzlich gewahr, dass sie ohne Rollstuhl unterwegs ist. Der Heimleiter – erholt aus dem Urlaub zurück – hat Mutter auf den letzten Metern beobachtet, will sie zu ihren wiedergewonnenen Fähigkeiten beglückwünschen. Selber laufen macht schlank, sagt er, korrigiert sich schnell, ach, Sie sind ja schlank. Mutter nimmt es nicht so genau, freut sich auch über ein schiefes Kompliment.

Es ist wenig los im Café, nur die mit dem Hütchen sitzt in

ihrem Rollstuhl, hat gerade eine Gesangspause eingelegt, und neben uns am Fenster der ewige Sohn mit seiner bald hundertjährigen Mutter. Wie zum Mitschreiben nennt er ihr die heutigen Bundesliga-Begegnungen, sie zeigt nicht den geringsten Anflug einer Reaktion. Ich muss lachen. Warum lachst du?, fragt Mutter. Ich versuche es ihr zu erklären. Nach einer Weile sagt sie: Das ist ein richtiges Altenheim hier. Ja, sage ich. Könnte man sich da anmelden? Aber du wohnst doch schon hier, sage ich. Ja, aber doch nur so vorübergehend. Wie, vorübergehend? Du wohnst hier, du hast hier dein Zimmer, seit über einem Jahr wohnst du schon hier. Sie sieht mich mit großen Augen an. Also, da kannst du mal sehen, was mit mir los ist.

Ich breche heute ein bisschen früher auf, sage ich zu Mutter. Kein Problem, das macht mir gar nichts aus, sagt sie und will mich alleine mit dem Rollator bis zum Ausgang bringen, aber das erscheint mir doch ein bisschen zu kühn. Sie macht es dann im Rollstuhl, bis zum Empfang. Ich komme alleine zurück, sagt sie, ich fahr mit dem Aufzug. Ich staune.

Hat es gut geklappt mit dem Aufzugfahren?, frage ich Mutter abends am Telefon. Ist doch kein Problem, sagt sie, ist ja immer einer da, der einem hilft.

Das viele Üben hat sich gelohnt, den Erfolg nimmt sie wahr, sie ist wieder mobil, kann allein aus dem Zimmer raus, sie lebt auf, fragt nicht mehr: Bleibst du noch ein bisschen? Sie ruft von sich aus nur selten, fast gar nicht an. Sie weint nicht mehr viel.

*

Der Heimleiter hat eingeladen zu einer Feier für alle, die im Februar oder März Geburtstag hatten. Die humpelnde Ehrenamtliche, die altersmäßig und auch sonst eher eine Bewohnerin sein könnte, empfängt die Gäste im dritten Stock. Als erstes moniert sie, dass der Koch die Torten nicht vorgeschnitten hat, und säbelt die Stücke krumm und schief ab, wobei jedes einzelne umfällt, weil es oben breiter geschnitten ist als unten. Mit den Fingern richtet sie sie wieder auf, legt die Kirschen vom Frankfurter Kranz dazu, die bei dieser Methode alle runterfallen, und nach jedem Stück, das sie auf einen Teller jongliert hat, streicht sie das buttrige Messer am Küchenhandtuch ab. Ich kann das Geschmiere kaum mit ansehen, frage, ob ich ihr helfen dürfte, was sie entschieden ablehnt, lediglich beim Ausschenken darf ich sie unterstützen, nachdem sie mir den Kaffee um Haaresbreite auf die Hose gegossen hat.

Die Gäste nehmen es gelassen, der älteste hier im Heim kontert mit Witz und Ironie. Der Mann, der immer seine Frau sucht, sitzt stumm neben ihr, ihm gegenüber das elegante Pärchen, das jeden Nachmittag Mutters Lieblingsplatz im Restaurant okkupiert hat, wenn wir nicht schnell genug sind. Zwölf Bewohner hatten im Februar und März Geburtstag, über tausend Lebensjahre sitzen am Tisch, rechnet der Heimleiter aus. Er kommt ein bisschen zu spät, macht sich aber gleich nützlich und verteilt die Kuchenteller, die ihm die Ehrenamtliche anreicht, später gibt er den Mundschenk. Wer möchte noch ein Glas Sekt?, fragt er, steht auf und prostet wieder allen zu: Auf die Männer! Auf die Frauen! Und noch mal: Auf die Männer! Im Affenzahn wird angestoßen. Die Läuferin winkt mir zu. Der Heimleiter erzählt von den Pannen einer Kreuzfahrt.

Die Ehrenamtliche, die etwas unglücklich zwischen den Tischen sitzt und keinen hat, der sich mit ihr unterhält, steht plötzlich auf, holt ihre Gitarre und verteilt abgegriffene Kopien mit Liedtexten, und los geht's: »Viel Glück und vihiel Seeegen auf all deinen Weeeegen.« Gleich weiter: »Du, du liegst mir am Herzen …« Und noch ein Lied auf Drängen der Ehrenamtlichen, die richtig in Schwung gekommen ist und nach dem letzten Ton triumphierend zu uns hinübersieht: »Hoch auf dem gelben Wagen …« Hat jemand noch einen Wunsch?, fragt der

Heimleiter in die Runde. Der Mann mit den lustigen Augen schlägt vor: Nummer fünf, das ist am kürzesten, und lacht sich selber über seine Frechheit schief. Also noch Nummer fünf: »Froh zu sein bedarf es wenig …« Aber dann im Kanon, ruft der Heimleiter, die rechte Seite beginnt: »Froh zu sein be…«, und links: »Froh zu sein be…«

Nach Nummer fünf gibt es dann doch noch eine Zugabe auf Wunsch der Frau, die wie Schneewittchen aussieht, die eine Erbkrankheit hat, wie sie kurz vorher kundgetan hat und deren Mutter dreißig Jahre in diesem Heim gelebt hat. Kein schöner Land … Danach prostet der Heimleiter wieder allen zu: Auf die Frauen!, ruft er stehend, hat nicht mitbekommen, dass die Ehrenamtliche gerade einen Psalm vorlesen will, aber die lässt sich nicht beirren und beginnt: Psalm dreiundzwanzig, der Herr ist mein Hirte …

Und dann ist wirklich Schluss. Sie können gerne noch bleiben, sagt der Heimleiter und verabschiedet sich von allen mit Handschlag. Nehmen Sie den Sekt mit!, mahnt ihn die Ehrenamtliche und zeigt auf die halb volle Flasche. Die beiden Herren am anderen Ende des Tisches ziehen ein Gesicht, sie hatten wohl noch auf ein Gläschen spekuliert. Mutter hat jedenfalls genug, sie schaut nach ihrem Rollator, der wie alle anderen Gehhilfen hinter der Glastür parken musste. Sie kommt kaum hoch, weil sie so lange gesessen hat, die Ehrenamtliche will deshalb gleich einen Pfleger rufen, aber da bin ich mit Mutter schon unterwegs zum Aufzug.

Sie hat rote Bäckchen vom Sekt, obwohl es nur drei Schlückchen waren, und als sich die Aufzugtür hinter ihr schließt, kommen ihr die Tränen. Laufen will sie heute nicht mehr. Komm, sage ich, nur zweimal auf dem Gang hin und her. Na gut, sagt sie, aber dann wird es doch nur ein einziges Mal, dann will sie zurück ins Zimmer, in ihren Rollstuhl. Was ist denn?, frage ich, als die Tränen mehr werden. Ach nichts, du weißt doch …, sagt sie und will mich zur Treppe bringen, was sie auch macht.

Tatschhändchen kommt uns entgegen, Mutter breitet die Arme aus, und sie fassen sich kurz an den Händen, schwenken sie dann im Takt hin und her, weil Tatschhändchen zu singen beginnt: »Auf Wiederseh'n, auf Wiederseh'n, bleib nicht so lange fort …« Mutter stimmt mit ein, und dann winken mir beide hinterher.

*

Julius kommt, Nico hat den Besuch mit dem Urenkel angekündigt. Mutter will im Café auf sie warten, lange vor der vereinbarten Zeit. Sie hat Sorge, die beiden zu verpassen, was eigentlich unmöglich ist.

Endlich treffen die ersehnten Gäste ein. Mutter ist hin und weg beim Anblick des Kleinen, der in seinem Kinderwagen schläft und noch kein Auge hat für seine Uroma. Aber Janine stellt den Kinderwagen so hin, dass Mutter ihn gut sehen kann, wie er gähnt, im Schlaf grinst, die Fäustchen reckt, die Augen kurz öffnet und gleich wieder schließt.

Nico zeigt Oma auf seinem Laptop weitere Fotos (eines dreistündigen Shootings, wie er sagt). Julius auf einem weißen Fell, Julius in einer Schale, Julius auf dem Arm von Mama, von Papa, von beiden … Mutter sagt bei jedem Foto oh, oh und schaut dann aber schnell immer wieder in den Kinderwagen auf das Original. Kölsche Jung steht auf dem kleinen Mützchen, das Mutter ihm schenkt, Janine setzt es ihm später kurz auf, ich mache ein Foto vom kölschen Jungen. Dann brechen die drei auf.

Ich schlage Mutter vor, noch ein paar Schritte zu laufen, eine Runde zu machen durchs Haus. Mutter macht mit, wirkt aber abwesend. Wir gehen an einer Wohnecke vorbei, wo sie beim Gedächtnistraining sitzen, die Köpfe gesenkt, still. Nur die Stimme der Holländerin ist zu hören: Zu welchem Stamm gehören die Navajos? Jemand sagt leise: Indianer. Rischtisch, sagt die

Holländerin. Mutter schiebt ihren Rollator zügig weiter, vielleicht bemerkt sie die Leute auch nicht. Wo müssen wir lang?, fragt sie plötzlich, erst auf ihrem Gang findet sie sich wieder zurecht.

Jetzt erst mal hinsetzen, sagt sie, im Zimmer angekommen, lässt den Rollator stehen und geht, ohne sich festzuhalten, drei Schritte auf ihren Rollstuhl zu, schwankt kurz, setzt sich viel zu früh, eine Pobacke landet auf der Lehne. Das ist nicht gut, sage ich, du musst mit dem Rollator bis an den Rollstuhl fahren und die Bremsen feststellen, dann hast du Halt und kannst dich richtig hinsetzen. Ach komm, lass mich, winkt sie ab und atmet tief durch.

Beim kleinen Pflegeprogramm im Bad sagt Mutter, der eine (sie kann nur den Katzich meinen) würde den Rollstuhl immer feststellen beim Frühstück und sogar noch mal nachdrücken, ob es auch richtig fest ist. Das sei schrecklich, so nah am Tisch zu sitzen, so könne sie nicht essen. Mach doch die Bremsen locker, sage ich, du kannst das doch. Ja, das mache ich auch. Da hat der gesagt, ich wäre ganz schön … ihr fällt das Wort nicht ein.

*

Die müssen heute alle raus!, ruft die Holländerin, rast von Zimmer zu Zimmer und zieht einen Bewohner nach dem anderen vors Haus in die Sonne. Die müssen heute alle raus, ruft sie immer wieder, als ginge es um ein botanisches Pflanzprogramm. Mutter und ich sitzen am Fenster, trinken Kaffee und begutachten die schweigenden weißen Köpfe in der prallen Mittagssonne. Ich bin gespannt, wann die erste umkippt. Der ewige Sohn muss ähnlich gedacht haben, schiebt seine Mutter aus der Sonne und wechselt hinüber auf die Gartenseite in den Schatten.

Als ich mit Mutter aufbreche, kommt die Holländerin vorbei, mit zwei weiteren Bewohnerinnen. Sie schnappt sich Mutters Hand, mit der anderen hält sie die einer Rollstuhlfahrerin und sagt: Irgendwann schnapp ich mir euch alle. Mutter versteht nichts, und ich will auch nicht wissen, wie sie das nun wieder meint. Durch die Hintertür im Garten machen wir uns aus dem Staub, räumen im Lottoladen richtig ab. Mutter freut sich. Zwei Euro haben oder nicht haben, das ist schon ein Unterschied.

Meinem Heuschnupfen trotzend setze ich mich später mit Mutter noch auf die Bank vor dem Haus. Neben die Dax, eine Frau aus Mutters Wohngruppe, die mit ihren neunzig Jahren und einem beinahe echt wirkenden Dauerlächeln den Anschein erweckt, als hätte sie den Winter in Zermatt verbracht. Ich sehe immer gut aus, hat sie zu mir gesagt, auch wenn ich krank bin, das ist es ja. Sie war Directrice in einem renommierten Möbelhaus, Kinder hat sie keine, Besuch bekommt sie nicht viel, ein entfernter Verwandter, der spürbar auf sein Erbe lauert, sieht ab und an vorbei. Die Dax sondert sich ab, mit Ausnahme aller Veranstaltungen, die ihr Hirn beleben, Gedächtnistraining, Kreuzworträtseln, Literaturcafé, da ist sie dabei, steht pünktlich mit ihrem Rollator vor dem Aufzug. Sonst will sie wenig zu tun haben mit denen, die ihrer Meinung nach nicht mehr so richtig im Kopf sind. Mutter gehört für sie dazu.

Es gibt hier Personen, darauf wies sie mich kürzlich kalt lächelnd hin, denen mangelt es an Höflichkeit, ja, auch in unserer Gemeinschaft. Danke und Bitte sagen sei anscheinend nicht selbstverständlich. Sie hat keine Namen genannt. Ich bin in Gedanken alle Bewohner durchgegangen und zu keinem Ergebnis gekommen. Vielleicht meint sie die Döse, die schon mal laut äußert, wenn ihr was nicht passt. Die kämpferische einstige Schuhverkäuferin ist ganz sicher unter dem Niveau der Dax. Eigentlich spricht sie nur mit der Offizierstochter, mit der sitzt sie öfter im Café. Zwei frühere Geschäftsfrauen unter sich. Internationaler Handel, New York, Hongkong, Singapur. Wenn man Erfolg im Leben hatte, habe ich die Dax zu ihr sagen hören, fällt einem das Altern nicht schwer.

Mutter geht der Dax aus dem Weg, das spüre ich. Der taxierende Blick von oben herab, die kalkulierende Freundlichkeit behagen Mutter nicht. Aber heute ist kein anderer Platz frei. »Jetzt fängt das schöne Frühjahr an, und alles fängt zu blühen an …«, beginnt Mutter zu singen, ich stimme mit ein, die Dax steht auf und geht.

Mutter will auch Ute in Berlin ein Ständchen bringen, leider ist das Handy aus. Dann ein andermal, sagt Mutter und will wissen, wann der Ausflug an den See stattfindet. Morgen, sage ich, aber es geht nicht zum Kaffeetrinken ins »Haus am See«, ihr fahrt in den Botanischen Garten. Den kenne ich ja schon, sagt Mutter, verwechselt Köln mit Bonn, aber egal, Hauptsache, mal raus hier, sagt sie, als die Clowns nach draußen kommen und wie Freddy singen: »So schön, schön war die Zeit, so schön, schön war die Zeit …« Mutter singt mit, alle Strophen, hakt sich bei der mit dem Mützchen unter, zu der sie eine besondere Nähe verspürt. Wenn ich hier mal weggehe, sagt Mutter zu ihr, singe ich dann auch: So schön, schön war die Zeit?

*

Was schreibst du eigentlich?, fragt Mutter mich aus heiterem Himmel. Ich schreibe an einem neuen Buch, das weißt du doch, sage ich. Nein, du sagst immer nur, du sitzt am Computer (stimmt nicht). Ich schreibe ein Buch über dich. Über mich?, fragt Mutter erstaunt, über mein Leben? Na, nicht dein ganzes Leben, erst nachdem Vater gestorben ist und du ins Heim gezogen bist. Sie nickt. Es könnte Leuten, die überlegen, diesen Schritt auch zu wagen, Mut machen, ihnen zeigen, dass es gut ist, nicht mehr allein zu sein (stimmt nur zum Teil). Mutter nickt wieder. Dann zeigt sie auf eine Elster: Kuck mal, was die für einen langen Schwanz hat.

Alle warten seit Langem auf Regen. Heiß und grell knallt die Sonne vom wolkenlosen Himmel, überall liegt weißgelber

Blütenstaub. Ich könnte so einschlafen, sagt Mutter. Das ist die Frühjahrsmüdigkeit, sage ich. Vor unserem Fenster sitzt die Diva auf der Bank und zieht sich gerade ihre Strickjacke aus. Kuck mal, was die für dicke Arme hat, sagt Mutter und hat damit nicht ganz unrecht.

Während unseres kleinen Spazierganges sagt Mutter immer wieder, dass sie – wie heißt das noch mal über dem Knie? – den Oberschenkel spürt, läuft weiter und fragt mich auf einmal: Du, Bärbel, hast du mal mit Rosel telefoniert? Ich wollte mal wissen, ob unsere Eltern noch in der Wohnung leben. Deine Eltern sind schon lange tot, sage ich. Dein Vater ist gestorben, als ich noch ein Kind war, und deine Mutter starb, als ich fünfzehn war. Du bist damals alleine zur Beerdigung gefahren, Papa musste arbeiten und wir Kinder zur Schule. Weißt du noch, frage ich Mutter, dass du damals einen Tag früher zurückgekommen bist und in der Küche sich das schmutzige Geschirr stapelte? Der Papa war sauer, du hast einfach angefangen zu spülen, ich habe abgetrocknet, und dann war der Stapel weg. Ja?, fragt sie, daran kann ich mich gar nicht mehr erinnern, und redet ohne Übergang weiter, dass sie von einem Fliegerangriff geträumt hat, wie sie sich in den Chausseegraben wirft und mit Blättern und Erde bedeckt, um sich vor den Granaten zu schützen. Genau so hat sie es erlebt, zusammen mit ihrer Schwester Marianne. Das war kein Traum, will ich sagen, das hast du wirklich erlebt.

Später, als ich nach Hause gehe, sitzt die Diva noch immer auf der Bank, besser gesagt liegt, sie ist mit ihrem Oberkörper zur Seite gekippt, den Kopf unter einem Sitzkissen vor den Sonnenstrahlen geschützt. Ein selbstbewusstes oder hilflos jämmerliches Bild, ich kann mich nicht entscheiden, überlege einen Moment, ob ich einem Pfleger Bescheid geben soll. Die Diva ist stark, denke ich und gehe weiter.

*

Wir sitzen zusammen im Heimcafé. Gerd zeigt Mutter auf dem Handy eine Szene aus dem Film »Wenn der weiße Flieder wieder blüht«. Ob sie die Schauspieler noch kennt? Ich war ja nicht so fürs Kino, sagt Mutter, nur einmal, da haben mich der Sohn von Becks, die oben im Haus wohnten, also der Rolf, und der Sohn von den … na, die vom Wilhelmsplatz, ins Kino eingeladen. Ich bin gleich vor und hab mich schnell auf den einzigen freien Platz links in der Reihe gesetzt, rechts war mehr frei, die Jungen haben vielleicht geguckt. Ich war ja so brav, sagt sie. Mutti hatte mich extra schön gemacht, mir ein neues Kleid nähen lassen, von der Schneiderin für fünf Mark, das war damals viel Geld.

Die Geschichte hat sie schon oft erzählt, allerdings war es mal die Oper (*Othello,* also das war für mich gaaar nichts!), dann das Theater, die Kinoversion kannte ich noch nicht. Auch noch nie gehört habe ich, dass die Becks drei Kinder hatten, zwei Jungen und ein Mädchen, Mutter kennt noch ihre Namen, und die Marianne, sagt sie, haben sie eines Tages erschossen im Wald gefunden. Wie ist das denn passiert?, frage ich. Das ist nie geklärt worden, sagt Mutter und blättert in ihren Erinnerungen weiter. Da wohnten wir auf dem Ringelberg, und Mutti hat mir eine Mark gegeben, ich sollte Margarine kaufen. Ich bin los, und unterwegs im Schnee habe ich die Mark verloren. Da bin ich zurückgelaufen und habe aus meinem Sparschwein eine Mark genommen. Mutti hat noch gefragt, warum bist du schon zurück? Ich habe was vergessen, habe ich gesagt, aber das war hart für mich.

Draußen vor unserem Fenster wundert sich die Diva über den munteren Mann, den ihre Enkelin mitgebracht hat und dessen volltönende Stimme unter dem Terrassendach noch verstärkt wird. Ich kann kein Englisch, schimpft die Diva laut, als sie der Konversation der beiden nicht folgen kann. Wir singen zusammen den *Rigoletto,* beruhigt die Enkelin ihre Großmutter und stimmt die ersten Töne an: »La donna è mobile …« Der schwarze Tenor steigt ein: »qual piuma al vento …« Dann verebbt das kurze Konzert, und die Enkelin sagt: Das singen wir zusammen, nächsten Monat in … Den Rest verstehe ich nicht, Mutter will aufbrechen, hoch in ihr Zimmer.

Auf dem Fernsehschirm schauen wir Handyfotos an. Berlin im Winter mit meiner Schwester und ihrem Mann, Fotos von Mutters neunzigstem Geburtstag, Julius als Baby, die letzten Schnappschüsse aus dem Garten hier im Heim. Mutter schaut genau hin, wie ihre Haare sitzen, welche Jacke sie trägt und ob alles gut zueinanderpasst. Dann singen wir eine Runde: »So schön, schön war die Zeit …«

Heute bin ich früh im Bett, sagt Mutter, ich bin hundemüde. Das sagt sie oft in der letzten Zeit, jeden Tag mindestens zwei, drei Mal.

*

Muttertag. Ich rufe Mutter kurz nach zehn an, erinnere sie an die Feier im dritten Stock: Willkommen, lieber Mai, Poesie und Musik. Wann fängt das an?, fragt sie. Um halb elf. Na, dann muss ich mal da vordappeln, oder holen die mich ab? Die vom Sozialen Dienst holen euch ab, sage ich, so steht es auf dem Plan.

Um drei meldet sich Mutter. Na, wie war die Maifeier?, frage ich. Hat mich niemand geholt. Und war der Physiotherapeut schon da und hat mit dir Laufen geübt? Ja, der ist eben weg. Ich wollte nur mal deine Stimme hören, Bärbelchen. Gut, dann komme ich gleich mal vorbei. Oh ja, da freue ich mich, ich warte.

Mutter trägt eine andere Hose als gestern. Als sie aufsteht, fällt mein Blick auf das Handtuch auf dem Rollstuhlsitz. Es ist nass, auch die Wolldecke darunter und auch das Rückenkissen. Sie weiß nicht, was passiert ist.

Vor der Tür höre ich die Stimme vom Katzich, laufe schnell

zu ihm, frage, ob er eine Idee hat, wie man das Problem lösen könnte, dass jeden Tag der Sitz nass ist. Er holt tief Luft, hebt die Hände und sagt: Jetzt spricht mal wieder der strenge Pfleger – oder hat er wieder der böse Pfleger gesagt? –, also er würde sagen, der Rollstuhl muss weg. Damit wäre mein Problem nicht gelöst, sage ich, die Kissen im Rollstuhl kann ich ja noch reinigen, den Sessel nicht. Außerdem hätte ich den Eindruck, dass sich Mutter im Rollstuhl ein bisschen freier fühlt, hin und her rollen kann und sich leichter zum Telefon drehen. Ja, sagt er, aber die Kehrseite der Medaille wäre, Mutter hätte sich zu sehr daran gewöhnt.

Ich bin mehr als erstaunt zu hören, dass Mutter mit dem Rollstuhl zu den Mahlzeiten fährt und nicht, wie ich dachte, mit dem Rollator. Wie sie mittags ins Restaurant kommt, war mir ohnehin nicht klar, aber zum Frühstück und Abendessen bin ich davon ausgegangen, dass sie den kurzen Weg mit dem Rollator macht. Der Katzich sagt, sie würde nur laufen, wenn die Tochter oder der Physiotherapeut sie begleitet.

Von Pannen abgesehen, meint er, wären für Mutter schon die größten Vorlagen vorgesehen, aber hundertprozentig dicht wären die natürlich nicht. Und Mutter würde sich eben nicht melden, fährt der Katzich fort, wenn sie die Hosen voll hätte, sie würde es wohl nicht merken. Die Inkontinenz wäre sicher auch fortgeschritten. Ich bin sprachlos, damit hatte ich nicht gerechnet. Ich denke darüber nach, sage ich dem Katzich. Tun Sie das, sagt er, ich bin erst mal für eine Woche verreist. Ich wünsche ihm einen schönen Urlaub und flitze zurück zu Mutter. Wo warst du so lange?, fragt sie unwirsch.

Später frage ich Svetlana, die nette Pflegeschülerin, nach ihrer Meinung, ob Mutter auf den Rollstuhl verzichten könne. Sie meint, das Beste wäre, wenn ich immer immer immer dabei wäre, um Mutter zum Laufen zu motivieren. Aber man sollte es ausprobieren, Mutter müsste lernen, sich zwischendurch auszuruhen, Pause zu machen, und sagt, dass Mutter abends nach dem Essen so erschöpft sei, dass ihr die zwei Schritte vom Rollstuhl zur Bettkante schon schwerfielen. Das spräche ja nicht gerade für ein Weglassen des Rollstuhls.

Mutter und ich nutzen eine Regenpause, um eine Runde ums Karree zu machen. Ich bin erstaunt, dass Mutter sehr gut läuft, nicht außer Puste gerät, nicht wackelig wird und sich auch nicht mit letzter Kraft zur Bank vor dem Haus schleppt. Die Sonne zeigt sich auf einmal, und ich hole schnell Kissen von drinnen, und dann setzen wir uns in die geschützte Ecke gleich neben dem gläsernen Vorbau am Eingang. Wir sind ganz allein, deswegen spreche ich noch mal das Rollstuhlproblem an.

Mutter ist angesäuert, weil man mir gesagt hat, dass sie zu den Mahlzeiten meist im Rollstuhl erscheint. Die kontrollieren hier auch alles, schimpft sie leise vor sich hin. Du kannst es ja machen, wie du willst, sage ich, aber du solltest bedenken, dass deine Muskeln schwächer werden, wenn du nur die eine Stunde am Tag mit mir läufst. Und wenn du nicht mehr laufen kannst, können wir keine Ausflüge mehr machen. Ich weiß ja, dass ich faul und träge und gleichgültig geworden bin, aber ich laufe schon, sagt sie in schuldbewusstem Ton, sodass sie mir fast schon wieder leidtut. Also Themenwechsel, wie es Mutter lieb ist. Woher nur die Wolken kommen?, wundert sie sich wie so oft beim Blick in den Himmel.

Später im Zimmer komme ich doch noch einmal auf die Rollstuhlsache. Sollen wir den Rollstuhl mal wegstellen, dann hast du mehr Platz? Du kannst dich wieder auf deinen Sessel setzen. Och nee, ich sitze hier gut, da kann ich alles so schön … Und den Stuhl, sollen wir den wegstellen? Nein, den lass mal stehen, wenn mich jemand besucht. Gut, aber den Rollator lassen wir hier auf der Seite. Da in der Ecke kommst du nicht gut dran, und so kannst du zwischendurch mal ein paar Schritte laufen, auch in die Küche zum Essen, immer mal wieder aufstehen, das ist wichtig, sage ich eindringlich, sonst kommst du immer schlechter hoch. Ja, sagt Mutter, so machen wir es, was klingt wie: Schluss jetzt, hör auf damit!

*

Stille, kaum jemand ist zu sehen auf den Gängen, wir sitzen alleine im Heimcafé. Draußen regnet es heftig. Mutter will bei dem Wetter nicht raus. Nee, sagt sie, das ist mir zu nass. Wir blättern im »Glück«. Mutter liest laut das Horoskop: Fische – Sie wollen etwas bewegen. Sie liest es ein zweites Mal, lehnt sich dann zurück und sagt: Ich will eigentlich gar nichts mehr bewegen. Das brauchst du auch nicht, mit neunzig braucht man das nicht, da kann man die anderen was bewegen lassen, ne? Ja, ich will nichts mehr bewegen, sagt sie noch einmal und sieht aus dem Fenster. Kuck mal die dicken Tropfen, wie das runterkommt.

An Mutters kleinem Tisch ist es gemütlich, im gelben Schein ihrer Stehlampe schauen wir alte Fotos an. Aufmerksam betrachtet sie jedes einzelne Bild. Sie erkennt alle Personen, bis auf Vaters Kollegen beim Kegelausflug und die beim Betriebsfest. Vater als junger Mann. Ja, das war einmal, sagt sie. Auf einem Foto (Karneval im Reutereck, eine Gaststätte neben Vaters und Mutters erster Wohnung) sieht er Mutter streng an, sie selber strahlt darauf. Der Papa konnte auch ganz schön … Mutter fällt das Wort nicht ein. Streng?, frage ich, meinst du streng? Ja, sagt sie, aber es scheint nicht das Gefühl zu treffen, das sie beim Anblick des Fotos hat. Ich weiß manchmal gar nicht … da fällt mir das nicht ein, sagt sie, ist das nicht furchtbar? Ja, sage ich, das ist nicht schön, aber am Ende fällt es dir dann doch wieder ein, oder? Ja, sagt sie. Es klingt eher wie Nein.

Götz, der neue Pflegehelfer, bringt Vorlagen, ich grüße ihn mit Namen, er fragt, wie ich denn heiße? Schröder, sage ich, wie meine Mutter. Das hätte er Mutter heute Morgen auch gefragt, referiert der Pflegehelfer, aber Mutter hätte nicht gewusst, wie ich mit Nachnamen heiße, sie wäre ganz unsicher geworden, das hätte ihm leidgetan.

Ich habe Mutters Blockflöte mitgebracht. Mindestens achtzig Jahre ist sie alt, mutmaßen wir. Sie nimmt sie in die Hand, macht ein paar pfeifende Töne, dann sagt sie: Ich kann nicht mehr spielen, willst du nicht? Ich spiele Mutter eine kurze Melodie vor. Schön, sagt sie, willst du nicht Unterricht nehmen? Ich habe Unterricht gehabt, sage ich und stecke die Flöte zurück in die karierte Tasche mit dem Lederhenkel, an dem ich sie jahrelang zu meiner Lehrerin getragen habe. Ich kann mich noch gut daran erinnern, Mutter nicht. Sie kann sich auch nicht mehr an die Orgelvesper in der Lutherkirche erinnern, wo ich zusammen mit dem blinden Organisten gespielt habe, nicht mit dieser Flöte, sondern einer größeren, einer Altflöte, die uns Mutters Schwester von drüben geschickt hatte, als es die Grenze noch gab, und die so schön klang. Meine Finger schwitzten vor Aufregung, aber nach den ersten warmen Orgelklängen legte sich das. Was ich gespielt habe, weiß ich nicht mehr, wohl aber, und das wieder genau, wie der blinde Organist am Ende seine Hand auf meine Schulter legte und ich Mutter und Vater klatschen sah, Mutter mit einer hohen Kamelhaarkappe passend zum Mantel.

*

Frau Edel kommt im Rollstuhl in die Küche gefahren. Ich grüße sie, rücke zur Seite, weil ich halb auf ihrem Platz sitze, wo noch ein Glas mit Strohhalm steht. Zwei Meter vor dem Tisch bleibt sie stehen, sagt zu mir: Ich habe mir überlegt, ich werde das Essen und Trinken einstellen. Wie meinen Sie das, frage ich überrascht und zugleich hilflos, nichts mehr von beiden? Nein, ich werde das einstellen, wiederholt sie. Mutter trinkt weiter ihren Kaffee, eine Pflegehelferin werkelt im Hintergrund an der Spülmaschine. Oder ratsch, ratsch …, sagt Frau Edel bestimmt und fährt mit der rechten Handkante über ihr linkes Handgelenk. Oh nein, sage ich, das tut aber weh. Sie sieht mir direkt in die Augen, lange, sehr lange für einen Blick, wenn man sich kaum kennt. Dann sagt sie: Aber jetzt werde ich erst mal in mein Zimmer fahren und mich auf mein Bett setzen. Ja, sage ich, tun Sie das. Was hat die gesagt?, fragt Mutter, während Frau Edel sich in Fahrtrichtung zu drehen versucht. Ich deute Mutter an, dass Frau Edel noch im Raum ist. Etwas später wiederhole ich für Mutter Frau Edels Pläne. Mutter hebt kurz eine Schulter. Die kann einem auch auf den Geist gehen, sagt sie.

Heute spür ich zum ersten Mal nicht das Bein, sagt Mutter auf dem Weg zur Lottobude, das war ja furchtbar, bei jedem Schritt tat das weh, aber jetzt ist es gut. Schön, sage ich, dann ist es verheilt.

Strahlend blauer Himmel, es ist sommerlich warm. Mutter will trotzdem ihre dicke rote Strickjacke anbehalten. Die Lottofrau ist beeindruckt von Mutters Energie, zeigt ihr den Daumen nach oben. Ja, sagt Mutter, es ist schon besser. Ich find dat doll, sagt die Lottofrau, die lässt sich nit hängen. Sie sieht Mutter fröhlich an. Wie?, fragt Mutter. Ich wiederhole: Du lässt dich nicht hängen. Nee, sagt Mutter, es muss ja weitergehen. Die Lottofrau lacht. Mutter hat es sich für einen Moment auf dem Sitz des Rollators bequem gemacht, steht jetzt von alleine auf, dreht sich geschickt um die eigene Achse, bis sie die Griffe zu fassen kriegt, und wendet den Rollator in einem Schwung. Kuck mal an, staunt die Lottofrau, unwahrscheinlich, da steht die von selber auf. Mutter hört es nicht, ruft: Tschüss bis zum nächsten Mal. Ja, macht et juut, ruft uns die Lottofrau hinterher.

Die Offizierstochter scheint auf uns gewartet zu haben, sie schenkt Mutter eine gelbe Rose, sagt, sie müsse ihr ein Kompliment machen, dass sie wieder so gut läuft. Mutter bedankt sich, als hätte die Offizierstochter sie in ihrem Testament bedacht. Sie kann es kaum fassen. Später im Zimmer kommen ihr die Tränen: Da gibt es ja wohl doch welche, die mich mögen. Ja, klar, sage ich.

Der Katzich gehört allerdings nicht dazu, was auf Gegenseitigkeit beruht. Taucht er irgendwo auf, zieht mich Mutter gleich weiter und ballt ein Fäustchen. Aus ihrer Sicht kommandiert er sie herum, den Katzich nerven Mutters Widerreden. Kein Sturm, keine hohen Wellen, aber anhaltend kabbelige See.

Die Walzerkönigin

Mutters schöne Altstimme weht durch den Garten: »Der Wind hat mir ein Lied erzählt von einem Glück unsagbar schön, er weiß, was meinem Herzen fehlt …« Sie kennt nur noch den Refrain, ich verspreche, ihr den kompletten Text zu besorgen. Immer wieder sieht Mutter zum Himmel, beobachtet die zarten Federwolken, die, kaum entstanden, sich wieder verflüchtigen. Kuck mal, sagt Mutter aufmerksam, fast liebevoll, das Wölkchen da und das da drüben, jetzt ist es gleich weg.

Später hebe ich zwei sternförmige Blätter für Mutter auf. Sind die nicht schön? Ja, sagt sie und streicht mit Gefühl über das samtige Grün. Ich mag die Zartheit, wenn Mutter über Blumen und Bäume spricht. Wenn sie von den Vögeln in der Birke vor ihrem Fenster erzählt, die auf ihr Wispern reagieren. Ich mag diese kleine Freude an ihr sehr. Es erinnert mich an früher, wenn die anderen beim Bleigießen an Silvester sagten, das ist nix, und Mutter das Nix aus dem Wasser fischte, es sorgsam in die Finger nahm, dass kein Teilchen abknickte, es drehte und von allen Seiten begutachtete und dann beschrieb, was sie alles in dem grau verklumpten Häufchen sah.

Am Rand ihrer zarten, zurückhaltenden Seite blitzen neuerdings kleine Frechheiten auf. Nur bei mir, bei den anderen traut sie sich nicht. Bier her, Bier her oder wir fall'n um, kriegen wir kein Lager-Bier, scheißen wir vor die Kellertür!, reimte Mutter kürzlich. Ich musste lachen, das Wort »scheißen«, zum ersten Mal hörte ich es aus ihrem Mund. Sie scheint es diebisch zu freuen, über den eigenen Anstandsschatten zu springen, noch dazu, wo sie mich damit zum Lachen bringt. Mit dem neuen Auftrieb begrüßte sie auch den Heimleiter: Tag, Chef!, der genauso lachen musste. Und wenig später sagte sie im Lottoladen: Hallo, Leute, ich kann wieder laufen!

Es wunderte mich schon nicht mehr, als sie mich beim Abschied zum ersten Mal wieder bis zum Ende des Grundstücks brachte und allein zurückging, den ganzen Weg.

Bist du gut nach Hause gekommen?, fragte ich sie am Telefon. Ja, sehr gut. Und Bierchen gab es heute auch. Ich habe aber nur eins getrunken, das hat mir gereicht, kicherte sie und sang noch mal: »Bier her, Bier her …«, anstelle von »scheißen wir vor die Kellertür« summte sie aber nur »mh mh mh …«.

*

Die neuen Schuhe sind da, mit Klettverschluss. Oh, sagt Mutter, die sind aber schön. Sie macht einen Probelauf auf dem Gang und will auch gleich los. Mutters Beste ist wieder da. Kuck mal, sagt Mutter, die Bärbel hat mir neue Schuhe mitgebracht. Sie duzt ihre Beste, als Einzige, streichelt ihr über den Arm. Du warst ja nicht da, sagt Mutter. Ja, lächelt Mutters Beste, ich hab auch mal frei. Später sagt sie mir, dass Mutters Tagesform sehr unterschiedlich sei. Manchmal mache sie alles alleine, ausziehen und so weiter, dann wieder säße sie auf dem Bett und wüsste nicht, welcher Schritt als Nächstes kommt.

Heute weiß sie es. So weit wie noch nie seit ihrem Sturz läuft Mutter bis zu dem Geschäft ihres Hörakustikers am Ring. Immer wieder bleibt sie stehen, blickt auf ihre neuen Schuhe, fragt mich, ob die nicht doch zu groß wirken. Ich habe andere Sorgen, frage Mutter an jeder Ecke, ob es ihr nicht zu viel wird. Nein, sagt sie ehrgeizig, sie will den Weg unbedingt schaffen. Erst als sie die hohe Stufe in den Laden erklommen hat, sich gleich in den Sessel fallen lässt, gesteht sie ein, sie sei froh, endlich zu sitzen.

Auf dem Rückweg legen wir Pausen ein, halten kurz an,

Mutter setzt sich auf den Rollator. Auf den letzten Metern wird ihr Gang sichtbar schwerer, sie schleift mit den Füßen über den Boden. Die neuen Schuhe findet sie jetzt zu warm. Das war sehr anstrengend, sagt sie, als sie die Bank vor dem Heim erreicht hat. Ich hole ihr schnell ein Glas Wasser. Lange können wir es nicht aushalten, es ist richtig heiß geworden. Auf die schattige Terrasse können wir nicht ausweichen, da sitzt die Holländerin, feiert mit allen im April und Mai geborenen Bewohnern. Für mich sieht es eher nach Gedächtnistraining aus, die Holländerin redet, stellt Fragen, die anderen blicken starr vor sich hin, kaum einer antwortet.

Mutter will in ihr Zimmer. Jetzt lege ich sofort die Beine hoch, sagt sie erleichtert. Für heute hat sie genug, will mich auch nicht mehr bis zur Treppe bringen. Nicht mal ein Winkewinke.

*

Ohhh, Frau Schröder verreist … flachst der Katzich, als ich im Heim bekannt gebe, dass ich einen viertägigen Kurzurlaub wage. Soll ich einen Zettel schreiben mit meiner Handynummer?, frage ich. Nicht nötig, sagt er grinsend, ich werde es dokumentieren und vermerken, dass Frau Schröder zu jeder Tages- und Nachtzeit zu erreichen ist. Dann wird es ernster. Er sagt, Mutter hätte heute Morgen wieder ihre alten Schuhe angehabt, außerdem würde sie im Zimmer ohne Rollator rumlaufen. Das könnte gefährlich werden, ich solle da mal auf Mutter einwirken. Außerdem rate er zu einem Medikament für die Durchblutung im Gehirn. Er sehe ja, was der Psychiater hier verschreibe. Ach herrje, Doktor Eisenbart, schießt es mir durch den Kopf, verspreche dem Katzich aber, darüber nachzudenken. Ich bitte noch, die untere Prothese zumindest einmal in den vier Tagen zu reinigen. Wenn sie mitspielt, sagt der Katzich und hebt kritisch winkend die Hände.

Wo bleibst du denn?, fragt Mutter. Ich habe noch mit den Pflegern gesprochen, sage ich. Was hast du mit denen besprochen, für mich oder gegen mich? Alles für dich, sage ich, es ist immer alles für dich!!

Ich frage sie, warum sie ihre alten Schnürschuhe trägt und nicht die neuen mit dem Klettverschluss. Ich finde die doch ein bisschen klobig, sagt sie. Die sind doch schön, sage ich – den Aufwand, sie umzutauschen, bis es die richtigen waren, lasse ich unerwähnt –, außerdem kannst du sie leichter an- und ausziehen. Gut, dann räum die anderen weg, sagt sie. Oder sind sie dir zu warm?, frage ich. Willst du im Haus deine Sandalen tragen? Schon gut, sagt sie, ich ziehe die an – sie zeigt auf die neuen –, wenn wir rausgehen.

Zum Kaffeetrinken setzen wir uns heute auf den Balkon, schauen den Wolken zu, die sich dunkel verdichten, dann wieder auseinanderziehen. Gewitter und Starkregen sind angekündigt. Die Fromm kommt dazu, verteilt Hanutakekse. So kleine habe ich noch nie gesehen. Windböen lassen die Papierchen fliegen. Mutters Ausflugsfreund führt Tatschhändchen am Arm, stellt ihr auch einen Stuhl auf den Balkon. Nebeneinander sitzen wir da und gucken auf die Himmelsbühne.

Und jetzt eine Überraschung, verkünde ich, der Gerd und ich fahren vier Tage weg. An die See, was?, fragt sie freudig gespannt. Ja, sage ich, nicht bis an die Nordsee, das ist zu weit, an den Jadebusen, da, wo wir letztes Jahr schon mal waren. Habt ihr schon eine Unterkunft?, fragt sie. Habe ich eben gebucht. Und, nicht zu teuer? Nein. Da freue ich mich, sagt sie, wenn meine Tochter sich erholt, dann schlafe ich auch gut. Ich schaue zur Seite, verstecke den kleinen See in meinen Augen. Ja, das ist schön, sage ich. Es sind ja nur vier Tage, von Sonntag bis Mittwoch. Und was ist heute?, fragt Mutter. Heute ist Donnerstag. Donnerstag, Freitag, Samstag, zählt sie, da haben wir noch Zeit. Wirst du auch ein bisschen laufen, in den Garten gehen, wenn ich nicht da bin?, frage ich. Ja, das verspreche ich, sagt Mutter, ich kann ja auch treppauf, treppab. – Das hat sie seit ihrem Sturz exakt zweimal gemacht, einmal mithilfe des Physiotherapeuten, einmal mit meiner Hilfe. – Und versprichst du mir auch, den roten Knopf zu drücken, wenn du zur Toilette musst? Ja, das ist doch klar, sagt sie, als hätte ich ihr erklärt, wie man ein Fenster schließt.

Die ersten Tropfen fallen, wir gehen rein.

Wir telefonieren öfter in den vier Tagen. Sie schafft es, die vielen Zahlen zu wählen, denkt an die nötige Null davor. Es geht mir gut, versichert sie immer wieder. Genießt es, sagt sie jedes Mal, und erholt euch gut. Ja, das machen wir, sage ich, denke nicht weiter darüber nach, wie man sich in vier Tagen inklusive An- und Abreise erholen kann.

Beim Wandern im Watt erinnerte ich mich, welches Vergnügen ich schon als Kind hatte, wenn ich mit Vater zusammen durch den Schlick schlitterte und der graue Schlamm unter unseren Füßen schmatzte. Mutter war nie dabei, der unsichere Grund behagte ihr nicht. Sie ging überhaupt nur bis zu den Knöcheln ins Wasser, wenn wir zusammen an der See waren. Mutter ist ängstlich, dachte ich als Kind, sie kann nicht schwimmen; später dachte ich, sie brauchte jemanden zum Festhalten, Mutter brauchte Halt. Nach Vaters Tod hat sie es öfter erwähnt. Ich hatte keinen Halt an Papa, sagte sie, er hat gut für die ganze Familie gesorgt, aber er hat immer nur gearbeitet, für mich war er nicht da. Von zu Hause kannte es Mutter anders, ihre Eltern waren viel zusammen, so hatte es sich Mutter wohl auch für ihre eigene Ehe vorgestellt, und vielleicht rührt von da das Heimweh her, das sie sich nicht erklären kann, weil es kein Heimweh nach einem bestimmten Ort ist, sondern ein Heimweh nach Halt.

*

Obama in Berlin. Die Nachrichten sind voll mit der Auswertung des Besuchs des amerikanischen Präsidenten. Mutter findet Obama gut. Weil die Menschen ihn wollen, sagt sie. Kennedy fand sie auch gut. Mir gefiel er auch, jedenfalls hat er sich in meine Erinnerung eingebrannt, wie er zur Feier an meinem achten Geburtstag – Mutter brachte gerade Gebäck auf den Tisch, der Fernseher lief – sagte: Ich bin ein Berliner. (Lustiger Mann, dachte ich.)

»Zum Geburtstag viel Glück …«, singt Mutter heute, fünfzig Jahre später am Telefon und im Heim dann noch einmal live. Sie freut sich, dass ich an meinem Geburtstag mit ihr zusammen bin, zum ersten Mal seit achtzehn Jahren. Und auch davor waren es – die Kindheit ausgenommen – nur wenige Male. Sie ist begeistert von der roten Leinenbluse, die mir Ute geschickt hat. Die würde mir auch stehen, sagt sie. Ich leihe sie dir zum Sommerfest aus, sage ich.

Den ganzen Nachmittag sagt sie immer wieder, wie schön die Bluse ist, auch der Fromm sagt sie es und Jürgen, der zum Kaffee dazustößt. Mutter ist vergnügt, macht Sprüche, singt, genießt den Sonntagnachmittag mit ihren beiden Kindern. Und immer wieder: Also das ist vielleicht eine schöne Bluse, und die Farbe …

Am nächsten Tag begegnen wir dem Heimleiter vor dem Aufzug. Wenn man vom Teufel spricht, sagt er und lacht. Er fragt Mutter, ob sie gestern beim Konzert war. Nein, sagt sie, ich habe die Beine hochgelegt. Sie hatten doch Besuch, ich habe Sie gesehen, korrigiert er Mutter, aber sie lässt sich nicht beirren: Ich habe die Beine hochgelegt. Dann erzählt sie, dass sie früher so gerne getanzt hat, ich hatte eine Eins, sagt sie, aber jetzt mit den Beinen geht das nicht mehr. Doch, sagt der Heimleiter, Sie können doch laufen, ich tanze mit Ihnen beim Heimfest. Fordern Sie mich auf?, fragt Mutter und strahlt den Heimleiter an. Ja, ich fordere Sie auf. Mutter beginnt zu wippen, testet schon mal ihre Knie. Da muss ich wohl noch einen Tanzkurs machen, sagt der Heimleiter und verschwindet lachend in sein Büro. Seine Scherzschwelle hängt niedrig, Mutter gefällt das, die meisten im Heim lieben ihn dafür, vor allem die Frauen.

*

Noch sechs Tage bis zum Sommerfest. Mutter und ich üben zusammen langsamen Walzer, damit sie das Versprechen des Heimleiters erfüllen kann. Klappt doch schon ganz gut, sagt sie. Die Läuferin schaut durch die offene Zimmertür, lacht. Was macht ihr da? Wir üben Walzer fürs Sommerfest. Das ist gut, sagt sie und läuft lachend weiter.

Dann ist es so weit. Ich bin zeitig bei Mutter, um sie für das Fest schick zu machen. Wie versprochen leihe (realistischer: überlasse) ich ihr meine rote Leinenbluse, in der sie sich gefällt. Herr Feil, der Alleinunterhalter, der auch bei den Tanztees für die Musik sorgt, hat sein Keyboard und die Lautsprecher schon aufgebaut. Er schüttelt gerade seine Haare zurück, so wie es Mireille Matthieu immer gemacht hat, wobei er eigentlich mehr dem jungen Howard Carpendale gleicht, in einer blassen Miniaturausgabe. Herr Feil startet das Programm, ein Evergreen nach dem anderen, Roy Black, Rex Gildo, Peter Alexander. Es ist nicht viel los am Vormittag, die Bewohner sind weitgehend unter sich. Mutter und ich haben uns in die hinterste Ecke in den Schatten verzogen. Aus der Entfernung ist die Musik erträglich. »Fiesta, Fiesta mexicana …«

Zum Essen können wir nicht unter der Kiefer bleiben, müssen uns an einen Tisch setzen. Mutter kann sich nicht entscheiden, wo wir uns dazusetzen sollen, will an einen der flachen Bierzelttische. Da kannst du dich nicht anlehnen, sage ich, aber sie lässt sich nicht davon abbringen, stützt sich schon mit einer Hand ans Ende der leeren Bank, die gleich zu kippen beginnt. Ohooo, also doch woanders hin. Schließlich einigen wir uns auf den Tisch, den ich ihr vorgeschlagen habe, auch wenn da eine Frau mit Riesenschlabberlatz sitzt, der die Hälfte von der Gabel rutscht und die auch kaum sprechen kann. Mutter gefällt das alles nicht, weswegen sie sich, wie zum erneuten Aufbruch bereit, auf die alleräußerste Stuhlkante setzt.

Um das Gleichgewicht zu halten, muss sie sich am Tisch abstützen, so bleibt ihr aber nur eine Hand zum Essen. Ein heikler Balanceakt. Ich denke an meine schöne Bluse und Mutters bevorstehenden Tanz, versorge sie mit Servietten, halte mal den Teller, mal ihr Glas. Nach dem Essen will Mutter in ihr Zimmer, Pause machen. Ich atme auf angesichts der unerwarteten Auszeit, laufe rasch nach Hause, gegen zwei bin ich zurück.

Ich habe fest geschlafen, sagt Mutter. Und was machen wir jetzt? Jetzt trinken wir eine Tasse Kaffee, und dann musst du mit dem Heimleiter tanzen. Jahaahhh? Mutter ist unentschieden. Draußen Kaffee trinken oder lieber drinnen? Am Ende verschütte ich selbst meine Tasse über den ganzen Tisch, nur einen Moment, bevor der Heimleiter kommt, um sein Versprechen einzulösen, an das sich Mutter gar nicht mehr erinnert, aber sie macht mit.

Während ich sie auf die Terrasse begleite, die heute als Tanzfläche dient, spricht der Heimleiter feierlich ins Mikrofon: Jetzt kommt eine Bewohnerin, die früher viele Tanzpreise gewonnen hat und die seit zwei Jahren bei uns wohnt, ich bitte um Applaus für Frau Schröder!!! Mutter wechselt von den Griffen ihres Rollators in die Arme des Heimleiters, Herr Feil haut in die Tasten: »Ich tanze mit dir in den Himmel hinein, in den siebenten Himmel der Liebe …« Mutter hält durch, alle Strophen, das ganze Lied. Ich bin viel zu aufgeregt, um auch nur eine Sekunde an früher denken zu können, an die Ferien, als ich Mutter zum ersten Mal richtig tanzen sah, beschwingt und verführerisch schön, nicht mit Vater, mit den jungen Männern aus der

Pension und dem Freund meines Bruders in St. Peter Ording, im Hotel Germania.

An all das denke ich nicht. Starr wie ein Wachhund sitze ich auf dem Rollator, in Sorge, dass Mutter fällt. Aber da ruft der Heimleiter: Das war Frau Schröder! Großer Applaus. Ich schiebe den Rollator auf die Tanzfläche, hole Mutter ab, dann steuern wir durch den inzwischen übervollen Garten auf der Suche nach einem geeigneten Platz. Auf dem Weg immer wieder Gratulanten: Das haben Sie toll gemacht, Frau Schröder! Frau Schröder, die Walzerkönigin! Mutter hat es wohl anders erlebt. Ich habe die Zähne zusammengebissen, sagt sie leise zu mir und wandelt wie ein Geist durch die Menge.

Die Walzerkönigin hat heute auch noch Glück im Spiel. Vier Richtige und zweimal drei Richtige!! Die Neunundvierzig ist immer dabei, wenn sie Glück hat, die Neunundvierzig, das Geburtsjahr von Jürgen, ihrem Sohn. Dass er beim Fest nicht dabei war, hat Mutter bedauert, vielleicht sogar mehr als das. Es war ihr nicht vergönnt, ihre Kinder zu präsentieren, ihren ganzen Stolz. Nur mich, aber ich bin ja immer da.

*

Niemand ist zu sehen. Es scheint, als hätten sich nicht nur alle Gäste verflüchtigt, sondern als sei das ganze Heim ausgeflogen. Mutter trägt wieder meine rote Bluse. Die du mir geschenkt hast, sagt sie. Davon war nicht die Rede, aber Hauptsache, sie freut sich und weint nicht.

Wir verbringen den Nachmittag am kleinen Tisch unter der Birke vor ihrem Fenster, trinken Kaffee, essen Eis, was sie neuerdings liebt, früher hat sie sich nichts daraus gemacht. Ich sorge mich deswegen immer ein bisschen um ihren Blutzucker und animiere sie, auch das Glas Wasser zu trinken, das ich ihr dazustelle. Aber die Hälfte davon landet meist hinter uns im Gebüsch.

Die Wallratter kommt angerollt, ganz ohne Verhaltensregeln im Gepäck, überraschend heiter gestimmt unterhält sie uns mit Geschichten aus ihrem Leben. Sie war auch eine leidenschaftliche Tänzerin, bevor das Schicksal sie viel zu früh in den Rollstuhl verdammte. Ich bin jedes Jahr zur Kur gefahren, nach Baden-Baden, Bad Homburg, Bad Gastein, und gleich am ersten Tag bin ich hin zum Tanztee, ich konnte es kaum erwarten. Ihre Augen beginnen zu leuchten hinter der dicken Brille. Ich bin immer mit meiner Freundin gefahren, ohne meinen Mann, aber das hat dem nichts ausgemacht, der konnte ja nicht tanzen. Eine schöne Anknüpfungsmöglichkeit für Mutter, aber sie will sich lieber bewegen. Bei der Hitze schafft sie es gerade bis zum Gartenteich, wo wir uns wieder niederlassen, dösig sinnieren, wie schön das Heim gelegen ist. So viele Bäume, sagt Mutter, was will man mehr?

In letzter Zeit erzählt sie nicht mehr von ihrer Mutter, erzählt nicht mehr, wie traurig ihre Mutter war, als ihr liebes Gerdchen von jetzt auf gleich in den Westen gegangen ist. Sie spricht wieder mehr von ihrem Vater. Der Papa hatte alles im Garten, sagt sie, Tomaten, Kartoffeln, Zwiebeln, der hat das immer schon draußen gewaschen, wir hatten da so eine Zinkwanne, er hat das Gemüse sauber mit reingebracht. Wir durften da nicht ran, aber als Kind hat man auch gar keine Lust dazu. In der Schule haben sie immer gesagt, lass mich mal beißen, wenn ich frische Tomaten oder Radieschen mithatte.

Das ist das Bärbelchen, höre ich die Seniorin mit dem Côte-d'azur-Charme zu jemand sagen, als ich das Haus verlasse, die kommt jeden Tag …

*

Ich glaube, ich habe gerade eine Glückssträhne, sagt Mutter auf dem Rückweg von der Lottobude. Wir haben ihren Gewinn abgeholt. Neunundvierzig Euro und zwanzig Cent. Das wird sich noch steigern, sagt Mutter, das ist erst der Anfang. Wir müssen beide lachen. Zurück im Heim, setzen wir uns zur Läuferin in den Garten. Mutter liest für alle das Horoskop aus dem neuen »Glück«. Die Fromm kommt dazu, und Mutter liest auch für sie: Kümmern Sie sich nicht um Dinge, die Sie nichts angehen! Die Fromm scheint pikiert, sagt, das mache sie sowieso nie.

Mutter bringt mich sogar bis zum Ende des Grundstücks. Rufst du gleich an?, fragt sie. Ja, mache ich. Aber dann ist sie bis zum Abendbrot nicht zu erreichen. Ich merke, wie ich ein bisschen nervös werde, weil sie mich in den lockeren Sandalen begleitet hat. Die Angst, dass sie fällt und alles wieder von vorne beginnt, bleibt.

Um halb sieben nimmt sie nach langem Klingeln den Hörer ab. Ich liege schon im Bett, sagt sie. Die kommen ja noch, um das Gitter hochzumachen. Neulich habe ich zu der gesagt, lassen Sie es doch unten, dann falle ich raus und kriege einen Schlag. Na, die hat vielleicht geguckt!

*

Es ist schon die ganze Woche Hochsommer. Mutter bekommt kaum Bewegung, wir drehen keine Runden ums Karree, machen nur noch ein paar Schritte um den Teich im Sinnesgarten. Gestern ist auch der Ausflug zum »Haus am See« ausgefallen, es ist einfach zu heiß. Heute soll die Dreißig-Grad-Marke geknackt werden.

Ich bringe Mutter jeden Tag Erdbeeren mit, die sie mit großer Freude isst. Um Bluse und Hose zu schonen, lege ich ihr ein Frotteehandtuch wie ein überdimensionales Lätzchen auf den Bauch. Es bleibt mir ein Rätsel, wie es ihr gelingt, beim Genuss von sieben, acht großen Erdbeeren das ganze Handtuch mit roten Flecken zu übersäen. Neulich war kein gewöhnliches Handtuch da, nur das große Badetuch, auch das hat sie von oben bis unten zugepunktet. Ich schaue nicht zu, wie sie isst, sortiere in der Zwischenzeit die mitgebrachte Wäsche in den Schrank oder stopfe dreckige Wäsche, die sie mit nicht auszurottender Vorliebe unten in ihren Schrank legt, in Plastiktüten und dann in die schwarze Tasche. Auch wenn Plastikfolie für derlei Gerüche keine wirkliche Hürde darstellt.

Es hat sich auch als klug erwiesen, Mutter um kurz nach elf anzurufen, das heißt, sie aus der Tiefe ihres Nachdemfrühstückundvordemmittagessenschlaf zu holen, um sie an den Toilettengang zu erinnern. Wenn ich nicht anrufe, geht alles in die Hose, dann muss sie sich noch vor dem Essen umziehen, und ich muss die vollgesogenen Teile wieder aus dem Schrank fischen. Ihr ist das eigentliche Ansinnen meines Anrufs nicht klar, sie freut sich aus einem anderen Grund, sagt immer, sie hätte dann noch ein bisschen Zeit, um sich zu sortieren und nicht völlig benommen am Mittagstisch zu erscheinen.

Jetzt muss ich dich mal was fragen, sagt sie in den letzten Tagen öfter, wo sind eigentlich meine Brüder? Die sind tot, sage ich jedes Mal, aber sie fragt beharrlich zurück: Woher will man das wissen? Der Franz ist am Tag von Utes Geburt gestorben, und auch bei Kurt warst du bei der Beerdigung dabei, sage ich. Der Paul ist mit dem Motorrad verunglückt, und dein jüngster Bruder ist nicht aus dem Krieg zurückgekehrt. Jahahh? Ich spüre deutlich, sie zweifelt an meiner Aussage.

Ein paar Tage später sagt sie, als wir auf der Terrasse sitzen, sie hätte etwas Komisches geträumt. Ihr Bruder, der jüngste, der Hans, hätte so um die Ecke geguckt, nur geguckt, nichts gesagt. Da hatte ich so eine Angst, sagt sie. Wieso Angst, es war doch dein Bruder?, frage ich. Ich weiß auch nicht, aber da war so eine Angst. Das ist ja interessant, sage ich. Ja, sagt sie, das ist interessant.

Sonst macht Mutter einen recht klaren Eindruck und hört zu, wenn sich jemand zu uns gesellt und etwas erzählt. Die Wallratter zum Beispiel, die es versteht, amüsant zu erzählen, wie von ihrem Mann, der achtzig Zigaretten am Tag geraucht hat und jetzt ein halbes Jahr tot ist, oder von ihrem Sohn, dem Ingenieur, der mit dem Luftgewehr eine der lästigen Elstern in seinem Garten ins Auge getroffen hat, worauf die anderen Vögel wie bei Hitchcock im kreischenden Tiefflug Abschied von ihrem Artgenossen nahmen. Also da waren wir vielleicht geschockt, sagt die Wallratter, man sieht es ihr immer noch an.

Mutter versteht nicht alles, aber bei manchen Wörtern klinkt sie sich ein, weil ihr eine Erinnerung kommt, die sie vorbringt, auch wenn es meistens thematisch nicht passt. Seit einiger Zeit piept das Hörgerät auch nicht mehr permanent. Vielleicht hat es damit zu tun, dass Mutter zugenommen hat, ihr altes Gewicht wieder erreicht hat, denn es ist nicht auszuschließen, dass auch ihr Ohr davon profitiert, das Hörgerät also jetzt wieder so sitzt wie vor ihrem Sturz.

Was sie gar nicht mehr, wirklich überhaupt nicht mehr sagt: Ich möchte am liebsten sterben.

Was sie öfter sagt: Warum bin ich eigentlich hier?

Was sie ebenso oft sagt: Ich bin so faul geworden. Aber ich bin ja auch neunzig.

Was sie nicht mehr so oft sagt: Ich heule mir die Augen aus dem Kopp.

Was sie aber immer noch häufig sagt: Tröste mich!

*

Die Offizierstochter lauert uns neuerdings am Empfang auf, wenn ich mit Mutter vorbei in den Garten will. Seit Jürgen ihr unbedachterweise erzählt hat, dass ich früher Filme fürs Fernsehen gedreht habe, will sie alles ganz genau wissen. Ich habe keine große Lust, von mir zu erzählen, aber ich darf sie auch nicht verprellen, sie zum Feind zu haben wäre schlecht. Also muss ich bei nächster Gelegenheit mal aus dem Nähkästchen plaudern. Vielleicht erzähle ich vom Interview mit einem ihr sicher bekannten Kölner Musiker, der seine bequeme Haushose und auch die Pantoffeln während des Drehs anließ, weil er, wie er meinte, ohnehin nur bis zum Bauch im Bild wäre. Oder von einer Schauspielerin in Hamburg, die sich beim Müllwegbringen ausgeschlossen hatte, kurz bevor wir mit dem Filmteam anrückten, während drinnen ein Hühnerbein in der Pfanne verkohlte und wir mit dem Interview warten mussten, bis der Schlüsseldienst seine Arbeit getan hatte und der stinkende Rauch abgezogen war und unser aller Augen nicht mehr tränten und die Dame, ohne zu husten, auf meine Fragen antworten konnte. Vielleicht wird so was die Neugier der Offizierstochter befriedigen.

Ich muss auch wieder Namen üben. Fünf Tage lang ist mir trotz Eselsbrücke der Name von Schneeweißchen nicht eingefallen, und das, wo sie mich selbst jeden Tag auf der Bank vor dem Haus sitzend mit Frau Schröder begrüßt. Ohne zu lächeln, das geben ihre mimischen Fähigkeiten nicht mehr her. Sie leidet unter Chorea Huntington, einer Erbkrankheit, die unaufhaltsam fortschreitet, das hat sie mir auf dem Geburtstagskaffee aller im März und April Geborenen mit mühsam herausgebrachten Worten zu verstehen gegeben. Ihr Gesichtsausdruck ist starr bis auf ein nicht steuerbares Muskelzucken, und trotzdem spüre ich, dass sie mich anlächelt. Sie wünscht mir auch jedes Mal einen schönen Nachmittag. Anfangs war ich oft schon an der Tür, habe ihr nicht die Zeit gelassen, ihren Satz zu Ende zu bringen, habe nicht gedacht, dass sie im Kopf noch klar ist. Dafür schäme ich mich ein bisschen, jeder hat hier ein besonderes Schicksal, und viele freuen sich, wenn ich komme, und hätten mich gerne ein paar Minuten lang ganz für sich allein. So viel Zeit habe ich nicht. Seit es Mutter besser geht, bin ich allerdings großzügiger geworden, zwacke von der Mutterzeit immer mal ein wenig ab.

So setze ich mich zur Läuferin, die mich »meine Liebe« nennt und mir auch immer etwas mitteilen will. Sie hat bei einem

Fahrradunfall einen Hirnschaden erlitten, kann nicht mehr rechnen, nicht mehr lesen, sich nur an manches erinnern, sie geht wöchentlich zum Hirntraining in eine Spezialpraxis, hat inzwischen wieder sprechen gelernt, aber es steht ihr nur ein kleines Vokabular zur Verfügung, das heißt, sie weiß, was sie sagen will, aber es fehlen ihr die passenden Worte. Anfangs habe ich gedacht, sie sei dement. Jetzt lasse ich sie reden, mache nicht mehr den Fehler, nachzufragen. Wo leben denn Ihre Geschwister?, würde ich heute nicht mehr fragen. Auf der anderen Seite, hatte sie geantwortet und selbst gemerkt, dass das keine gute Ortsangabe war. Ich stelle also nur Fragen, die sich mit Ja oder Nein beantworten lassen. Dann kann sie ja noch etwas hinzufügen, wenn ihr was einfällt.

Hier zählt nicht mehr, was man früher einmal war, früher, vor der Demenz, der Krankheit, der Senilität, dem Rollstuhl. Ein Doktortitel ziert manchmal noch das Namensschild an der Zimmertür, aber als Anrede wird er hier nicht benutzt. Es ist egal, ob jemand studiert hat, vielleicht einem imposanten Beruf nachging, die anderen am Tisch können damit nichts anfangen. Hier zählt das Jetzt. Kommt er oder sie alleine durch die Tür? Nimmt sie den richtigen Rollator? Wer setzt sich da auf meinen Platz? Hier achten alle auf sich selbst, wenn sie überhaupt auf etwas achten. Die Angehörigen haben damit die meisten Schwierigkeiten, vor allem die, die nur selten kommen, feingemacht, Blumen in Folie in der Hand oder Kuchen, Pralinen, einen Piccolo. Nur wenige kommen täglich so wie ich.

*

Ich lerne viel im Heim. Allerdings nur, wenn ich kurz vor der Einfahrt meinen Alltag abstreife, Dinge, über die ich mich geärgert habe oder die mir Sorgen bereiten. Hier herrscht Ruhe, Ruhe für das Gemüt. Hier wird nichts zu Ende diskutiert, weil die meisten am Ende eines Gesprächs den Anfang vergessen haben und einfach wieder von vorne anfangen. Hier ist sprechen wie bewegen, Mund bewegen, atmen.

Manche schreien auch, wohl nicht nur wegen Schmerzen. Die kleine Frau mit dem Hütchen und dem gestreckten Bein, das wie ein Kanonenlauf aus ihrem Rollstuhl ragt, vermag, wenn sie nicht gerade herzallerliebst singt, also hohe Töne von sich gibt, einen ganzen Bewohnertrakt in Schwingung zu bringen mit ihren Hohohh-Lauten, wenn ihr etwas nicht passt. Neulich bekam sie Besuch, und ich war völlig überrascht, dass sie anscheinend alles verstand, was die Frau zu ihr sagte, und mit wilden Armbewegungen und Jeu-jeu und Hejjehhhh-Lauten antwortete. Sie kann nicht sprechen, aber sie kommuniziert gerne.

Frau Rosen ist eine der Jüngsten im Haus, sie ist scheu, spricht nicht gerne, obwohl sie es kann. Alle haben neulich ihren Geburtstag vergessen, ich habe ihr auch einen Tag zu spät gratuliert. Die Termine stehen ja im Wochenplan.

Früher ist sie selber Pflegekraft hier gewesen, auch ihren Mann hat sie im Haus kennengelernt, ebenfalls Pfleger, ein sehr gutmütiger Mensch, wie sie sagt, der leider früh gestorben wäre. Sie hat kaum Haare auf dem Kopf, so gut wie keine Zähne mehr bis auf ein dunkles, kegelartiges Gebilde, ihren unteren Eckzahn. Ein Gebiss – wie es die meisten Alten haben, was es oft schwer macht, ihr Alter einzuschätzen – kann sie nicht tragen, weil ihr Kiefer von der Krankheit zerstört ist. Das Essen kann sie nur passiert zu sich nehmen. Eine Weile hat sie mit Mutter am Tisch gesessen. Die guckt die ganze Zeit hin und her, sagt Mutter, die wenig Verständnis für die Nöte anderer zeigt, also das kann einen nervös machen. Die hat es nur mit Tieren, sagt die Wallratter abweisend über Frau Rosen.

Ich mag sie irgendwie gern. Als ich das Heim in die engere Auswahl zog, war sie die erste Bewohnerin, die ich ansprach und fragte, wie es sich hier lebt. Seitdem grüßen wir einander. Gestern hat sie sich an unseren Tisch im Garten gesetzt. Da ist ja schön Schatten, rief sie von der anderen Seite herüber. Ja, habe ich zurückgerufen, kommen Sie doch zu uns, und auf den freien Stuhl neben mir gezeigt. Ich war überrascht, als sie meiner Einladung folgte. Und dann hat sie so viel erzählt wie noch nie. Von ihrer wunderbaren Betreuerin, die auch ihre Freundin ist, aus Prag kommt sie und war eigentlich beim Theater, und dann hat sie mit ihrem Mann eine Kneipe gehabt und dann als Köchin hier im Heim gearbeitet. Gestern hätte sie mit ihr eine Rheinfahrt gemacht, das ist dein Tag, hätte ihre Freundin gesagt, aber dann war es doch zu anstrengend gewesen. Und ihre Freundin hätte ihr so leidgetan. Die Steine unter den Füßen hätten so wehgetan, aber da konnte meine Freundin ja nichts für. Mutter hörte Prag und sagte: Wir mussten damals um achtzehn Uhr von der Straße sein, das war ganz furchtbar. Ich war ja da im Arbeitsdienst.

Frau Rosen ließ sich nicht abbringen und erzählte noch von ihrer Nichte, der sie geraten hat, nicht in die Pflege zu gehen, alle in der Familie waren in der Pflege, da soll die mal was anderes machen. Und das hat sie auch befolgt, hat Frau Rosen gesagt, die ist dann Arzthelferin geworden. Sie ist mir heute noch dankbar, dass ich ihr von der Pflege abgeraten habe. Meine Freundin hat nämlich gesagt, die Generation hier im Heim, die Kriegsgeneration, die ist noch zufrieden, die Leute sind froh, wenn sie gut zu essen bekommen und ihre Ruhe haben, aber die Neuen, die jetzt kommen, also mein Alter, die sind sehr anspruchsvoll, die haben an allem was zu meckern. Ja, das hat meine Freundin gesagt. Dann stand Frau Rosen auf, ein Anflug von Lächeln huschte über ihr Gesicht, und sagte: Das war aber ein schöner Nachmittag, vielen, vielen Dank. Ja, sagte ich, legte sacht meine Hand auf ihre Schulter, das finde ich auch.

Mir behagen ein paar Typen nicht, wie der schwarzhaarige Koloss, der bei jedem Wetter stumm auf der Bank unter der Kastanie sitzt. Den finde ich irgendwie unheimlich. Er ist nicht stumm, wie ich anfangs gedacht habe, er spricht nur nicht mit jedem, eigentlich nur mit der Diva. Mit ihr regt er sich über alles Mögliche auf, das Essen, die Leute, die Zeiten, die nicht mehr so wie früher sind. Nachdem ich die beiden öfter gegrüßt habe, wenn sie zusammensaßen, fragte er mich letztens, als die Diva nicht dabei war, ob ich drei Minuten Zeit für ihn hätte. Ja, warum?, fragte ich zurück. Dann sage ich Ihnen mal, was über Sie im Haus erzählt wird. Einen Augenblick habe ich gestutzt, dann lachend abgewinkt. Das hat ihn verärgert, mich auch, aber anders als den schwarzen Koloss. Seitdem grüßt er mich nicht mehr, zelebriert weiter seinen versteinerten Blick.

Ich träume seit Tagen von einem kleinen Haus, eigentlich ist es nur ein großes, helles Zimmer am Wasser, es ist nicht das Meer, eher ein Teich, ruhig ist es, sehr, sehr ruhig, ich lese, schreibe, male, kein Lärm, keine Nachbarn, niemand, um den ich mich kümmern muss, ein Traum, ein wunderschöner Traum …

Im Schatten des Sommers

Es wird der heißeste Tag des Jahres, sechsunddreißig Grad im Schatten. Der Katzich kommt kaum nach mit dem Verteilen von Wasser, Saft, Eis. In den Zimmern ist es jetzt auch sehr warm. Die Wallratter misst vierunddreißig Grad in ihrem Dachzimmer. Ganz so heiß ist es bei Mutter nicht, ich schließe trotzdem das Fenster. Ich sage Mutter, dass sie heute wieder viel trinken muss, sonst würde das Gehirn nicht mehr richtig arbeiten. Ich rede wohl schon Mist?, fragt sie. Ja, vorgestern hast du von einem schwarzen Mann mit Hund erzählt. Och, sagt sie, sieht zum Fenster und sagt nach einer Pause: Da war aber jemand hier. Ja, aber nur die Pfleger, sonst kommt hier niemand rein. Mutter erzählt, dass sie sich gestern die Decke bis über das Gesicht gezogen hat, damit die nicht sehen, dass ich heule. In der Nacht war ich dann klatschnass, sagt sie, aber da ist einer gekommen und hat mich frisch angezogen.

Auf der überdachten Terrasse lässt es sich aushalten. Hier bleiben wir eine Weile sitzen, trinken Kaffee und immer wieder Wasser, lösen Kreuzworträtsel. Mutter findet recht viele Wörter, trotz der Hitze. Meinen Trinkkommandos kommt sie nach, wenn auch schwerfällig. Dann fragt sie auf einmal: Warum bin ich eigentlich hier, Bärbel? Weil es kein besseres Heim gibt, weil du hierhin wolltest, weil ich in deiner Nähe bin …

Gestern habe ich mit Heidrun, einer Pflegerin, telefoniert. Wir haben ein bisschen privaten Kontakt, gegen die Vorschriften. Sie sagt, wir (ihre Pflegekollegen) stellen den Bewohnern Wasser hin, sagen ihnen auch, sie sollen trinken, aber dann bleibt ja keiner bei denen sitzen, deswegen gebe es mehr und mehr Ausfallerscheinungen. In der Wohngruppe über Mutter hätten heute Mittag die Ersten damit begonnen, den anderen die Mahlzeit vom Teller wegzuessen, sagt Heidrun. Hallo, wo sind wir hier, hätte sie gesagt, ist hier schon mal jemand nicht satt geworden? Dann erzählt sie mir von einem Mann, der jeden Tag Besuch von seiner Frau bekäme, der sie aber inzwischen nicht mehr erkennt. Er begrüße sie freundlich, biete ihr einen Stuhl an, dann würde er eine andere Frau aus der Wohngemeinschaft in den Arm nehmen und sagen: Darf ich vorstellen, meine Frau!

Mutter hat mir gesagt, sie würde nicht noch einmal heiraten, auf gar keinen Fall. Sie müsste ja zum Glück auch nicht, hat sie gesagt und herzlich über sich selbst gelacht.

Die jecke Kölsche bettelt uns jeden Tag um Bonbons an, wir sind nicht die Einzigen. Heute kommt sie mit ihrem Rollstuhl an unseren Tisch. Isch bin hier ussem Veedel, weißt du, wat isch meine? Die Frage ist nur der Einstieg, dann hört sie gar nicht mehr auf: Isch hatte 'ne liebe Mann, der wor su – sie führt Daumen und Zeigefinger zum Mund und macht ein Kussgeräusch –, äwwer dä is och schon zwanzisch Jahre tot. Als wir jeheiratet ham, hatte ich esu e klein Bäuchlein, da hat minge Mutter jesacht, du muss mit dem Pastuur reden. Und da hat der für misch jesacht: Aujuste, man jeht rein in die Ehe. Ja, Herr Pastuur, han isch jesacht, dat tu isch doch. Sie zwinkert mir zu und erzählt danach ein bisschen leiser: Wenn minge Mann in ming Bett kohm, hat der immer jesacht: Aujuste, wenn de nit wills, dann musste. He, han isch da jesacht – sie zeigt einen Vogel und grinst verschmitzt –, äwwer manchmal wor isch och dabei, und dat wor schön – sie macht wieder eine Pause, in der sie sich zu erinnern scheint –, kammer doch ruhisch sagen, dat dat schön wor.

Isch han et doch juut, sagt sie. Nur Fleisch kann isch nit mieh esse, da klappert die Mühle … Wie zum Beweis versucht sie ihre zwei Gebisshälften aufeinanderzubringen, was wirklich nicht mehr geht.

*

Der selige König ist tot, Mutters Zimmernachbar zur Linken. Die Frühschicht fand ihn tot im Bett. Eine Woche hat er geschrien, dass es einem durch Mark und Bein ging. Was hat er da alles rausgeschrien, bevor er gehen konnte? Irgendjemand hat ein Licht und ein eisernes Kreuz auf seinen Platz gestellt.

Ist da wer gestorben?, fragt Mutter beim Kaffeetrinken. Ja, der Mann aus deinem Nachbarzimmer. Mutter hebt kurz die Schultern. Ich weiß gar nicht, wer das war.

Sie selbst ist sehr gut drauf. Vielleicht weil sie am Vormittag seit langer Zeit mal wieder am Singen teilgenommen hat. War anstrengend, sagt sie, aber dann fällt ihr ein Lied nach dem anderen ein, und sie singt fröhlich: »Mein Vater war ein Wandersmann …«

Jeden Tag fragt Mutter, ob ich zum Essen komme. Aber es muss reichen, dass ich zum Kaffee komme und nach einer Runde um den Block mit ihr Kreuzworträtsel löse. Sie ist mit Eifer bei der Sache, so habe ich sie noch nie rätseln sehen. Auf die Frage, wie es ihr geht, hat sie mir heute in Versform geantwortet: Mir geht's gut, ich bin froh, und ich sag dir auch, wieso: weil du mich gut verstehst und mit Rat und mit Tat als mein treuer Kamerad mit mir durchs Leben gehst! Ihr gelingt es immer wieder, mich zu überraschen. Das mag ich wirklich sehr an ihr. Sie gibt einfach nicht auf.

*

Morgenstille vor dem Heim, niemand sitzt auf der Bank. Ich fahre erschreckt zusammen, als die kleine Frau aus der Demenz-

aufs Autodach und ruft durch die Scheibe: Ja dann, Tantchen, gute Fahrt!

*

Wie geht es Ihnen, Frau Schröder?, fragt die Rundgut vom Sozialen Dienst bei einem ihrer Pflichtbesuche. Mutter erzählt von dem schönen Ausflug. Ich habe dem Kollegen extra gesagt, dass er sie mitnehmen soll, brüstet sich die Rundgut. Ohh, sagt Mutter, dann habe ich das ja Ihnen zu verdanken? Ja, sagt die Rundgut und reißt ihre Augen zu einem kunstvollen Lächeln auf. Ich dachte, sie geht danach wieder, aber es wird doch ein längerer Aufenthalt, sodass Mutter all ihre Geschichten loswird, die vom Pfarrer mit den kaputten Tassen, dem sie als Kind beim Abwasch helfen sollte (nee, Mutti, da tu ich mir nur weh, da gehe ich nicht mehr hin), und dem Karli, dem Harry, Fliegeralarm, die Kinder schnell untern Arm, und nicht zu vergessen Fräulein Mühlefelds Strumpfreparaturen gegen das leckere Essen vom Bauernhof. Das haben wir uns dann immer geteilt, sagt Mutter, ja, ja, das war eine ganz schlimme Zeit.

Die Rundgut kniept mir immer wieder zu, um zu signalisieren, dass sie die Geschichten auch schon kennt. Wissen Sie, sagt sie in meine Richtung, ich bin zehn Jahre nach dem Krieg geboren, aber emotional habe ich über die Eltern vieles mitbekommen. Ja, sage ich, ich auch, ich bin fünfundfünfzig geboren. Die Rundgut stutzt, scheint sich über unser gemeinsames Alter zu wundern. Mutter hat das Intermezzo nicht mitbekommen, erzählt jetzt vom Dom und den hundertvierzig Stufen, zeigt dabei auf den gerahmten Stich vom Erfurter Dom, der neben ihrem Fenster hängt. Die Rundgut nickt und sagt, da wäre sie auch schon hochgelaufen. Dann schiebt Mutter nach, dass sie als Kinder mit ihren bunten Fackeln dort die Lutherrose dargestellt haben. Das wusste die Rundgut noch nicht. Kannten Sie das?, fragt sie mich und wirkt überrascht, als ich bejahe. Mein kleiner

Vorsprung scheint sie zu wurmen. Zum Abschied reicht sie uns beiden die Hand und reißt ihre Augen noch einmal ganz, ganz weit auf, um besonders freundlich zu wirken.

Das Zimmer vom seligen König ist neu belegt worden, von einer fünfundneunzigjährigen Frau, wie ich von Mutters Bester erfahren habe. Die Döse und Mutter sind jetzt nicht mehr die Ältesten in der Wohngruppe.

*

Die Tage vergehen, schöne Spätsommertage. Einziges Minus: Mutters Arm tut ihr immer noch weh. Ich kann nicht einschätzen, wie weh. Manchmal benutzt sie ihn, ohne zu klagen, ein anderes Mal schreit sie laut auf, jammert: Was das nur ist?

Beim Kreuzworträtseln vergisst sie die Schmerzen, ist immer wieder erstaunt, dass da oben noch alles ganz gut funktioniert, wie sie sagt. Doch wenn sie sich dann erheben muss, vom Stuhl oder der Bank, geht es von vorne los. Mein Arm, mein Arm. Sie möchte immer, dass ich ihr hochhelfe, aber dann ist es wieder ein Riesentrara. Egal, wie ich sie anfasse, nichts ist ihr recht, und am Ende sage ich, es sei besser für sie, wenn sie das alleine schafft, sonst ginge es bald gar nicht mehr, der Körper würde dann vergessen, wie das geht, das Hochkommen, das Hinstellen. Begeistert ist sie nicht von meinem Vortrag, mich nervt es auch, aber er wirkt, sie steht alleine auf.

Manchmal ist sie mit einem Ruck auf den Beinen, meist quält sie sich aber herum. Sie legt die Hände an den Rollator, ich sage, nimm die Hände runter, stütz dich rechts und links ab, so geht es besser. Doch dann greift sie schnell wieder zum Rollator, löst auch noch die Bremsen, sodass sie sich der Länge nach hinlegen würde, wenn sie sich in dem Moment abstützen wollte. Also wieder Bremsen feststellen, ihr den Tipp geben, die Hände neben sich zum Abdrücken zu benutzen. Oh, mein Arm, hilf mir! Ich komme doch nicht hoch. Nein, sage ich jedes Mal, du willst doch weiterhin alleine aufstehen können. Wenn ich dir jetzt helfe, kannst du es in einer Woche nicht mehr alleine. Oh, mein Arm. Die Hände gehen zum Rollator. Nein, sage ich … Manchmal dauert es eine Viertelstunde, bis sie endlich steht. Gestern hat sie mich gefragt: Warum muss man eigentlich immer fallen, bevor man stirbt?

Überhaupt stellt sie viele Fragen. Wie die Wolken entstehen, warum es regnet, wie sich ein Kind im Bauch entwickelt. Ist das nicht ein Wunder? Dabei sitzt sie in ihrem Sessel und sieht in die Birke vor dem Fenster, beobachtet die Bewegung der Blätter, die Vögel, die angeflogen kommen und auf den Ästchen hin und her hüpfen, dann wieder wegfliegen. Tagsüber schläft sie neuerdings weniger, wirkt dadurch etwas wacher. Ich denke viel an den Ringelberg, sagt sie. Wo meine Brüder nur sind? Und meine Eltern? Leben die noch? Bei diesen Fragen wird mir immer ein bisschen mulmig. Ich antworte wahrheitsgemäß, dass alle tot sind. Jahahh?? Woher weißt du das denn?

Sie macht Verse, lacht sich schief, wenn sie ein unsinniges Reimpaar erfindet. Manchmal zieht sie kess eine Schulter hoch, als wollte sie sagen: Siehste, da kannste mal sehen. Wir singen wieder mehr, seit Mutter das Lied eingefallen ist mit dem Kuckuck im Baum. Wir haben im Liederbuch nachgeschaut wegen des Textes. Sie weiß mehr Liedzeilen aus dem Kopf als ich. Da staune ich oft.

Der große Ehrenamtler und sein dicklicher Kollege kamen vorbei, fragten, wie es uns (!) ginge. Mutter hat die Frage erst nicht verstanden, dann hat sie sehr schnell »gut« gesagt. Das sieht man, hat der Dickliche daraufhin gesagt und munter hinzugefügt: Sie könnten eigentlich auch Schwestern sein. Ich musste lachen, habe es für Mutter wiederholt. Ohh, hat sie gesagt und jahahhh?? Und dann: Hier ist es doch ganz schön, da kann man es mal ein paar Wochen aushalten.

Wenn ich nicht bei ihr bin, weint sie viel. Komme ich mittags ins Heim, hat sie oft feuchtrote Augen. Ein kleiner Spaß von mir – manchmal reicht schon eine theatralische Begrüßung, bei der ich auf die Knie gehe und gespielt ehrfurchtsvoll die Arme ausbreite – heitert sie schnell auf. Dann wischt sie sich schnell die Tränen weg und sagt: Was würde ich nur machen, wenn ich dich nicht hätte?

*

Neue Bewohner sind eingezogen, finden sich nicht zurecht. Der eine Mann sucht noch immer seine Frau. Heute habe ich ihn untergehakt und zu seinem Zimmer begleitet. Ich bin ein bisschen durcheinander, hat er gesagt und mich lieb angelächelt, so lieb, dass ich die Gewissheit hätte verlieren können, ob er es wirklich so meint, vor allem, als er seine freie Hand auf meine legte. Er hat so unglaublich weichwarme Hände. Das alles hat ein bisschen gedauert, und ich hörte Mutter schon ungeduldig vom Klo her rufen: Bärbel? Bärbel, kommst du? Ich habe ihr nicht gesagt, dass ich mit dem Mann unterwegs war, der immer seine Frau sucht. Sie kann das und vielleicht auch ihn nicht leiden. Nichts wie weg, sagt sie, wenn sie ihn von Weitem umherirren sieht. Mutter kann dann sehr schnell auf den Beinen sein.

Frau Dax hat mich abgefangen. Ob man mit Mutters Hörgerät nichts machen könnte? Es wäre ihr unmöglich, mit Mutter zu sprechen. Sie müsste laut schreien, aber das könnte sie nicht. Und Mutter würde ja trotzdem nichts verstehen, immer nur sagen: Das macht die Bärbel. Überhaupt spräche inzwischen niemand mehr mit Mutter, sie würde vereinsamen, das wäre doch nicht der Sinn der Sache.

Ich habe mich für ihre Anteilnahme bedankt und ihr freundlich zu verstehen gegeben, dass die Grenzen des Hörgeräts erreicht wären, Schreien im Übrigen auch nichts bringen würde, weil dann im Hörgerät nur ein schrilles Geräusch entstünde.

Mutter könne auf bestimmten Frequenzen einigermaßen gut hören, mit meiner Stimmlage würde das zum Glück harmonieren. Also gut, hat die Dax das Gespräch mit ihrem eingefrorenen Lächeln quittiert, dann kann man wohl nix machen.

Mit der kann ich nicht, hat Mutter schon öfter zu mir gesagt, und als ich ihr von dem Gespräch berichtet habe, war sie nicht erstaunt und hat gesagt: Ich will in Ruhe essen, und die babbeln und babbeln mit vollem Mund, das will ich nicht.

Es ist noch keine zwei Monate her, dass Mutter immer mit der Döse am Tisch gesprochen hat, was dann den anderen nicht passte, und sie bewirkten, dass die beiden auseinandergesetzt wurden, wie in der Schule. Mutter war es egal, sie hat wirklich lieber ihre Ruhe beim Essen, aber die Döse hat noch tagelang geschimpft. Ins Restaurant zum Mittagessen darf die Döse auch nicht mehr, wer immer das angeordnet hat. Wenn wir sie auf dem Gang treffen, beschwert sie jedes Mal darüber, weiß sich aber offenbar nicht zu helfen.

Auf dem Gang hängt seit Kurzem ein gerahmtes Gebet, vermutlich ein Geburtstagsgeschenk für die Fromm, die fünfundsiebzig geworden ist. Mutter hat mir ohne Brille vorgelesen. Herr Christ, segne dieses Haus … Die Döse ist dazugekommen und hat mich gefragt: Wer is eigentlich Herr Christ? Kennen Sie den? Ich erwiderte, da ist Jesus Christus mit gemeint, aber das sagte ihr auch nichts. Nee, den kenne ich nicht. Kennen Sie den?, hat sie dann Mutter gefragt. Mutter hat den Kopf geschüttelt, aber wahrscheinlich nicht mal die Frage verstanden. Ich bin dann mit Mutter runter ins Restaurant gegangen. Sie isst dort weiter zu Mittag, aber das Vergnügen daran ist auch kleiner geworden, seit die Neue an ihrem Tisch sie beim Dessert immerzu auffordert, den Kaffee heiß zu trinken. Lassen Sie mich doch, hätte sie gestern zu der gesagt, ich trinke den auch kalt.

*

Vielleicht der letzte heiße Spätsommertag, zweiunddreißig Grad, dazu ein angenehmer warmer Wind aus Südost. Ich trinke mit Mutter Kaffee auf der Veranda. Ich habe meinen Bruder gesehen, sagt Mutter, den jüngsten, den Hans. Wo hast du ihn gesehen?, frage ich. Nur im Traum, sagt sie, der war ganz kurz da. Wie hat er denn ausgesehen? Ich weiß nicht, das ging so schnell, dann war er wieder weg.

Die Dax kommt auf die Veranda. Störe ich?, fragt sie. Mutter hört ihre Frage nicht, vielleicht reagiert sie aber auch nicht mehr auf die Dax. Ich würde am liebsten Ja antworten, aber das wäre nicht in Mutters Sinn. »Ich habe nichts gesagt«, das war immer Mutters Devise, wenn es irgendwie unharmonisch wurde. Ich habe nichts gesagt. Wie oft hätte ich sie dafür zum Teufel jagen können. Heute sage ich auch nichts, nichts Entscheidendes jedenfalls. Herrliches Wetter, sage ich, das muss man noch mal ausnutzen, so lotse ich Mutter vom Tisch weg, um den herum die Luft zum Stehen gekommen ist.

Zum Laufen ist es Mutter aber zu warm, und so verziehen wir uns auf die Terrasse in den Schatten, essen Eis, lösen im Affenzahn ein Kreuzworträtsel. Die Fromm gesellt sich dazu, will mitmachen, folgt uns auch, als ich vorschlage, Frau Rahn, der alten Lehrerin, die mit ihrem Sohn am Rosenteich sitzt, zum achtundachtzigsten Geburtstag ein Ständchen zu singen. Die Lehrerin freut sich wie Bolle. Mutter weiß erst, um wen es sich handelt, als sie die Rahn vor sich sieht. Sie gibt ihr die Hand und wünscht ihr alles Gute. Schöne Idee, flüstert mir ihr Sohn zu.

Das singende Hütchen ist gestorben, am Schwarzen Brett hängt ihre Todesanzeige mit einem Foto, auf dem sie so typisch lacht. Ich kann es gar nicht fassen, sage ich zu dem Mann an der Rezeption, ich habe sie doch noch singen gehört, hier unten im Restaurant. Ja, sagt er, es ging ganz plötzlich, sie hat zu Mittag gegessen, und als die Kollegen sie ins Bett legen wollten, war sie schon in ihrem Rollstuhl eingeschlafen. Eigentlich ein schöner

Tod, denke ich. Ein Liedchen, lecker essen und dann friedlich weg.

Als ich mit Mutter auf der Bank sitze, erzähle ich ihr vom singenden Hütchen. Ja, sagt sie, das ist ein schöner Tod. Sie findet es aber spannender, die Diva zu beobachten, die Besuch von der Enkelin und anderen Verwandten hat, alle reden auf sie ein. Sprecht deutsch, ich verstehe nicht, schreit die Diva. Die Enkelin will unbedingt, dass sie ein paar Schritte läuft. Bitte, Oma, tu es mir zuliebe! Aber die Diva lässt sich hängen. Viele Arme zerren an ihr, sie lässt sich rückwärts auf die Bank plumpsen, dass es kracht. Statt einem Spaziergang werden nun Fotos gemacht, Arm in Arm mit Oma, alle lächeln, die Diva gequält, das heißt, so wie sie immer guckt, als biete ihr jemand ein Goldstück an mit der Auflage, durch Scheiße zu waten.

Plötzlich öffnet sich die Glastür und dic Wallratter schießt mit ihrem Elektrostuhl heraus, dreht nach links ab und kommt dreißig Zentimeter vor der Diva zum Stehen. Sie öffnet ihre Handtasche und reicht der Diva eine Tüte Bonbons: Hier, sagt sie, nachträglich zu Ihrem Geburtstag, damit Sie nicht verhungern! Die Assistentin der Diva nimmt die Tüte: Oh, Werthers Echte! Ja, sagt die Wallratter, alles andere haben wir ja schon. Ex-Unternehmerfrauen unter sich.

Ach, hier seid ihr alle, sagt die Holländerin und stemmt die Hände in die Hüften, da kann ich euch ja lange suchen. Sie setzt sich auf Mutters Rollator und macht ihr Unterhaltungsprogramm gleich hier im Garten, erzählt von ihrem Karnevalsverein, spielt auf dem Smartphone die Schlager für die kommende Session vor. Mutters fünfundneunzigjährige Zimmernachbarin schiebt ihren Rollator vorbei, sagt, das ist ja eine lustige Runde. Kurz darauf bringt Mutters Ausflugsfreund noch zwei andere Damen dazu, die Frau mit der lauten Stimme und die Frau in Beige. Das ist ja nett hier bei den Damen, sagt er und verschwindet wieder.

Wir singen gerade: »… die ganze Welt tatatata …«, als die jecke Kölsche dazukommt, die mit der Schlabberschnüss, die jeden um Bonbons anbettelt. Isch bin de Aujuste, kennste misch? Ja, sage ich. Du hast so schön Haar, sagt sie zu mir, und dann: Wenn isch jünger wär, hätt isch mir schon längst einen jenommen, dabei macht sie mit ihren Fäustchen so eine Art Stoßbewegung. Die Holländerin verdreht die Augen, sagt: Isch kenne dat Programm. Ich auch, sage ich und zwinkere ihr zu. Aujuste macht ungefragt weiter. Isch hatte 'ne janz leckere Mann, der is jetz da oben. Ihr knorriges Fingerchen zeigt gen Himmel. Sie kramt ihr Portemonnaie aus der Tasche und zieht ein vergilbtes Foto heraus, auf dem acht weiß geschürzte Frauen mit zierlichen Hauben zu sehen sind. Dat war im Kaufhof, sagt sie, in der Parfümerieabteilung. Sie führt Daumen und Zeigefinger zusammen, macht ein Kussgeräusch und sagt lang gedehnt: Mmhhh, janz fein. Oh, das sieht ja toll aus, sage ich und versuche sie zwischen ihren Kolleginnen zu erkennen. Aktfotos?, fragt die Holländerin frech und kichert. Auguste winkt ab. Wenn isch zu viel schwadt, musste nur so machen, sagt sie in die Runde und drückt sich mit Zeigefinger und Daumen die Lippen zusammen. Ich mache den Test mit dieser Geste, aber sie lacht nur und sagt: Wenn isch jünger wär, hätt isch mir schon längst einen jenommen, is doch nix, so alleen.

*

Die Frau vom Medizinischen Dienst ist da. Sie lässt sich viel Zeit im Pflegebüro bei der Durchsicht der Dokumentation. Dann kommt sie endlich, setzt sich mit breiten Beinen vor Mutter auf den Stuhl und spricht ganz langsam und überdeutlich, sodass Mutter alles verstehen kann und tatsächlich kein einziges Mal nachfragen muss und alle Fragen beantwortet und alle Bewegungen ausführt, die die Frau von ihr verlangt. Schließlich soll Mutter aufstehen und zum Klo gehen, sich auf den Deckel setzen und dann wieder aufstehen und sich die Hände waschen. Ich höre Mutter sagen: Wenn ich meine Tochter nicht hätte, die macht ja auch die ganze Wäsche. Und der Katzich grinst und sagt zu mir: Da hören Sie, wie Sie wieder gelobt werden. Ich weiß, sage ich, ich kriege bald einen Heiligenschein.

Die beiden kommen aus dem Klo zurück, Mutter darf sich wieder in den Sessel setzen, und dann fragt die MDK-Frau: Frau Schröder, wie ist es mit Ihrem Kopf? Gut, sagt Mutter, oder, Bärbel? Ich nicke. Welchen Monat haben wir denn?, fragt die Frau weiter. Mutter sagt: Wart mal schnell … Jetzt habe ich Sie wohl kalt erwischt?, sagt die MDK-Frau. Ja, sagt Mutter. Ist es denn schon Herbst? Ja, sagt Mutter, wart mal schnell, September! Gut, sagt die Frau, und welches Jahr haben wir? Wart mal schnell, sagt Mutter, und dann kommt es auch schon angeschossen: dreizehn. Gut, Frau Schröder, sagt die MDK-Frau.

Dann fragt sie mich und den Katzich, ob Mutter in den Tagesabläufen noch klar strukturiert sei. Der Katzich sagt, Frühstück würde klappen, die Mittagessenszeit würde sie gerne schon mal verdösen, aber dann käme ja die Tochter, und durch den klaren Tagesablauf ginge es dann. Ja, sage ich, ich käme ja jeden Tag pünktlich um zwei, und wenn ich ginge, wüsste Mutter, dass es bald Abendbrot gibt. Außerdem würden wir dazwischen noch telefonieren. Mit dem Kurzzeitgedächtnis würde es aber hapern. Wenn Sie gleich gehen, sage ich, wüsste Mutter sicher nicht mehr genau, wer Sie waren. Dann belassen wir es bei der Zulage, sagt die Frau vom Medizinischen Dienst. Sie meint die zusätzliche Betreuung für Demente. Der Katzich ist einverstanden.

Sie verabschiedet sich und sagt zu Mutter, sie erlebe ganz selten, dass jemand runtergestuft wird, also weniger Hilfe beansprucht, meist sei es ja umgekehrt, dass es schlechter wird. Von daher hoffe ich, sagt sie und reicht Mutter die Hand, dass wir uns so schnell nicht wiedersehen! Mutter sieht sie freundlich an und sagt: Man weiß ja nie!

Als die Frau draußen ist, fragt Mutter: Hab ich alles richtig gemacht? Ja, sage ich, du warst ganz toll, du hast es richtig gut gemacht, ich bin sehr stolz auf dich. Na, dann kann ich ja beruhigt schlafen. Ja, sage ich, das kannst du. War es sehr anstrengend?, frage ich. Och, na ja, Hauptsache, es hat geklappt.

Sie lässt es sich nicht nehmen, mich noch bis zur Treppe zu begleiten. Auf dem Weg bedanke ich mich beim Katzich, bin froh, dass die Heimkosten sich reduzieren werden und der ganze Aufwand sich gelohnt hat. Es ist kurz vor sieben, so spät habe ich das Heim noch nie verlassen.

Auf dem Rückweg frage ich mich, was Mutter wohl fühlt, wenn sie immer wieder von fremden Menschen begutachtet wird, sehr persönliche Dinge wie eigene Unzulänglichkeiten preisgeben muss. Ich hätte nie gedacht, dass ich mal so … meist fällt ihr das Wort nicht ein und sie beendet den Satz nicht, manchmal fällt es ihr aber ein, und sie sagt: … dass ich mal so hinfällig werde. Aber du kannst doch noch so vieles, sage ich dann immer, versuche sie zu trösten, aber was hilft ihr der Vergleich mit anderen, denen es schlechter geht?

Später gehen mir Mutters Worte durch den Kopf: Habe ich alles richtig gemacht? Wie ein roter Faden zieht sich diese Frage durch ihr Leben. Alles richtig machen wollen! Ich höre mich selbst als kleines Mädchen mehr als einmal fragen: Kuck mal, Mutti, habe ich das richtig gemacht? Meist war es das, ich wusste schnell, wie es richtig ging, also wie es Mutter gefiel.

Blätter fallen

Die Kastanie hat die Hälfte ihrer Blätter und alle Früchte verloren. Braun zertreten liegen die Schalen auf der Erde. Die Bänke sehen verlassen aus. Die übrigen Gartenmöbel hat der Hausmeister schon untergestellt, selbst die Sitzkissen, die gegen Mittag auf den Bänken vor dem Haus lagen, hat er eingemottet. Nur kurz setzt sich jetzt noch jemand nach draußen.

Mutter will schnell wieder rein, noch ein bisschen rätseln. Sonst bin ich nachher wieder zu müde, sagt sie. Der Heimleiter kommt an unseren Tisch, um sich in den Herbsturlaub zu verabschieden. Eine Billardart mit vier Buchstaben?, fragt Mutter ihn auf den Kopf zu. Sie spricht es aus, wie es geschrieben steht, sodass der Heimleiter nicht versteht und nachfragen muss. Als ihm spontan keine Antwort einfällt, sagt Mutter kess: Gar nicht so einfach, was? Sie hat es mal wieder geschafft, ihn zum Lachen zu bringen, vor sich hin prustend verlässt er das Haus.

Mutter ist rückgestuft geworden, jetzt haben wir es schriftlich. Es klingt negativ, ist aber positiv. Rückstufung heißt weniger Pflege zu benötigen, Mutter versteht es nicht, nur dass wir jetzt weniger Geld bezahlen müssen. Jahahhh??

So fit wie in der letzten Woche ist sie leider nicht. Erkältungen kursieren im Heim, aus allen Winkeln hört man es husten, schnäuzen. Am Dienstag hat Mutter einen ganzen Tag lang geniest, am nächsten Tag nicht mehr. Ich dachte schon, sie hätte es überwunden, doch gestern dann der richtige Schnupfen, verstopfte Nase, Rotz. Wo das nur alles herkommt?, fragt sie mich nach jedem vollen Taschentuch. Armes Schneckchen, sage ich, doch sie will sich wohl nicht unterkriegen lassen, singt mit heiserer Stimme: »Es wird alles wieder gut, nur ein kleines bisschen Mut …«

Ich bin angespannt, habe Sorge, dass die Erkältung sie doch ins Bett befördert. Wenn sie im Sessel sitzt, fallen ihr sofort die Augen zu. Und wenn ich sage, du musst jetzt besonders viel trinken, damit die Erkältung nicht weiter wandert und du nicht auch noch Husten bekommst, lächelt sie mich an und sagt: Wieder was gelernt! Sie macht es aber nicht.

Ich habe ihr Pantoffeln gekauft mit Klettverschluss, damit sie warme Füße hat und nicht stolpern kann, aber sie stehen unbenutzt unter dem Nachttisch. Die kalten Füße deckt sie nicht zu, sie hat kalte Hände. Ich habe immer kalte Hände und kalte Füße, sagt sie, vielleicht um mich zu beruhigen. Aber wenn ich zu ihr sage, du hast aber schön warme Hände, erwidert sie: Ich habe immer warme Hände und warme Füße. Es ist, wie es ist. Früher konnte sie gut auf ihren Körper hören, sie war fast nie krank.

Gestern Abend im Bett habe ich die ganze Zeit geweint, sagt sie, bis ich eingeschlafen bin. Warum hast du denn geweint?, frage ich. Weiß ich nicht, sagt sie und sieht mich an, als müsste mir die Antwort einfallen. Manchmal denke ich, es ist nicht die Psyche, sondern eine Frage der Chemie. Morgens und abends bekommt sie ihre Tabletten, und kurz danach geht es ihr nicht gut, vielleicht machen die etwas mit ihr, was kurzfristig unangenehm ist. Am liebsten würde ich mal einen Versuch starten und alle Tabletten weglassen. So wie bei Herrn Krings im Zimmer gegenüber, dem es seitdem besser geht, obwohl man letztes Weihnachten schon mit seinem Ableben gerechnet hat.

Dass ich all das nicht mehr mit Mutter besprechen kann, ist das Schlimmste. Und auch so befremdlich, denn sie wirkt wie jemand, der alles versteht. Die Tochter von Frau Stern hat es da besser. Ihre Mutter ist mit fünfundneunzig Jahren eine selbstbewusste humorvolle Person, die die Namen ihrer Mitbewohner nach ein paar Tagen wusste, obwohl sie kaum noch sieht und sehr schlecht hört. Mutter hingegen fragt bei jedem Namen, den ich nenne: Wer ist das? Erst wenn ich hinzufüge, das ist die, die so viele gestrickte Sachen hat, oder die, die hinten immer in der Zimmertür steht, oder der, der im Bett liegt, sagt sie: Ach so und zuckt mit den Achseln, das weiß ich gar nicht.

Lediglich die Namen von der Fromm und der Läuferin hat sie sich in knapp zwei Jahren zu eigen gemacht, aber keinen einzigen Namen der Pfleger. Nicht einmal den Namen ihres Lieblings, mit dem sie ihre heiß ersehnten Ausflüge macht, kann sie sich merken, ich muss sagen, das ist dein Ausflugsfreund, mit dem du immer wegfährst. Von Angesicht zu Angesicht erkennt sie alle, weiß genau, wen sie mag und wen nicht, oder besser umgekehrt, und noch wichtiger für sie, wer *sie* mag und wer nicht. Dennoch, sie bleiben alle namenlos, der eine, die eine. Aber wenn sie von früher erzählt, weiß sie oft die entlegensten Namen. Toll, sage ich dann, was du noch alles weißt. Jahaahh, sagt sie jedes Mal und fügt mit einem Oho in der Stimme hinzu: Ist noch nicht alles weg da oben!

Ich erzähle ihr, dass Hans Riegel gestorben ist, der Besitzer von Haribo. Haribo spielte jahrelang eine süße Rolle in unserer Familie. Die Fabrik lag neben dem Gymnasium, in das wir Schwestern zur Schule gingen, im Herbst haben wir Kastanien gesammelt und am Fabriktor abgegeben. Unsere Beutel wurden gewogen und in Lakritz eingetauscht. Mutter kann sich auch gleich erinnern und fragt: Wie alt ist der denn geworden? Neunzig, sage ich. Ach, neunzig, na, da kann man ja …, sinniert sie. Du bist auch neunzig, sage ich, und du bist noch fit, aber du willst ja auch hundert werden. Sie lacht. Ja, so wie es mir geht, könnte ich das tatsächlich schaffen!

*

Ein freundlicher Taxifahrer – im Radio Mama Africa, Funkhaus Europa – bringt uns durch die sonnige Innenstadt zum Zahnarzt. Die Praxis ist leider nicht barrierefrei. Bis zum Aufzug muss Mutter ein Dutzend Stufen überwinden. Ein Nachbar hört, wie ich laut mit Mutter rede, und kommt zu Hilfe.

In der Praxis kümmert man sich schnell, Mutters geschwollene Backe spricht für sich. Doch sie drosselt das Tempo auf ihre Art. Schon bei der bloßen Bitte des Zahnarztes, den Mund zu öffnen, stöhnt Mutter, als hätte man ihr die Gurgel zugedrückt. Ich habe doch noch gar nichts gemacht, sagt er und streichelt Mutter über den Arm, den sie eng am Körper hält, die andere Hand hat sie am Hals. Bei der Betäubung steigert Mutter noch einmal ihren Stöhnpegel, danach kehrt erst mal Ruhe ein. Der Zahnarzt und seine Helferin verlassen den Raum, die Spritzen müssen ihre Wirkung entfalten.

Mutter kommen die Tränen. Ich lege meinen Arm um ihre Schultern, mit der anderen halte ich ihre Hand. Sie greift fest zu. Ich beruhige sie, sage, die Spritzen hast du ja geschafft. Und was machen die jetzt? Gleich wird der Zahn gezogen. Wie? Der ist noch gar nicht raus? Nein, das war die Spritze, die muss jetzt einziehen. Mutter schließt die Augen, wird ruhiger. Nach einer Weile sagt sie: Ich drücke dich so feste, ne? Halt dich nur fest, sage ich, bald hast du es geschafft.

Aber der Zahn ist so brüchig, dass der Zahnarzt nur die blutverschmierte Krone in die Zange bekommt und auf dem Porzellantischchen vor meiner Nase ablegt. Das kann heiter werden, denke ich. Mutter stöhnt so laut und hemmungslos, dass mein eigener Panzer langsam löcherig wird. Ich sitze am Fußende, streiche ihr über die Unterschenkel, was ihr aber offensichtlich als Beruhigung nicht gefällt, denn sie zappelt mit den Füßen hin und her, wie um mich abzuschütteln. Da fällt ein Wurzelstück aufs Porzellan. Oje, denke ich, auch abgebrochen. Das letzte Stückchen hat es in sich und wird alle, Mutter, den Zahnarzt, die Helferin und mich, an unsere Grenzen führen.

Mutter will nicht weitermachen, heult, schüttelt sich, hält sich den Mund zu.

Tut das denn die ganze Zeit so weh?, will der Arzt von Mutter wissen. Sie versteht nicht. Er wiederholt seine Frage, da sagt Mutter zu aller Verwunderung: Nee, jault dann aber gleich weiter und sagt: Schluss, wir machen ein andermal weiter. Der Zahnarzt erklärt ihr sehr ruhig, dass er das Stückchen nicht drin lassen kann. Das geht nicht, fügt er bestimmt hinzu, das muss jetzt raus. Er setzt den Bohrer an, dann wieder die Zange, Mutter stöhnt sich bis zum Äußersten, ich überlege einen winzigen Moment, ob ich das Zimmer verlasse. Da fällt das letzte Bröckchen aufs Porzellan. Tupfer, zubeißen, Mund zu, Ende.

Mutter bekommt noch ein bisschen Zeit, darf auf dem Behandlungsstuhl liegen bleiben, aber irgendwann muss der Praxisbetrieb weitergehen. Ich frage, ob Mutter sich noch ins Wartezimmer setzen dürfe, bis sich ihr Kreislauf stabilisiert hat. Ja gerne, wie Sie möchten. Ich öffne die Tür zum Wartezimmer und sehe ein Dutzend erschreckte Augenpaare auf mich gerichtet, worauf ich die Tür schnell wieder schließe. Das ist voll, sage ich zu Mutter und lasse sie auf dem Hocker neben der Rezeption Platz nehmen. Keine Minute später sagt Mutter: Los, komm, ruf das Taxi.

Während ich mir noch Gedanken mache, wie sie wohl die zwölf Stufen hinunterkommt und ob ich den Nachbarn von vorhin um die angebotene Hilfe bitte, stiefelt Mutter schon rückwärts die Stufen runter. Ich denke, ich fass es nicht, trage flugs den Rollator hinterher. Sie kann gar nicht schnell genug ins Taxi steigen und am Heim wieder raus, im Affenzahn läuft sie über den Gang in ihr Zimmer, Jacke aus, Mütze weg, ab in den Sessel. Und jetzt Beine hoch, sagt sie und hat auch schon die Augen zu.

Ich wickele das Coolpad, das die Arzthelferin mitgegeben hat, in ein Handtuch und lege es Mutter auf die geschwollene

Backe. Schlaf schön, sage ich, ich komme nachher wieder. Mmm, höre ich Mutter mehr atmen als sagen. Vor ihrer Tür hole ich erst mal Luft.

*

Es ist kalt, dunkel, regnerisch, der Winter kündigt sich an. Wir laufen nur ein Stück die Straße entlang, bis zum Röschen – so nennen wir das kleine Rosenbeet neben der Einfahrt in eine Tiefgarage – und gleich wieder zurück. Mutter singt: »Röslein, Röslein, Röslein rot …« Dann bleibt sie plötzlich stehen und fragt: Du, Bärbel, ich wollt mal wissen, wo ist eigentlich meine Mutter? Sie tut mir leid in dem Moment, aber ich kann sie nicht belügen. Später telefonieren wir noch viele Male, Mutter weint ein bisschen, will immer wieder getröstet werden.

Als sie sich nach dem Abendessen erneut meldet, sage ich: Oh, ich habe gerade an dich gedacht (was nicht gelogen war). Ja, und ich habe auch gerade an dich gedacht, sagt sie, da kannst du mal sehen, wie sehr wir uns lieben! Ich bin gerührt. Das hast du schön gesagt, sage ich.

Wir wollten doch irgendwohin, empfängt mich Mutter, wie beinahe regelmäßig in der letzten Zeit. Ich erinnere sie jedes Mal daran, dass wir samstags einen Ausflug machen. Ach so, und was haben wir heute? So läuft es ab, jeden Tag.

Ihr Arm schmerzt, und sie beklagt sich auf dem Weg zur Toilette: Das hätte ich nicht gedacht, dass ich mal so hinfällig werde. Später auf dem Weg zur Lottobude, als sie munter und mit Leichtigkeit ihren Rollator durch die Straßen schiebt, erinnere ich sie an ihre eigenen Worte. Findest du das hier hinfällig? Mutter schüttelt den Kopf, sagt lachend: Nee …

Zurück im Heim, kommt uns Frau Rahn entgegen: Schön,

wenn man noch eine Schwester hat, sagt sie. Sie freut sich immer, wenn sie uns sieht, jedenfalls sieht es wie Freude aus.

*

Die Nacht vor dem Heiligen Abend, da liegen die Kinder im Traum, sie träumen von schönen Sachen … Mutter übt sich im Vorlesen für die Nikolausfeier am Nachmittag. Eigentlich braucht sie nicht zu üben, so einfühlsam liest sie den Text, ohne Brille. Ich könnte ihr stundenlang zuhören. Das Gedicht hat sie selbst ausgesucht, es gefiel ihr am besten von allen, die sie in ihrer dicken Mappe gesammelt hat.

Mutter ist sehr erkältet, heiser, ihre Nase läuft unentwegt, aber als ich sie darauf anspreche, sagt sie: Ich fühle mich gut, so gut wie nie! Sie schreibt gleich noch an die Schmitzebilla, die das Fest zum ersten Mal ohne ihren Mann verbringen wird: Schöne Weihnachten wünschen Ihnen Bärbel und ich!

Gleich nach der Feier ruft sie mich an, sagt, es hätte gut geklappt und ein paar hätten ihr auf die Schulter geklopft und gesagt, das war sehr schön. Etwas später ruft sie noch mal an: Du, die eine, na, du weißt schon, die mit dem dicken Hintern (sie kann nur Frau Rundgut meinen), die ist eben gekommen und hat gesagt: Das haben Sie wirklich schön gemacht!

Herr Krings, der Mann aus dem Zimmer gegenüber, ist gestern gestorben. Am Nachmittag war seine Frau noch zu Besuch. Ich habe sie über den Gang bis in Mutters Zimmer gehört, wie sie auf ihn einsprach: Der Mandela is duud, hörste mich, Rudi, der Mandela is duud. Der is fünfundneunzig jeworden. Rudi, hörste, der Mandela is duud.

Er war gut drauf, der Rudi, die letzten Tage und auch noch beim Abendbrot. Er hat schön gegessen, sagt Mutters Beste, und als sie keine Stunde später noch mal zu ihm ins Zimmer gegangen ist, war er schon eingeschlafen. Ein schöner Tod für den Rudi. Auch wenn er zuletzt immer gesagt hat, er wollte hundert werden.

*

Keine Kinder bei der Weihnachtsfeier, diesmal singt ein Chor, der schon heftig Kalk angesetzt hat. Der Chorleiter trägt seine letzten Haarsträhnen vom Hinterkopf zum Pony nach vorne gekämmt, bei jedem Strophenende droht die weiße Pracht auseinanderzufallen. Das Glohohohohohoooohohohohoooria klingt aus den Kehlen der betagten Kirchendamen wie das Jaulen verendender Tiere. Eine der Chordamen liest im Katzensopran ein langes Gedicht vor, die kölsche Version vom gestohlenen Jesuskind, ein Gedicht, das jedes Jahr auf dem Programm steht, wahrscheinlich sogar bei allen Seniorenweihnachtsfeiern im Rheinland. Die Frau im Rollstuhl, die an unserem Tisch sitzt und gewirkt hat, als bekäme sie von alldem nichts mit, spricht plötzlich die Verse laut vor sich hin, immer einen Tick vor der Chordame, nicht für alle zu hören, aber der Heimleiter, der für Situationskomik sonst immer zu haben ist, versucht hinter vorgehaltener Hand die Situation in den Griff zu bekommen, vergeblich. Als die hübsche langbeinige Ehrenamtliche kurz darauf beim »O du fröhliche« versehentlich in einem Schwall den vollen Inhalt der Milchtüte über die Kuchentheke gießt, können wir uns beide nicht mehr halten, der Heimleiter und ich.

Am Ende wie immer viel förmliches Händeschütteln, Frohe Weihnachten für Sie, danke, Ihnen auch alles Gute, schöne Feiertage, gleichfalls, ja danke. Nur Frau Stern, Mutters fünfundneunzigjährige Zimmernachbarin, in diesem Jahr mein absoluter Liebling geworden, lacht mich an und sagt: Mach's gut, meine Kleine, bis morgen!!

In Rudis Zimmer ist ein neuer Mann eingezogen. Über den Gang höre ich ihn laut sprechen: Martina, kommst du mal?

Martina, ich brauche deine Hilfe. Martina, ich habe die Orientierung verloren. Martina ist wohl seine Frau, vermute ich, die gerade seine Siebensachen einräumt. Aber nach einer Weile stelle ich fest, dass da niemand anderes im Zimmer ist. Es geht den ganzen Nachmittag: Martina, kommst du mal? Martina, ich brauche deine Hilfe. Martina, ich habe die Orientierung verloren. Zum Glück versteht ihn Mutter nicht, sie hört nur, dass da jemand redet. Später frage ich den Katzich, ob da vielleicht ein Sprung in der Platte ist. Ja, sagt er, Schlaganfall mit achtundsechzig, leider überlebt.

*

Was für ein Tag ist heute?, fragt Mutter. Der vierundzwanzigste Dezember, sage ich, Heiligabend. Es ist immer noch sehr warm, zwölf Grad, es weht nicht der leiseste Wind. Kein Wunder, dass Mutter nicht die Einzige ist, die Weihnachten kaum realisiert. Tatschhändchen hat Mutters Beste gefragt, ob Ostern wäre. Ich knipse alle elektrischen Kerzen an, die auf ihrem Tischchen stehen, die vier in den roten Glasschälchen und die dicke von Jürgens Adventsgesteck.

Erster Weihnachtstag. Ich gehe schon um elf ins Heim, um mit Mutter gemeinsam zu essen, mein Geschenk, über das sie sich mehr freut als über alles andere. Am Mittagstisch sitzen wir mit Frau Bellevie zusammen, der einstigen Modechefin. Auch sie freut sich, dass ich wieder mal mit dabei bin, lobt Mutters rote Weste, das neue Schaltuch, sie hat einen Blick dafür. Ist doch schön, wenn man eine Tochter hat, sagt sie, die einem immer mal was kaufen kann. Und Sie wissen ja auch, sagt sie zu mir, was ihr passt. Mutter lächelt selig, als ich es für sie wiederhole.

Mit reichlich Verspätung kommt Frau Stock dazu, die humorfreie Bäuerin aus der Eifel. Als die Köchin ihr ein Glas Rotwein zum Hirschgulasch anbietet, beginnt sie gleich wieder ihren Vortrag, wie hart sie früher arbeiten mussten und dass es keinen Alkohol gab, das hätte der Vater verboten und das war auch gut so, und Hirsch durfte man auch nicht schießen, aber das brauchten wir auch nicht, wir hatten ja genug Fleisch, vier Mal im Jahr wurde geschlachtet, da sind wir um vier Uhr aufgestanden und um elf ins Bett. Mutter lächelt sie milde an, so als wollte sie sagen: Ihnen auch schöne Weihnachten. Jaha, nickt die Eifelbäuerin zur eigenen Bekräftigung mit ihrem knöchernen Schädel, jahhh, wir wussten, was Arbeit ist.

Sie nippt am Wein, verzieht das Gesicht. Dat schmeckt doch nicht, sagt sie und füllt das Glas mit Wasser auf. Das Gulasch schmeckt ihr auch nicht: Nee, dat ist kein Fleisch, Hirsch war ja bei uns verboten zu schießen, wir hatten ja auch Fleisch genug, wir haben ja vier Mal im Jahr geschlachtet … Erst als der Mann vom Empfang, der beim Servieren hilft, an den Tisch kommt, ändert sich ihr Tonfall. Merken Sie das, sagt Frau Bellevie zu mir, die ist männerfixiert, mit denen flirtet sie. Mutter lächelt weiter freundlich in die Runde.

Nach dem Kaffee bringe ich Mutter in ihr Zimmer. Was machst du jetzt?, fragt sie. Ich gehe nach Hause und später mit Gerd spazieren. Dann kommst du nicht mehr?, folgert sie richtig. Nein, wir sehen uns morgen Nachmittag, dann kommt Gerd mit, und wir trinken zusammen Kaffee. Da freue ich mich, mach's gut.

*

Bärbel, ich bin im Zimmer! Mutters neueste Fassung für: Ich bin so alleine, kannst du nicht mal rüberkommen? Der erste Anruf heute schon kurz vor neun. Ich komme erst am Nachmittag, sage ich wie immer. Trotzdem ruft Mutter noch mehrmals an, mal weinend, mal ungeduldig, sehr nervös.

Ich erwarte nichts Gutes, als ich Mutters Zimmer betrete,

liege damit nicht falsch. Der Boden voller Flecken, die nasse Hose über der Sessellehne, das Bett aufgeschlagen, alle Waschlappen weg … Was genau wann passiert ist, lässt sich nicht herausfinden. Sie weiß, dass sie in die Hose gemacht hat und einen schlimmen Hustenanfall hatte. Ich hab gedacht, ich ersticke, das war ganz furchtbar. Vielleicht hat sie sich dabei übergeben, es riecht säuerlich. Dann sehe ich, dass ihre Schuhe auch etwas abbekommen haben. Im Fach für ihre Unterwäsche ist alles zerwühlt. Die Pflegerin weiß von nichts, der Pflegeschüler wäre bei Mutter gewesen. Er ist mir auf dem Hinweg begegnet.

Mutter ist es kalt. Ich ziehe ihr erst mal warme Sachen an. Wenn ich dich nicht hätte, sagt sie zum millionsten Mal.

Auch Tatschhändchen scheint froh zu sein, dass es mich gibt. Seit Tagen fängt sie mich auf dem Gang ab, um mit mir zu reden. Sie ist darin so langsam geworden, dass niemand sie einen Gedanken zu Ende bringen lässt. So viel Zeit hat keiner, und Mutter könnte nicht so lange stehen, außerdem spricht Tatschhändchen so leise, dass die Schwerhörigen eh keine Chance haben. Dabei könnte Tatschhändchen ein bisschen Zuhören gebrauchen. Schon vorgestern war sie aufgeregt, hat mir gesagt, dass ihr Mann da war, aber dat kann doch nit sein, oder? Nein, sage ich, Sie haben vielleicht besonders feste an ihn gedacht. Sie lächelt, zeigt auf ihre geschlossene Zimmertür. Der war nit da, ne? Nein, Sie haben an ihn gedacht, sage ich. Irgendetwas ist noch mit den Söhnen, aber das verstehe ich auch nicht. Ejal, sagt Tatschhändchen mit ihrem herzlieben Lächeln.

Als ich die Zimmertür hinter mir schließe, kommt die Läuferin herbeigeeilt, hält mich zurück: Können Sie mir mal helfen? Ich kann da etwas nicht lesen. Soll ich mitkommen? Ja. Sie führt mich in ihr Zimmer, es ist eiskalt. Auf dem Tisch liegt ein wattierter Umschlag, aus dem sie eine Weihnachtskarte zieht. Können Sie mir das vorlesen? Ja, sage ich, mal schauen, ob ich das ohne Brille schaffe. Zu ihrem Glück ist die Schrift groß genug, und ich beginne laut zu lesen: Liebe Tante, ich habe ein schlechtes Gewissen, weil ich mich so selten bei Dir melde. Dafür denke ich ganz oft an Dich. Von Mutter weiß ich, dass es Dir gut geht … Ein schöner Brief, sage ich zur Läuferin, als ich fertig bin. Sie strahlt, sagt Ja und küsst mich auf beide Wangen, dann breitet sie ihre Arme aus und drückt mich und meinen Mantel und den Beutel mit der Schmutzwäsche, die ich über dem Arm hängen habe, ganz fest an sich. Ihr Kopf liegt just in dem Moment, als Tatschhändchen plötzlich in der Tür steht, an meiner Brust. Sie will auch noch etwas. Aber wir, die Läuferin und ich, bekommen beide nicht heraus, was es sein könnte, und so lange will ich Mutter jetzt nicht mehr warten lassen. Ich streichle Tatschhändchen tröstend über die Wange und sage zu beiden: Tschüss, bis morgen!

*

Die Holländerin ist in Fahrt, bedient vier Eisen gleichzeitig, wie jedes Jahr an Silvester hat sie die Bewohner zum Waffelessen eingeladen. Ein Vergnügen, das sich kaum einer entgehen lässt, auch Mutter nicht. Wir gehören zu den Ersten, die sich einen Platz sichern, und sind auch die Ersten, die was auf dem Teller haben, als Frau Stern, Mutters fünfundneunzigjährige Nachbarin, auf einmal im Raum steht, und nicht weiß, wohin. Ich biete ihr an, sich zu uns zu setzen, und führe sie an den Tisch. Gleich will sie mir die Waffeln spendieren. Weil ich immer so hilfsbereit wäre, sagt sie. Nein, nein, lehne ich ab, das mache ich doch gern. Na gut, ich habe selbst viel geholfen, sagt die Stern und erzählt, während sie auf ihre Waffel wartet, dass sie viele Jahre lang in die USA geflogen ist, um den Amerikanerinnen das Stricken beizubringen.

Stellen Sie sich mal vor, sagt die Stern, da drüben konnte kein Mensch stricken. Mutter blickt bei »Stricken« kurz auf, versteht so schnell den Zusammenhang nicht und schmaust lieber mit Genuss weiter. Die Stern erklärt, dass sie auf Einladung einer Hausfrauenvereinigung – so ein Womensdingsbums, sagt sie – nach Amerika reiste, die auch den Flug und die Unterbringung zahlte, für die Kurse selbst bekam sie kein Geld. Ja, sagt sie zufrieden, die Amerikaner haben das Stricken von mir gelernt. Da kommt auch schon ihre Waffel mit Kirschen und Sahne, und die Stern muss die Finger zu Hilfe nehmen, weil sie so schlecht sieht, aber das steckt eine wie sie locker weg. Es war köstlich, sagt sie am Ende und führt ihre Fingerspitze ein letztes Mal über den blank gefegten Teller. Nur ihre weiße Weste ist mit Kirschsafttröpfchen übersät.

Ist da ein Kind gestorben?, fragt Mutter, als ein Leichenwagen vor dem Haus hält und ein Sarg zum Seiteneingang getragen wird. Nein, sage ich, hier wohnen doch keine Kinder, das ist ein normaler Sarg, allerdings kommt mir die Kiste auch recht kurz vor. Mutter zuckt zusammen. Da gucke ich besser nicht hin, sagt sie. Und tatsächlich bekommt sie es nicht mit, als der Sarg wenig später wieder hinausgetragen wird und in dem dunkelgrauen Van verschwindet. Sie bekommt auch nicht mit, wie vier junge Leute mit einer Stehlampe, Bilderrahmen und anderem Kleinkram unterm Arm das Haus verlassen und zu einem der Fenster hochsehen, bevor sie in ein Auto steigen und wegfahren. Die Enkel der Verstorbenen, sagt der Mann an der Rezeption. Ich will hundert werden und dann gehen, hat ihre Großmutter vor ein paar Wochen zu den Pflegern gesagt, und genau so hat sie es gemacht, erst der Geburtstag, dann leiser Abgang an Silvester.

Ich kann Mutter noch zu ein paar Schritten an der frischen Luft bewegen – bis zum Röschen, unserem Miniziel –, dann will sie schnell wieder ins Warme. Im Restaurant ist die Holländerin immer noch zugange, inzwischen ist es mehr als mollig warm, und die tief stehende Sonne verleiht allem im Raum einen goldenen Schimmer. An den Tischen herrscht auffallend heitere Stimmung, heute sind nur die gekommen, die noch laufen können, keine Dementen, keine schweren Fälle im Rollstuhl. Das gefällt Mutter. Der Platz neben dem Weihnachtsbaum ist wieder frei, was ihr auch gefällt. Es bleibt nun mal ihr Lieblingsplatz. Sie kann alles überblicken, auch nach draußen schauen, wo die Sonne zwischen den Wohnhäusern gegenüber versinkt.

Ich würde mit Mutter gerne auf das alte Jahr anstoßen, aber sie will keinen Sekt, nicht ein einziges Schlückchen. Nee, jetzt nicht, wehrt sie ab, ist ja kein Essen jetzt. Nach einer Weile hat sie auch vom Waffelduft genug, und wir gehen zurück in ihr Zimmer, versuchen vergeblich, Ute und Jürgen zu erreichen, meine Schwester und meinen Bruder. Komm, sagt Mutter schließlich, ich bring dich noch runter, und schiebt los. Bevor ich mich für dieses Jahr von ihr verabschiede, gibt sie mir ihren ernst gemeinten Rat für den Silvesterabend mit auf den Weg: Geh ins Bett, mach Fenster und Türen zu, damit nichts passiert! Ja, ja, sage ich lachend, dann küsse ich sie auf die Wange. Komm gut rein, sage ich und nehme sie von der Seite in den Arm. Eine Hand behält sie am Rollator, mit der anderen winkt sie mir hinter der Glastür nach. Ich drehe mich noch ein paar Mal nach ihr um, winke zurück, entferne mich schrittweise von meinem zweiten Zuhause, meiner parallelen Welt.

Was wird Mutter zum Jahresende denken? An was erinnert sie sich? Ob sie überhaupt zurückdenkt? Grund genug hätte sie. Ein turbulentes Jahr liegt hinter ihr. Sie ist neunzig Jahre alt geworden. Gleich zu Beginn ist sie gestürzt, musste wieder einmal laufen lernen, was ihr Respekt eingebracht hat und mir auch. Mit unseren Mitteln hätten wir das nicht geschafft, meinte die Pflegedienstleiterin im Sommer, dem heißesten Sommer seit Jahren. Das viele Üben hat uns auch zusammengeschweißt, wir haben den Humor dabei nicht verloren, viel gelacht, das ist aufgefallen.

Die Schröder Sisters sind im Heim inzwischen bekannt wie

die Jacob Sisters, nur ohne Hunde. Unsere Auftritte haben einen gewissen Unterhaltungswert. Auch äußerlich haben wir uns angepasst, meiner Vorliebe für Schwarz komme ich im Heim nicht nach, Schwarz passt nicht dahin, und Mutters Leidenschaft für dezente Beigetöne ist auch abgeflacht. Rot macht uns jetzt beide an.

Was wird ihr beim Einschlafen durch den Kopf gehen? Vielleicht gar nichts, wahrscheinlich ist sie einfach froh, wenn sie im Bett liegt. Schlafen kann sie ja nach wie vor gut.

Schalt doch mal ab, sagt Gerd am Abend. Er meint, ich werde allmählich seltsam.

Müde, müde

Wenn du dein Leben noch mal anfangen könntest, fragt Elsa, Mutters jüngste Enkelin bei ihrem Besuch, was würdest du dann anders machen, Oma? Ohne zu zögern, sagt Mutter: Ich würde nicht mehr von Erfurt weggehen. Ich würde dableiben. Da versteht man die Sprache, da ist man mehr zu Haus, sagt sie. Da ist ja meine Heimat, hier war alles schwer. Sie seufzt, ohne zu weinen, reibt mit beiden Händen über die Oberschenkel, sieht aus dem Fenster und sagt: Die Zeit ist so schnell vergangen.

Dann sieht sie wieder zu Elsa, fragt: Und wie lange bleibst du? Immer wieder fragt sie das ihre Enkelin während der vier Tage. Wo gehst du jetzt hin? Willst du nicht hierbleiben? Wie lange bleibst du, kehrst du nach Amerika zurück? Nicht nach San Diego, sagt Elsa. Bleibst du hier? Nein, nicht in Deutschland, ich will noch weiter reisen. Ja, sagt Mutter, jetzt geht das noch, wo du keine Kinder hast. Und bleibst du jetzt hier? Elsa lacht. Nein, ich will noch weiter reisen. Wie sind denn die amerikanischen Männer?, will Mutter wissen. Nicht so toll, sagt Elsa, das sind alles Machos. Mutter kennt das Wort nicht. Elsa umschreibt: Also die Männer da wollen alles bestimmen, einem sagen, was man machen soll. Mutter nickt, als käme es ihr bekannt vor.

Beim endgültigen Abschied der beiden, kurz bevor ich Elsa zum Zug nach Hamburg bringe, gibt es keine Tränen. Mach's gut, Oma, bis zum nächsten Mal, sagt Elsa und umarmt sie. Ja, sagt Mutter, bis zum nächsten Mal! Ein Gedanke schießt mir durch den Kopf, und in meinen Augen bildet sich ein kleiner See.

*

Nach einer frostigen Nacht gehen die Temperaturen auch am Mittag nicht über null. Ich habe Mutters dicken Wintermantel mitgebracht. Oh, der Pelz wird ausgeführt, sagt der Koch, als wir nach draußen wollen, und streicht Mutter über den Rücken. Das ist Lama, sage ich. Aha, ist das Fell?, fragt er und streichelt weiter. Nein, Lamawolle, ruft die Offizierstochter hinter ihm, die die Situation mitbekommen hat. Das ist schön warm, sage ich und streichle nun mit dem Koch zusammen über den Stoff. Mutter scheint es kaum mitzubekommen, sagt schließlich: Los, weiter jetzt!

Auf dem Weg zum Röschen – trotz der Kälte blühen immer noch späte Knospen auf – reden wir über den Tanztee von gestern. Mutter erinnert sich, dass sie mit der kleinen Dresdnerin getanzt hat. Ich habe aber nur ein paar Schritte gemacht, sagt sie, ich habe immer noch Angst zu fallen. Aber du läufst doch wieder gut, sage ich. Ja, das stimmt, es geht ganz gut, aber wer weiß, wie lange noch? So kannst du hundert werden, sage ich. Hundert?, fragt sie in einem Ton, als wäre ihr das Renommee dieser Zahl gänzlich unbekannt. Na ja, das sind aber noch zehn Jahre, sagt Mutter. Nee, sage ich, nur noch neun. Richtig, dann ist es ja nicht mehr so lange …

Nach dem Spaziergang mache ich mit Mutter den Uhrentest, den ich vor zwei Jahren vereitelt habe, als ich sie aus den Klauen des Heimpsychiaters retten musste. Sie besteht! Ich war vorher aufgeregt und bin nun sehr erleichtert, dass Mutter einfach den Stift nimmt und, ohne groß zu überlegen, sagt: Das ist die Zwölf, an der richtigen Stelle einen kleinen Strich macht und dann entsprechend der von mir genannten Uhrzeit die Zeiger einträgt: Zehn nach elf. Ich verschweige, dass es ein Demenztest ist, der Demenztest! Stattdessen sage ich, dass ich das mal mit Nico, ihrem Enkelsohn, gemacht habe, als der in der Schule die Uhr gelernt hat. Das ist schön, sagt Mutter und will gleich noch weitere Zeiten eintragen, sie hat Spaß daran, fünf nach vier, Viertel nach zehn, halb sechs, ohh, gar nicht so einfach.

Frau Krings, die Ehefrau vom Rudi, kommt, um die letzten Sachen abzuholen. Ich spreche ihr mein Beileid aus. Seit dem Tod ihres Mannes kurz vor Weihnachten habe ich sie nicht gesehen. Wie geht es Ihnen?, frage ich. Sie hebt die Schultern, sieht nach rechts und links, als stünde da irgendwo die Antwort an der Wand. Dann sagt sie: Mir fehlt was!

Der schwarze Koloss ist auch verstorben. Ganz plötzlich, sagt mir der Mann an der Rezeption, einfach so, ohne Vorankündigung, so wie bei der weißblonden Frau, die vorher noch beim Friseur war. Ein Finsterling weniger, denke ich. Es gibt Menschen, auch das bekomme ich hier mit, denen weint man keine Träne nach, die sind schnell weg vom Fenster. Selbst bei der Hundertvierjährigen waren letztlich alle froh, als sie die Leute nicht mehr nervte mit ihrem ständigen: Hör mal, Liebschen, bring mich mal, mach mir mal, sei so jut …

Mutter bewegt sich kaum aus ihrem Zimmer. Wenn sie vom Essen kommt, ruft sie mich an, sagt: Bärbel – bei der zweiten Silbe hebt sie neuerdings die Stimme ein bisschen und mein Name klingt wie die Frage, ob ich es wirklich bin. Wenn ich am Morgen gegen neun antworte, dass ich am Schreibtisch sitze, aber nach dem Mittagessen wie immer zu ihr käme, sagt sie mit hörbarer Enttäuschung: Ach, jetzt nicht? Nein, jetzt nicht, ich muss noch ein bisschen arbeiten. Gut, dann bis nachher.

Sie nutzt einfach keine Ablenkung, die das Heim bietet, Bingo, Kreuzworträtseln, Kaffeekränzchen, Singen (auch nur jedes fünfte Mal), Gottesdienst (sowieso nicht). Wenn ich nicht bei ihr bin, weint sie lieber vor sich hin. Freudentränen, will sie mir weismachen. Was das nur ist?, fragt sie mich täglich. Jetzt kannst du aber mal aufhören, habe ich neulich gesagt, als es mir zu viel wurde. Dann guck doch nicht hin!, war ihre Antwort. Das hat mich verblüfft. Vielleicht wäre es die Lösung, dachte ich in dem

Moment, aber zwischen nicht hingucken, wegsehen und aus den Augen verlieren liegt ja kein allzu weites Feld.

*

Und wie lange sind Sie schon im Rheinland, Frau Schröder?, fragt der Heimleiter. Da lebte mein Mann noch, sagt Mutter, wann war das, Bärbel? Fünfundvierzig, sage ich. Als ich hier ankam, sagt Mutter, war da die Schwester meines Mannes, die war sehr, sehr eifersüchtig auf mich. Sie wollte ihren Bruder für sich, aber das geht doch nicht, die Schwester …? Mutter sieht den Heimleiter fragend an. Nein, sagt er mit brav gespieltem Verständnis, das geht so nicht. Mutter sieht sich bestätigt und fährt fort: Also da wäre ich am liebsten gleich wieder zurückgegangen. Das war gar nicht so einfach, am Anfang, das war sehr schwer für mich, sehr schwer.

Längst ist der Aufzug da, ich halte meinen Arm in die Lichtschranke, aber dann dauert es doch länger, bis Mutter ihren Rollator hineinschiebt und dabei dem Heimleiter zuruft: Wir tanzen noch zusammen!, worauf er herzlich lacht. Ich ziehe meine Hand zurück, die Aufzugtür schließt. Mutter lehnt sich mit dem Kreuz an die Haltestange und sagt: Also ich rede auch manchmal einen Quatsch …

Der Heimleiter hat Mutter auf ihre derzeitige Lieblingsfrage gebracht: Wie lange muss ich noch hierbleiben? Solange du willst, sage ich fröhlich – ich will diese Frage nicht mehr wirklich diskutieren – und füge hinzu, wenn du hundert werden willst, sind es noch neun Jahre, bei hundertzehn wären es neunzehn Jahre. Sie sieht mich mit ihrem So-habe-ich-das-nicht-gemeint-Blick an. Ich lächle zurück mit meinem So-ist-es-nun-mal-Blick.

Hatten Sie keinen Bock?, fragt der Heimleiter ein paar Wochen später, als wir vor dem Weiberfastnachtstrubel ins Freie flüchten wollen. Er steckt in einem bunten Fellstrampler. Nein, sagt

Mutter. Schade, ich wollte mit Ihnen tanzen. Ja, wenn ich das gewusst hätte, sagt Mutter, zieht die Augenbrauen hoch und macht eine Geste des Bedauerns. Jetzt ist es zu spät, sagt er, aber übermorgen tanze ich mit Ihnen. Fünfzehn Uhr fünfzehn, langsamer Walzer, abgemacht! Ist gut, sagt Mutter.

Mutters Beste hat mir gesagt, Mutter würde sie beim Abendessen immer zu sich an den Tisch winken und fragen, ob sie noch zu ihr komme, aber sie müsse es seit ein paar Tagen leider verneinen, weil der Kollege (Feuerauge) jetzt die andere Hälfte der Wohngruppe übernommen hat. Ein harter Schlag, jetzt hat Mutter keinen mehr im Heim, bei dem sie sich geborgen fühlt.

Die Zahl ihrer Anrufe hat sich seitdem noch erhöht. Bärbel, ich bin im Zimmer!, sagt sie am Telefon. Soll heißen: Ich bin traurig. Wann kommst du vorbei? Oder die nächste Stufe: Mensch, Bärbel, ich hab wieder so eine Heulphase. Was das nur ist? Oder gleich die höchste Stufe: Ach, Bärbel, ich brauche ein bisschen Trost!

*

Wer leben will, muss trinken. Du willst doch noch nicht sterben, oder? Mutter zuckt mit den Schultern, will nur meine Hand halten, meine warme Hand auf ihrer Brust. Der Husten schmerzt. Sie atmet wie ein aufgeregtes Vögelchen. Trinkt tropfenweise. Um Mutter vor der Austrocknung zu bewahren, habe ich zehn Kilo Kochsalzlösung ins Heim geschleppt und die passenden Plastikschläuche. Es war Katzichs Idee gewesen, Mutter kleine Butterflynadeln ins Bein oder in den Bauch zu setzen und ihr so das Krankenhaus zu ersparen. Subkutan ist die Zufuhr von Flüssigkeiten im Heim ja erlaubt. (Klappte bei Katzich auch am besten, bei manchen floss alles ins Bett.)

Zehn Tage ist das her. Mutter hat wieder Appetit, sie ist über den Berg. Dank deiner Hilfe, sagt sie. Fast zeitgleich der

Hinweis, der eine hätte sie wieder so ins Bett geknallt. Ich bin doch kein Stück Holz, sagt Mutter und fragt, wo man sich hier beschweren kann. Ich möchte am liebsten woanders hin. Ja, aber das geht nicht, sage ich. Überall gibt es jemand, mit dem man nicht so gut kann, und alle anderen hier wären doch ganz nett, versuche ich sie zu besänftigen. Im Bad sagt sie, als ich sie kämme: Also der eine, der hat mir vielleicht die Bürste auf den Kopf gehauen. Die Ausländer machen das doch besser, die sind nicht so … hart, die gehen mehr auf einen ein. Sie meint sicher Schwester Maari, von ihr lässt sie sich auch duschen.

Sie freut sich über den großen Tulpenstrauß, gelb und rot, passend zur Frühlingsdecke, die ich am Vormittag aufgelegt habe. Ich bringe Mutter regelmäßig Blumen mit. Schenke Blumen während des Lebens, auf den Gräbern sind sie vergebens, hat sie früher immer zu Vater gesagt. Das habe ich mir gemerkt. Die Holländer hatten eine gute Idee, sagt Mutter überraschend, wie mag das da jetzt aussehen mit den ganzen Tulpenfeldern?

Gegenüber im Aufenthaltsraum liegt die schwarze Pflegeschülerin auf der Couch, springt auf, als ich ins Zimmer komme, sie hätte so Kopfschmerzen, sagt sie. Der schwarzen Pflegeschülerin drückt oft der Kopf, die Kollegen halten sie schon für faul, weil sie ihren Anordnungen nicht folgt. Aber nicht aus Faulheit, so hat sie mich kürzlich aufgeklärt wie ein strenges Kind seine Puppe, sondern weil sie es besser wisse. Sie stammt aus einer Familie mit Heiltradition, Vater, Onkel, Großvater, alle Ärzte, ja sogar der Urgroßvater Medizinmann in Ghana, ihrem Heimatland. Zum Glück kommt es ihrer ghanaischen Heilerfahrung gerade nicht in die Quere, sich um Mutter zu kümmern, ihr vielleicht etwas Besonderes zum Abendessen zu machen. Ich gebe es gleich an Mutter weiter, dass sie sich was wünschen kann zum Abendbrot. Oh, sagt sie, aber ich bin nicht sicher, ob sie es verstanden hat. Bis morgen, sage ich, sie nickt. Ich winke ihr von der Tür noch einmal zu. Mach's gut, Bärbel, sagt sie und winkt zurück. Eigentlich bewegt sie nur die Finger.

Mutter will gar nicht, dass ich unentwegt an ihrer Seite bin. Es würde ihr gefallen, wenn ich zwischendurch einkaufen gehe oder sonst was erledige und immer wieder reinschaue. Ich glaube, sie fühlt sich schutzlos ohne mich, ein Gefühl, dem sie nur im Schlaf entrinnen kann. Ich moderiere ihr die Welt, ändern kann ich sie nicht. Wenn ich gehe, schließt Mutter die Augen. Und wahrscheinlich trinkt sie dann auch kaum. Du musst mehr trinken, trink doch mal einen Schluck, komm, noch einen Schluck, mach mal einen großen Schluck, du nippst wie ein Piepmatz. Wer leben will, muss trinken. Ich kann mich selber bald nicht mehr hören, und ihr geht es wohl ebenso. Aber was dann? Sie lassen Mutter nicht vertrocknen, das dürfen sie nicht, sie schicken sie ins Krankenhaus, wenn sie es im Heim nicht mehr hinbekommen. Exsikkose, das hat Mutter schon einmal in Bonn erlebt. Dann kommt sie doch wieder an die Schläuche, wird künstlich aufgefüllt. Schon der Gedanke ist nicht schön.

*

Für mich ist alles wieder okay, sagt der Katzich. Für Mutter auch, sagt sie. Ich traue mich trotzdem noch nicht, meine Vormittagsbesuche zu streichen, habe Sorge, dass Mutter nicht genug trinkt und mit voller Vorlage oder, noch schlimmer, ohne Vorlage zum Essen geht. Die Mahlzeit im hellen Restaurant, wo das Essen vom freundlichen Koch serviert wird, ist das einzige Highlight, das Mutter noch hat. Außerdem freuen sich ihre Tischnachbarinnen auf sie. Also schon am Morgen auf ins Heim.

Ich habe ihr eine Geburtstagskarte für Jürgen mitgebracht. Mutter überlegt lange. Der Jürgen wird fünfundsechzig, sage ich.

Was? Stimmt das auch? Ja, er ist neunundvierzig geboren und jetzt haben wir zweitausendundvierzehn. Wie schnell die Zeit vergeht, beginnt Mutter ihren Geburtstagsgruß. Es wird kein langer Text, dafür nimmt sie sich viel Zeit, die weißen Flächen mit Herzchen, Glückskäfern und Kleeblättern zu bekleben.

Was machen wir jetzt?, fragt sie, nachdem sie fertig ist. Ich schlage vor, einmal kurz an die frische Luft zu gehen. Sie willigt ein, doch nach einer einzigen Runde im Garten hat sie genug, will ins Warme. Ihr Lieblingsplatz am Fenster ist frei.

Am Nachbartisch sitzt die Diva mit ihrer Schwester. Sie sprechen über Kunstankäufe, bekomme ich mit. Du hattest immer das richtige Gespür, was man kaufen muss, und zum richtigen Zeitpunkt immer das nötige Geld, sagt die Schwester voller Anerkennung. Doch die Diva entgegnet nüchtern: Und was habe ich jetzt davon? Du hast recht, sagt ihre Schwester, man kann nichts mitnehmen.

Mutter steht der Sinn nach Rätseln, sagt sie. Sehr guter Kamerad: Freund. Sehr feucht: nass. Mediziner: Arzt. Dann hat sie genug und will, dass ich sie zurück in ihr Zimmer begleite. Noch in der vorletzten Woche wäre sie im Café sitzen geblieben, hätte noch ein bisschen dem Treiben zugeschaut und wäre irgendwann alleine hochgegangen.

Zum Glück ist Mutters Beste wieder da, wir treffen sie auf dem Gang. Da freue ich mich aber, sagt Mutter. Ich komme heute Abend, sagt ihre Lieblingspflegerin mit dem warmherzigen Lächeln. Mutter nickt, sagt, ist gut. Auch gut für mich. Wenn Mutters Beste sie ins Bett bringt, weiß ich Mutter gut aufgehoben.

Mutters Beste meint, ich solle mal mit der Ärztin reden, ob man das Antidepressivum nicht erhöhen könnte. Mutter würde wieder so viel weinen wie nach ihrem Sturz im letzten Jahr, und sie könne sie abends auch nicht mehr durch einen Scherz aufheitern, was bis vor einiger Zeit noch geklappt hätte.

Ich telefoniere mit der Ärztin, sie rät von einer Höherdosierung bei älteren Menschen unbedingt ab. Die Psychiater machten das, aber dann würden die Leute eben auch sediert, und das wollen wir doch nicht. Es gibt ja auch Gründe für ihr Weinen, sage ich, Mutter fühlt sich schwächer, bittet die Pfleger und andere Bewohner deshalb um Hilfe, beim Aufstehen, beim Broteschmieren, aber die lehnen das ab, weil sie meinen, sie könne das allein, was ja objektiv gesehen auch stimmt, aber Mutter fühlt sich so natürlich abgelehnt, alleingelassen, verloren. Deswegen will sie auch, dass ich die ganze Zeit bei ihr bin, weil ich genau das mache, sie verwöhnen, betüdeln. Kann natürlich sein, befürchtet die Ärztin, dass es so noch schlimmer wird. Da hat sie wahrscheinlich recht. Ich spüre ja, wie Mutter zieht und zieht und zieht …

Um fünf ruft sie an: Bärbel, ich bin jetzt im Zimmer, kommst du noch ein bisschen? Nein, ich war doch eben bei dir. Schluchz, ich bin manchmal ein bisschen unverschämt, oder? Ja, sage ich lieb meinend, ich muss wohl mal die Zügel anziehen. Sie lacht.

Kurz darauf meldet sie sich wieder. Ich musste dich noch mal anrufen, schluchz …

*

Müde, müde, von Beruf müde, antwortet Mutter auf meine Frage, wie sie sich fühlt. Sie hat etwas Fadenscheiniges bekommen nach vier Wochen mit Zahnproblemen, schwerer Entzündung im Körper und zuletzt auch noch den qualvollen Auswirkungen des Norovirus, der selbst mich erwischt hat.

Dann sagt sie, sie hätte in der Nacht was Furchtbares geträumt. Was denn? Sie sieht aus dem Fenster. Ich weiß nicht, aber wenn man nicht dran denkt, vielleicht kommt es dann wieder, sagt sie und fragt: Macht es dir was aus, wenn ich ein bisschen die Augen zumache? Nein, sage ich, streichle ihre Füße, ihre Waden, wärme ihre kalten Knie.

Auf einmal öffnet sie die Augen, richtet sich auf, der Traum fällt ihr wieder ein, sie sagt: Meine Mutter lag im Bett, und als ich ins Schlafzimmer kam, zog die das Kind raus, ich habe noch den Kopf gesehen, und dann haben sie mich rausgeschickt. Das war ganz furchtbar. Das kann ich mir vorstellen, sage ich, du wusstest ja sicher nicht, was da geschieht. Ja. Aber es ist doch gut, dass du dich jetzt daran erinnerst. Ja, sagt sie wieder und macht die Augen zu. Vielleicht ist es auch kein Traum, denke ich, sondern eine Erinnerung an die Geburt einer ihrer jüngeren Schwestern. Sie hat noch nie davon erzählt.

Sie streicht mit ihren warmen Händen zart über die meinen, die auf ihren Oberschenkeln liegen. So sitzen wir uns in letzter Zeit oft gegenüber. Hand auf Hand auf Bein, die Köpfe nah beieinander, das hat sie gern, vielleicht gibt es ihr ein Gefühl von Halt. Und wenn sie sich nicht im Sessel anlehnt, sondern aufrecht sitzt, stupse ich manchmal aus Spaß meine Stirn ganz leicht an die ihre, dann lacht sie, als hätte ich einen unanständigen Witz erzählt. Wenn draußen auf dem Gang das automatische Licht angeht, fragt sie: Wer ist da? Meistens sind es die Pfleger, die hin und her gehen. Ab und an auch Bewohner, die Fromm macht gerne die Runde, seit Wochen sucht sie ihren Sohn.

Jetzt ist es die Läuferin. Sie schaut in Mutters Zimmer, sagt, der einen ginge es gar nicht gut. Sie zeigt auf das Zimmer von Tatschhändchen. Sie wäre heute Nacht wach geworden, weil die so geweint hätte, und dann wäre sie aufgestanden und zu ihr gegangen, und da hätte sie auf dem Boden vor dem Bett gelegen. Und dann hätte sie selber laut geschrien, bis jemand gekommen wäre. Sie hätte sich dann wieder hingelegt, aber dann hätte sie die wieder weinen gehört, und da wäre sie wieder zu ihr gegangen, und da hätte Tatschhändchen ganz nackt im Bett gelegen. Da hab ich ihr neue Sachen gegeben, sagt die Läuferin, und sie zugedeckt. Die hat mich erkannt, die erkennt mich jedes Mal, ich füttere sie oft. Die wollen das nicht, dass ich das mache, sagt sie, aber von denen kommt ja keiner, und die isst doch nur, wenn man sie füttert. Neulich hat sie ganz viel gegessen, aber nur, weil ich es ihr gegeben habe, sonst isst die nichts.

Die Läuferin wirkt mitgenommen von der Nacht. Man kann sehen, dass sie schlecht geschlafen hat. Das finde ich toll, dass Sie das alles machen, sage ich ihr. Um Mutter hat sie sich ja auch gekümmert, als sie im vorletzten Januar nachts im Bad gestürzt war. Auch da hat die Läuferin so lange gerufen, bis jemand gekommen ist. Ja, sagt die Läuferin, ich muss immer helfen, sonst hat man ja nichts.

*

Frau Edel hat es geschafft, lese ich in dem gelb glänzenden Messingrahmen auf der Theke am Empfang, mit siebenundachtzig. Ihr durchdringendes Hallo war schon seit einer Weile verstummt. Die letzten Wochen lag sie reglos auf ihrem Bett, von blassdünnen Schläuchen mit Nahrung versorgt. Wenn ich an ihrem Zimmer vorbeikam, konnte ich sie daliegen sehen. Wie aufgebahrt. Was ist das denn, habe ich den Katzich noch gefragt, Tod auf Raten? Er hat kurz die Schultern angehoben und gesagt: Die Familie will das so. Ich habe nur den Kopf geschüttelt. Der Wunsch von Frau Edel war es vermutlich nicht.

Mutter geht es zum Glück besser. Alle Werte sind wieder in Ordnung, sagt ihre Hausärztin, die extra gekommen ist, um ihr die gute Nachricht persönlich zu überbringen. Danke, sagt Mutter, da kann ich ja zufrieden sein. Dann will sie an die frische Luft.

Vor dem Eingang lauern die Wallratter und die Offizierstochter in ihren Rollstühlen. Frau Schröder!, zitieren sie mich näher zu sich. Isst Ihre Mutter eigentlich gar kein Fleisch?, beginnt die Wallratter. Verwundert über die Frage, sage ich: Doch, wenn es schön zart ist. Nein, sie isst gar kein Fleisch!, sagt die Wallratter schärfer im Ton. Mutter fragt, was die gesagt hat. Sie möchte wissen, ob du kein Fleisch magst? Doch, sagt Mutter, ich esse Fleisch, wenn es zart ist. Heute Mittag gab es Fleisch, das war sehr zart, aber Sie haben es nicht gegessen!, erwidert die Wallratter und spricht dann wieder in meine Richtung: Es geht jeden Tag zurück. Die Offizierstochter wiederholt: Jeden Tag, wir sehen das ja. Wissen Sie, ich bin Kriegskind, sagt die Wallratter und hält ihre Hand auf die mächtige Brust, ich kann nicht mit ansehen, wenn Essen weggeschmissen wird. Die Offizierstochter nickt zustimmend, setzt noch einen drauf: Und wenn man mal in Mumbai oder Kalkutta war und gesehen hat, wie die Menschen am Straßenrand verhungern …

Wortlos schiebt Mutter ihren Rollator weiter, ich lege meine Hand auf ihren Rücken, lächle dem Kriegskommando zu, hebe um Verzeihung bittend die Schultern und folge Mutter durch die Glastür. Erst im Aufzug findet sie Worte, schüttelt kurz den Kopf: Worum die sich alles kümmern.

Mutter vergisst morgens, ihre Tabletten einzunehmen, meint Mutters Beste. Wofür sind die Pfleger da?, denke ich, behalte es aber für mich. Ich bin froh, dass Mutters Beste wieder hier ist. Feuerauge hat den Versuch abgebrochen, nach seinem Burnout – worüber niemand im Haus spricht – wieder einzusteigen, er kommt wohl nicht mehr zurück. (Ich werde nicht vergessen, wie er am Tag vor seinem Zusammenbruch mit Fieber und einer dicken Mütze auf dem schweißnassen Kopf für das halbe Haus Tabletten stellen musste, wie er sagte, weil damals so viele Kollegen krank waren. Und ich hoffe für ihn, dass er, wo auch immer, wieder in seine Spur finden wird. Auch wenn Feuerauge Mutter vielleicht ein bisschen zu forsch erschien, er war ein Pfleger mit Übersicht und ein herzensguter Typ.)

*

Tatschhändchen ist am Morgen eingeschlafen, ohne viel Gedöns. Es machte schnell die Runde, wie ein Virus. Nicht des Todes wegen (den fürchten hier wohl die wenigsten, wenn er da ist, ist man weg), das Wie ist entscheidend. Einfach einschlafen ist das goldene Los. Alle sehnen sich danach, es selbst zu ziehen, und je häufiger es andere trifft, desto stärker wird die Hoffnung genährt, jeder Vernunft zum Trotz. Auch ich fühle mich langsam infiziert. Mutter interessiert vor allem das Alter. Tatschhändchen war etwas jünger als sie, hat die neunzig knapp verpasst. Pony und die Läuferin sind jetzt die letzten aus Mutters Anfangsfamilie hier im Heim, alle anderen sind noch nicht so lange hier.

Mutter sieht gut aus, hat sich weiter erholt. Was zwei Tage ausmachen. Noch am Vormittag war Ute bei ihr, bevor sie nach Hause gefahren ist. Vielleicht hat sie sie auf andere Gedanken gebracht. Mutter fällt jedenfalls ein, dass ihre Mutter, unsere Erfurter Großmutter, gestern Geburtstag gehabt hätte, aber Mutter kann nicht sagen, welchen. Sie weiß nicht mehr, wann ihre Mutter geboren wurde. Achtzehnhunderteinundneunzig oder zweiundneunzig, sage ich. Dass du das noch weißt, staunt Mutter. Das weiß ich von dir, sage ich, das hast du mir alles erzählt.

Von ihr weiß ich auch, dass ihr Großvater ein Naturheiler war, der als Kräuterdoktor geschätzt wurde und zu dem die Leute von überall her kamen, nicht nur aus Triptis an der Orla, wo er lebte und wo meine Großmutter geboren wurde und später bei Tisch nicht sitzen durfte, sondern wie alle Kinder stehen musste, so streng war er, der alte Matthes. Er sah auch so aus auf dem einzigen Bild, das wir von ihm haben, Mutters Mutter hat es über zwei Weltkriege gerettet, jetzt hängt es bei Ute. An das Foto, eine vergilbte Daguerreotypie, auf dem er mit seinem Rauschebart ernst in die Linse blickt, kann Mutter sich nicht erinnern, bei »Kräuterdoktor« schwant ihr was.

Und von jetzt auf gleich hat sie seit Langem wieder Lust auf ein Kreuzworträtsel, das sie kurz darauf im Blitztempo löst, was mich wirklich erstaunt. Und ich staune noch mehr, als sie von selber vorschlägt, mich bei dem wilden Aprilwetter ein Stück nach draußen zu begleiten, so wie sie es gemacht hat, bevor sie krank wurde. Bis zum Ende des Grundstücks bringt sie mich und geht alleine zurück. Mutter fasst wieder Tritt, so hat sie früher manchmal gesagt, ich habe wieder Tritt gefasst.

Ich sitze hier in meinem Sessel und träume ein bisschen, sagt sie später am Telefon. Was träumst du denn?, frage ich. Und als hätte ich ihr eine ganz und gar unmögliche Frage gestellt, lacht sie und sagt: Das kann man nie wissen!

*

Zwischen der Stern und uns steht ein riesiger Osterstrauß auf dem Tisch, behängt mit Eiern, hölzernen Hühnchen und anderem bunten Kram. Die Stern sieht starr vor sich hin, ihr Blick geht durch den Strauß und mich hindurch ins Irgendwo. Plötzlich beginnt sie leise in Versen zu sprechen: Bilde dein Herz, bilde es früh schon … Ich kann nicht alles verstehen, aber ihr Gesicht bekommt auf einmal einen Ausdruck von Freude, von Glück, dass es mich ergreift. Mutter trinkt ihren Kaffee, knibbelt an einem Ohr des Osterhasen, den ich ihr mitgebracht habe. Essen will sie es nicht, sie will lieber schnell weg, ich merke, die Stimmung behagt ihr nicht.

Draußen sitzt die Läuferin allein auf der Bank, trauert um Tatschhändchen. Wir setzen uns zu ihr. Ich vermisse sie so sehr, sagt die Läuferin, sie war immer da, morgens, wenn ich aus meinem Zimmer kam, stand sie schon da und hat auf mich gewartet, wir sind immer zusammen zum Frühstück gegangen. Sie waren ja bis zuletzt noch bei ihr, sage ich. Ja, ich habe gedacht, sie erholt sich wieder, sie hat meine Hand noch ganz feste gedrückt. Die Läuferin sieht mich fragend an. Die Kraft hat dann doch nicht gereicht, sage ich. Ja, sagt sie, aber ich bin auch froh, dass sie jetzt in Frieden ist. Ich nicke ihr zu, ihre Worte rühren mich. Mutter hat Tatschhändchen wohl schon vergessen. (Als ihr Zimmer leer geräumt wurde, habe ich Mutter gefragt: Willst du mal umziehen? Ich habe ihr das Zimmer zeigen wollen, das größer ist als Mutters und einen schönen Erker hat, aber Mutter war nicht mal neugierig, als ich Tatschhändchens Reich betrat, machte selber keine zwei Schritte in den Raum. Nein, wehrte sie ab, ich bleibe bei mir!)

Bevor ich nach Hause gehe, halte ich noch ein Schwätzchen mit dem Katzich. Der sagt, die Atmosphäre in Mutters Wohngruppe würde sich gerade verändern. Es gebe kaum noch Unterhaltungen am Tisch. Frau Stern hätte oft Wahnvorstellungen, die Läuferin würde die Tapete von der Wand knibbeln, weil sie Bakterien vermutet, und Frau Fromm würde Klopapierrollen in ihre Toilette stopfen, weil da ein Loch sei. Nur Frau Dax mit ihren neunzig Jahren sei richtig fit, also bis auf taub und so gut wie blind, stöhnt der Katzich.

Pony, so erfahre ich weiter, ist erst am späten Abend gestürzt, was ich schon von Mutters Bester weiß. Nach einem Cocktail aus Cognac und Schlaftabletten, sagt der Katzich süffisant. Dass Pony es nicht leicht hatte an dem Tag, ihren Mann beerdigen musste, davon weiß oder sagt er nichts. Empathie ist Katzichs Sache nicht. Du immer mit deiner Empathie, hat er neulich zu Mutters Bester gesagt, was ich zufällig mitbekam, weil die Tür vom Pflegebüro offen stand.

Ein paar Tage später fragt mich die Stern, wie es mir ginge, ob ich gut schlafen könne. Es geht, sage ich, nicht so gut wie meine Mutter. Bei ihr würde sich nachts alles drehen, sagt die Stern, und bis das Bett dann wieder stillstünde, könne es dauern. Alles nichts mit dem Altwerden, sagt sie. Das verstehe ich, sage ich. Da sieht sie vor sich hin mit einem Blick, der zu sagen scheint, nichts verstehst du, Mädchen, gar nichts! Sie steht wortlos auf, greift nach dem Rollator, stellt ihre Tasse darauf und bringt sie zur Küchentheke. Ich sehe ihr hinterher, höre, wie Mutter zu der Aushilfe sagt: Die ganzen Ausländer, die kommen doch aus einer ganz anderen Welt, dass die sich hier zurechtfinden. Ja, sagt die Aushilfspflegerin, Sie meinen sicher meine Kollegin aus dem Kongo? Mutter nickt.

Pony kommt dazu, auf der Suche nach Schmerzmitteln gegen ihr inzwischen weniger blaues Auge und die verletzte Schulter. Ich erzähle ihr von Gerds und meinem Museumsbesuch am Vormittag. Sie saugt jede Nachricht auf, ist immer froh, mal was anderes zu hören. Also nicht Wetter, nicht Essen, nicht Krankheit.

Mutter fragt jetzt öfter: Ich möchte gerne mal wissen, was mit meinen ganzen Sachen geschehen ist. In Bonn oder in Erfurt?, frage ich zurück. Na, in Erfurt, sagt sie, als sei das eine blöde Frage. Meine Kommode, fährt sie manchmal fort, wir hatten ja jeder eine Kommode. In der war alles drin, was sie besaß, das hat sie früher oft erzählt. Und sehr wenig davon passte in den kleinen Koffer, mit dem sie in den Westen kam.

Wenn ich sie bitte, vor unserem Spaziergang zur Toilette zu gehen, um eine frische Vorlage einzulegen, sagt sie beinahe jeden Tag: Warum? Ist doch alles trocken. Und nachdem sie unwillig aufgestanden ist, fügt sie hinzu: Also, ich komme mir vor wie ein Baby. Manchmal sagt sie stattdessen: Ich komme mir vor wie eine alte Frau. Dann sage ich: Das bist du ja auch mit einundneunzig! Und was auch nicht aus ihrem Repertoire verschwindet: Tröste mich, Bärbelchen. Ich brauche mal wieder ein bisschen Trost!!

*

Trotz des Windes ist es sehr schwül, die angekündigten Gewitter ziehen vorbei. Wir sitzen mit Frau Stern zusammen im Garten.

Ich weiß nicht mehr, wie, aber auf einmal kommen wir auf Nico zu sprechen und seinen Sohn Julius. Bei dem Namen wird die Stern erst still, dann erzählt sie schwärmerisch: Ich kannte mal einen Julius mit Nachnamen, was ha…be ich den ge…lieb…t, ich war sooo ver…liiiebt … Von Silbe zu Silbe steigert sich ihr Hochgefühl. Toll!, sage ich. Gar nicht toll, sagt sie jetzt voller Missmut, der hat eine andere geheiratet. Sie sieht in die Ferne, weit hinein in das vergangene Glück. Aber dann haben Sie ja Ihren lieben Mann kennengelernt, sage ich zu ihr. Tja, sagt sie und atmet tief aus, ich will mich nicht beklagen. Und nach einer Weile fügt sie hinzu: Mmh, es war akzeptabel, er war ein guter Vater und ein noch besserer Großvater, das war er. Wir haben viel Spaß gehabt, sagt sie, wir sind immer mit Kindern verreist, erst die eigenen und dann die Enkel. Das war eine schöne Zeit, die schönste meines Lebens.

Mutter hört nicht zu, wenn ich mit jemand anderem rede, auch jetzt nicht. Alle paar Minuten sagt sie in unseren Wortwechsel hinein: Kuck mal, Bärbel, die Wolke, wie ein Mund, oder die da oben, wie eine Nase, ne?

Es geht wieder eine Infektion im Haus um. Vermutlich trägt die Stock, die Bäuerin aus der Eifel, sie weiter, weil sie gegen die Vorschrift durch alle Wohngruppen zieht. So hat es auch Mutter erwischt. Und als sie sich bei Tisch übergeben musste, hat die Stock, die neben ihr sitzt, ein paar Spritzer abgekriegt, was die Stock seitdem auf ihre Weise verbreitet. Sobald sie Mutter sieht, zeigt sie mit dem Finger auf sie und verkündet mit ihrer lautstarken Bauernstimme, die fähig ist, hundert Kühe von den entferntesten Weiden zusammenzutreiben: Von der lasse ich mich nicht mehr vollkotzen!

Vielleicht hat es damit zu tun, dass Mutter wieder häufiger sagt: Ich muss hier raus! Ich werde hier noch ganz … Es reicht mir langsam. Sei mal ein bisschen zufrieden, du bist im besten

Heim weit und breit, das Essen ist gut, dein Zimmer ist schön, du hast hier nette Leute um dich herum, also was willst du eigentlich noch? Das Paradies gibt es nicht! Mutter fängt an zu weinen. Da platzt mir der Kragen. Du brauchst nicht zu heulen! Nimm dir mal ein Beispiel an Frau Stern, die ist fünf Jahre älter als du und die macht alles alleine und beklagt sich nicht. Sei doch mal ein bisschen dankbar und hör auf, immer an allem herumzumeckern. Mutter reißt die Augen auf, den Ton kennt sie von mir nicht. Sie verdrückt die folgenden Tränen, sagt: Also ich weiß auch nicht, was mit mir ist. Ich muss hier raus, hier wird man noch ganz …

*

Gar keine Pferde mehr zu sehen, sagte Mutter neulich seltsam enttäuscht für jemanden, der in der Großstadt lebt. Sie meinte wirklich Pferde, deswegen habe ich sie mit dem Auto abgeholt und fahre mit ihr Richtung Weiß, in den südlichen Winkel von Köln, wo es ein Pferdegehöft gibt und gleich mehrere Koppeln. Mutter freut sich rauszukommen. Die Zeiten, in denen wir unterwegs sind, sind meist leicht, manchmal sogar heiter. Doch dann geht es nicht weiter, die Zufahrtsstraße ist verstopft, Massen von Autos, Pferdeanhänger, Menschen in Reitmontur, offenbar irgendein Fest. Mutter macht es nichts aus, Hauptsache, sie ist unterwegs. Ich bin eine deutsche Frau, sagt sie vor sich hin, als wir an einer Gruppe türkisch aussehender Männer vorbeifahren. Mehr sagt sie nicht. Statt zu den Pferden fahre ich sie ans Rheinufer, zu unserer Lieblingsstelle. Parkplatz frei, auch unsere Bank noch nicht besetzt, alles gut. Wir gucken den Schiffen zu, einer Großfamilie, die auf der Wiese grillt.

Ihre Mutter war gut drauf gestern, ruft uns der Sohn der alten Lehrerin zu, als wir zurückkommen, und mit Daumen hoch Richtung Mutter schiebt er hinterher: Gratulation! Frau Bellevie forscht spitzzüngig nach: Wer war denn gestern der gut aussehende Mann an der Seite Ihrer Mutter? Mein Bruder, sage ich. Sie kniept mir zu und sagt etwas lauter: Ihre Mutter hat auch das Tanzbein geschwungen. Oh, das ist ja toll, sage ich zu Mutter, ich höre, du hast getanzt. Ich weiß gar nicht, sagt Mutter, habe ich getanzt? Offenbar kann sie sich nur mühsam an den gestrigen Grillabend erinnern. Oder sie will nicht den Verdacht aufkommen lassen, es ginge ihr auch mal gut. Jedenfalls fällt Mutter ein, dass es dem Jürgen gut geschmeckt hätte. Hast du denn nichts gegessen? Nein. Auch kein Bierchen getrunken? Ich weiß gar nicht, habe ich ein Bier getrunken? Von meinem Bruder weiß ich, dass sie eine Frikadelle mit Kartoffelsalat verputzt und ein Glas Bier getrunken und dann noch von seiner Bratwurst genascht hat. Hat munter mitgemacht. Ich war unterwegs, als er mich auf dem Handy anrief, im Hintergrund schnulzte die Stimme von Herrn Feil: »Sag beim Abschied leise Servus …« Der singt gar nicht selbst, sagte Jürgen, der bewegt nur die Lippen, alles Playback, auch die Gitarre, und, halt dich fest: Mutter tanzt gerade mit dem Heimleiter!

Mutter soll bei der Feier mal wieder gehofft haben, eine Frau für ihren Sohn zu finden. Das Thema beschäftige sie schon eine ganze Zeit, sagt mir der Katzich. Mir hat sie davon nichts gesagt. Ich weiß nur, Jürgens aktuelle Freundin und auch die davor behagen Mutter nicht. (Mutter jedes Mal: Das ist doch nichts mit der!) Gut weg kommt bei ihr eigentlich nur Jürgens erste Frau, die Mutter seiner Kinder, die schätzt Mutter immer noch sehr. Aber sie ist ja nun leider wieder vergeben, deswegen muss aus Mutters Sicht eine Neue her. Meine bisherige Heimerfahrung sagt: Sympathische Bewohner haben sympathische Kinder und vice versa. Von daher fand ich ihre Idee gar nicht so abwegig. Allein in Mutters Umfeld sind drei Frauen solo, vielleicht also wieder zu haben, die Töchter von der Stern und der Buckligen, beschlagene Neukandidatin für den Heimbeirat, und auch die Tochter von der Herbst, die mit den Büchern, alle ungefähr in meinem Alter. Später habe ich dann allerdings erfahren, dass Mutter sich unter den Pflegerinnen umschaute, also eher was Jüngeres sucht für ihren Sohn.

*

Die Tage vergehen wie im Flug. Jeden Tag gehen wir spazieren, Mutter und ich, auch bei grauem Himmel. Sie läuft ohne Schwierigkeiten, und auch das Aufstehen fällt ihr leicht. Sie hat wieder einen Schal fertiggestrickt und gleich einen neuen angefangen, einen sonnengelben, für mich. Sie ist wach, aufgeschlossen, spricht fremde Leute an, die wir auf unseren Runden treffen, die Küsterin zum Beispiel, der wir als Paar schon aufgefallen sind, manchmal auch Mütter, die ihre Kinder vom Kindergarten abholen. Wie alt ist denn die Kleine?, fragt sie dann oder bemerkt: Der läuft ja schon schön. Doch kaum ist sie in ihrem Zimmer, weint sie, jeden Nachmittag, wenn ich gehe, jeden Abend, wenn sie vom Essen kommt und wenn der Katzich Frühschicht hat, auch schon früh am Morgen. Warum weine ich nur immer?, fragt sie. Wie lange muss ich hier noch bleiben? Oder – meist im Aufzug –: Wie bin ich eigentlich hierhin gekommen?

Die Neue in Mutters Wohngruppe, Frau Heinlein (die in Tatschhändchens Zimmer gezogen ist), wirkt leider nicht aufmunternd, im Gegenteil. Die steckt mich richtig an, sagt Mutter, die heult bei jeder Mahlzeit und fragt mich immer: Wie komme ich hier wieder raus?

Außerdem wird Mutter weiter von der Stock gemobbt, der hartnäckigen Eifelbäuerin. Sie lässt nicht nach zu verbreiten, Mutter würde mit nassen Hosen rumlaufen und hätte sie vollgekotzt. Frau Bellevie hat mich abgefangen und es mir am Mittag erzählt. Von Mutter weiß ich es nicht, vielleicht ist es auch untergegangen in dem ewigen Ich-muss-hier-raus!-Gerede. Die ältere Wochenendaushilfe vom Empfang hat Mutter am letzten

Samstag einen neuen Platz im Restaurant zugewiesen, nachdem die Stock wieder laut rumgetönt hat. Mutter wäre so aus der Schusslinie raus, hat sie zu mir gesagt. Eine gute Idee, fand ich, nur falsch herum: Warum muss Mutter ihren schönen Platz am Fenster verlassen, und die dumme Kuh darf bleiben? Die Klügere gibt nach, hat die Dame vom Empfang gemeint, aber einige Bewohner gucken Mutter jetzt komisch an, sind von den üblen Nachreden der Stock infiziert, wollen nicht, dass Mutter sich neben sie setzt.

Zum Glück sind noch andere da, die freundlich zu Mutter sind, sie schätzen. Wie die Stern, die nimmt alle, wie sie sind. Auch den Katzich. Wegen einer Verletzung am Ohr, die mit Salbe behandelt werden musste, hätte er gestern gesagt: Wenn Sie ins Bett gehen, komme ich zu Ihnen, Frau Stern. Ja, hätte sie ihm lachend geantwortet, einer alten Frau kann man so was sagen. Mutter fehlt die Antenne für diese Art von Ironie.

Mutter hat geträumt, dass sie über den Friedhof läuft, immer hin und her. Was bedeutet das?, hat sie mich gefragt. Der Traum war ihr ein bisschen unheimlich. Ich weiß es auch nicht, habe ich gesagt, wir können ja mal wieder hinfahren. Ja, gut.

*

Heute sind wir an Vaters Grab gewesen. Trotz der Trockenheit in der letzten Zeit und des schweren Unwetters in der vergangenen Woche sah es gepflegt aus, beinahe so, als würde jemand ein Auge darauf haben. Komm, sieht doch gut aus, sagte Mutter knapp, lass uns wieder gehen. Ich hab Friedhöfe eigentlich nie gemocht, sagt sie, da ist alles so … – einen Moment überlegte sie – da ist alles so tot.

Am Ausgang sind wir der Lottofrau begegnet, bei der Mutter zwei Jahrzehnte lang ihren Tippschein abgegeben hat. Nein, das gibt es ja gar nicht, staunte sie laut und nahm sich Mutters

Hand, wen sehen wir denn hier? Mutter lächelte freundlich, zog ihre Hand zurück und schien nicht zu wissen, wer sie da überschwänglich begrüßte, so wie tot geglaubt. Wer war das noch mal?, fragte sie später im Auto.

Wir klingeln mal bei der Schmitz, sagte Mutter, als ich anfuhr, für sie ohnehin das eigentliche Ziel unserer Fahrt. Sie wollte im Auto sitzen bleiben, wie beim letzten Mal. Die Schmitz kam raus, stellte sich an die Wagentür und plapperte gleich los, mehr zu mir als zu Mutter. Feinfühlend ist die Schmitzebilla nicht. Wer gestorben war im Dorf (Ein Glück, das war ja auch nichts mehr mit der!), dass die von schräg gegenüber jetzt auch (!) nicht mehr ganz richtig im Kopf wäre, dass es Kaiser's nicht mehr gäbe und die Vögel den Kirschbaum leer gefressen hätten. Mutter sah die ganze Zeit zu ihr hoch, versuchte ihr zu folgen, ab und zu sagte sie in eine Pause hinein: Ja, so ist das, oder: So kann's kommen, oder: Wer hätte das gedacht … Aber die Schmitz sah Mutter gar nicht richtig an, eher beiläufig wie einen Hund, dem man kurz über das Fell streicht. Wahrscheinlich erzählte sie dem Nächsten, den sie traf, dann über Mutter: Das wäre ja nichts mehr mit der …

Auf dem Rückweg – wegen der verstopften Autobahn sind wir wieder durch die Stadt gefahren – war Mutter sehr still. Nicht ein einziges »Schön, mal wieder durch die alte Heimat zu fahren!« kam von ihr. Die ganze Fahrt über sagte sie kein Wort. Und zurück im Heim wollte sie nicht wie sonst gleich in ihr Zimmer, sondern sich draußen auf die Bank setzen, ganz allein. Ich könne ruhig schon gehen, sagte sie und winkte mir kurz nach. Was ging ihr wohl durch den Sinn? Es wird Mutter nicht entgangen sein, dass die Schmitzebilla für sie gar nicht da war. Dafür hat Mutter ein feines Gespür.

Sag mal, stimmt das, dass Frau Schmitz keine Kirschen im Garten hat, oder habe ich das geträumt?, fragt mich Mutter am nächsten Tag. Das stimmt, sage ich, sie hat gestern erzählt, dass die Vögel sie aufgefressen und keine einzige Kirsche übrig gelassen haben. Mutter ist erleichtert, dass sie es richtig behalten hat, und ich freue mich auch. Sie referiert den kompletten Besuch in Bonn, auch dass sie die Lottofrau nicht mehr erkannt hat und wir zurück durch die Stadt gefahren sind, ihre alte Heimat, weil auf der Autobahn zu viel Verkehr war. Über die Schmitzebilla sagte sie weiter nichts.

*

Mutter ist in Tränen aufgelöst. Die eine wäre wieder so frech zu ihr gewesen. Sie hätte draußen auf der Bank gesessen, und da wäre die gekommen und hätte wieder ganz laut gesagt: Von der lass ich mich doch nicht vollkotzen! Ich habe richtig Angst vor der, sagt Mutter, was kann man machen, dass ich hier wegkomme? Ich kümmere mich darum, sage ich, ich werde mich gleich beschweren, lass dir in der Zeit die Kirschen schmecken. Die ersten Kirschen in diesem Jahr, auf die sie sich lange gefreut hat, bringen Mutter aber nicht ab, sie schluchzt: Ich muss mich erst mal beruhigen. (Das muss ich kurz darauf auch, nachdem die Pflegedienstleiterin mit beiden Händen durch die Luft wedelte und ihr Mund sich in die Breite zog und sie schwierig, schwierig sagte und dass Frau Stock als demenziell Veränderte leider nicht zur Rechenschaft zu ziehen sei.)

Ich habe richtig Angst, sagt Mutter, wenn die nachts in mein Zimmer kommt … Nein, sage ich, das kann sie nicht, dein Zimmer ist abgeschlossen, und auch der Zugang zu eurem Wohnbereich ist über Nacht verschlossen, da kann niemand rein.

Ich frage Mutter, ob sie mit dem heutigen Datum etwas anzufangen weiß. Siebzehnter Juni, da war doch was, sagt Mutter, da haben wir doch immer … Ja, sage ich, das war der Tag der deutschen Einheit, den gibt es nicht mehr. Dafür haben wir jetzt einen Nationalfeiertag. Und wann ist der? Am dritten Oktober, da wird die Wiedervereinigung von DDR und BRD gefeiert. Phh … DDR …, sagt sie im Aufzug vor sich hin. DDR weckt bei Mutter Erinnerungen, keine guten.

Die Stimmung hat sich verändert, da hat der Katzich recht. Herr Sonnenheim hat eine Lücke hinterlassen, auch wenn er nicht viel gesprochen hat, sein Blick war voller Gutmütigkeit, auch die verschmitzte Art von Herrn Krings mit seiner Mundharmonika hat noch keine Nachfolge gefunden, genauso wie die Hundertvierjährige, die mir zwar manchmal auf die Nerven gegangen ist, aber sie war eine Person, eine Persönlichkeit. Schneeweißchen, die mit der Erbkrankheit, ist das sicher auch, aber es ist so mühsam, sich mit ihr zu unterhalten.

Trotzdem bin ich endlich ihrem Wunsch nachgekommen und habe mir ihr Zimmer angeschaut, auf das sie so stolz ist. Sieht aus wie ein Souvenirgeschäft, alles mitgebracht von ihren Reisen nach Fernost, vor ihrer Krankheit. Zu jedem Stück wollte sie mir etwas erzählen, irgendwann musste ich abbrechen, Mutter stand in der Tür. Mit der Frau aus dem Parterre, die mit den knalligen Twinsets, die sich gerne zu Mutter setzt, ist es leichter. Oh, das schöne Wetter, das muss man ausnutzen, oh, die Vögel, haben wir es nicht gut? Die Platte wiederholt sich leider jeden Tag.

Einen leichten Widerwillen verspüre ich inzwischen im Umgang mit der Offizierstochter. Ihrer maßregelnden Art, vor der auch die Frau in Blau oft geflüchtet ist, diesem ewigen »Wir müssen dankbar sein« mit der gebotenen, das heißt widerspruchslosen Freundlichkeit zu begegnen, ist mir manchmal lästig. Bei der Dax mache ich gar nicht erst den Versuch, die kann Mutter und mich ohnehin nicht leiden. Sie nennt uns, wie ich von Pony gehört habe, die Firma, da kommt die Firma, da geht die Firma. Hat ja schon wieder was.

Frau Stern bleibt meine Favoritin, ich bin ihr Herzelchen. So sagt sie zu mir, seit ich ihr einmal gestanden habe, welch große

Freude es für mich sei, sie kennengelernt zu haben. Das war nicht so dahingesagt, das hat die Stern richtig verstanden. Sie kann noch reflexiv denken, eine seltene Fähigkeit in diesem Haus, aber der Katzich sieht das nicht, für ihn ist die Stern ballaballa. Das wird immer schlimmer, sagte er neulich, die Stern hätte Wahnvorstellungen bis hin zu Halluzinationen. In der Nacht wäre Putin bei ihr gewesen. Ich fürchte, da hat der Katzich etwas missverstanden, Schwerhörigkeit, das schlechte Sehen sind oft der Grund für falsche Wahrnehmung.

Mir macht das manchmal Sorge. Nicht, dass man im Alter vieles nicht mehr so kann wie früher, sondern dass man sich nicht verständlich machen kann. Wie der Mann bei Mutter gegenüber. Keiner weiß, was er sagen will, wenn er aus seinem Bett ruft: Ich krieg das nicht hin!, und dabei immer lauter wird. Er kann nur wenige Sätze sprechen, aber vielleicht denkt er viele mehr, wer weiß das schon? Sehen kann er auch so gut wie nichts, dabei ist er nicht blind, sein Gehirn weiß das Gesehene nur nicht einzuordnen, hat mir seine Freundin gesagt. Wie muss sich das anfühlen? Er hört sehr gut, reagiert, wenn Mutter und ich uns unterhalten. Ich mache jetzt immer die Tür zu, wenn ich mit Mutter das Pflegeprogramm mache, das muss er ja nicht alles mitkriegen.

Ist das nicht schrecklich, sagt Mutter immer wieder, wenn man so geboren wird? Der ist nicht so geboren worden, sage ich dann jedes Mal, der hatte einen Schlaganfall, der ist noch jung, gerade mal so alt wie Gerd. Wahaaass?

*

Heute ist Sommeranfang, mein Hochzeitstag, verkünde ich Mutter am Telefon. Was war das für ein Tag?, fragt sie. Wie meinst du das? Ja, Montag, Dienstag, oder? Das weiß ich nicht mehr, sage ich, ich weiß nur, dass damals die Weltmeisterschaft in Brasilien war und die deutsche Fußballmannschaft gegen die

USA gespielt hat, wir haben mit dem Standesbeamten die Trauung ein bisschen vorgezogen, weil er das Spiel sehen wollte (Gerd und ich haben auf der Zugspitze geheiratet, niemand wusste etwas davon außer Mutter).

Wie findet das denn der Gerd, wenn du immer zu mir kommst?, fragt mich Mutter am Nachmittag. Na ja, sage ich und suche nach einer Antwort, die sie nicht kränkt. Doch sie ist schneller, sagt: Mal so, mal so, was? Ja, sage ich, mal so, mal so. Vom Besuch im Altenzoo, wie Gerd meine Zeit hier nennt, sage ich nichts.

Im Garten blättern wir im neuen »Glück«. Mutter liest laut unsere Horoskope. Erst deins, sagt sie: Sie haben das Gefühl, Bäume ausreißen zu können. Übernehmen Sie sich aber auf keinen Fall, sondern teilen Sie sich Ihre Energie überlegt ein! Glückstag: Donnerstag. Jetzt ich, Fische, sagt sie und liest ohne Pause weiter: Eine schöne Entwicklung setzt sich fort. Freuen Sie sich und lassen Sie sich fallen. Endlich erkennen Sie, dass Sie nicht nur aktiv sein müssen! Glückstag: Samstag. Mutter legt das Heft zur Seite, schaut eine lange Weile still auf die blühenden Rosen. Plötzlich sagt sie: Den Sommer nehmen wir noch mit!

Es klang für mich, als wolle Mutter allmählich ihren Abgang einläuten. Vielleicht hat sie in dem Moment auch so oder so ähnlich empfunden, aber an Abgang war eigentlich nicht zu denken. Eher im Gegenteil. Seit einiger Zeit geht sie nach meinem Besuch nicht gleich zurück in ihr Zimmer. Was sie bis zum Abendessen macht, verrät sie mir nie. Es bleibt ein Zeitfenster, das mir verschlossen ist. Wenn ich sie frage, hast du noch ein bisschen unten oder auf der Bank oder sonst wo gesessen, sagt sie jedes Mal: Ach, ich weiß nicht …

Am Samstag waren wir bei Nico zu Hause, um nach den Urenkeln Julius und Louisa zu sehen. Mutter war ganz die Alte, voll dabei, ganz auf die Kinder konzentriert. Nico hat ihr ein

Schlückchen Rotwein eingeschenkt. Komm, Oma, wir stoßen mal zusammen an! Das hat ihr richtig gutgetan. Wie war der Wein?, habe ich auf der Rückfahrt gefragt. Sehr gut, wenn wir noch geblieben wären, hätte ich noch ein Glas getrunken. Der Nico mag mich, sagte sie, der ist auf meiner Seite. Das ist es, das ist ihr wichtig, sie will nur da sein, wo sie sich sicher fühlt, rundherum angenommen. Im Heim empfindet sie das nicht. Selbst denen, die ihr wohlgesonnen sind, traut sie nicht. Weißt du, was immer der schönste Moment ist? Wenn ich auf der Bank sitze und du kommst um die Ecke …

Wo Mutter gerade so gut auf Draht ist, erinnere ich sie daran, dass ich ein Buch über sie schreibe. Auch weil ich mitbekommen habe, dass sie auf die Frage: Was macht denn Ihre Tochter? immer nur antwortet: Die hat ja einen Mann, die muss für den kochen. Ob sie es sich merkt, ist eine andere Sache, aber jedenfalls erschien es mir sinnvoll, es mal wieder fallen zu lassen. Wahaaass?, fragt sie. Was schreibst du denn da, hoffentlich nur die Wahrheit? Ich halte aus Spaß beide Hände hoch, Zeige- und Mittelfinger so verdreht, wie wir sie als Kinder hinter den Rücken gehalten haben, wenn wir absichtlich die Unwahrheit sagten. Mutter kapiert den Spaß sofort und will es selbst versuchen, aber es fällt ihr nicht leicht mit den ein bisschen alterskrummen Fingern.

Sie würde mich allerdings für komplett verrückt erklären, hätte ich ihr offenbart, dass zu diesem Zeitpunkt bereits über zweitausend Seiten geschrieben sind, für Mutter unvorstellbar, das wäre ja Bibelumfang. Selbst der Laptop, mein allabendlicher Checkpoint, ächzt: You are leaving the daughter's sector.

*

Deutschland wird Weltmeister! In der Verlängerung schießt Götze das einzige Tor gegen Argentinien, ein Traumschuss mit links. Der Heimleiter löst sein Versprechen ein, es gibt Bier zum Mittag! Ein paar halten Fähnchen hoch, eine Frau hat ihre Rollatorgriffe behäkelt, schwarz, rot, gelb.

Die Frau, die jeden um Bonbons anbettelte, hat es nicht mehr miterlebt, sie ist mit achtundneunzig Jahren gestorben. An der Rezeption steht es zu lesen, wie immer, wenn jemand stirbt, mit schwarzer Schrift im messingfarbenen Rahmen.

In der letzten Zeit kommt Mutter immer wieder auf Situationen mit ihrer Mutter. Die Geschichte, wie sie ihr eine Mark gegeben hat, um Margarine zu besorgen, lässt nie lange auf sich warten. Mit gleichbleibender Erregung erzählt Mutter, wie sie einen Umweg gemacht hat, um mit den anderen Kindern zu rodeln, und die Mark auf einmal im Schnee lag. Finde mal eine Mark im Schnee!, sagt sie heute zum x-ten Mal zu mir. Da bin ich schnell nach Hause, fährt sie unbeirrt fort und bin an mein Sparschwein. Warum biste schon zurück?, hätte ihre Mutter gefragt. Ach nichts, hätte sie ihr geantwortet, ich hab nur was vergessen. Und das war viel Geld damals, eine Mark, endet die Geschichte. Manchmal erzählt sie noch von der Reaktion der Frau im Laden, als sie ihr von dem Verlust erzählt hat. No, das haste rischtisch gemacht, wenn das deine Mutter erfahren hätte … Immer wieder auch die Geschichte, wie sie als Baby im Kinderwagen fast entführt wurde. Da läuft's mir heute noch kalt den Rücken runter, sagt Mutter. Denk mal, wo ich heute wäre? Wer weiß, sage ich, vielleicht in Sibirien.

Mutter wird immer noch von der Eifelbäuerin gemobbt. Jetzt ist es klar, ich habe es selbst abbekommen. Dreckiges Zigeunerpack, hat das Biest Mutter und mich vor allen Leuten beschimpft, und als ich ihr entgegnet habe: Das war aber nicht sehr höflich, Frau Stock, hat sie noch einen draufgesetzt: Da kotz ich drauf! Und alle, die weiter vorbeikamen, hat sie vor uns, dem dreckigen Zigeunerpack, gewarnt. Das hat sich beschissen angefühlt. Als wären wir Aussätzige. Kein Wunder, dass Mutter wegwill. Was kann man da machen?, habe ich den Katzich gefragt. Der hat die Achseln gezuckt und dann mit den Fingern nacheinander auf beide Ohren gezeigt. Hier rein, da raus, eine andere Lösung sehe ich nicht, hat er gesagt, und die Kollegen würden ihm beipflichten, alles andere würde die Stock nur noch mehr in Fahrt bringen. Es wäre ja ohnehin am nächsten Tag vergessen. Bei der Stock vielleicht, bei Mutter nicht, auch nicht bei mir.

Ich bin ein bisschen heimmüde. Es ist momentan kaum einer da, mit dem man ein nettes Gespräch führen kann. Ein Herr Palm heftet sich neuerdings an unsere Fersen. Letzthin hat er mir Tarotkarten gelegt, zwei Tage vorher schon hat er sich mit uns dazu verabredet. Dann dauerte es über eine Stunde. Mein Kopf qualmte vom Zuhören. Herr Palm ist Legastheniker, statt Motivation sagt er leicht stotternd Movati..ti..on. Da musste ich mich erst mal hineinfinden. Er hat das gemerkt und mir mittendrin den Grund für seine Sprachprobleme erklärt. Als Kind durfte er zu Hause nicht sprechen, seine Mutter hatte es ihm verboten. Unglaublich. Ich habe ihm »Abschied von meinem Vater« geliehen. (Eigentlich wollte ich ihm ein neues Exemplar mitbringen, aber Mutter war schneller: Ich hab doch meins im Zimmer!) Ach, Sie heißen Bärbel, hat er mit Blick auf den Titel gesagt und mich angesehen wie eine Verbündete, ich bin der Manfred.

Am wohlsten scheint sich Mutter in der Nähe von Rollstuhlwolff zu fühlen, der lacht wenigstens ab und zu, macht kleine Späßchen mit ihr. Herr Wolff meint es irgendwie gut mit Mutter, und wie Mutter freut er sich, wenn ich mittags komme, vor allem, wenn ich mich dazusetze und auch ein bisschen Blödsinn rede. Er will immer mit mir wetten (Ich bin schneller am Dom als wie Sie!). Ich sage Chef zu ihm, das gefällt dem munteren Kerl, auch wenn er abwinkt mit einem verhusteten Nee, nee.

Nur geträumt

Sollen wir mal die Bärbel anrufen?, fragt Mutter mit Blick auf die Karte mit meiner Telefonnummer auf ihrem Nachttisch. Ich schlucke kurz, lache dann und sage: Die steht vor dir, du Witzbold. Mutter fasst sich an die Stirn und sagt: Also da kannste mal sehen, hier wird man noch ganz …

Weißt du, was ich heute Nacht geträumt habe?, sagt Mutter kurz darauf. Was Schönes?, frage ich. Ich hab von dir geträumt, sagt sie, wir waren auf dem Weg zur Post, da vorne die Straße runter, und dann hast du mich einfach stehen lassen. Ich bin noch in die Post rein und habe nach dir geguckt, aber du warst nicht mehr da. Und was hast du dann gemacht?, frage ich. Na, ich bin nach Hause gegangen, ich kannte ja den Weg, sagt sie. Das ist ja interessant, sage ich, ich habe dich doch noch nie irgendwo stehen lassen. Nein, sagt Mutter, es war ja auch nur ein Traum.

Die ruhige Stunde am frühen Nachmittag zwischen Erinnern und Augen zu gefällt Mutter irgendwie, sie wirkt zufrieden. Sie will jetzt immer, dass ich ihr den Kaffee aufs Zimmer bringe. Dann kann ich noch ein bisschen im Sessel sitzen und die Beine hochlegen, sagt sie.

Wenn wir draußen sind, kommentiert Mutter das Geschehen, alles, was ich selbst sehe. Im Zimmer ist es anders, da ist sie nicht abgelenkt, da fallen ihr immer wieder Begebenheiten von früher ein. So wie die Geschichte mit ihrem Vater, die ich zum ersten Mal höre (bislang hatte ich von meinem Großvater, den ich nur einmal gesehen habe, als treu sorgendem Familienvater gehört, der anstelle des Führergrußes weiterhin Guten Tag zu den Leuten sagte, was mir besonders gefiel). Sie war noch ein Kind, als ihre Mutter sie losschickte, den Vater nach Hause zu holen. Der saß auf einem Stuhl vor der Wirtschaft an der Unterführung bei der Leipziger Straße, in sich versunken, die Augen geschlossen und selbst für Mutter als Kind erkennbar beschwipst. Komm, Papa, wir gehen, habe sie zu ihm gesagt, und er sei auch gleich aufgestanden, und dann seien sie Hand in Hand den Ringelberg hochgetorkelt. Das war nicht schön, sagt Mutter, allein die Erinnerung widert sie an. Und was habt ihr dann mit ihm gemacht?, frage ich, eher belustigt. Mutti war vielleicht böse, sagt sie, die ist gleich aus der Küche gegangen, als Papa reingekommen ist. Wir haben den dann alleine sitzen lassen und sind ins Schlafzimmer.

Ist das oft vorgekommen?, frage ich Mutter. Sie schüttelt den Kopf und wiederholt mehrmals: Also, das war mir vielleicht peinlich. Das kann ich verstehen, zumal ich Mutter und Vater niemals betrunken, nicht mal beschwipst erlebt habe. Ein Gläschen in Ehren, so hieß es bei uns früher. Mutter konnte drei Stunden an einem Glas Wein nippen. Vater trank, wenn überhaupt, höchstens ein Schlückchen zum Anstoßen mit, also in Gesellschaft, wenn es einen besonderen Grund zum Feiern gab.

Ein paar Tage später ist sie ganz durcheinander. Sie hätte so komisch geträumt. Sie waren in der Kirche, sagt Mutter, da unten im dunklen Keller, und sie hätte den Pfarrer gefragt, warum ist das denn so dunkel? Und die Kinder hätten immer geschrien: Oma! Oma! Oma! Mutter streckt die Hände hoch, wie es Kinder machen, wenn sie auf den Arm genommen werden wollen. Und dann hätte alles gebrannt. Also nee, sagt Mutter, wie kommt denn so was? Das war ein Albtraum, sage ich, das hat man schon mal, da erschreckt man sich, aber es ist ja nur ein Traum.

Sie wird allmählich ruhiger, später im Aufzug sagt sie: Gut, dass wir da noch rausgekommen sind …

*

Was machen die da unten?, fragt mich Mutter, als ich schon um halb elf ins Heim komme, um sie, wie abgesprochen, für das Sommerfest schön zu machen. Die stellen Sonnenschirme auf, sage ich. Für wen denn? Für das Sommerfest. Ach ja.

Mutter in ihrer rot-grün-weiß gestreiften Bluse aus Cordsamt, darüber die neue Strickjacke, sie sieht flott aus. Die Temperaturen sind leider gesunken. Mutter will nicht im Garten essen, wo schon alles gedeckt ist, sondern lieber im Restaurant. Wie einige andere auch. Bis auf die Rundgut sind alle Mitarbeiter vom Sozialen Dienst im Einsatz, flitzen hin und her, rücken Stühle, schieben die Dementen nach draußen. Aus Herrn Feils Boxen dröhnt es: Heiße Spuren im Sand …

Ich laufe zum Hausmeister, der hinten im Garten Getränke ausgibt, besorge Malzbier für alle an unserem Tisch. Kaum haben wir uns zugeprostet, schrillen die Sirenen im ganzen Haus, von allen Etagen dröhnt es iju iju iju iju und mischt sich grell unter die heißen Spuren im Sand.

Der Heimleiter kommt durch die Terrassentür, die Köche aus der Küche, von der Treppe her die Pfleger im Gänsemarsch. Alles in Ordnung, ruft der Heimleiter mit erhobenen Händen, dann hört man von der Straßenseite her die Sirenen des Löschfahrzeugs. Die Alten sehen sich irritiert um, Mutter schüttelt den Kopf, also, was ist das denn, das macht einen ja ganz … Vier Feuerwehrleute in voller Montur kommen hereingelaufen, verschwinden rechts im Gang. Kurz darauf ist endlich wieder Ruhe bis auf die Spuren im Sand, die gerade in Weiße Rosen aus Athen übergehen. Dann kommen die Feuerwehrleute wieder zurück, heben freundlich die Hände und rufen Tschöhö in den Saal, worauf die Alten, die noch hören können, ebenfalls die Hände heben und alle zusammen, als hätten sie es einstudiert, Tschöhö rufen.

Wann gibt es denn endlich was zu essen?, fragt Mutter. Ich gehe mal schauen, sage ich, und tatsächlich, auf der Terrasse steht schon eine kleine Schlange vor dem Grill, der den Alarm verursacht hat, weil, wie ich höre, der Rauch nach drinnen gezogen ist und die empfindlichen Feuermelder sofort angesprungen sind.

Die Würstchen haben keinen Schaden genommen, Mutter schmeckt es jedenfalls und den beiden anderen Damen an unserem Tisch auch. Die Teller sind noch nicht leer, da kündigt der Heimleiter schon den ersten Programmpunkt an, wegen des Feueralarms muss jetzt Zeit eingespart werden. Mit vollem Mund ist die Aufmerksamkeit der meisten Bewohner nicht ganz bei der Bauchtänzerin, wie die es sich vielleicht gewünscht hätte, auch beim Mitmachen, wozu sie immer wieder animiert, hält sich der Andrang in Grenzen, ein voller Bauch … Der Heimleiter jedenfalls macht alles mit und animiert mit weiten Armbewegungen dazu, dass zumindest heftig geklatscht und Zugabe gerufen wird.

Dann kommen wirklich viele dicke Tropfen, und Mutter sagt, schnell rein. Mit dem Aufstehen klappt es erst nicht, weil der Stuhl im feuchten Gras ein bisschen eingesunken ist, aber dann geht es doch, Bärbel, halt mich, Bärbel, halt mich, und dann sind wir endlich drinnen. Wohin?, fragt Mutter. Wohin du willst, sage ich, und wir erstürmen die letzten freien Plätze am Fenster und, puhhh, dann hole ich schnell meinen Schirm aus Mutters Zimmer und mache mich aus dem Staub. Mutter und Jürgen, der später dazugekommen ist, sitzen mit dem Rücken zum Fenster, also kein Winkewinke wie sonst, es schüttet jetzt richtig, wie aus Kübeln. Und ich will gar nicht wissen, wie die alle aus dem Garten ins Haus gekommen sind mit den Rollstühlen und den Krücken und den Kinderwagen von den Enkeln. Doch als ich Mutter später am

Telefon frage, ob es noch geregnet hat, sagt sie ganz entspannt: Nee!

*

Ich habe manchmal so Angst, sagt Mutter und fasst sich mit der rechten Hand ans Herz. Wenn du alleine im Zimmer bist?, frage ich. Ich bin ja immer alleine, sagt sie. Aber jetzt bin ich da, sage ich, hast du da auch Angst? Nein. Wovor hast du denn Angst?, frage ich. Na ja, sagt sie, dass es zu Ende geht. Das kann ich verstehen, sage ich. Am besten wäre, sagt sie, wenn man so ein Getränk bekommt und dann einfach einschläft. Ja, sage ich, das gibt es sogar, in der Schweiz, aber nur für Schwerkranke, also die, die Krebs oder eine andere unheilbare Krankheit haben. Ja?, fragt Mutter erstaunt. Aber du bist noch fit, dir geht es doch gut, dir schmeckt's, lecker müffele, lecker süffele, du kannst laufen, oder tut dir etwas weh? Nein, gar nichts, sagt Mutter, nur das Bein ein bisschen, aber das war ja auch gebrochen. Und sonst, beim Aufstehen morgens, tut dir da nichts weh? Nein, gar nicht, sagt sie wieder. Das ist doch toll, sage ich, wer in deinem Alter kann das schon von sich sagen. Ja, sagt sie, das stimmt. Aber ihr Problem ist damit nicht gelöst, das entnehme ich ihrem Tonfall.

Nach einer Pause spricht sie weiter. Irgendwann, sagt sie, stehst du am Grab und sagst: Wir haben auch viel gelacht. Ja, sage ich, und Geigel gemacht, Mutters Spezialbegriff für Blödsinn. Aber jetzt lebe ich ja noch, sagt sie und streicht sich mit beiden Händen über die Oberschenkel.

Ein bisschen schwächer ist Mutter schon. Es ist noch nicht lange her, da ging sie die Runde ums Karree richtig schnell, jetzt bleibt sie ab und zu stehen und holt Luft. Auch hat sie über ihre Angst vorm Sterben noch nie so direkt gesprochen. Früher hat sie oft gesagt, ich möchte am liebsten sterben, aber das sagt sie schon lange nicht mehr. Deswegen beschäftigen mich ihre Worte. Ich denke lange über sie nach.

Ute ist für zwei Tage gekommen und hat Mutter beim Abendessen überrascht. Eine schöne Abwechslung für alle. Ihr Besuch wirkt nach. Sie hat Mutter ein Steifftier mitgebracht, einen kleinen Affen, gegen das Alleinsein. Erst dachte ich, meine Schwester spinnt, aber bislang hat der Affe seinen Zweck erfüllt. Ich soll dich von dem Kleinen grüßen, hat Mutter gestern am Telefon gesagt und nicht geweint. Er hat einen Platz auf ihrem Bett bekommen.

Frau Stern ist im Bad gestürzt, in der Nacht, Oberschenkelhalsbruch. Sie liegt im Krankenhaus, ihre Tochter ist in Italien auf einer Pilgerreise. Im Nachhinein bin ich froh, dass ich Frau Stern gegenüber einmal ausgesprochen habe, wie sehr ich sie mag, und vor allem, dass ich das tat, als es ihr gut ging. Wenn ich dasselbe jetzt sagte, bekäme es einen faden Beigeschmack.

Zum ersten Oktober übernimmt der Katzich die Pflegedienstleitung, die bisherige Leiterin geht in Rente. Gut für Mutter, er verschwindet damit aus der Pflege. Gut für mich, ich kann weiter alles mit ihm besprechen, so ganz konkret, ohne ein Blatt vor den Mund nehmen zu müssen. Jetzt ist nur zu hoffen, dass Mutters Beste bleibt.

*

Weißt du, was ich heute Nacht geträumt habe?, fragt Mutter mal wieder, ohne eine Antwort zu erwarten. Da standen auf einmal der Franz und der Hans (Mutters Brüder) vor der Tür, sagt sie. Wir waren gerade beim Essen. Die haben kein Wort gesagt. Da hab ich gedacht, oh, da musst du erst mal … Also hab ich erst mal Kommt rein gesagt, setzt euch doch! Und dann war es auch schon vorbei. Das sind manchmal nur so kurze Szenen im Traum, sage ich und erzähle ihr von meinem Albtraum, in dem ich erblindete und auf einmal merkte, was ich alles nicht mehr kann, nicht mehr lesen, schreiben, nicht mehr kochen. Ja, sagt Mutter, und mich nicht mehr besuchen. Das stimmt, sage ich, ich käme gar nicht alleine hierher.

Weißt du, woran ich jetzt manchmal denke?, fragt sie mich übergangslos. An was denn? Ich denke jetzt manchmal, dass es auch zu Ende gehen kann. Dann bin ich plötzlich nicht mehr da. Das ist ein komischer Gedanke, sagt Mutter. Ja, sage ich, aber man weiß ja nicht, wann das ist. Nee, sagt sie, zum Glück nicht, manchmal sagt man, na ja, die paar Jährchen noch, aber es kann ja auch schon morgen zu Ende sein. Dann kannst du mich auf dem Friedhof besuchen. Ja, sage ich, aber nicht jeden Tag. Sie lacht, nee, wenn's regnet, brauchst du nicht zu kommen.

Mutter träumt viel in letzter Zeit, das heißt, sie erzählt viele Träume. Wobei sie auch nicht immer weiß, ob es ein Traum war oder ob sie es wirklich erlebt hat, wie die Schatten neulich nachts, die wie Geister durch ihr Zimmer gehuscht sind. Vielleicht war es auch der Nachtdienst.

Mir geht es ähnlich. Letzte Nacht habe ich davon geträumt, wie Mutter mit meiner Schwester und mir im Interzonenzug saß – wir Kinder waren klein, noch nicht in der Schule – und der Zug auf einmal langsamer fuhr, bis er laut quietschend anhielt und es dann ganz still wurde um uns herum. Plötzlich wurde unsere Tür aufgerissen, wir mussten das Abteil verlassen und wurden von den Grenzern, wie Mutter zu uns sagte, über einen Hof in eine fremdartig grell erleuchtete Halle gescheucht, in der lange Tische standen und die Grenzer in dem Gepäck der Leute wühlten. Überall Schlüpfer und Nachtwäsche und Socken. Ich höre die barschen Kommandos der Grenzer und noch deutlicher das Schweigen der Leute in der Schlange, halte die Hand meiner Schwester fest und die unserer Mutter und sehe Tränen in ihren Augenwinkeln und eine stumme, mir unbegreifliche Angst. Was ist?, will ich Mutter fragen, aber sie hält ihren Zeigefinger vor den Mund. Da bin ich aufgewacht.

*

Der Herbst hält Einzug, auch wenn es nach einer kühlen Woche heute noch einmal fast zwanzig Grad sind. Vom Kastanienbaum vor dem Heim fallen bei jedem Windstoß die Früchte. Eine Art Ostereiersyndrom ist ausgebrochen. Ich kann mich dem auch nicht entziehen, laufe mit Scannerblick durch die Einfahrt, um zwischen den am Boden liegenden Blättern und Schalen eine Kastanie zu entdecken. Es sind Esskastanien. In den meisten stecken aber taube Nüsse, man hört es am mickrigen Klang, wenn sie auf den Asphalt stoßen. Nur ab und an ist eine gute dabei, dann hört man ein sattes Plopp!

Mutter und ich setzen uns zur Heinlein und der Frau, die stets mit zwei Sauerstoffflaschen in ihrem Rollator unterwegs ist und die mir im Sommer mal erzählt hat, dass sie sehr bekümmert sei wegen ihres Sohns. Ich entschuldige mich, dass ich ihren Namen vergessen habe. De Noot, sagt sie, mein Mann war Flame. Noot käme von Nuss.

Mutter liest unsere Horoskope vor, und es stellt sich heraus, dass wir beide, Frau De Noot und ich, am selben Tag Geburtstag haben. Grübeln Sie auch viel?, fragt sie mich. Ihre Direktheit lässt mich einen winzigen Moment zögern, aber dann sage ich: Ja, vor allem nachts. Sie nickt. Die Krebse, sagt sie, spüren genau, wenn etwas nicht stimmt, wenn die Stimmung zwischen den Menschen durch irgendwas gestört ist, das merkt ein Krebs sofort. Würde sie zum Beispiel einer nur anders angucken als sonst, sagt Frau de Noot, denke sie sofort, was ist los? Der Heimleiter sei auch Krebs, und überhaupt, in den Pflegeberufen würden viele Krebse arbeiten, vielleicht wegen dieser besonderen Fähigkeit.

Mutter bekommt unser Gespräch nicht mit, obwohl sie zwischen uns sitzt. Sie sieht in den Himmel, streicht sich mit dem Finger über die Augenbraue, dann liest sie die Horoskope einfach noch mal vor. Glückstag ist der Sonntag, sagt sie. Es betrifft alle auf der Bank, die Fische wie die Krebse.

Tschööö, ruft uns der Hausmeister zu, er hat Feierabend. Wir beobachten, wie er sich in sein Auto schwingt, im Schritttempo vorbeifährt, uns allen zuwinkt. Opel, sagt die Diva von der Nebenbank verächtlich, das sind keine anständigen Autos. Ich habe immer gute Autos gefahren, offenbart sie uns, das waren immer teure Autos, aber auch sichere. Mein Mann wollte, dass ich in einem sicheren Auto sitze. Ich habe eher ein neues Auto bekommen als ein neues Kleid. Die Diva lacht, ihre obere Zahnleiste rutscht dabei ein bisschen runter, was dem Lachen etwas Animalisches verleiht. Mein Vater, sagt sie mit Blick in die Runde, der ist ja noch Fahrrad gefahren bis nach Ostpreußen, der hat noch dem Hindenburg die Hand geschüttelt. Und für alle, die es nicht gleich mitbekommen haben, wiederholt die Diva laut: Dem Hindenburg!

Mutters Interesse gilt mehr den Kastanien. Komm, sagt sie, wir gucken mal, ob wir noch welche finden. Viele sind nicht vom Baum gefallen, seit der Hausmeister gekehrt hat. Und fast alle, die wir auflesen – also auf die Mutter zeigt und die ich auflese – sind taub. Zu meinem und Mutters Vergnügen darf ich mich aber heute auf den Rollator setzen, und Mutter schiebt mich an den offen stehenden Mündern vorbei zum Aufzug. Je oller, je doller, was?, ruft uns der Heimleiter hinterher. Und auch die Pfleger halten inne, als Mutter mich um die Ecke schiebt. Der Katzich ruft: Was ist das denn? Mutters Beste sagt lachend: Da müsste ich eigentlich drauf sitzen, und die Fröhliche aus dem Kongo grinst.

*

Die Hobbymalerin zieht durchs Haus auf der Suche nach freiwilligen Modellen, zusammen mit Frau Rundgut. Bei uns machen sie halt. Mutter hat ihnen schon zweimal einen Korb gegeben, und auch heute zeigt sie sich nicht gerade begeistert von der Idee, gemalt oder besser gezeichnet zu werden, fragt vorsichtig an: Wie lange dauert das denn? Die Künstlerin will sich nicht festlegen, wedelt mit der Hand, na ja, so lange dauere es nicht, es gehe ja nur um Mutters Gesicht. Meine Tochter und ich wollten gerade in den Garten, Kaffee trinken, versucht Mutter die Angelegenheit ein weiteres Mal zu vertagen, aber die Dame mit dem lang wehenden Seidenschal lässt nicht locker. Kein Problem, sagt sie, ich setze mich einfach dazu!

Mutter fällt kein Argument mehr ein, und da geht es auch schon los, der Kohlestift streift rau über das Papier, Mutter hält still. Für mich sieht es aus, als halte sie die Luft an, und nach einer gewissen Zeit verrutscht ihr Gesichtsausdruck von freundlich lächelnd zu freundlich gequält. Die Künstlerin beeilt sich, das spürt man, auch weil sie wohl merkt, wie Mutter allmählich die Geduld verliert, aber schneller geht es eben nicht. Die malende Dame ist noch nicht zufrieden mit ihrem Werk, lehnt sich zurück, setzt neu an, wischt wieder etwas weg. Mir wird nicht klar, was sie eigentlich aufs Papier bringen will, in dem noch haarlosen Kopf glaube ich einen Maulwurf zu erkennen, ein paar Striche und Wischer weiter sehe ich eher ein grinsendes Schaf, das eine Eingebung hat.

Schließlich wendet die Malerin das Blatt, sodass Mutter das Ergebnis, also sich selbst, als Kunstobjekt betrachten kann. Sie beugt sich ein bisschen vor, wiegt das Blatt in ihrer Hand, und die Hobbymalerin und ich sehen zu, wie Mutter zögert, etwas zu sagen. Dann gibt sie sich einen Ruck, hält mir das Blatt hin und fragt etwas unsicher: Kuck mal, Bärbel, sehe ich so aus? Das mit dem grinsenden Schaf behalte ich für mich, wackle nur unentschieden mit dem Kopf, was die Künstlerin wohl wertend versteht. Sie packt ihre Siebensachen ein, macht noch schnell ein Foto von ihrem Werk und auch von Mutter, bei der sie sich fürs Stillsitzen bedankt. Das schöne Porträt dürfen Sie gerne behalten, sagt Frau Rundgut, die jetzt wieder dazugekommen ist, um die malende Dame zum nächsten Modell zu begleiten. Danke, sagt Mutter und reicht Frau Rundgut das Blatt, vielen Dank, das schenke ich Ihnen!

Ich habe Mutter wieder Blutwurst mitgebracht. Das ist Heimat, sagt sie. Und, wie hat die Blutwurst gestern geschmeckt?, frage ich. Toll, ganz toll, hast du die beim Fleischer gekauft? Ja, bei mir um die Ecke. Die war ganz toll, wiederholt Mutter. Später erfahre ich von Mutters Bester, dass Mutter die Wurst beim Abendessen allen am Tisch angeboten hat, sodass für sie selber gerade mal eine einzige Scheibe übrig blieb. Egal, denke ich, Hauptsache, sie hatte ihr Vergnügen.

*

Louisa, Mutters Urenkelin, wird getauft. Ich gehe frühzeitig ins Heim. Herr Wolff sitzt wie immer schon vor dem Haus in seinem Rollstuhl. Ihre Mutter war heute nicht beim Mittagessen, sagt er. Oje, denke ich, das fängt ja gut an. Doch da hat er sich zum Glück vertan, Mutter steht gerade vom Mittagstisch auf, hat gut gegessen, wie mir die Frau vom Empfang zuruft. Heute ist Taufe, sage ich. Das habe ich ja ganz vergessen, sagt Mutter.

Wieder Traumwetter, strahlend blauer Himmel, unglaubliche vierundzwanzig Grad. Wir sind die Ersten, die an der Kirche sind, dann geht es Schlag auf Schlag, Enkel, Paten, Verwandte, Bekannte. Mutter schüttelt viele Hände, hört ebenso viele Komplimente. Du siehst aber gut aus. Und wieder so schick. Mutter ist in ihrem Element. Ja, sagt sie, dank der Bärbel. Fast eine halbe Stunde muss sie stehen, bevor es in die Kirche geht.

Der Rundgang, den sich der Pastor ausgedacht hat, wird Mutter dann doch zu viel. Bei der ersten Station ist sie noch dabei. Eltern und Paten sollen dem Täufling ein Kreuz auf die Stirn machen. Will die Oma auch?, fragt der Pastor. Ich schüttele den Kopf, aber das sieht der Pastor nicht. Mutter fragt: Was soll ich machen? Der Kürze wegen sage ich Streicheln, woraufhin der Pastor konsterniert guckt. Nico kommt helfend dazu, nimmt Omas Hand und markiert ein Kreuz auf Louisas Stirn.

Die lächelt ihre Uroma an, worauf Mutter das kleine Händchen nimmt und mit seinen Fingerchen spielt. Louisa scheint das richtig gut zu gefallen, dem Pastor weniger, er ergreift wieder das Wort und führt die Taufgemeinde zum nächsten Halt in der Kirche. Ich bleib sitzen, sagt Mutter. Ja, sage ich, ich bleibe bei dir. Dann fragt sie immer wieder, etwas zu laut für den hallenden Kirchenraum: Was sagt der? Wer steht da? Was ist noch mal hier? Von wem ist das Kind?

Nach der Taufe werden Fotos gemacht, Mutter im Dauerlächeln, bis sie nicht mehr stehen kann und wir langsam zum Auto gehen. Dem Jürgen geht es nicht gut, sagt sie, der hat keinen, der ist ganz allein. Das wird sie später noch öfter sagen. Zum Kaffeetrinken hat Mutter Mühe, einen Platz in dem engbestuhlten Raum zu finden, sie entscheidet sich für eine Lücke am Rand mit Aussicht auf das Büfett. Als Erstes will sie von den kleinen Berlinern, die wir selber mitgebracht haben, aber dann entdeckt sie auf einem Teller Stachelbeerkuchen. Den würde ich gerne mal probieren, sagt sie, und als ich ihr ein Stück bringe, meint sie, da gehört eigentlich Sahne drauf. Ich halte Ausschau nach einem Sahnespender, lasse mir das Gerät erklären, um zu vermeiden, dass der Inhalt auf Mutters schickem Outfit landet. Stachelbeerkuchen, Berliner – Mutter: Mmh, die schmecken aber gut –, dafür, dass sie eigentlich keinen Kuchen isst – Mutter: Ich hab ja Zucker –, putzt sie ganz schön was weg.

Was ist denn in den Töpfen?, fragt sie nach dem Kuchen. Suppe und ein Chili. Und was für Suppe? Gulasch- und Erbsensuppe. Nee, Erbsen nicht, sagt Mutter, aber die andere würde ich gerne mal probieren. Beim ersten Löffel fängt Mutter an zu husten. Zu scharf?, frage ich, soll ich es wegtun? Nein, lass mal, ich muss nur husten.

Kontakt hat sie kaum in ihrer Ecke, sie futtert vor sich hin, und ich apportiere und trinke einen Kaffee, genehmige mir ein Stückchen Kirschbaiser, auch nicht schlecht, könnte von der anderen Uroma gebacken sein, die zwanzig Jahre jünger ist als

Mutter und mit Leidenschaft Hausfrau. Mutter hat inzwischen rote Wangen, langsam wird es für sie auch Zeit zum Aufbruch.

Ich befolge Nicos Rat, nicht über die Autobahn zu fahren, wegen des Rückreiseverkehrs am Ferienende, und schlängele mich über Nebenstraßen bis zum Rhein runter. Kuck mal, der Rhein, sage ich zu Mutter. Ihr macht es nichts aus, dass es auch auf der Uferstraße proppenvoll ist, alles zugeparkt und Millionen Radfahrer kreuz und quer unterwegs sind, Mutter freut sich einfach. Richtig schön, auch mal so im Dunkeln zu fahren, sagt sie, als wir schließlich in ihre Straße einbiegen, ich könnte immer weiterfahren, am liebsten bis Erfurt.

Mir geht es ein bisschen anders, ich bin erleichtert, als ich auf dem Heimparkplatz den Motor abschalte und Mutter noch schnell zum Tisch bringe, wo schon alle beim Abendbrot sitzen. Mach's gut, sagt Mutter zu mir und setzt sich dazu. Ich suche noch den Katzich und bitte ihn, Mutter später beim Ausziehen ihrer Halskette zu helfen, dann gehe ich endlich nach Hause. Als ich die Wohnungstür hinter mir schließe, klingelt auch schon das Telefon, Mutter ist dran. Du, Bärbel, sagt sie, als ich eben vom Abendbrot gekommen bin, hat der eine gesagt, Moment mal, Frau Schröder, und dann hat er mir die Kette ausgezogen. Das fand ich vielleicht nett.

*

Rate mal, wer eben vor meinem Bett stand?, fragt Mutter um zwanzig vor acht am Telefon. Weiß nicht, sage ich, noch nicht ganz wach. Das glaubst du nicht, sagt Mutter, die Rosel! Nee, sage ich, das gibt's doch nicht. Doch die ist eben raus, die will sich was zum Frühstück holen, ich muss mal gucken, wo die ist.

Oh Gott, denke ich, als ich auflege, was ist das jetzt? Die Lokführer streiken, es geht kein Zug von Erfurt nach Köln, schon gar nicht um diese Zeit. Dass Mutters Schwester hier ist, kann nicht sein.

Mutter ruft immer wieder an. Ich versuche ihr zu erklären, dass sie das vielleicht geträumt hat, weil wir gestern auf der Taufe so viele Verwandte gesehen haben und sie sich vielleicht gewünscht hat, ganz fest gewünscht, dass die Rosel auch dabei ist. Und langsam, ganz langsam, eigentlich erst am Nachmittag, als ich bei Mutter bin und ihr die Sache erkläre, löst sie sich von der Vorstellung, dass Rosel an ihrem Bett stand. Sie sieht ganz allmählich ein oder zieht zumindest in Betracht, dass es auch die neue Pflegerin gewesen sein könnte, die – wie ich inzwischen von Mutters Bester und dem Katzich erfahren habe – blond ist, ein wenig untersetzt und Mutters Schwester Rosel einfach ähnlich sieht, der Rosel von früher, von vor fünfundzwanzig Jahren, als Mutter sie zum letzten Mal sah.

Unser Ruhestündchen wird zum Aufklärungsstündchen und zum Nacherzählungsstündchen, wie es gestern alles war …

Ein paar Tage später erfahre ich von Mutters Bester, dass die neue Pflegerin gedacht hatte, Mutter wäre dement, und da sie gelernt habe, Dementen dürfe man nicht widersprechen, hätte sie Mutter in ihrem Irrtum wohl immer weiter bestärkt, indem sie alles bejahte. Auf Mutters Frage: Wohnst du noch in Erfurt? hätte die Pflegerin Ja gesagt, sodass bei Mutter gar kein Zweifel aufkam, dass sie ihre jüngere Schwester, die Rosel, vor sich hat. Es wäre alles so schnell gegangen, sagt Mutters Beste, sie hätte leider die neue Pflegerin einfach mit in Mutters Zimmer genommen, ohne vorher mit ihr zu sprechen. Und danach wäre Mutter ihnen hinterhergelaufen und in jedes Zimmer gefolgt, um ihre Schwester zu sehen. Das könne sie natürlich verstehen, sagte Mutters Beste, im Übrigen sei sie gespannt, wie das werden würde, wenn die neue Pflegerin im Januar hier anfängt. Das kriegen wir schon hin, sage ich, bin froh und bedanke mich bei Mutters Bester, dass sie mir alles erklärt hat. Mutters Verhalten bleibt mir kein bisschen rätselhaft.

Die Sache wiederholt sich, während ich ihre Uhren auf Winterzeit umstelle. Von der Zeitverschiebung ist Mutter nicht beeindruckt. Mehr von den angeblich neuen Mitbewohnern. Du, die Steigers sind hier, sagt sie, ich habe schon mal geguckt, ob ich die finde. Mutter glaubt, dass ihre früheren Nachbarn hier eingezogen sind. Die Pflegerin, die heute Dienst hat, fragt mich später, was es mit den Steigers auf sich hat, Mutter hätte beim Frühstück von ihnen gesprochen.

Es fällt mir seit einiger Zeit auf, dass Mutter ein oder zwei Merkmale reichen, um eine Person für eine andere zu halten. So sagt sie zum Beispiel: Kuck mal, der sieht aus wie Jürgen!, nur weil der Mann eine lichte Stelle auf dem Kopf hat. Und alle glatzköpfigen Herren sind für Mutter sowieso der Zahnarzt. Auch die Roselnummer ist noch nicht ganz vergessen. Mutter fragt immer wieder, ob ihre Schwester hier war. Oder habe ich das nur geträumt?

*

Ahhh, da kommt ja meine Schwester, sagt Mutter mit sichtbarer Erleichterung zu dem Mann an der Rezeption. Ich hab schon gedacht, wann du überhaupt kommst? Ich komme doch jeden Mittag, sage ich. Na ja, sagt sie, mit einundneunzig ist man schon mal kresi, ihr neues Lieblingswort, kurz gefolgt von jawoll, jawoll, jawoll, wir ham die Nase voll. Überhaupt wirkt sie ein bisschen alberner, kesser in letzter Zeit. Wenn ein DHL-Wagen vorbeifährt, fragt sie notorisch: Was heißt D H L? Wenn ich mit den Achseln zucke, sagt sie beinahe listig: Das heißt leckmicham … den Rest spricht sie nicht laut aus, sondern bewegt nur die Lippen und zieht dann gleich die Brauen hoch, als hätte sie sich jetzt mal wirklich was getraut. Ejal, is doch ejal, das sagt sie auch ganz gerne, vor allem, wenn ich sie wegen irgendwas zurechtgewiesen habe. Ich bin einundneunzig, da wird man ein bisschen kresi …

Ich spreche mit Mutter darüber, sage, dass ich sie abends nicht mehr anrufe, weil ich sie nicht beim Zubettgehen stören will. Ja, sagt sie, das ist besser, da bin ich immer schon so am transen. Transen ist eine Wortschöpfung, die Mutter zur Beschreibung von Momenten gebraucht, in denen sie nicht mehr bei der Sache ist, sondern mit den Gedanken ganz woanders. Transen hat sie lange nicht mehr gesagt. Als sie ins Heim gezogen ist, in Bonn, und ich sie mittwochs und samstags abgeholt habe, um mit ihr essen und shoppen oder spazieren zu gehen, da hat sie es oft benutzt. Wenn ich sie damals, meist im Auto, irgendwas gefragt habe und sie nicht geantwortet hat und ich nachgefragt habe, hat sie oft gesagt, ich bin am transen …

Ich schlage Mutter vor, mal nach neuen Winterschuhen zu gucken. Ja gut, los. Unterwegs bleibt sie immer wieder stehen und fragt: Wo gehen wir noch mal hin? Im Schuhgeschäft klappt es ganz gut. Zwei Modelle gefallen ihr nicht, zum dritten sagt sie: Gibt es das auch 'ne halbe Nummer größer? Gibt es. Mutter geht zufrieden ein paar Schritte durch den Laden und sagt: Herrlich, die sitzen gut, ich laufe wie auf Eiern (Mutters Ausdrucksweise für »wie in Pantoffeln«). Mit der Verkäuferin vereinbare ich, dass Mutter die Schuhe zu Hause in Ruhe probieren und gegebenenfalls umtauschen kann. Das sage ich auch zu Mutter. Nee, wieso, sagt sie, die passen doch gut, da laufe ich wie auf Eiern.

Auf dem Rückweg bleibt Mutter plötzlich stehen. Hab ich das geträumt, fragt sie, da steht eine neben mir und sagt: Machen Sie mal das Fenster auf, ich will da rausspringen!? Das hast du geträumt, sage ich, man träumt manchmal komische Sachen. Später war ich mir da nicht mehr so sicher.

*

Die grauen Tage schleichen sich an. Mutter hat wieder Mühe mit ihrem Bein, vor allem beim Aufstehen, wenn sie lange gesessen hat. Ich käme gar nicht mehr alleine zurecht, sagt sie im Bad. Das stimmt, sage ich. Der erste Weg von der Toilette bis zum Waschbecken kostet sie Überwindung. Sekundenlang steht sie, den Kopf gesenkt, beide Hände fest um den Haltebügel geklammert, bevor sich ihre Rechte löst und zu meiner Hand wechselt, ein höchst unsicherer Moment, denn Mutter sagt jedes Mal: Halt mich fest, Bärbel, und: Mein Gott, was das nur ist? Und ich denke jedes Mal, heute kommt sie nicht vom Fleck, aber dann tappelt sie plötzlich los, macht die nötigen drei Schritte und stützt sich gleich wieder mit beiden Händen auf das Waschbecken, als hätte sie einen Marathon hinter sich und würde ins Ziel fallen. Aber wenn sie kurz darauf sauber und frisch in ihrem Sessel thront, die Beine auf den Stuhl vor sich legt, ist alle Mühsal vergessen.

Ich streiche Mutter über die Oberschenkel, was sie gerne hat, aber auch um zu prüfen, ob die Muskelverhärtung an der Bruchstelle noch zu fühlen ist, auf die Mutters Beste mich aufmerksam gemacht hat. Mutter hat in letzter Zeit wieder öfter gesagt, dass sie die Stelle schmerzt. Tut dein Bein noch weh?, frage ich. Nein, nicht richtig weh, mehr so ein Spannungsgefühl, sagt sie, aber lass mal deine Hände da, die sind so schön warm.

Ich habe so gerne getanzt, sagt sie nach einer Weile und erzählt, dass sie als junges Mädchen zum Tanzen in die Bauernschänke gegangen ist. Bislang kannte ich nur ihre Tanzvergnügen im Kaisersaal. Das war nicht so teuer da, sagt Mutter, das war mehr für die Soldaten. Meine Mutter, erzählt sie weiter, hat immer gesagt, bleib nicht so lange. Und das habe ich auch nie gemacht, außerdem war ja immer der Rolf Beck aus dem Haus dabei, da brauchte ich keine Angst zu haben. Das hab ich auch meiner Mutter gesagt, hab keine Angst, der Rolf Beck ist doch dabei.

Der Rolf Beck, sagt sie, nach einem langen Blick aus dem Fenster, hat mich nach dem Krieg einmal in Bonn besucht. (Sie meint in der ersten Wohnung mit Vater, einer Mansarde gegenüber der Lutherkirche.) Hier wohnst du?, hätte der Rolf Beck gefragt. Das wäre ihr richtig peinlich gewesen. Ja, man denkt viel zurück, sagt sie in einem Ton, dem noch immer anzumerken war, wie peinlich es ihr damals gewesen sein muss, so ärmlich zu wohnen.

Wir drehen nur eine kleine Runde im Garten, um Mutters Bein zu schonen. Sie spüre die Stelle bei jedem Auftreten, sagt sie und will lieber noch ein bisschen auf die Bank vor dem Haus. Es ist wieder wärmer geworden, die Sonne schafft es aber nicht durch den milchigen Himmel. Mutter hofft immer noch auf eine Kastanie, aber es fällt schon seit zwei Wochen keine mehr vom Baum, nur Blätter, Blätter, Blätter …

Ich denke an Frau Stern, sie ist immer noch in der Reha. Ob sie jemals wieder laufen wird? Und ich vermisse Tatschhändchen, immer wieder, vor allem an Tagen wie diesen. Niemand in Sicht mit solch unbeschwertem Gemüt. Sie hatte immer ein Liedchen auf den Lippen, wenn wir uns auf dem Gang begegneten. Und meist haben wir dann auch ein paar Takte geschunkelt oder ein Tänzchen simuliert. Sie mochte Mutter sehr – Eine ganz liebe Frau, hat sie jedes Mal gesagt –, die zwei sind oft zusammen zum Frühstück erschienen und zusammen zurückgegangen auf ihre Zimmer.

Frau Michel, die im Sommer eingezogen ist, mit sechsundneunzig, ganz an den Rollstuhl gefesselt, ist zwar auch eine liebe Seele, aber viel stiller und ohne die geringste Spur rheinischen Blödsinns. Man hört die Schwäbin heraus, obwohl sie ihr halbes Leben in Bonn verbracht hat. Ihr Bruder hatte eine Metzgerei in der Römerstraße, gut möglich, dass Vater Frau Michel gekannt hat und bei ihr eines seiner geliebten Fleischwurstbrötchen gekauft hat. Wenn wir uns treffen, halte ich für einen längeren Moment ihre Hände, die sie mir entgegenstreckt, sobald sie mich erkennt. Das kann ja nur die Frau Schröder sein, sagt sie dann und schaut lieb zu mir hoch aus ihren sanft-braunen Augen.

Zuweilen denke ich auch an den seligen König, sehe ihn glücklich am Fenster stehen, Alles mein Reich! sagen, und immer wieder an Mister Feiersinger, charming old man, der so wunderbare Komplimente machen konnte, ihn werde ich wohl nie vergessen. Die Männer, die danach eingezogen sind, können ihm nicht das Wasser reichen, auch Herr Palm nicht, der vor allem mit sich selbst beschäftigt ist. Ob ich ihm hier raushelfen kann, hat er mich allen Ernstes gefragt. Neuerdings trainiert er, ohne Rollator zu laufen, dreht im Garten eine Runde nach der anderen. Wackelt, bleibt immer wieder stehen. Von Mutters Fenster aus kann ich ihn sehen. Wenn er sicher auf den Beinen ist, haut er hier ab, hat er angekündigt, geht zurück, dahin, wo er gewohnt hat, ein Leben lang, nach Haus …

*

Ich bin schon im Zimmer, sagt Mutter bei ihrem morgendlichen Anruf gleich nach dem Frühstück, kommst du ein bisschen rüber? Ja, sage ich, nach dem Mittagessen. (Früher habe ich gesagt: Nein, jetzt noch nicht, aber es tat mir leid für Mutter, wenn jeder Tag mit einem Nein beginnt.) Ja, ich komme doch immer erst nach dem Mittagessen. Um die Enttäuschung zu mindern, kündige ich an, dass ich heute das Auto mitbringe. Es ist Feiertag, wenig Verkehr, hast du Lust auf einen kleinen Ausflug? Ohhh, da freue ich mich jetzt schon. Du weißt ja, Hauptsache, raus, raus, raus.

Sonnenschein, leichter Wind, zwanzig Grad. An Allerheiligen, unglaublich. Das Rheinufer ist belebt, es gibt viel zu gucken, Kinder, Hunde, Radfahrer, Spaziergänger. Mutter interessiert noch immer, wie die Leute angezogen sind, ob ihnen steht, was sie tragen, ob die Farben zueinanderpassen. Ein älteres, sehr exklusiv gekleidetes Paar kommt vorbei, Kamelhaartöne, fließende Stoffe, sie könnten in einer der eleganten Rheinvillen zu Hause sein. Die kleine Frau trägt einen Hosenrock und farblich abgestimmte kniehohe Stiefel aus glänzendem Leder. Mutter zieht die Stirn in Falten, gleich wird sie sagen: Hosenrock bei der Körpergröße und in dem Alter!? Aber sie wiegt nur den Kopf und sagt: Tja, wenn's gefällt.

Gefallen an Mutter äußert später der attraktive Pfleger aus der Nachtschicht, eine Art persischer Robert de Niro, der heute ausnahmsweise früher arbeitet, wahrscheinlich ist wieder jemand krank. Er küsst Mutters Hand, sagt zu mir: Sie ist meine Liebste. Eine liebe deutsche Großmama. Dann zeigt er auf das handkolorierte Foto an der Wand, auf dem Mutter keine zwanzig ist. So schöne Frau, sagt er, wenn ich sie früher gekannt, wir hätten geheiratet. Er lächelt dezent, streicht dabei Mutter zart über die Schulter. Aber sie will nicht, sagt er, ich habe sie schon gefragt. Aha, sage ich amüsiert, hätte mir an Mutters Stelle die Antwort aber noch einmal überlegt. Wir erzählen viel, sagt der schöne Mann und meint jetzt nicht nur Mutter. Die Leute reden nachts, manche mehr als am Tag. Die Frauen immer von Familie, von Schwiegermutter, von böse Schwagerin, sagt er, die Männer nur Arbeit, Arbeit, Arbeit, alles, was sie gemacht haben in ihre Leben. Der gegenüber – er meint den verstorbenen Krings – war Elektriker, der hätte jede Nacht zu ihm gesagt: Hör mal, das ganze Viertel hier, hab alles ich verlegt! Dann klingelt das Diensthandy, der schöne Pfleger muss weiter, er winkt lachend ab. Im Rausgehen sagt er: Ich könnte ein Buch schreiben, so viele Geschichten hier …

*

Heute ist der neunte November, sage ich zu Mutter am Vormittag. Vor fünfundzwanzig Jahren ist die Mauer gefallen. Ist das schon so lange her?, fragt sie. Ja, sage ich, deswegen haben sie in

Berlin da, wo früher die Mauer stand, Tausende leuchtende Ballons aufgestellt, die steigen heute Abend in den Himmel. Mutter scheint von dem Event nicht sonderlich beeindruckt und sagt nur: Die machen auch aus allem was. Ich erzähle ihr trotzdem, dass Ute in ihrem Haus aufs Dach gehen wird, um sich von oben anzuschauen, wie die Ballons in den Himmel steigen. Waaas, aufs Dach, sagt Mutter, ist das nicht gefährlich? (Nein, aber, wie sich später herausstellt, auch überflüssig. Die mit Helium gefüllten Ballons erlöschen im Moment, in dem sie freigelassen werden, sodass keine leuchtende Lichterkette am Nachthimmel erscheint, die Ballons sind einfach nur weg, nicht mehr zu sehen, wie die Mauer, nur schneller, schneller weg.)

Dann stellt Mutter wieder die Fragen. Wie das nur kommt? Ihre Lieblingsfrage seit einiger Zeit. Woher der Regen nur kommt? Kuck mal da oben die Wolken, wie so was nur entsteht? Wie nur ein Mensch entsteht? Und neuerdings, wenn ich ihr gegenübersitze und meine Hände auf ihre Oberschenkel lege und sie dann ihre kalten Hände auf meinen Handrücken wärmt und mit den Fingerkuppen über meine Adern streicht, sagt sie: Also der Mensch, die Adern, wie so was nur entsteht? Sie fragt das alles so vor sich hin. Meist reicht ihr ein: Ja, das ist schon ein Wunder. Ja, ein Wunder, sagt sie dann und geht zur nächsten Frage über. Sie wirkt ganz zufrieden, wenn sie sich so ihre Gedanken macht.

•

Wir wollten doch irgendwas machen?, fragt Mutter unternehmungslustig. Ja, sage ich, du wolltest mal mit mir in den Brillenladen gehen. Ach ja, komm, los. Wir verlassen das Heim durch den Hinterausgang (obwohl der Heimleiter angeordnet hat, dass der in der Wintersaison zu bleiben soll), eine Abkürzung und die einzige Möglichkeit, dass Mutter es bis zur Hauptstraße schafft. Und es klappt auch. Auf halber Strecke sagt sie, das Bein ist besser geworden, es tut nicht mehr so weh, nur beim Laufen. Sie schiebt ihren Rollator tapfer weiter.

Im Geschäft erkläre ich dem Verkäufer augenzwinkernd, dass Mutter meine Stilberaterin sei und wir heute eine Vorauswahl träfen, ich käme dann später noch einmal alleine vorbei. Supi, sagt der kleine Mann und lässt uns tatsächlich ganz in Ruhe walten. Mutter ist angetan von den beleuchteten Wänden voller Brillengestelle. Ich nehme eine Brille vom Ständer und setze sie auf. Nee, sagt Mutter, die ist zu dunkel. Bei den nächsten fünf Brillen, die ich probiere, bleibt das ihre Meinung, nee, zu dunkel. Kuck doch mal, sagt sie, da in der Mitte, die dritte von oben. Ich nehme die Brille aus dem Regal, zeige sie ihr. Das ist ein Metallgestell, sage ich, das vertrage ich nicht. Ach so. Und die?, frage ich. Nee, die ist auch zu dunkel. Bei einer roten überlegt sie länger, sagt dann aber, kuck mal da in der Mitte, da sind doch schöne. Ja, aber die sind alle aus Metall, die vertrage ich nicht. Ich setze eine andere rote auf. Die scheint ihr besser zu gefallen. Kannst du denn schön sehen damit? Das ist Fensterglas, sage ich, es geht jetzt nur um das Gestell. Ach so.

Zum Glück will ich mich heute nicht wirklich für eine Brille entscheiden, es ist eher eine Unterhaltungsveranstaltung für Mutter, aber nach dem vierten »Guck doch mal die in der Mitte« und »Kannst du damit denn schön sehen« beschließe ich, allmählich zum Ende zu kommen, und wir machen uns auf den Heimweg. Das war gut, dass du dabei warst, sage ich unterwegs, jetzt weiß ich schon besser, was mir steht, es ist ja nicht so leicht, die richtige Brille zu finden. Mutters Blick sagt: Auf meinen Geschmack ist Verlass!

*

Elf Uhr elf. Eröffnung der Karnevalssession mit Musik von Herrn Feil, so steht es im Wochenkalender des Heims. Ich gehe extra später zu Mutter, um mich vor dem Humtata zu drücken, aber wie sich zeigt, nicht spät genug, die Party ist noch in vollem Gang. Der Heimleiter tanzt mit der Läuferin, die komplette

Crew vom Sozialen Dienst animiert zum Mitsingen und Klatschen, die Holländerin in ihrem Element, wie immer aufwendig kostümiert als kölsche Prinzessin – ruut-wieß.

Mutter wedelt mit dem Arm, als sie mich sieht. Sie sitzt mit dem Rücken zum Geschehen, ein Glas Malzbier vor sich auf dem Tisch. Ich rücke dicht an Mutter heran, verstehe aber kein Wort von dem, was sie mir zu erzählen versucht, verschwinde deshalb erst mal wieder und suche Exil in Mutters Wohngemeinschaft. Mutters Beste und der Katzich kennen meine Feilphobie, haben keine gute Nachrichten, sie schätzen, dass es noch bis fünf so weitergeht. Ich bin bedient, aber jetzt kann ich Mutter nicht mehr allein da sitzen lassen, jetzt, wo sie weiß, dass ich im Haus bin.

Zum Glück geht es dann doch schneller. Um drei ist Schicht für den Mann am Keyboard, »Goodbye my love«, sein letztes Lied. Der Heimleiter verteilt Servietten als Taschentücher und alle wedeln brav im Takt, goodbye, auf Wiedersehen … Eigentlich ein schöner Ausklang, aber der Heimleiter will unbedingt noch eine Zugabe, »Satisfaction«. Ohh nee, widerspricht Herr Feil, das passt doch nicht. Los jetzt, »Satisfaction«! Der Heimleiter kennt keine Gnade, und dann rockt er auch schon durch den Raum, die ersten Bewohner halten sich die Ohren zu, einige schmunzeln, weil sie ihren Heimleiter so kennen. Herr Feil hat ein Herz für die Alten, vielleicht auch seinen Terminplan, und lässt das Stones-Stück nur in Kurzform laufen. So schnell kommt er dann aber doch nicht weg, der Heimleiter ruft wieder Zugabe, wer hat noch einen Wunsch, was die Offizierstochter in die Puschen bringt. My way, ruft sie ihm zu, worauf an Mutters Tisch die Augen verdreht werden. Och, net schon wieder, immer datselbe, mault die Frau, die neben Mutter sitzt.

Aber dann wird es doch nicht datselbe, weil der Heimleiter zum Mikrofon greift und selber singt. Die vielen Tonsprünge haben es in sich, der Heimleiter ist auch kein Sinatra, und so wird er immer leiser, auch weil er sich auf den Text konzentrieren muss, den er abliest, und Herr Feil, der Alleinunterhalter, ihn kein bisschen dabei unterstützt. Dann ist das Lied endlich fertig, der Heimleiter ruft Alaaf in den Raum und: Machen Sie's gut, schlafen Sie schön, und um fünf geht es hier weiter. Da steht die Tanzgruppe der befreundeten Karnevalsgesellschaft auf dem Programm, aber die wird Mutter nicht mehr sehen, sie braucht eine Auszeit, so lange hält sie dann doch nicht mehr durch.

*

Die Steiger ist tot, sie war so alt wie Mutter. Beinahe täglich wechseln jetzt die Namen im Messingrahmen an der Rezeption. Manche sagen mir nichts, Pflegefälle, die ihr Zimmer selten verließen. Bei der Steiger ist es anders, sie war eine extravagante große Frau mit ebenso auffallenden Töchtern. Wegen ihr hat Mutter im Restaurant zum ersten Mal den Tisch gewechselt. Die Steiger ist scharf, hat mir Mutters Beste damals gesagt, ihre Bemerkungen gehen unter die Haut. Nichts für zarte Seelen wie Mutter. Sie hat seitdem immer den Blick gesenkt, wenn wir der Steiger begegnet sind. Ich habe ihr trotzdem zugewinkt, wenn sie in ihrem nachtblauen Morgenmantel am Fenster saß und die Leute beobachtete. Im letzten Jahr hat sie noch beim Sommerfest mit dem Heimleiter getanzt. In diesem Jahr hatte Mutter allein das Vergnügen, da war die Steiger schon zu schwach auf den Beinen. Und plötzlich ist sie weg. So wird es mit Mutter auch mal gehen. Aber es kann noch dauern, heute hat sie wieder gesagt: Mein Gott, in acht Jahren werde ich schon hundert …

Die mit der Hakennase hat es schon geschafft. Sie ist vor ein paar Wochen hundert geworden, die Bürgermeisterin kam zum Gratulieren. Die Tochter der Jubilarin, die Schwester vom ewigen Sohn, spricht uns im Café an. Angeregt durch die Lektüre von »Abschied von meinem Vater«, das Mutter ihr ausgeliehen hat, erzählt sie von ihrem beschwerlichen Weg in den Westen. Hast du das Buch zurück?, unterbricht Mutter, die ansonsten nichts versteht. Im selben Moment kommt der große Ehrenamtler und verwickelt sie in ein Gespräch. Wie es sich anhört, redet er öfter mit ihr.

Hast du dich schön unterhalten?, frage ich Mutter, als wir wieder allein sind. Wieso?, fragt sie. Na, der große Mann war doch eben da und hat mit dir gesprochen. Ach, sagt sie in einem Ton, als handele es um die langweiligste Sache der Welt, schüttelt den Kopf dazu: Das habe ich gar nicht mitgekriegt.

Beinahe täglich kommt es vor, dass Mutter mit jemandem spricht, angeregt auf Fragen reagiert, kleine Begebenheiten beiträgt, man könnte denken, sie wäre richtig fit im Kopf. Aber wenn ich sie kurze Zeit später darauf anspreche, weiß sie nichts mehr davon. Oder will es nicht wissen? Das ist die Frage, die ich mir immer wieder stelle, die mir Kopfzerbrechen bereitet. Wären es unangenehme Begegnungen, könnte ich es verstehen, aber sie wirkt so lebendig in diesen Momenten, schlagfertig, kess, dass auch der Heimleiter angetan ist, wenn sie mit ihm schäkert, und er jedes Mal zu mir sagt: Genießen Sie es … Aber keine drei Minuten später fragt Mutter: Waas, mit wem soll ich gesprochen haben? Mit dem Heimleiter? Weiß ich jetzt gar nicht, wer ist das noch mal?

Ich will ihr nicht unrecht tun. Das Kurzzeitgedächtnis macht sich ja bekanntlich als Erstes aus dem Staub, bei jedem, nicht nur bei Demenz. Vielleicht will Mutter nur vermeiden, dass ich den Eindruck gewinne, sie brauche meine Hilfe gar nicht. Denn wenn ich sage, Mensch, toll, dass du so fit bist, kontert sie auf der Stelle: Aber du siehst meine Tränen nicht, wenn ich abends im Bett liege. Eindeutig ist nichts. Sie fühlt – nicht führt – zwei verschiedene Leben, und ich springe mit ihr hin und her.

*

Du, Bärbel, ich bin schon wieder hingefallen, sagt Mutter mit Tränen in den Augen. Ist dir was passiert?, frage ich. Sie schüttelt den Kopf. Nö. Aber du hast dich erschreckt? Na, das kannst du dir ja vorstellen, die haben mich mit zwei Mann hochgeholt. Ich creme dich erst mal schön ein, sage ich. Wir machen doch gleich einen Ausflug. Ja? Wohin? Na, Gerd holt uns ab, dann fahren wir zum »Haus am See«, Waffeln essen. Oh, Waffeln.

Sie ist wohl ausgerutscht, sagt die Pflegerin, aber sie hat sich nichts getan. Ihre Mutter ist sehr aufgeregt gewesen, weil sie nicht von alleine hochkam, wir haben sie dann mit dem Rollstuhl ins Zimmer gefahren, das fand sie schon ganz toll, hat die Füße so hochgehalten, ich hab sie dann in ihren Sessel gesetzt, und als ich sagte, zum Glück haben wir ja einen Popo als Polster, musste sie schon wieder lachen. Also ich glaube, sagt die Pflegerin, da ist nichts.

Noch mal gut gegangen, denke ich und fahre mit der Vorbereitung für unseren Ausflug fort. Ich hole die neue Hose aus dem Schrank, zu der Mutter etwas Rotes anziehen möchte. Alle Bewegungen klappen gut, ohne dass sie sich beschwert. Einzig beim Schritt von der Toilette zum Waschbecken merke ich, dass ihr der Schreck noch in den Knochen sitzt. Länger als sonst braucht sie, bis sie den rechten Fuß vom Boden bekommt. Und statt vier Trippelschritte zu machen, die nötig sind, beugt sie sich nach dem dritten weit vor, bis sie den Rand des Beckens zu greifen kriegt. Das war knapp, sage ich, und obwohl meine linke Hand Mutters Hosenbund hält und meine rechte ihren Arm, weiß ich nicht, ob ich sie wirklich hätte halten können, wenn sie danebengegriffen hätte. Danach läuft alles reibungslos.

Gerd ist sehr pünktlich, und wir gehen gemeinsam zum Auto. Ich bin gestern (!) wieder gefallen, sagt Mutter zu Gerd. Nix passiert?, fragt er. Nö. Die Bewegungen beim Einsteigen schafft Mutter ohne Probleme. Alles gut, denke ich.

Wir sind nicht die Einzigen, die die Idee haben, den sonnigen Herbsttag in dem Ausflugslokal am See zu verbringen, aber wir haben Glück, bekommen noch einen Tisch. Waffeln gibt es keine. Mutter: Ohhhh … Sahnetorte mag sie nicht. Wir teilen uns schließlich das letzte Stück Hefekuchen mit Streusel und Rhabarber. Das schmeckt Mutter aber auch nicht besonders, das Drumherum ist interessanter, ihre Augen wandern hin und her. Dass man nicht mal jemand von früher trifft, sagt sie nach einer Weile. Wir sind doch in Köln, sage ich, hier kennst du ja auch nicht so viele Leute. Sie bleibt dabei: Früher hat man schon mal jemand getroffen. Aber du bist ja schon einundneunzig, sage ich, und die meisten sind nicht mehr da. Die sind schon eine Etage höher, sagt Gerd und zeigt nach oben. Mutter lacht, wie über einen unanständigen Witz. Jahh.

Nach einer Dreiviertelstunde hat sie genug. So, dann wollen wir mal, sagt sie. Die Sonne steht sehr tief, blendet Mutter so, dass sie kaum zum See gucken kann, will deshalb gleich zurück, ein paar Fotos sind aber noch drin. Auf der Rückfahrt beginnt es langsam zu dämmern, dabei ist es erst Viertel nach vier.

Ich bringe Mutter in ihr Zimmer, bleibe ein paar Minuten, damit der Übergang nicht so krass für sie ist, dann mache ich mich auf. Sie will mich bis zur Treppe bringen, zum Glück heute nicht bis runter, vielleicht weil die Dax und die Offizierstochter den Eingang bewachen. Die Schritte werden immer kleiner, hat die Dax hinter uns hergezischelt, als wir ins Haus gekommen sind. Mutter wird es nicht gehört haben, aber allein der Anblick der beiden.

Von zu Hause rufe ich Mutter gleich an. Da bin ich aber froh, dass du gut angekommen bist, sagt sie. Vom Sturz kein Wort. Um kurz nach halb sechs ruft sie weinend an, ich brauche ein bisschen Trost. Du musst zum Abendessen gehen, sage ich, und vergiss den Rollator nicht! Ja, gut, danke, sagt sie und knallt den Hörer auf.

Nach dem Abendessen meldet sie sich wieder. Ohne Tränen und auch vom Sturz kein Wort. Trotzdem schlafe ich schlecht. Vielleicht hat sie ja doch …

*

Gut, dass du kommst, empfängt mich Mutter im Restaurant. Auf dem Weg zum Aufzug flüstert sie mir zu: Ist schon alles in der Hose. Kein Problem, sage ich, das haben wir gleich, und beweise kurz darauf mein Geschick im rückstandsfreien Herausziehen einer vollen Vorlage. Im Zimmer vor ihrem Sessel liegt eine weitere nasse Hose und ein verdrehtes Stretchhöschen, auf dem Sessel die zur Seite geschobene, ebenfalls nasse Unterlage. Ein sicheres Zeichen, dass Mutter sich am Vormittag selbst geholfen hat.

Das kommt so plötzlich, sagt sie, da kann ich gar nichts machen, entschuldigt sie das zweite Malheur. Das ist nicht schlimm, sage ich, das geht den anderen auch so.

Zurück im Sessel auf einer frischen Unterlage, fühlt Mutter sich schnell wieder wohl und hängt einem Gedanken nach. Du, Bärbel, da ist einer, der erinnert mich an meinen Bruder, an unser Hänschen. Eine Spur von Geheimnis umweht ihre Worte, so als könne sie es selbst nicht glauben, aber auch nicht völlig ausschließen, dass ihr jüngster Bruder im Heim aufgetaucht ist.

Kurz darauf treffen wir ihn im Café. Ich erkenne ihn wieder, es ist der Mann, der Mutter bei meiner Ankunft gerade die Weihnachtskrippe gezeigt hat. Guten Tag, ich bin der Felix, begrüßt er mich und stellt sich als Praktikant im Sozialen Dienst vor. Seine Stimme klingt, als synchronisiere er eine Ente. Ob der das ist?, fragt Mutter auf dem Weg zurück ins Zimmer und folgert richtig: Der hat sich sicher auch verändert, die sehen ja alle nicht mehr so aus wie früher. Ich überlege kurz, ob ich sie auf dieser Fährte lassen soll, sage dann aber: Nein, das ist der neue Praktikant. Deine Geschwister sind bis auf Rosel alle tot. Du bist am ältesten von allen geworden. Sie sieht mich mit erstauntem und zugleich zweifelndem Blick an. Jahaa? Ach, am besten, man hört auf zu denken, winkt sie ab, lehnt sich in ihren Sessel zurück, schließt die Augen.

Der Blick von Frau Stern geht mir nicht aus dem Kopf. In Absprache mit Mutters Bester habe ich sie am Nachmittag kurz in ihrem Zimmer besucht. Ihre Tochter stand am Bett, hielt ihre Hand und hat mit ihr gesprochen. Die Bärbel ist da, sagte sie zu ihrer Mutter, die kommt dich besuchen. Aber Frau Stern reagierte nicht, ihre offenen Augen sahen nirgendwohin. In dem Moment war ich wieder froh, dass ich ihr im Sommer gesagt habe, welche Freude es für mich sei, sie kennengelernt zu haben. Sie hatte genickt, die Stern, und mein Knie getätschelt. Nichts aufschieben, das habe ich hier im Heim gelernt.

Kann sie verstehen?, fragte ich ihre Tochter. Man weiß es nicht, sagte die Tochter und versuchte, den Kopf ihrer Mutter vorsichtig in meine Richtung, also zur anderen Seite des Bettes zu drehen, aber Frau Stern machte nicht mit. Sie will sich nicht mehr zur Fensterseite drehen, sagte die Tochter, das hätten auch die Pfleger gesagt, dann würde sie sich ganz steif machen. Es erinnert mich an Vater. Bei seinen vielen Krankenhausaufenthalten hat er immer das Bett Richtung Fenster haben wollen, hat nach draußen geguckt und zum Licht gesehen. Erst kurz vor seinem Tod wollte er das Bett andersherum.

Wie lange wird sich mein Sternchen Zeit nehmen? Es hatte für mich heute den Anschein, als hauchte sie schon ihr Leben aus, ganz leicht lag sie da, als wöge ihr Kopf nur ein paar Gramm. Die Haut wie aus Pergament, Nase, Mund nach innen gezogen. Ihre Augen ruhig, aber ohne Blick, beinahe ohne Wimpernschlag. Auch beim Schlafen lässt sie sie auf, hat mir Mutters Beste gesagt. Wo sie wohl jetzt ist mit ihren Gedanken, die Stern, an welchem Ort, in welcher Zeit auf ihrer langen Lebensreise? Ob sie überhaupt noch etwas denkt?

Drei Bewohner sind in den letzten Tagen gestorben. Wir wissen alle, was hier passiert, hat der Katzich zu mir gesagt, es ist Herbst, und Herbst, Winter, da sterben die Leute. Ich erinnere mich, dass Mutter im Frühsommer gesagt hat, es ginge jetzt in den Winter, und ich ihr entgegnet habe, jetzt kommt doch erst mal der Sommer. Gut, hat sie gesagt, den nehmen wir noch mit!

Ich hab so schreckliches Heimweh, schluchzt Mutter am Abend ins Telefon, dabei sind alle so nett hier. Früher habe ich gefragt, wonach sie Heimweh hat, aber sie konnte es nie sagen. Jetzt sage ich nur: Armes Schneckchen, das geht wieder weg.

Es ist kein bestimmter Ort, an den es Mutter zieht, nicht die alte Wohnung oder so was. Eher die Zeit, die Zeit ihrer Kindheit, an die sie sich immer häufiger und mit Freude erinnert. Die Ferien bei Tante Toni und Onkel Kurt, den reichen Verwandten aus Greußen mit Wirtshaus und Pension, die sie mit dem Auto abholten mit offenem Verdeck. Davon schwärmt sie. Oder wenn sie nach der Schule zu Tante Frieda ging und dort auch übernachten durfte, wie bei Fräulein Mühlefeld, die »Komm Gerdchen, bleib hier« sagte und mit ihr das Essen teilte. Da hatte ich überall ein eigenes Bett, sagt sie, ja, die mochten mich alle gern.

*

Elternabend (das Wort finde ich passender für den Angehörigenabend) im Heim. In Mutters Zimmer brennt kein Licht. Vielleicht schläft sie schon oder weint still vor sich hin. Ich setze mich auf den Platz, an dem Mutter zu Mittag isst. Kurz darauf gesellt sich die Tochter von Frau Heinlein mit ihrem Ehemann zu mir. Telefoniert Ihre Mutter noch?, fragt mich der Mann. Ja, sage ich, sie ruft mich oft an. Wir haben unserer Mutter das Telefon weggenommen, sagt die Tochter, die hat ja pausenlos angerufen, auch in der Nacht. Und dann hat sie sich oft verwählt. Fremde Leute haben mich angerufen, stöhnt die Tochter, und haben mir gesagt, dass sie von meiner Mutter belästigt würden, das war zu viel für mich! Woher hatten denn die fremden Leute Ihre Telefonnummer?, hätte ich die genervte Frau am liebsten gefragt, stattdessen sage ich: Ihre Mutter ist noch nicht so richtig angekommen, sie weint so viel. Die Tochter nickt, ihr Mann sagt, man hätte ihnen nahegelegt, die Mutter nicht so oft zu besuchen, dann würde es mit dem Weinen besser. Aha, sage ich, mehr nicht.

Dann geht's auch schon los, es wird mein längster Elternabend. Der schwergewichtige Neffe von Frau Gundlach, die Meiersöhne, die Schwester der Bewohnerin mit Zöliakie, sie scheinen sich richtig gefreut zu haben auf den bunten Abend, sind mehr an Unterhaltung interessiert als an Information und bringen den Heimleiter ganz von seiner Gewohnheit ab, die anstehenden Programmpunkte zügig abzuarbeiten.

Die Vorstellung vom Katzich als neuem Pflegedienstleiter wird regelrecht zum Running Gag. Jedes Mal, wenn der Heimleiter auf ihn zeigt und sagt, so und nun wird sich Herr Katzich vorstellen, der seit dem Ersten Elften hier die Pflegedienstleitung übernommen hat, prescht ein Meiersohn dazwischen: Isch hab noch 'ne Frage – Lacher –, ja, kamma doch ma fragen, wo mer hier so zesamme sin. Wie is dat eijentlisch, wenn … Aus einer Frage werden mehrere. Die Tochter der Buckligen scheinen sie nicht zu interessieren, sie hat schon mal die Schuhe ausgezogen und prüft gerade anschaulich den Wärmegrad ihrer Füße.

Der Neffe von Frau Gundlach kommt jetzt auch aus sich raus, hebt den dicken Arm und sagt: Isch hab auch mal 'ne Frage, Beschwerdeformular, dat klingt immer so schlimm, kamma dat net anders nennen? Augenverdrehen bei allen, die an Tempo interessiert sind. Nein, sagt der Heimleiter, das sind vorgeschriebene Begriffe, die sind im Beschwerdemanagement vorgegeben, Punkt.

Isch hab mal 'ne janz andere Frage, traut sich jetzt auch die blondierte Schwester. Wenn die Putzfrauen dat Zimmer jemacht haben, lassen die immer dat Lischt an, also dat muss doch net sein, da kamma doch Enerjie einsparen, dat muss doch wirklisch net sein, oder? Zurückhaltende Zustimmung im Plenum. Der Heimleiter nickt ebenfalls verständnisvoll, verweist dann aber auf Bewohner mit Sturzgefährdung, die das Licht unbedingt brauchen. Ach so, sagt die Blondine, aber dann wollte isch noch sagen, dat die immer son Plastikbeutel in den Mülleimer tun, aber den nich nach unten drücken, un wemma dann wat da reinschmeißen will, flitscht dat immer daneben. Kamma dat denen nich mal sagen?

Der Controller der Putzfirma, der extra aus Essen angereist ist, um sich der im Vorfeld bereits eingeräumten berechtigten Kritik an der Arbeit seiner Mitarbeiter zu stellen, nickt freundlich, sagt: Selbstverständlich, danke für die Anregung, das ist ja kein Aufwand, das müsste zu machen sein. Wir sind doch hier bestens bedient, sagt die Dax vom Heimbeirat. Wie meinst du das, fragt die Offizierstochter, positiv oder negativ? Na, positiv, plärrt die Dax. Spätestens jetzt scheint sich der Controller zu fragen, warum er sich durch den Feierabendverkehr nach Köln gequält hat.

Dann endlich kann der Katzich das Wort ergreifen und sich vorstellen, er kommt aber nicht über seinen Namen und den Hinweis, dass sich in Zukunft einiges ändern wird, hinaus. Jetzt ist es der Heimleiter, der ihm ins Wort fällt. Wortreich schildert er die genauen Umstände für den Wechsel in der Pflegedienstleitung, Ruhestand, Risikoschwangerschaften, Sie können sich nicht vorstellen, was das für mich heißt, für die Planung. Die Blondierte ruft keck dazwischen: Wollte nicht eijentlisch der Herr Katzich … Breites Gelächter. Wir kennen ja unseren Chef, sagt der Katzich, der inzwischen auffallend schwitzt. Ja, Sie wissen nicht, was das alles für mich bedeutet, sagt der Heimleiter um Verständnis buhlend.

Dann kommt der Katzich endlich zu Wort, beschränkt sich auf das Wichtigste. Seine Zurückhaltung nutzt die Blondierte wieder aus: Wie is dat eijentlisch mit der Haftpflicht? Oh, neue Baustelle, die den Heimleiter von seiner Liste abbringt. Und wie läuft das mit der GEZ?, will der Schwiegersohn von Frau Heinlein auf einmal wissen und rechnet schnell aus, wie viel da im Haus zusammenkommt, aber dann erfährt er, dass seine Schwiegermutter gar nichts bezahlen muss, alles inklusive. Beim Telefon sieht es anders aus. Ich hatte gehofft, dass ein Elternabend einmal ohne die leidige Diskussion um die Grundgebühren auskommt, das Lieblingsthema der Enkelin, die jedes Mal erfolglos dafür kämpft, dass ihre demente Oma keine Grundgebühren bezahlen muss. Die kann nicht te…le…fo…nie…ren, skandiert sie aufs Neue. Ich schalte auf Durchzug, schenke mir ein Glas Wasser ein und sehe hinaus, hoch zu Mutters Fenster, meiner Zeit hinterher.

Dem Katzich habe ich zum Neustart eine Flasche Sekt geschenkt mit einer Fotokarte: Lieber eigene Spuren machen, als in fremden Fußstapfen gehen! Vor allem wegen der Karte, sagte er, hätte er sich gefreut.

*

Sieh mal nach draußen, sage ich zu Mutter, als sie nach dem Frühstück anruft, der erste Schnee! Jetzt können wir singen: »Schneeflöckchen, Weißröckchen …« Mutter stimmt mit ein, und wir singen alle Strophen bis zum Ende.

Am Nachmittag ist Weihnachtsfeier im Heim. Schwester Maari hat ihr Versprechen nicht halten können, Katzich hat sie woanders eingesetzt. Sie wollte Mutter am Morgen duschen und für die Feier schön anziehen, ich hatte alle Sachen rausgelegt. Also mache ich es wieder selbst. Ich ziehe ihr die neue rote Bluse an, aber sie hat nur Augen für meine silbergraue aus Chenille, die ich im Secondhand gefunden habe und heute zum ersten Mal trage. Also, die ist ja vielleicht schön, eine tolle Bluse, und zu dem Schwarz, also wirklich … das ist vielleicht eine schöne Bluse. Sag doch mal was zu deiner Bluse, sage ich. Och, na ja, über das Alte spricht man eben nicht so, aber du hast eine tolle Bluse an. Ich werde langsam sauer. Deine Bluse ist nicht alt, sage ich, die habe ich dir extra für die Weihnachtsfeier gekauft! Wahaass? So geht es den ganzen Nachmittag.

Wo fahren wir hin?, fragt Mutter, als wir schon um halb drei aufbrechen, um einen guten Platz zu bekommen. Wir fahren nirgendwohin, wir gehen zur Weihnachtsfeier. Ach so, da unten, sagt sie hör- und sichtbar enttäuscht. Es folgt eine umständliche Platzsuche. Hier nicht, schreit die Offizierstochter gleich auf, als wir uns an ihren Tisch (Mutters Mittagstisch) setzen wollen, zeigt auf freie Plätze am Fenster. Da gehen wir auch erst mal hin, obwohl mir schon mulmig wird, denn es ist der Tisch, an dem die Stock zu Mittag isst, das Miststück aus der Eifel. Mutter muss es ähnlich gehen, denn sie sagt: Hier will ich nicht sitzen.

Inzwischen ist es hinter uns voll geworden und nichts mehr frei bis auf einen Katzentisch unter der festlich illuminierten Birkenfeige. Von dort können wir zwar die Musiker kaum sehen, dafür haben wir nette Beleuchtung und noch etwas Platz um uns herum, was sich bei der zunehmend schlechter werdenden Luft als Segen erweist. Zum Glück habe ich uns eine Flasche Wasser und ein Glas besorgt, die anderen haben nichts zu trinken. Auf den Tischen stehen Teller mit Christstollen und Plätzchen. Kaffee und Glühwein gibt es erst in der Pause. Mutter schiebt sich ein Plätzchen nach dem anderen rein. So viel zu: Ich esse nichts Süßes, wegen dem Zucker! Kaffee will sie nicht. Das ist mir zu spät, sagt Mutter. Den Glühwein, ohne Alkohol, schon. Hier, probier mal, sagt sie. Schmeckt nicht schlecht, nicht so klebrig-süß, wie man ihn kennt. Die eine am Nachbartisch, die ihre Rollatorgriffe seit der Fußball WM schwarz, rot, gelb behäkelt hat, ordert gerade den dritten Becher, allerdings mit Alkohol. Der macht mich so schön warm, strahlt sie den Ausflugsfreund an, den immer gut gelaunten Mann vom Sozialen Dienst.

Einen Tisch weiter, da, wo die Fromm mit ihrer Familie sitzt, bekommt Frau Steinbach aus heiterem Himmel die ausgefahrene Rechte von der Großen aus der Sechs zu spüren und fällt dabei fast vom Stuhl. Schlag mich nicht, sagt sie zornig und rappelt sich wieder zurecht, doch die große Frau schlägt noch einmal zu. Hör auf, schreit die Steinbach, springt hoch und bahnt sich einen Fluchtweg durch die Menge. Die zarten Geigenklänge kommen jetzt nicht mehr gegen die beiden an. Die große Frau will hinter der Steinbach her, gerät dabei ins Wanken, und ich denke noch, die legt sich gleich hin, als der Ausflugsfreund herbeigeeilt kommt, um sie unauffällig wegzuführen. Die Geigen sind jetzt wieder zu hören, und die Feier nimmt ihren Lauf, endet wie immer im Vorlesen der Weihnachtsgeschichte durch den Heimleiter, jedes Jahr schneller, geleierter, als handele es sich um die allgemeinen Geschäftsbedingungen, auf die hinzuweisen er verpflichtet ist.

Das »Stille Nacht«, also das definitive Ende der Veranstaltung, verläppert sich in einem Laaalala, weil vergessen wurde, Texte auszulegen, und die, die Lieder auswendig können, heute anscheinend nicht in Form oder nicht mehr dabei sind. Egal. Der Heimleiter schüttelt Mutter und mir in der Ecke als Letzten die Hand und wünscht uns und unserer ganzen Familie ein schönes Fest. Das wünschen wir Ihnen auch, sagen Mutter und ich sehr brav und beinahe unisono. Dann legen wir einen Gang zu und schaffen es, bei den ersten am Aufzug zu sein. Das ist Mutter wichtig, sie hasst es, in der Schlange zu warten, aber da wir darauf verzichtet haben, auch den anderen schöne Weihnachten zu wünschen, hat es ja auch geklappt.

Sollte da nicht so eine Feier sein?, empfängt mich Mutter am folgenden Nachmittag. Die Weihnachtsfeier, sage ich, die war gestern, da hattest du die schöne rote Bluse an, die ich dir dafür gekauft habe. Sie fasst sich an die Stirn, sagt: Kresi, also wirklich, ich bin kresi …

*

Die neue Pflegerin hat Dienst. Wie sich erst jetzt herausstellt, war sie diejenige, die Mutter vor einigen Wochen für ihre Schwester Rosel gehalten hat. Inzwischen hat Mutter den Vorfall vergessen, die beiden haben einen guten Draht zueinander gefunden, über das Stricken. Mutter bringt es ihr bei, ist stolz, dass sie auch mal helfen kann. Da ist eine, sagt sie, der soll ich das Stricken beibringen, also dass die Mutter von der das nicht kann? Ihre Mutter lebt in Jena, sage ich. Ach sooo.

Mutter zuliebe bleibe ich heute zum Mittagessen, quasi mein Weihnachtsgeschenk. Da freue ich mich aber, sagt Mutter, da schmeckt es mir gleich noch mal so gut. Feines Gemüsesüppchen, Entenbrust mit Rotkohl und Kartoffelklößen, zum Nachtisch Orangencreme. Mutter trinkt sogar ein halbes Glas Rotwein. Wir sitzen uns gegenüber, können uns nur mit Blicken verständigen, mit meiner Nachbarin zur Rechten klappt die Unterhaltung gut. Ich werde dreiundneunzig, sagt sie, im Januar. Ich hätte sie viel jünger geschätzt. Sie kommt aus Saalberg in Thüringen, ein Dorf mit fünfhundert Einwohnern, aber vier Gasthäusern mit Fremdenzimmern, sagt sie, und die waren immer belegt, so schön war es bei uns daheim. Ich frage nach ihrem Geheimnis, so alt zu werden. Ich wollte das gar nicht, sagt sie, ich bete jeden Abend, dass ich einschlafe.

Sie sei nicht fit, erzählt meine Nachbarin weiter. Sie sehe schlecht, höre schlecht, habe Probleme mit der Hüfte, könne nicht schlafen, erst gegen Morgen nicke sie ein. Wenn die Pfleger sie weckten, würde sie am liebsten liegen bleiben. Die vielen Verwirrten, sagt sie mit einem Handwischer, tragen auch nicht zur guten Laune bei. Die Frau von gegenüber wäre gestern zu ihr ins Zimmer gekommen, hätte sich in ihr Bett gelegt. Ich hab die gar nicht wieder rausbekommen, sagt sie. Und die daneben (sie meint Pony zwei), die kennen Sie doch auch, sagt sie zu mir, die hat gestern den Stuhl aus dem Restaurant mitnehmen wollen. Die hat sogar selbst gesagt: Ich bin verwirrt, sagt meine Nachbarin. Sie selber ist es jedenfalls nicht.

Du hast gut gegessen, sage ich zu Mutter, als sie das letzte bisschen vom Teller kratzt. Ich esse immer gut, ich esse immer meinen Teller leer. Das stimmt nicht, widersprechen die beiden Damen am Tisch fast gleichzeitig, nur wenn es schmeckt! Ich kniepe Mutter zu, sie lächelt zurück. Nach dem Kaffee bringe ich sie auf ihr Zimmer, dann mache ich mich auf den Weg, gehe mit Gerd am Rhein entlang zum Dom.

*

Frau Eigen hat ihren ersten Auftritt als Altenbetreuerin. Sie bringt ihre Gitarre mit und fängt gegen drei Uhr an, die Bewohner einzusammeln und in die Küche zu bewegen, wo sie mit ihnen singen will. Mutter hat tags zuvor zugestimmt, aber jetzt ist ihr eigentlich nicht nach Singen, sie hat sich aber doch breitschlagen lassen.

Viele kommen nicht zusammen, die Fromm, die ohnehin nur noch in der Küche sitzt und stundenlang ihre Serviette faltet, daneben Mutter, der fast taube Professor, der ins Zimmer der Heinlein gezogen ist – von lackweiß auf Eiche rustikal –, ich, die Döse und die taffe Frau mit dem Buckel, die gleich sagt, sie könne nicht singen, würde aber gerne zuhören. Dat macht nix, sagt die Eigen, eine echte Kölsche, Sie können ruhisch mitsingen. Nein, insistiert die Bucklige, ich kann keinen Ton mehr halten, ich singe nicht mit. Ihre Tochter, die neben ihr Platz genommen hat, verdreht die Augen. Die Dax am Katzentisch im Hintergrund behält die Szene scharf im Blick.

Dann legt die Eigen los: Isch bin die Frau Eigen, wie Eigenheim, nur ohne Heim (gewagter Einstieg, jedenfalls hier, denke ich), und isch hab mal ein schönes Karnevalslied ausjesucht, sagt sie in ihrem rheinischen Singsang, wat Ruhiges, dat gefällt Ihnen bestimmt allen. Sie ruckelt ihre Gitarre zurecht und beginnt mit einem längeren Vorspiel. Mutter runzelt die Stirn. Kenne ich nicht, sagt sie leise vor sich hin. Der Professor hält den Kopf gesenkt, wahrscheinlich hört er gar nichts. Was ist das denn?, fragt die Döse neben mir laut dazwischen.

Zwo, drei, vier …, hebt Frau Eigen an und beginnt: Rut, rut, rut, rut sin de Ruse …, ein Lied, das ich noch nie gehört habe, die anderen anscheinend auch nicht. Der Eigen fällt nach der dritten Strophe auf, dass niemand mitsingt. Dat ist ein schönes Lied, sagt sie, dat hat bestimmt jedem gefallen. Isch kopiere mal den Text, dann kann auch jeder mitsingen. Und jetzt noch ein Karnevalslied, dat bestimmt jeder kennt. Sie beginnt wieder mit einem Vorspiel. Kenne ich nicht, sagt Mutter wieder vor sich hin. Der Professor hält noch immer den Kopf gesenkt, inzwischen sind auch die Augen zu. Mutter zippelt an seinem Hemdärmel, woraufhin er aufsieht. Gute Nacht, sagt Mutter, er starrt sie verständnislos an.

Da erkennt Mutter das Lied und singt, ein bisschen neben der Tonart und dem eigentlichen Text: »Dreimol Null is Null is Null, denn mer woren met dem Kayjass en d'r Schuhuhul.« (Du, Bärbel, wer ist eigentlich dieser Kayjass?, fragt sie mich ein paar Tage später.) Toll, dat war doch schön, sagt die Eigen, Karnevalslieder kennt ja doch jeder hier. Meine Mutter ist aus Erfurt, wage ich einen Einwand. Ja dann, ach so, isch hab ja so viele Lieder mitgebracht, dann singen wir mal ein schönes Volkslied. Kenne ich nicht, sagt Mutter beim Vorspiel, doch dann ist sie schnell dabei. »Horch, was kommt von draußen rein, holla-hi«, singt sie laut mit, das Lied haben wir Ute vor Kurzem erst auf den Anrufbeantworter gesungen. Deswegen bin auch ich textsicher und singe mit. Die Döse nur bei hollahi, die Bucklige wie angekündigt gar nicht, ihre Tochter verdreht wieder die Augen, steht schließlich auf, um nebenan im Pflegebüro mit dem Katzich zu plaudern. Die Dax inspiziert weiter tonlos aus dem Hintergrund.

So geht es noch ein paar Lieder weiter. Jetz kommt noch ein schönes Lied, dat jeder hier kennt: »Mer losse d'r Dom in Kölle«. Ja, das kennt Mutter und auch die Döse, selbst die

Bucklige entlockt sich ein paar Töne. Dat ist doch eine dolle Gruppe hier, strahlt die Eigen mit roten Wangen in die Runde, isch werd mal alle Namen notieren, dann können wir dat wieder machen, also die Frau Schröder, die Frau Fromm, der Herr Zickenhahn – Ziskenhagen, korrigiere ich den Namen des Professors, den alle Professor nennen, weil keiner sich den Namen merken kann – ja danke, also der Herr Zickenhahn, die Frau Döse … und dann singen wir wieder zusammen, isch hab noch so viele schöne Lieder, und dat hat doch auch allen richtisch Spaß gemacht. Mutter beginnt zu husten, die Fromm hustet mit. Ich hole mal für alle Wasser, unterbricht die Eigen ihre Notizen und äußert Verständnis: Da ist ja die Kehle auch voll trocken vom Singen, ne? Aber bevor Frau Eigen eine Sprudelflasche findet, sind alle aufgestanden, und das Gerangel um die Rollatoren beherrscht den Raum. Die Eigen wirkt überrascht von dem plötzlichen Aufbruch, sie hat wohl nur an eine kurze Trinkpause gedacht, bevor sie mit ihren schönen Liedern weitermacht. Ja, dann bis zum nächsten Mal, ruft sie von hinten in den Raum.

Wer war das eben noch mal?, fragt Mutter im Zimmer. Das war die Neue vom Sozialen Dienst, die Frau Eigen, wie Eigenheim nur ohne Heim.

Auf dem Gang begegnen wir der Tochter von Frau Stern. Ich erkundige mich, wie es ihrer Mutter geht. Sie ist gestern eingeschlafen, sagt sie, wir waren den ganzen Tag bei ihr, meine Tochter und ich, die Kinder haben noch gesungen. Später ist mein Sohn gekommen (von dem mir die Stern viel erzählt hat und mit dem sie viel gereist ist), er hat ihre Hand gehalten und dann ist sie eingeschlafen, ganz friedlich.

Ich gebe der Tochter von Frau Stern die Hand, sage, wie gern ich ihre Mutter hatte, merke dabei, wie das Wasser unter meinen Lidrändern steigt, und nehme sie unwillkürlich in den Arm. Sie bedankt sich für die Anteilnahme, wirkt in dem Moment gefasster als ich. Wie alt ist sie denn geworden?, fragt Mutter. Sechsundneunzig, sagt die Tochter. Das ist aber doch ein schönes Alter, sagt Mutter, ich bin auch schon einundneunzig. Dann lassen Sie es sich noch lange so gut gehen, sagt die Tochter der Stern. Ja, sagt Mutter, ich hab ja meine Tochter, die hilft mir, die ist ein treuer Kamerad.

Ich hab so Heimweh, aber wonach?

Ein Jahr ist vergangen, von außen betrachtet hat sich nicht viel verändert, nur die brüchige Backsteinmauer wurde durch Beton und glänzenden Eurostahl ersetzt, was den Zoocharakter verstärkt, wenn man am Heim vorbeigeht und die Bänke mit den Alten durch die Gitterstäbe sieht. Analog aufgewachsene Gattung, könnte dranstehen, letzte Vertreter einer aussterbenden Art, einzeln oder paarweise anzutreffen, sehr schön anzusehen. Aus der Ferne sieht ja immer alles gut aus, auch die Almwiesen sind von Weitem grün, erst wenn man sich nähert, erkennt man die kahlen Stellen, die Fliegen, die Scheiße. So ist es im Heim auch.

Der Katzich hat die Pflegeleitung geschmissen, wohl weil er merkte, dass ihm wenig, zu wenig Spielraum blieb, um wirklich etwas zu verändern. Wie läuft's?, hatte ich ihn vorher gefragt. Er verdrehte die Augen, meinte, der Heimleiter funke ihm immer dazwischen, dem ginge es nur um Kosten, Kosten. Pflege, Wäsche, Inkontinenzartikel, jede Wohngruppe benötige von allem zu viel.

Seine Nachfolgerin, eine elegante Frau aus Düsseldorf, stets mit Akte unter dem Arm – eine Studierte, wie der Katzich sagt –, hat sich wohl deshalb auf extrem winzige Spielräume gestürzt. Mit vielen Formularen, in Teamsitzungen und Einzelgesprächen hat sie sich dafür starkgemacht, dass Umarmungen der Bewohner künftig als nicht erwünschte, übergriffige Handlung einzustufen sind und die Bewohner auch nicht mehr geduzt werden dürfen, es sei denn, sie wünschen es selbst, was dann in der Pflegeakte auf entsprechenden Vordrucken dokumentiert werden muss. Bislang war es nicht anders, aber jetzt ist es amtlich. Den Rest, also die eigentliche Arbeit der Pflegedienstleiterin – dafür zu sorgen, dass jeden Tag in jeder Wohngruppe Leute anwesend sind, die pflegen können –, hat sie nicht auf die Reihe bekommen, weshalb sie von einem auf den anderen Tag verschwand und der Katzich wieder ranmusste als Pflegedienstleiter, diesmal in Vertretung.

Was lange andauerte, erst im Herbst fand sich eine Nachfolgerin – eine vom Fach, wie der Katzich meint, wenn er sagt: aus der Pflege von unten hochgekommen. Er weist sie gerade ein. Ich bin ihr noch nicht oft begegnet. Als ich das erste Mal in ihr Zimmer kam, stand sie auf, nannte ihren Namen und knallte ein »Pflegedienstleitung« hinterher, ich kam mir vor wie auf dem Kasernenhof, fast hätte ich die Hacken zusammengeschlagen und »Schütze Schröder« gebrüllt. Sie ist nicht sehr gesprächig, ihre Sätze sind kurz, aber sie strahlt Kraft aus wie ein Schwertransporter, der sich nicht so schnell aus der Spur bringen lässt. Das wird jetzt alles wieder, Frau Schröder, versicherte mir der Heimleiter. Ich bin gespannt.

Die Neue wird nichts daran ändern können, dass seit geraumer Zeit zusehends gespart wird und ich mich oft ärgere, wie wenig an Pflege Mutter für ihr Geld bekommt. Die Pfleger sind daran nicht schuld, auch die Pflegerin aus Jena nicht, selbst wenn ihr ein paar Fehler unterlaufen sind, sie war herzlich im Umgang mit Mutter und hat auch andere Bewohner heimlich weiter liebkost. Leider ist sie nicht mehr da. Die Zeit reicht einfach nicht. Es wird mit Pflegeeinheiten, so heißt das hier, jongliert wie mit Sandsäcken vor dem Dammbruch, hier eine Lücke gestopft, dort zwei Säcke drauf, in der Hoffnung, dass die ganz große Katastrophe ausbleibt.

Mit Pflege im ursprünglichen Sinn hat das nichts zu tun, es klingt zwar schön: Pflegeheim, so schön wie Luftschloss, wie Märchenwald, aber es geht wie bei allem ums Geld. Die Wirtschaftsprüfer sind häufiger im Heim als der Weihnachtsmann, laufen mit ihren Laptops herum, stoppen Zeiten und Wege, zählen die Scheiben der Wurst. Ich hätte mir früher nie vorstellen können, dass die gebrauchten Vorlagen oder Pampers, wie Mutter jetzt sagt, auf ungenutzte Kapazitäten (!) hin kontrolliert werden, das heißt, die untersuchen die Müllsäcke allen Ernstes nach Vorlagen, in die noch ein bisschen mehr reingepasst hätte. Keiner dieser smarten Typen – es sind alles Männer – hat jemals in randvollen Pampers gesessen oder, schlimmer noch, ist damit herumgelaufen und hat erlebt, wie die Vorlage unter dem Gewicht von Kot und Urin der Schwerkraft nachgibt, sodass das dünne Stretchhöschen, das darübergezogen wird, an seine Dehnbarkeitsgrenze kommt. Was dann passiert, kann man sich vorstellen. Ich erkenne das schon am Gang, hat mir der Katzich mal gesagt, wenn die Leute die Beine so zusammenkneifen. Der Anblick tut weh.

Vaters Auftrag erfülle ich weiter, nach langer Zeit habe ich wieder öfter an seine Worte gedacht, vielleicht auch, weil ich über sein Ziel weit hinausgeschossen bin. Zwanzig Jahre ist es her, dass er zu mir sagte: Kümmer dich um die Mamm! Und damit wahrscheinlich meinte: Sieh zu, dass Mutter versorgt ist, dass sie es warm hat, ein schönes Bett und gut zu essen. Und sicher nicht: Besuch sie täglich, wenn es ihr schlecht geht zweimal am Tag, hilf Mutter, die inneren Nebel zu vertreiben, halte ihre Erinnerung wach, heitere sie auf, sorg für gute Laune und ausreichend Bewegung, bring ihr jeden Tag was Schönes mit, putz ihr den Hintern, pflege sie! So wird er es nicht gemeint haben, ganz sicher nicht. Aber Mutters Wohlergehen ist im Laufe der Jahre zu meiner eigenen Sache geworden. Häng dich nicht so rein, versucht Gerd mich zu bremsen. Lass mich, das ist mein Job!, sage ich dann. Ich fühle mich gut, wenn es mir gelingt, Mutter wohlauf zu sehen, wenn auch nur für ein paar Stunden oder Minuten, am Ende des Tages ändert es sich ohnehin, und übrig bleibt: Ich hab wieder so Heimweh, Bärbel. Heimweh wonach?

Mutters beginnende Demenz – so ist es in ihrer Pflegeakte und den Gutachten dokumentiert – habe ich jedenfalls vor einem Fortschreiten bewahren können (Der Hauspsychiater grüßt mich inzwischen, seinem Blick entnehme ich einen Funken Respekt). So bleibt es bei Mutters Teilzeitdemenz, wie ich es nenne, denn wenn Mutter ausreichend trinkt, sich bewegt und wir zusammen etwas unternehmen, das ihr gefällt, ist von Demenz nicht viel zu spüren. Aber mein Ehrgeiz, sie weiter auf diesem Stand zu halten, ist ein bisschen abgeflaut, auch wenn ich ihr immer noch all die Dinge erkläre, die ihr zwischenzeitlich oder ganz entrutscht sind. Ich animiere sie auch weiter zum Laufen, bis zum Röschen, ums Karree, nur bei wirklich miserablem Wetter drehen wir unsere Runden im Haus. Tief in mir drinnen schlummert immer noch der Wunsch, Mutter glücklich zu machen oder wenigstens zufrieden.

Mit dem Auto fahren wir aber nicht mehr weg, außer wenn Gerd sich ans Steuer setzt. Zu viel Stress für meine Nerven, die anfällig geworden sind. Mutter freut sich nach wie vor über schöne Sachen oder kleine Leckereien, die sie im Heim nicht oder nur selten bekommt, Erdbeeren, Kirschen, Quarkbällchen, kölsche Flönz. Und immer noch, auch nach vier Jahren, muss ich zwischen ihr und den Pflegekräften moderieren, weil ständig neue Leute kommen und auch die vielen Praktikanten und Aushilfen im Sozialen Dienst so schnell wechseln, dass selbst ich mir die Gesichter und schon gar ihre Namen nicht merken kann. Viele kennen sich nicht aus, sprechen mit Akzenten, die die Bewohner nicht verstehen, aber sie laufen herum, sind zu sehen und lenken von der Misere ab, dass die Pflegedecke dünner geworden ist, auch wenn mir der Heimleiter immer wieder aufs Neue versichert, dass sein Pflegeschlüssel stimmt. Aber das ist ja keine Garantie für gute Pflege, war es vielleicht noch nie.

Als im Frühjahr die Grippewelle durchs Heim zog und auch mich erwischte, erholte ich mich nicht wie Mutter und die meisten anderen, sondern hörte auf einmal wie durch eine Wand, und mein Kopf fühlte sich an, als stecke er in einem engen metallenen Netz. Danach habe ich nur eine kurze Schonzeit genommen und meine Mutterzeit gleich wieder eingehalten, bin jeden Tag ins Heim, alle anderen Regelungen kamen mir künstlich vor, wie dienstlich verordneter Abstand. Es verringerte nicht meine Sorge, Mutters Ende zu versäumen, also nicht die Angst, dass sie stirbt, sondern davor, im entscheidenden Moment, wenn sie mich vielleicht am nötigsten braucht, nicht bei ihr zu sein.

Am ersten Tag bekam ich kurz vor dem Eingang weiche Knie und einen trockenen Hals, aber dann war es doch einfacher, als ich es mir ausgemalt hatte. Ich hab Sie schon vermisst, sagte der Sohn von Frau Rahn, der Lehrerin, waren Sie in Urlaub? Nö, kleine Auszeit, hab ich geantwortet. Da hat er gelacht: Ja, muss auch mal sein. Die Läuferin war schon etwas direkter. Ich sähe schlecht aus, meinte sie und spielte direkt auf meinen Gewichtsverlust an: Wollen Sie das zurück? Ja, habe ich gesagt, sind ja nur drei Kilo. Der Katzich und Mutters Beste haben sich, glaube ich, einfach nur gefreut, dass ich wieder da war. Keine Besserwisserei, wir haben es Ihnen ja prophezeit und so weiter, nichts davon. Machen Sie nicht wieder zu viel!, war alles, was Mutters Beste sagte, und es war ihr wirklich ernst, das konnte ich spüren, als ihre Hand auf meiner Schulter lag.

Und? Wie ist es dir ergangen?, frage ich Mutter, so ohne mich? Och, ich hab viel geschlafen. Schlafen, schlafen, da denke ich an nichts. Und hat mich der Affe vermisst? Jahahh, der hat gefragt, wo bleibt die denn?

Beim Anblick von Mutters Wäsche allerdings, deren Reinigung ich während meiner Abwesenheit dem Heim überlassen hatte, gehe ich gleich wieder über meine Grenzen. In einem langen Brief beschwere ich mich bei der Heimleitung, und da ich einmal beim Schreiben bin, fallen mir immer mehr Dinge ein oder besser Zustände, über die ich mich schon lange ärgere, und dann schreibe ich einfach alles auf, was mir mehr und mehr gestunken hat im Laufe der Zeit. Es kommt aber kein Brief zurück, wie ich gedacht hätte. Stattdessen lädt mich der Heimleiter, immer noch ein Mann der schnellen Tat, zum Gespräch ein.

Und so sitze ich kurz darauf in seinem Zimmer und wiederhole alles noch einmal, und mein Kopf wird immer heißer, weil meine Nerven für diese Art Gespräch noch nicht wieder stabil genug sind, weshalb ich mich ja auch für einen Brief entschieden habe. Und als der Heimleiter wieder von der Einhaltung des Pflegeschlüssels spricht und mir zum Beweis all seine Unterlagen vorlegt und sagt, da könne er nichts mehr machen, stehe ich auf, beende das Gespräch, das nicht wirklich eines war, und gehe zu Mutter hoch ins Zimmer, die mich ansieht und erstaunt fragt: Warum regst du dich denn so auf? Ich erzähle ihr nur von den Hosen, den Rest lasse ich weg, um sie nicht zu beunruhigen. Da winkt sie mit einer lässigen Geste ab und sagt: Ist doch nicht so schlimm, das ist mir noch gar nicht aufgefallen.

Der Heimleiter, der möglicherweise sogar Verständnis für meine Beschwerde hat und deswegen zumindest ein klitzekleines bisschen was für mich tun will, schaltet sich nach meinem endlosen Hin und Her mit der Wäschefirma (Heimleiter: sehr kulanter Betrieb!) selbst ein und verlangt eine Entschädigung. Die bekommt Mutter: vierzig Euro für sieben versaute Hosen. Auf dem Nachhauseweg knalle ich sie, die Hosen, in die nächstbeste Mülltonne, und Gerd schmunzelt, als ich heimkomme und meine Wut langsam verraucht: Du allein gegen das Heim, wie soll das gehen? Später googele ich, wo eigentlich die Leute sitzen, von denen der Heimleiter gesprochen hat, denen er verpflichtet ist und die ihm selbst kaum Spiel lassen. Und hinter den Leuten lande ich ziemlich schnell bei den großen

Banken und der nicht kleinzukriegenden Gier, aus jedem Euro ein paar Cent mehr rauszuquetschen, und ich schalte den Computer wieder aus, und mein letztes Fünkchen Gutmenschenglaube schwebt zum Fenster hinaus. Ich kümmere mich wieder ausschließlich um mein Kerngeschäft, wie man heute sagt, um Mutter.

In der Nacht liege ich manchmal wach und denke an sie. Es tut mir so leid, wenn sie immer deutlicher spürt, wie die Nebel kommen, ihre Erinnerung nachlässt, sie Personen, Ereignisse nicht mehr richtig zuordnen kann, Dinge vergisst, die sie zwei Minuten zuvor gesagt hat. Ich glaube, ich verliere noch die Besinnung, meinte sie einmal in unserer gemütlichen Stunde und hat sich dabei an den Kopf gefasst, so als hätte sie einen schweren Gedanken zu greifen. Das ist schrecklich, ganz sicher. Wenn ich bei ihr bin, geht es noch, da kann ich ihr behilflich sein im Zuordnen, was das Zeitliche angeht, räumlich hat sie nicht so viele Probleme, Bonn, Erfurt, Köln, die Ute in Berlin, das klappt noch ganz gut, vielleicht auch, weil wir dauernd darüber sprechen. Aber nicht am Telefon, da hilft es nicht, vor allem nicht mir. Wenn sie auflegt, hat sie es vergessen, auch dass sie angerufen hat. Wie lange wird sie mich noch mit der Bärbel, die sie anruft und deren Nummer gut sichtbar auf ihrem Nachttisch liegt, in Verbindung bringen? Wie lange wird sie sicher sein, es geht dabei um ein und dieselbe Person?

Vielleicht ist sie deswegen stiller geworden, auch wenn es viele weitere Gründe gibt. Einer ist sicher Frau Stock, dieses elende Miststück, von der Mutter immer noch gemobbt wird. (Im Traum befördere ich die Stock manchmal ins Jenseits, gebe ihrem Rollator knapp vor der Treppe einen kernigen Tritt.) Ihre Attacken sind zwar seltener geworden, weil meine Beschwerden bei der Heimleitung Erfolg hatten und alle Mitarbeiter angehalten sind, Frau Stock von Mutter fernzuhalten, aber wenn sie denen ausbüxt und die Stock Mutter sieht, fährt sie ihr glatt in die Hacken oder gegen die Knie und brüllt mit ihrer lauten Bauernstimme: Lassen Sie sich von der nicht vollkotzen! Neue Bewohner und Besucher reagieren dann irritiert, weil sie den Zustand der Stock nicht einschätzen können. Ich letztlich auch nicht. Der Verdacht, dass sich Demenz auch willentlich einsetzen lässt, um mal richtig die Sau rauszulassen, ist mir im Laufe der Zeit bei einigen gekommen, bei der Stock hält er sich permanent.

Überhaupt hat sich die Zahl der freundlich gelassenen Alten im Haus verringert. Es kommen viele schwere Fälle. Das Zimmer gegenüber von Mutter wurde im vergangenen Jahr zweimal neu besetzt, erst mit einer Frau. Ich sah sie einmal an der Tür lehnen und hauchen: Ich bin 'ne Kölsche, hören Sie! Ihre Tochter kam jeden Tag, sprach ein paar Worte mit ihr, einmal blieb sie länger, machte der Mutter ein Fußbad, am nächsten Morgen war die Kölsche tot. Seitdem ist ein Mann in dem Zimmer. Er pendelt zwischen Heim und Krankenhaus, richtig gesehen haben Mutter und ich ihn bisher nicht, nur einmal kurz auf der Trage.

Schön für die Stimmung im Haus ist das nicht, auch nicht schön für Mutter. Wenn sie zumindest eine Person hätte, mit der sie sich wohlfühlt und der sie sich mal anvertrauen kann. Tatschhändchen hat zwar nicht viel verstanden, aber sie war Mutter so zugeneigt und hat sie angelacht, ihr liebevoll den Arm getätschelt, da ist jetzt niemand mehr. Die Heinlein ist im Sommer gestorben, und mit der blassen Frau von Maruhn, einer hochgeschossenen Bohnenstange – sie ist sicher Balletttänzerin gewesen –, die ins Zimmer von Frau Stern gezogen ist, kann Mutter nichts anfangen. Die eine, die Mutters Jacke auf dem Gewissen hat, wandelt immer noch durch die Zimmer und sammelt ein, was sie zu fassen kriegt, obwohl sie mittlerweile zu den Dementen gezogen ist, also dahin, wo die Tür nach außen zu ist. Mutter forscht seit Monaten nach ihrer weißen Popelinejacke, wahrscheinlich liegt sie irgendwo im Gebüsch. Herr Palm geht übrigens wieder am Rollator. Aus seinem Traum, selbstständig laufen zu können, um hier rauszukommen, wird wohl nichts.

Mutter bekommt zum Glück von dem ganzen Trara nicht viel mit, sie spürt aber, wenn die Stimmung kippt, auch wenn ich vieles für mich behalte, das mir auf den Wecker geht. Ich kann den argwöhnischen Ton der Dax und das ewige Gemecker der Döse manchmal nicht mehr ertragen. Auch das Belehrende der Offizierstochter und der Wallratter nervt. Mit Freundlichkeit ist da wenig zu machen. Wenn es mir nicht zu anstrengend wäre, käme ich Mutters Wunsch nach, würde jeden Tag das Auto mitbringen und raus, raus, raus …

Alles Gründe, weshalb sich Mutter mehr und mehr zurückzieht, in der letzten Zeit macht sie zudem oft einen verwaisten Eindruck, wenn ich sie vom Mittagstisch abhole. Sie selbst hätte »liederlich« gesagt, früher, als sie noch auf ihr Äußeres bedacht war. Jetzt stören sie Soßenflecken auf Bluse und Hosenbeinen nicht, ihre Haare am Hinterkopf sind zerwühlt, als käme sie gerade aus dem Bett. Und so ist es ja auch. Wenn sie nicht isst, liegt sie in ihrem Sessel. Aber sie erzählt noch immer gern die kleinen Geschichten aus ihrer Kindheit. Vom Pfarrer, der ihre Mutter bat, dass das liebe Gerdchen ihm ein bisschen im Haushalt hilft (Mutter: Da gab's keine einzige ganze Tasse!). Oder von der Bäckerei Trautermann, wo sie für ihren Vater Brötchen kaufte (Die besten weit und breit!). Und dem Drogisten, bei dem sie sich mit Burkhardts Kindercreme eindeckten und von dessen vier Töchtern keine das Geschäft übernehmen wollte (Kannst du dir das vorstellen, vier Töchter, und keine will in das Geschäft?). Mutti hat beim Burkhardt sauber gemacht, erzählt Mutter wieder öfter, da musste sie eine weiße Kittelschürze tragen. Ohh, das sah sehr schön aus.

Nur sehr selten noch denkt Mutter daran, wie sie nach Vaters Tod jeden Morgen zum Friedhof gegangen ist und im Schnee die ersten Spuren hinterlassen hat. Dass das jetzt fast zwanzig

Jahre her ist, will ihr nicht in den Kopf. Du bist schon zwanzig Jahre allein, habe ich neulich zu ihr gesagt. Und das ist gut so, sagte sie, jetzt bin ich frei. Frei, frei, frei …

Was sie nur in all den Jahren zu Hause gemacht hat?, frage ich mich manchmal, wenn wir so zusammensitzen. Allein, ohne Freundin, ohne mit jemandem sprechen zu können, außer dem bisschen Schwatz beim täglichen Einkauf und den Telefonaten mit der Familie, mit Inge, ihrer jüngsten Schwester, und nach deren Tod vor sieben Jahren vor allem mit mir. Vielleicht liegt da auch ein Grund für ihr Weinen, Mutter war so viel allein, auch als Vater noch lebte. Neulich hat sie sich wieder daran erinnert, dass sie zu Hause immer Angst hatte, wenn er nicht da war. Warum war ich da allein?, hat sie mich erstaunt gefragt. Weil wir Kinder schon aus dem Haus waren und der Papa oft zwei, drei Tage unterwegs war, für seinen Beruf, im Westerwald, im Siegerland. Ach ja, sagte sie, da hat er bei Duhrs übernachtet. Ja, sagte ich und war überrascht, dass sie sich an den Namen des Gasthofs erinnerte, es ist fast vierzig Jahre her.

Auch unsere Haustür hat sie noch vor Augen und nicht vergessen, wie sie abends einen Vorhang vor die schmale Scheibe zog, damit man bei Lampenlicht nicht von draußen hineinsehen konnte. Unser Häuschen, so sagte Mutter immer. Unser Häuschen stand inmitten eines großen Gartens mit zwei kräftigen Kiefern vor der Terrasse. Mehr als ein Dutzend Obstbäume, Kirsche, Pflaume, Johannis- und Stachelbeersträucher, alles ohne einen nennenswerten Zaun drum herum. Es gab Nachbarn, die ließen ihren Hund auf unserer Wiese Gassi gehen, die Eltern haben sich nie bei den Vermietern beschwert. Nachdem sie ausgezogen waren, eine Straße weiter in eine Etagenwohnung, und der Sohn der Vermieter in unser Häuschen zog, wurde als Erstes ein Zaun errichtet und eine dichte Hecke gepflanzt. Heute ist unser Häuschen von der Straße aus kaum mehr zu sehen.

Im Heim hat Mutter ihr früheres Leben eigentlich so fortgesetzt, sie grüßt die Zimmernachbarn, wechselt ein freundliches Wort auf dem Gang oder bei Tisch, mehr nicht, manche Bewohner nimmt sie nicht einmal wahr. Du kennst mehr Leute als ich, sagt sie oft, wenn ich den ein oder anderen beim Namen nenne. An den meisten Veranstaltungen nimmt sie nicht teil. Da lege ich lieber die Beine hoch, sagt sie, und mache die Augen zu. Und wenn ich ihr vorschlage, geh doch mal hin, dann bist du nicht so allein, sagt sie: Das macht mir nichts aus, ich bin gern allein.

Immer mehr kommt es mir vor, als lebte Mutter zu Besuch in ihrem eigenen Zimmer. Sie rührt nichts an, so gut wie nie öffnet sie das Vertiko oder sieht in eine der vielen Schachteln, nicht mal die Fotoalben blättert sie durch. Sie nimmt kein Buch, kein Bild aus dem Regal, auch unser Buch, »Abschied von meinem Vater«, zeigt sie niemandem mehr, leiht es auch nicht mehr aus. Einzig der schmale Band mit den Volksliedern ist noch in Betrieb. Die Cremedose auf der Nachttischablage benutzt sie nur, um der Döse die Nase einzuschmieren. Sie selbst benutzt sie nicht, sagt höchstens, früher, da habe ich mich jeden Tag von Kopf bis Fuß eingecremt.

Wenn ich Mutter einen Knopf annähe oder eine Naht repariere, staunt sie, welche Auswahl an Nähgarn sie besitzt, hier in ihrem Zimmer. Nähseide in allen Farben, vor allem die Beige- und Brauntöne in engsten Schattierungen. Schwester Maari borgt sich manchmal Nadel und Faden aus. Mutter kennt ihre Sachen, die Dinge, aus der Erinnerung, weiß ihren Platz, wo sie in der alten Wohnung zu finden waren. Wo sie jetzt untergebracht sind, weiß sie nicht, will es anscheinend auch nicht wissen. Obwohl es überschaubar ist.

Ab und an kommt eine Frage: Wo ist eigentlich der schwarze Mantel geblieben? Sie meint den Mantel, den sie sich für die Beerdigung ihrer Mutter gekauft hat, vor fast fünfzig Jahren, der ihr Leben lang im Schrank hing und nicht wieder getragen wurde, ich selbst habe ihn mal kurze Zeit angezogen, als die Sixties in Mode waren. Den Mantel habe ich natürlich nicht ins Heim hinübergerettet. Bei den Schallplatten sieht es anders aus, die habe ich bei mir zu Hause stehen. Etwas, das Mutter beruhigt. Auch wenn sie Gus Backus und Gerhard Wendland nicht mehr kennt, nicht mehr weiß, wer Peter Kraus, wer Alexandra war, die jahrelang für sie gesungen hat: »Mein Freund, der Baum …«

Ich wünsche mich immer öfter weg, an einen Strand, ans Meer, in die Berge weniger. Ich stelle mir vor, wie es sein wird, wenn Mutter nicht mehr lebt. Sie selbst auch. Irgendwann kommst du nicht mehr hierher, hat sie schon ein paar Mal gesagt. Ja, habe ich geantwortet, aber ich habe die vielen Fotos von dir und mein Buch als Erinnerung. Das ist wahr, hat sie darauf gesagt. Vielleicht hatte sie eine andere Reaktion erwartet, vielleicht fand sie es so aber auch weniger schwer. Sie kann schlecht sagen, was sie wirklich meint. Sie gibt selten Auskunft über ihr eigentliches Empfinden, hat es nie gemacht, auch früher nicht, selbst mich lässt sie nur in die Nähe einer Ahnung. Aber jetzt kann sie nicht mal zum Ausdruck bringen, ob es ihr zu kalt oder zu warm ist.

Dafür bleiben die Beschreibungen ihrer Kindheit genau, selbst die Namen fallen ihr wieder ein, wie der von Moden Leucht, wo ihre Schwester Susanne lernte (Da hingen nur zwei Kleider im Schaufenster) und dem von Inge Möhrstedt. Die wohnte bei uns an der Ecke, erinnerte sich Mutter, mit der habe ich mich unterhalten, die stand immer am Fenster, und ich musste zu ihr hochgucken. Die hatte es leichter, die konnte runtergucken. Was aus der wohl geworden ist?, sagte sie in einer Weise, die keine Antwort erwartet. Der Vater war Opernsänger, helfe ich ihr auf die Sprünge. Hat er zu Hause geprobt, konntest du ihn hören? Ja, das hörte sich schön an, der hatte so eine tiefe Stimme.

Kürzlich fing Mutter an zu singen: »Wenn die Soldaten in die Stadt marschieren, öffnen die Mädchen Fenster und Türen …« Das Lied hörte ich zum allerersten Mal von ihr. Und dann erzählte sie, dass in Erfurt mehrere Kasernen standen und dass es Lokale gab, wo die Soldaten zum Tanzen hingingen. Aber ihre Mutter hätte immer gesagt: Geh da bloß nicht hin! An die Zeit, in der sie friedlich mit uns, ihrer Familie, gelebt hat, erinnert sie sich kaum und schon gar nicht an die Zeit, in der sie mit Vater alleine war, außer an die letzten Tage, als sie ihn im Krankenhaus besuchte.

Ich selber denke öfter an Vater, was ich lange nicht gemacht habe. Aber nicht an die Zeit, als er krank wurde. An die besseren Tage, als ich mich noch nicht um ihn, um Mutter gekümmert habe und Gerd und ich viel verreist sind, nicht nur drei Tage, es gab Jahre, da waren wir wochenlang weg. Inzwischen bin ich froh über einen Nachmittag im Bergischen, einen ungestörten Spaziergang am Rhein, bin froh, wenn sich Mutter nach dem Abendessen nur einmal meldet.

Seit meiner Zwangspause im Frühjahr gehe ich alles ein bisschen ruhiger an. Kreise nicht mehr wie ein Satellit über allem, bin nur ein Mond für Mutter. Ihr scheint es zu gefallen. Wenn sie lieber in ihrem Sessel bleiben will, keine Lust hat zu laufen, dränge ich sie nicht. Wenn sie keine Rätsel lösen, lieber die Augen schließen oder einfach nur aus dem Fenster schauen will, lasse ich sie. Du bist die Chefin, habe ich irgendwann am Ende des Sommers zu ihr gesagt. Seit wann das denn?, hat sie mit verschmitzter Miene gekontert. Ich war nicht ganz sicher, ob sie es ironisch meinte, sie hat nämlich noch immer Vergnügen an Ironie, jedenfalls der offensichtlichen, vor allem der charmant verpackten des Heimleiters und der ihres Ausflugsfreunds.

Mit dem Lotto ist es vorbei, seit die Filiale mit den netten Frauen dichtgemacht hat. Zuletzt waren es sowieso nur noch die Rubbellose, die Mutter dorthin zogen, das Spiel mit den Zahlen interessierte sie nicht mehr. Wir sind auch nicht mehr in Bonn gewesen, haben keine Runden im Dorf gedreht, den Friedhof nicht besucht, Mutter wollte das nicht. Ich glaube, ihr fehlt die Ahnung, wen sie da besuchen sollte. Sie kann sich auch nicht mehr erinnern, wer Frau Schmitz, die Schmitzebilla, war. Wenn sie ihre alte Heimat erwähnt, meint sie jetzt Erfurt, nicht Bonn.

Mein Bruder besucht Mutter jetzt manchmal sonntags, seit dem Sommer hat er wieder mehr Zeit. Mutter hat letztlich recht behalten, mit der einen, das war wohl nichts. Ute ist auch ein paar Mal nach Köln gekommen. Meist haben wir die wenige Zeit gemeinsam verbracht, Mutter, Ute und ich. Mutter gefiel es so besser mit uns dreien zusammen, und ich freute mich ja auch, meine Schwester zu sehen.

Im November wurde wieder ein Schal fertig, ein klitzekleiner, zehn Maschen, eins rechts, eins links. Für Maja, Mutters dritten Urenkel. Wie die beiden anderen, Julius und Louisa, hat Mutter auch die jüngste bestrickt. Es war ihre vorletzte Tat in Sachen Stricken, den letzten Schal, er war noch kleiner, bekam der Affe, danach sollte ich die Nadeln mit nach Hause nehmen. Mutter sagte: Jetzt ist es auch mal gut.

In der Adventszeit haben wir viel gesungen, Mutter und ich, wir zwei allein in ihrem Zimmer, ein Lied nach dem anderen. Sie hatte ein richtiges Hoch zum Ende des Jahres, sogar den Clowns haben wir ein Ständchen gebracht, mit Nikolausmützen aus dem Eineuroladen und Clownsnasen. Kam richtig gut bei denen an, und für Mutter war es der lang ersehnte Auftritt. Bei der Nikolausfeier war sie ja wegen des defekten Mikrofons wieder nicht zum Zug gekommen. Mutter fand die Feier übrigens sehr nüchtern in diesem Jahr, Jürgens Einschätzung war deutlicher: Erbärmlich, vier Plätzchen pro Tisch, also für vier Leute, nichts zu trinken! Vielleicht eine neue Sparmaßnahme, oder es lag an der einen aus der Demenz, die vor Beginn der Veranstaltung gehamstert hat.

Das Waffelessen an Silvester ist zum Glück geblieben. Ich hab allen, die ich kannte, einen guten Rutsch gewünscht. Der Diva auch, als ich ihr am Ausgang begegnet bin, doch sie meinte, für alte Menschen, die Angst haben hinzufallen, sei es ein gänzlich unpassender Wunsch!

Die Frau, die immer lächelt

Es kommt eine Zeit für jeden, da geht es langsam runter, und das ist jetzt bei mir der Fall. Zu Beginn des neuen Jahres hat Mutter das zum ersten Mal gesagt, und bei aller Wehmut war ich in dem Moment fast etwas stolz auf sie. Es verlangte mir Hochachtung ab, wie sie mit ihrem müde gewordenen Lebenswunsch so bei sich blieb und nicht zuletzt noch Zuflucht nahm bei diesem »Ich warte, dass der Herr mich holt«, das ich im Heim schon so oft gehört hatte.

Kaum eine Woche danach klingelt um kurz nach neun das Telefon. Jeanette, eine Pflegerin, sagt, für Mutter würde gerade der Notarzt gerufen, Verdacht auf Schlaganfall. Sie könne den linken Arm nicht bewegen und spreche so komisch. Als ich zehn Minuten später kurz nach dem fünfköpfigen Notarztteam eintreffe, haben sich diese Ausfälle schon wieder gegeben. Mutter kann beide Arme anheben, spricht leise, aber verständlich.

Später im Krankenhaus wird eine TIA diagnostiziert, eine transitorische ischämische Attacke, die kleine Vorbotin des Schlaganfalls. Mutter soll ein paar Tage zur Beobachtung bleiben.

Das wird ihrer Demenz nicht guttun, sagt der Stationsarzt bei der Aufnahme. Ich helfe bei den vielen Fragen, die er im Affentempo stellt und die Mutter nur zum Bruchteil beantworten kann. Als der Arzt sie jedoch fragt: Sie sind im Heim zu Hause?, antwortet Mutter wie aus der Pistole geschossen: Das ist nicht mein Zuhause! Ihre vorerst letzte schnelle Reaktion.

Bin ich hier gut aufgehoben?, fragt sie mich, nachdem der

Arzt das Zimmer verlassen hat. Auch das wird die vorerst letzte existenzielle Frage sein, die sie mir stellt. Ja, sage ich, du kannst ganz beruhigt sein, hier bist du gut aufgehoben, die kümmern sich alle um dich, und ich komme ja auch zu dir. Sie hat Tränen in den Augen. Auch das zum vorerst letzten Mal.

In den nächsten Tagen wird sie immer langsamer, zieht sich in sich zurück. Unsere Verbindung ist nur mehr ein Händehalten mit mehr oder weniger Druck, aus tiefen Augenhöhlen ein stummer Blick.

Weit entfernt von ihr fühle ich mich, obwohl ich sie am Vormittag und am Nachmittag besuche. Zu Hause ist es stiller, die vielen täglichen Anrufe fallen weg und damit auch das Wissen darum, wie es Mutter gerade geht. Es kommt mir vor, als hätte sie sich auf den Weg gemacht. Andererseits gab es solche Momente schon zweimal, nach dem Beckenbruch und vor drei Jahren nach dem Oberschenkelhalsbruch, wo sie im selben Krankenhaus zwei Etagen tiefer lag, mit beinahe der gleichen Aussicht. Auch damals war es kalt, aber es lag Schnee. Mutter hatte nur den Blick in die Wolken mit den Kondensstreifen, die sie immer noch faszinieren. Kuck mal, da oben. Das Wort Flugzeug fällt ihr nicht mehr ein. Ein paar Mal will sie etwas sagen, gibt es aber auf, als ihr die richtigen Worte nicht einfallen, und haucht nur: Ach, ist egal.

Ich reinige ihr die Prothesen, die deutliche Spuren vom Mittagessen zeigen, die Reste hält sie noch im Mund. Kleine Krümel purzeln beim Sprechen über die Unterlippe auf die Serviette unter ihrem Kinn. Danach creme ich sie ein und kämme ihr die Haare. Der da oben, sagt sie und sieht zur Decke. Wer?, frage ich. Der da oben, wiederholt sie, der lacht schon, und nach einer Pause sagt sie: Die Creme …

Ich streichle ihr über den Kopf und sage, dass ich morgen wiederkomme. Jahahh, sagt sie, und ich bin mir unsicher, ob sie es wirklich versteht. Ich küsse sie auf die Wange, und noch ein zweites Mal, nachdem ich meinen Mantel angezogen habe. Sie lacht. Der ist noch von Ute, sage ich, sie hat gesagt, ich soll dir auch von ihr einen Kuss geben. Mach's gut, bis morgen. Ja, sagt sie und sieht mir nach. Sie hebt vorsichtig ihren rechten Arm, in dem eine Infusionsnadel steckt, und deutet mit der Hand ein Winken an, ein Winken wie aus einer anderen Welt.

Auf dem Nachhauseweg und auch noch in der Nacht frage ich mich, wen Mutter mit »dem da oben« wohl meinte. Sie ist nicht gläubig, Gott wird es nicht sein. Außerdem ist der da oben auch nicht gerade für sein Lachen bekannt.

Im Halbschlaf finde ich die Lösung, was heißt »die«, also eine Lösung, eine, die mir möglich erscheint. Der da oben könnte Vater sein, dem wäre ein Lachen zuzutrauen, wenn er mich sähe, wie ich Mutter tagtäglich eincreme. Mit ihm habe ich das auch gemacht in seinen letzten Tagen im Krankenhaus. Dann hat er jedes Mal gelacht und gesagt: Ich krieg hier noch einen Schönheitspreis! Wäre schön, wenn sie das gedacht hätte, entsprechend geschmunzelt hat sie jedenfalls.

*

Die kalte Januarsonne scheint von einem eisblauen Himmel. Es ist der erste frostige Tag in diesem Winter, minus fünf Grad.

Mutter liegt unverändert beinahe reglos im Bett, als wäre kein Abend, keine Nacht, kein Morgen vergangen. So als habe sie ihr Leben beiseitegelegt oder weggedrückt, und das neue Programm heißt jetzt Probesterben. Auch bei Mutters Bettnachbarin, deren Gesicht ganz weiß ist und die künstlich versorgt wird, kommt es mir so vor.

Wie kommst du denn hier rein?, flüstert Mutter, als wäre ich in einen sensiblen Sicherheitsbereich eingedrungen. Ich komme dich besuchen. Jahaaa? Ist das nicht verboten? Nein, sage ich, ich darf dich doch besuchen. Ja? Meinst du? Ich lege Mantel und Mütze ab, ziehe die Handschuhe aus und desinfiziere meine Hände. Mutter hat nur ein OP-Nachthemd an, Hals und Schultern liegen frei. Ist dir nicht kalt?, frage ich sie. Nein, das ist gut so. Darfst du denn hier rein?, fragt sie noch einmal ungläubig. Ja, klar, sage ich, warum denn nicht, das ist doch hier ein Krankenhaus. Dann komm, sagt Mutter, und zieh dich aus. Ich habe meinen Mantel schon ausgezogen, sage ich. Aber so? Sie sieht mich fragend an, und jetzt erst kapiere ich, dass sie meint, so angezogen willst du ins Bett? Na, dann komm, sagt sie leise, leg dich hin. Sie rückt ihre Beine ein bisschen zur Seite, will mir Platz machen. Im Heim hätte ich ihr den Gefallen getan, aber hier traue ich mich nicht. Nein, sage ich, ich schlafe doch zu Hause bei Gerd.

Geht es dir denn gut?, frage ich Mutter. Jah, sagt sie, wir hatten so ein schönes Fest hier, alle waren da, das war wirklich schön. Ich weiß nicht, wovon sie geträumt hat, im Krankenhaus gab es kein Fest. Aber heute klingt ihre Stimme etwas stabiler, sie spricht in Sätzen, am Sonntag hat sie die Worte nur gehaucht. Das ist ja toll, sage ich. Ich habe dir auch Quarkbällchen mitgebracht, die isst du doch so gerne. Oh ja, sagt sie. Willst du jetzt eins? Sie lächelt mich an, als hätte ich ihr ein besonderes Kompliment gemacht, und sagt: Nein, jetzt nicht.

Ich frage bei den Schwestern nach, ob Mutter morgen entlassen wird, wie vom Stationsarzt in Aussicht gestellt. Der Arzt wolle noch eine Untersuchung machen, heißt es, man wisse aber nicht, welche. Zurück im Zimmer sage ich Mutter, dass sich ihre Entlassung verschiebt. Ist das schlimm für dich?, frage ich sie. Nein, sagt sie lächelnd, ist egal. Irgendwie scheint sie über allem zu schweben.

Nach einer Woche ist es endlich so weit. Du siehst ja munter aus, sage ich zu Mutter, die schon fertig angekleidet auf dem Bett liegt. Sie sieht mich mit klarem Blick an und sagt: Ja wenn, dann muss man … Ein Krankenwagen bringt uns zurück ins Heim. Ich bleibe den ganzen Tag an ihrer Seite.

Wie hab ich das da oben noch mal gemacht?, fragt sie irgendwann aus der Stille heraus. Ich habe keine Idee, was sie meint, probiere es mal mit: Entweder von rechts oder von links. Nein, sagt sie lächelnd. Ich lag wohl falsch. Sie streicht mir über die nackten Unterarme und wärmt ihre Hände. Dann lehnt sie sich wieder zurück, schließt die Augen.

Geh nur, sonst ist es gleich ganz dunkel, sagt Mutter gegen halb sechs. Ich komme morgen wieder, sage ich. Was? Ich komme morgen wieder. Sie lacht hörbar, als ich mich mit Küsschen von ihr verabschiede. Machst du dich über mich lustig?, frage ich, ohne es ernst zu meinen. Ja, sagt sie knapp, nicht jahaaa wie früher. Sie meint es sicher auch nicht ernst.

Soll ich noch mal anrufen, wenn ich zu Hause bin?, frage ich. Nee. Dann bis morgen, Schneckchen. Ja, Bärbelchen, sagt sie. Sie winkt nicht, sie lächelt, vielleicht weil ich auch nicht winke, sondern ihr einen Handkuss zufächere. Es kommt mir vor, als verschwinde sie ganz allmählich, oder wie wir früher beim Film gesagt haben: langsames Fade-out.

*

Die Ruhestündchen werden stiller. Mutter klimpert mit ihren Fingern auf meinen Handknochen, mit geschlossenen Augen. Dabei döst sie, aber nicht so tief. Zwischendrin fällt ihr immer wieder etwas ein: Warst du schon wegen der Schokolade an der Ecke? Wo?, frage ich. Sie antwortet mit geschlossenen Augen: Ach, jetzt weiß ich nicht mehr, na, da Friedrichstraße … Und: Gibst du dem die sechzig Pfennig, das ist doch nicht so teuer. Und leicht empört: Wo ist meine Zeitung? Mutter hat seit Ewigkeiten keine Zeitung mehr gelesen, aber vielleicht hat sie länger am Frühstückstisch gesessen. Die Fromm und die Döse blättern immer in irgendwelchen Prospekten. Deswegen sage ich: Die hast du sicher in der Küche gelassen. Dann hol sie mal!

Wir können ja erst mal ein paar kleine Spielchen machen, nutze ich Mutters Wachheit aus, drück mal deine Handflächen fest an meine, so feste du kannst. Ich bin überrascht, wie viel Kraft sie noch hat. Ich muss gegendrücken, mehr, als ich gedacht habe. Dann halte ich verschiedene Finger hoch, an beiden Händen. Sie soll es mir nachmachen, was ihr gut gelingt, bis auf den beidhändigen Stinkefinger, da hat sie leichte Probleme, die übrigen Finger an die Handfläche zu klappen. Als ich sage, was dieses Handzeichen bedeutet, sieht sie mich empört an, vielleicht auch nur gespielt. Kannste ja mal ausprobieren, sage ich. Zu wem soll ich das denn machen? Na ja, wenn dir was nicht passt. Sie haucht ein hhha … so als wollte sie sagen, das meinst du doch nicht im Ernst.

Wenn ich nach zwei Stunden allmählich meinen Aufbruch ankündige, fragt sie, warum ich gehen muss. Du hättest lieber, dass ich hier bei dir bleibe, wir hier ein zweites Bett aufstellen, ja?, habe ich neulich zurückgefragt. Sie hat gelächelt, wie jemand, der weiß, dass Wünsche sich nur selten erfüllen.

Wir telefonieren nicht mehr, also Mutter ruft nicht mehr an. Ich habe mich noch nicht daran gewöhnt. Vorher waren es mir oft zu viele Anrufe, vor allem abends, wenn Mutter am Telefon weinte und mich immer wieder fragte, was ist das nur, warum weine ich so viel? Jetzt macht sie beides nicht mehr, telefonieren und weinen. Sie spricht auch kaum, die TIA hat ihr nicht die Sprache geraubt, einzelne Wörter vielleicht, aber das Sprechen scheint Mutter lästig zu sein. Es hat den Anschein, als habe sie schon die Kisten zur Seite geräumt, die Kisten, auf denen »Sprechen« steht und »Nur noch im Notfall benutzen«.

Was geht in ihrem Kopf herum, so den ganzen langen Tag? Müde, immer müde, ist die häufigste Antwort. Vielleicht sind es auch die Medikamente. Noch vor einer Woche habe ich zu meiner Schwester gesagt, es ist richtig schön bei Mutter, sie ist so entspannt, so anspruchslos und zufrieden, aber jetzt beginnt es mir unheimlich zu werden. Ich sage nichts, das war Mutters Devise über all die Jahre, Konflikte nicht anzusprechen, lieber alles auszuhalten, selbst das, was man spielend ändern könnte. Daran muss ich immerzu denken, wenn ich sie so dasitzen sehe und ihre kalten Hände halte. Vielleicht gehört es zu ihrem Eigensinn, den sie sich noch erhält? Eigensinn soll der Sinn sein, der als letzter geht, sagt Ute.

Meine Schwester und ich waren zusammen bei Mutter. Das hat Mutter sehr gefallen. Sie war hellwach, verglich uns beide miteinander. Die Ute hat eine andere Nase, fiel ihr auf, und dass wir nur ein Jahr auseinanderliegen. Ute hatte ihr zwanzig Tulpen mitgebracht, gelbrote, ein Lichtblick an diesem grauen Tag. Schon nach zwei Tagen haben die Pfleger die Blumen in den Müll geschmissen, nur weil die herrlich schweren Köpfe ein bisschen nach unten zeigten. Früher hätte Mutter sich beschwert und gesagt: Die lassen wir stehen, da habe ich noch Freude dran. Heute sagt sie nichts, lächelt nur und denkt sich ihren Teil, vielleicht aber nicht mal das. Hoffentlich nicht mal das, es wäre schrecklich für sie und auch für mich.

Als ich gestern Nachmittag zu ihr kam, fand ich Mutters Hörgerät in ihrer Westentasche. Nicht auszudenken, wo es beim Ausziehen gelandet wäre, wenn sie die Wäsche in den Sack stopfen, ungeprüft. Ich versuchte Mutter zu erklären, dass sie das Hörgerät immer auf den Tisch oder Nachttisch legen soll. Sie nickte, wird es aber gleich wieder vergessen haben. Irgendwann kommt der Tag, da wir gar nicht mehr miteinander sprechen können, weil sie mich auch akustisch nicht versteht, dann bleibt nicht viel mehr als Streicheln und Händchenhalten. Das allerdings genießt sie sehr.

Jeden Tag, auch heute wieder, wünscht sie sich, dass ich bei ihr schlafe. Wo denn, frage ich manchmal zurück, am Fußende oder schiebst du mich unters Bett? Dann lacht sie und sagt: Nein, bei mir. Und wenn ich mich dann auf die Lehne ihres

Sessels setze, meinen Arm um ihre Schultern lege und meinen Kopf an ihre Schläfe und frage: So?, lächelt sie und nickt.

*

Die Clowns sind auf dem Gang zu hören mit ihrer typischen Erkennungsmelodie auf der Ukulele, ta dam ta dam ta dadadam … Kommen die da?, fragt Mutter. Ich habe ihr vorher gesagt, dass heute Clownstag ist. Diesmal hat sie nicht abgewunken, sondern erwartet ihren Besuch. Törtchen, der große Mann, und die strahlende große Dunkelhaarige, unser Lieblingspaar, begrüßen Mutter clownisch herzlich. Nehmt Platz, sagt Mutter und bietet ihr Bett an. Sie lächelt, sagt aber nicht viel, erzählt keine Geschichte aus ihrem Leben so wie vor dem Schlag.

Die Clowns tasten sich an sie heran, schauen, was geht. Schließlich legt der Große los und schmettert eine Arie in den Raum, laut und voller Inbrunst. Mutter sieht ihn an, so als wollte sie fragen: Oh, was ist das jetzt für eine Krankheit? Wir klatschen zu früh, die Arie ist noch nicht zu Ende. Der Clown singt weiter, hält seine weltumarmende Rechte auch nach dem letzten Ton weiter in der Luft, klagt: Oh, oh, jetzt hab ich mich wieder steifgesungen. Die Clownsfrau fordert Mutter und mich auf, den Arm zu streicheln, damit der Kollege sich wieder bewegen kann. Mutter spielt brav mit, und ich streichle auch mal über die dicke Pranke. Dann kommt seine Klappschlafnummer, er nickt mit dem Kopf auf die Brust, simuliert eine plötzliche Schlafattacke, aus der wir ihn jedes Mal wieder herausstreicheln. Für Mutter kein wirklich heiteres Spiel. Sie haben eine schöne Nase, sagt sie unvermittelt zur Clownsfrau. Ja, unterstreiche ich, die glänzt so schön. Die Clownsfrau reagiert pfiffig, holt eine bunte Spülbürste aus ihrer Requisitentasche und sagt: Die pflege ich auch jeden Tag! und streicht sich mit der Bürste über die rote Plastiknase. Mutter nimmt die Bürste in die Hand, fasst an die Borsten und sagt: Die sind aber hart! Ich hole Mutters rote Clownsnase aus dem Vertiko und setze sie ihr auf. Hier, dann kannst du deine Nase auch zum Glänzen bringen. Mutter merkt gleich, dass das mit dem Schaumstoff nicht möglich ist.

Da nehme ich die runde Nase und setze sie auf das Ende der Spülbürste. Hier, Mama, das ist ein Mikrofon. Die Clowns springen gleich auf den Zug. Jetzt können Sie Ihre Zuhörer begrüßen. Mutter hält das Mikrofon wie ein Profi und spricht hinein: Was soll ich denn sagen? Liebe Zuhörer draußen an den Weltempfängern …, schlägt der Große vor, aber Mutter sagt einfach nur: Guten Tag, und jetzt? Sagen Sie doch, wo wir hier sind, animieren beide Clowns. Ja, sagt Mutter, wir sind hier in einem Zimmer, ist doch richtig, oder? Alle nicken. Wir machen hier eine Sendung …, fährt Mutter überraschend fort. Und dann fallen ihr noch ein paar Worte ein, die ich leider gleich vergessen habe, weil ich auf einmal so gerührt bin, wie Mutter mitspielt und fast ein bisschen wieder die Alte ist wie vor dem Schlag.

Der Große ergreift Mutters Hände und verabschiedet sich: Wir danken Ihnen, dass wir in Ihrer Sendung sein durften. Ich bedanke mich auch, sagt Mutter ebenso charmant. Das ist unsere Lieblingssendung, fügt die Clownsfrau hinzu. Ja, sagt der große Clown, dem es offenkundig ein Anliegen ist, das zu betonen. Das ist wirklich unsere Lieblingssendung, wiederholen beide, auf Wiedersehen, bis zum nächsten Mal! Der Große hält immer noch Mutters Hand und gibt ihr einen Clownshandkuss, dann stehen sie auf, und Mutter setzt auch an, sich zu erheben, aber die Clowns sagen: Bitte, bleiben Sie doch sitzen! und ziehen mit ihrer Erkennungsmelodie aus dem Zimmer. Mutter sieht ihnen hinterher, bis sie nicht mehr zu sehen sind. Das hast du toll gemacht, sage ich. Ja, sagt Mutter, so muss man mit denen reden! Es macht ja auch mehr Spaß, wenn alle mitmachen, sage ich und frage sie, ob es anstrengend war. Ja, sagt sie, ein bisschen.

Mutter scheint wieder hervorzukommen aus ihrer verborgenen Welt. Vielleicht hat sie ihr Programm noch einmal gewechselt, den Modus »Probesterben« verlassen und auf »Zuendeleben« geschaltet. Das würde mich freuen.

*

Mutter weint wieder. Mutters Beste hat mir schon vor ein paar Tagen gesagt, dass sie beim Toilettengang weint. Bei mir hat sie es seit dem Schlag noch nicht getan. Vielleicht gab es einen Grund. Für mich ist es schwerer geworden, Mutters Interessen zu vertreten, weil sie sich kaum äußert. Sie lässt alles geschehen, oder wie Mutters Beste sagt: Sie sagt zu allem Ja und Amen. Ich müsste dabei sein, um an ihrer Mimik zu erkennen, ob ihr etwas zu viel wird, aber das ist mir zu viel. Mir bleibt nur zu hoffen, dass es gut geht und dass es Mutter dabei gut geht.

Die letzten Tage haben sie Mutter nach dem Essen mit ihrer Decke zugedeckt, so wie vereinbart. Heute nichts dergleichen, auch die Beine sind nicht hochgelegt, und ein Fenster steht offen. Jeder Pfleger macht es anders. Der eine zieht Mutter an, als hätten wir Sommer, der nächste packt sie ein wie für eine Expedition in die Arktis. Das macht mich noch wahnsinnig. Heute ist wieder ein neuer Praktikant oder Pflegeschüler erschienen, imposante Erscheinung, changierend zwischen Massai und Hamburger Reedersohn. Song Li, die chinesische Pflegeschülerin, die ihm gerade bis zur Brust reicht, weist ihn in gebrochenem Deutsch ein.

Am Nachmittag kommt Frau Eigen, die Altenbetreuerin. Sie will Mutter etwas vorlesen aus einem Buch voller Weisheiten, wie sie sagt. Das ist bestimmt auch was für Sie, sie meint mich, also, fährt sie atemlos vor Freude fort: Isch kann nur sagen boah, wat für ein Buch, da kann man rischtisch wat fürs Leben lernen. Sie zieht ein schmales Heftchen aus der Tasche mit dem Titel:

Damit auch für dich die Sonne scheint! Nach jedem Satz, den sie uns vorliest, wiederholt sie ihn noch dreimal mit ihren eigenen Worten, anerkennendem Nicken und einem staunenden Boah, is dat nisch doll? Ihr Auftritt zieht sich in die Länge, Mutter sieht brav auf das Buch.

Später, nachdem wir lange Händchen gehalten haben, sagt sie zu mir: Wenn du da bist, ist alles gut, aber wenn du gehst, ist das … Sie findet nicht das passende Wort. Ich komme doch immer wieder, sage ich, ich bin jeden Nachmittag bei dir. Mutter nickt, ihr Kopf bleibt gesenkt, ihr Blick ruht auf unseren Händen.

Manchmal frage ich mich, was sie wohl inzwischen glaubt, wer ich bin? Vielleicht denkt sie, ich bin eine Art Freundin, auf jeden Fall jemand, der sich in ihrem alten Leben auskennt. Die Bärbel weiß alles, hat sie vor dem Schlag zum Heimleiter gesagt, und so, wie sie es sagte, war klar, was sie meinte, dass ich nicht über Gott und die Welt Bescheid wüsste, sondern die Stationen, die Geschehnisse ihres Lebens kenne, also Mutters Leben von außen betrachtet, wie ein Chronist. Wie habe ich eigentlich den Papa kennengelernt? Das konnte sie mich fragen. Oft fehlte ihr nur ein Bauteil, Aachen oder Hangeweiher, und das Erinnerungsgerüst stand wieder. Ja, da war ich noch ihre Tochter, die Bärbel.

Heute habe ich sie nach dem Toilettengang zum Waschbecken geführt und dabei gesungen: Tanze mit mir in den Morgen, tanze mit mir in das Glück, in deinen Armen zu träumen, ist so schön bei verliebter Musik … Sie hat versucht mitzusingen und sich an mich geschmiegt. Zärtlich umarmt standen wir so in ihrem kleinen Badezimmer zwischen Klosett und Spiegel. Es ist, wie es ist, und in dem Moment war es gerade schön.

*

Kuck mal, der Hase, sagt Mutter und zeigt auf ein Eichhörnchen, das in der Birke vor ihrem Fenster herumklettert.

Ich habe sie dieser Tage gefragt, ob es schlimm für sie wäre, wenn ihr ein Wort nicht einfällt. Nee, hat sie gesagt und mit dem Kopf geschüttelt. Vor dem Schlag klang es noch anders. Mal ist alles da, mal ist alles weg, hat sie da gesagt, das ist ganz furchtbar.

Den Rest des Nachmittags verbringen wir in ihrem Zimmer, halten Händchen. Es ist schön, wenn einer bei einem ist, sagt Mutter. Du bist schon eine liebe Schnecke, sage ich irgendwann zu ihr. Schneckchen, verbessert sie mich, unser altes Spiel funktioniert. Ich probiere es mit liebes Engelchen. Auch das klappt, ihre alte Schlagfertigkeit blitzt durch. Mit einem B davor, sagt Mutter fast fröhlich. Das hast *du* gesagt, kontere ich wie gewohnt. Ganz auf der anderen Seite ist Mutter noch nicht.

Bevor wir Aufstehen üben, suche ich in dem Liederbuch das Frühlingslied, das wir Ute noch vor Kurzem auf den Anrufbeantworter gesungen haben, und fange an zu singen: Es tönen die Lieder, der Frühling kehrt wieder … Mutter versucht mit einzustimmen, ihre Stimme wackelt, den Text versucht sie mir von den Lippen abzulesen. Als ich das Buch wieder zuklappe, mache ich noch einen kleinen Test, frage Mutter: Wie soll denn das Buch mal heißen, das ich über dich schreibe? Sie überlegt kurz und sagt dann: So bin ich eben!

Seit dem Schlag fragt Mutter nicht mehr: Wo bin ich hier eigentlich?, meist noch ergänzt durch ein Und wie bin ich hierhingekommen? Sie erinnert sich auch nicht mehr an das Mittagessen, wenn ich anderthalb Stunden später zu ihr komme, nicht mal an eine ihrer Lieblingsspeisen. Mmmmh, es gab Sauerkraut, Mmmmh, heute gab's Reibekuchen, ich hab drei Stück verputzt! Das kommt jetzt nicht mehr vor.

Mit großer Geste hole ich die Tüte mit Quarkbällchen aus meinem Rucksack. Schau, was ich dir mitgebracht habe. Ta taaa, ta taaa … Mutters Gesicht verzieht sich zum Fragezeichen. Obwohl ich seit einiger Zeit jeden, wirklich jeden Tag diese Dinger mitbringe, hat sie keine Idee, was in der Tüte sein könnte. Erst als sie hineinschaut, sagt sie freudig: Ohh.

Später, als ich ihre eiskalten Hände wärme, sagt sie aus heiterem Himmel: Ich krieg wohl heute noch eine Tracht Prügel? Ich bin überrascht und frage, von wem? Na ja, sagt sie, so … Mehr ist ihr nicht zu entlocken. Eine Tracht Prügel, den Begriff habe ich seit Ewigkeiten nicht mehr gehört. Ihr selbst ist kein einziges Mal in ihrem Leben die Hand ausgerutscht, wie man früher sagte. Ich hoffe nicht, dass ihr jemand im Heim mit Prügel droht, aber es wäre auch nicht herauszubekommen. Der Holländerin wäre immerhin die Ausdrucksweise zuzutrauen. So, ich jag sie heut alle an die Luft, und wenn ich die rausprügeln muss. Das ist ihre Sprache, das könnte sie sagen, aber sie würde es mit einem lachenden Gesicht tun.

*

Mutter wird dreiundneunzig. Als ich um halb drei ins Zimmer komme, mit Rosen und Erdbeerkuchen, klingelt ihr Telefon. Sie nimmt den Hörer ab, begrüßt Ute und sagt: Hier kommt gerade die Susanne, meine Schwester. Ich beuge mich zu ihr hin und sage: Ich bin die Bärbel, deine Tochter. Da spricht sie weiter ins Telefon: Sie sagt, sie wäre meine Tochter.

Später im Café, wo wir mit Gerd und Jürgen zusammensitzen, kommt immer mal jemand an den Tisch, um Mutter zu gratulieren. Danke, sagt sie jedes Mal freundlich, aber distanziert. Auch die Offizierstochter ergreift ihre Hand und wünscht alles Gute zum Dreiundneunzigsten. Ohh, dreiundneunzig, sagt Mutter sichtbar überrascht, als handele es sich um höhere Mathematik.

Du hast jetzt drei Kinder, drei Enkelkinder und drei Urenkelchen, sage ich, bei allen ist der Älteste ein Sohn, und dreimal werden wir deinen dreiundneunzigsten Geburtstag feiern (alle zusammen wäre für Mutter zu viel), schön, 'ne, alles mit drei? Schon während des Aufzählens spüre ich, wie meine Sätze etwas Endgültiges mitschleifen, nach dem Motto: Jetzt ist es aber auch mal gut. Mutter zeigt sich unbeeindruckt von meiner Familiengleichung, Vater hätte wohl gelacht und irgendetwas wie Oho, da kannste mal sehen gesagt, aber Mutter lächelt mich nur müde an.

Frau Eigen überrascht Mutter mit einem Ständchen, eigenhändig begleitet auf dem Klavier. Sie hämmert dabei so in die Tasten, dass der Mann am Empfang Handzeichen gibt, weil er nicht weitertelefonieren kann. Die Eigen lässt sich nicht aus der Ruhe bringen. Zum Geburtstag viel Glück, zum Geburtstag viel Glück … Mutter hört regungslos zu, den Blick auf die Bilder gerichtet, die neben dem Klavier an der Wand hängen. Jetzt packt die Eigen die Gitarre aus, und weiter geht's: Wie schön, dass du geboren bist, wir hätten dich sonst sehr vermisst … Danach verabschiedet sie sich. Noch mal Alles Gute, Frau Schröder, sagt sie, isch hoffe, es hat Ihnen gefallen. Mutter nickt.

Als wir unsere kleine Geburtstagsrunde auflösen, fragt Mutter, wo wir jetzt hingehen. Gerd sagt, er ginge noch einkaufen, Jürgen sagt, er fahre nach Hause. Und ich?, fragt Mutter. Du gehst in dein Zimmer, sage ich. Ich habe doch hier kein Zimmer, sagt Mutter entrüstet, so wie sich wohl jeder entrüsten würde, dem man nach einem schönen Cafébesuch sagen würde, dass er dort auch übernachte. Am Samstag feiern wir weiter, sage ich. Wie viele sind wir dann?, fragt Mutter. Acht Personen. Sie macht eine abwägende Handbewegung, wie um zu sagen, das geht gerade noch so.

Sie freut sich über die schöne Tafel. Die frischen Erdbeeren fallen ihr auf und die lindgrünen Servietten mit Vogelmotiven. Sie nimmt eine in die Hand und sieht sie sich ganz genau an. Vor allem scheint sie sich über den Besuch ihrer Urenkelkinder zu freuen, ihr Blick geht nur selten von ihnen weg. Schweigend beobachtet sie sie beim Essen, beim Trinken, beim Puzzle- und Memoryspielen. Auch als sie später im Speisesaal hin und her laufen, schaut sie ihnen nach, ganz still, ruft nicht: Vorsicht, halt den Kleinen fest, pass auf, der fällt gleich, also ich kann gar nicht hingucken, nimm doch mal einer den Kleinen an die Hand! Nichts von alledem, sie sieht sie an und lächelt ein bisschen. Selbst als Ute ein Foto von Mutter und mir macht, sieht sie nicht zu mir oder in die Kamera, sie schaut weiter zu, wie sich Julius eine Erdbeere nimmt und in die Sahne tunkt, von der sie selbst einen weißen Rand um ihre Lippen hat, was man später auf dem Foto ganz deutlich sieht.

Erst gegen Ende des Nachmittags sagt sie plötzlich: Wie schön Nico und Sonja schon laufen können. Aber Oma, korrigiert sie Nico, ich bin doch der Nico und das sind meine Kinder, Julius und Louisa.

Als Ute und ich sie zurück ins Zimmer bringen, das inzwischen wie ein Blumenladen aussieht, und sie wieder in ihrem Sessel sitzt, sehe ich ein paar Tränen über ihre Wange laufen, aber sie fragt nicht: Warum weine ich nur, warum? Tschüss, sagt sie leise und winkt uns hinterher. Ob sie in dem Moment denkt, dass sie alle, bis auf mich, wohl längere Zeit nicht mehr sehen wird, womöglich gar nicht mehr? Vielleicht denkt sie auch, wir kämen morgen alle wieder.

*

Das war so dunkel, als ich von oben runterkam, sagte Mutter neulich. Hast du geträumt?, fragte ich. Ich weiß nicht, ich lag ja im Bett, und dann hab ich mein Bild gesehen und das von meinem Vater (eigentlich ihrem Mann!). Sie machte eine Pause. Und dann war es wieder gut?, fragte ich, dann wusstest du, wo du warst? Sie nickte. Das ist auch nicht schön, sagte ich, wenn man wach wird und es dunkel ist. Sie nickte und sagte: Da war so eine Angst, so eine Angst … Armes Schneckchen, sagte ich, und streichelte über ihre Hände und sie über meine und hielt sie dann ganz fest.

Schwester Maari kam kurz ins Zimmer, sagte, Mutter hätte gestern Abend so langsam gegessen, dass sie um acht Uhr noch dasaß. Sie hätte immer wieder zu ihr gesagt, Frau Schröder, essen! Ja, ich esse schon, hätte sie jedes Mal geantwortet. Doch die meiste Zeit hätte sie den anderen am Tisch zugeguckt und in Zeitlupe den Mund bewegt, nur den Salat mit Gurken und Tomaten hätte sie schnell gegessen. Zum Schluss hätte sie ganz alleine in der Küche gesessen. Sie wollte Mutter früher zum Abendbrot holen, sagte Schwester Maari, damit sie nicht wieder so lange allein dasäße. (Und sie selbst auch mal pünktlich Feierabend hat, vermute ich.)

Was hat die gesagt?, fragte Mutter, als Maari weg war. Sie hat gesagt, du hättest gestern so langsam zu Abend gegessen, dass alle schon im Bett waren, als du fertig warst. Jahaa?, fragte Mutter und runzelte die Stirn, das weiß ich gar nicht mehr.

Dann haben wir weiter Händchen gehalten, unsere Schläfen aneinandergeschmiegt und das Taubenpärchen beobachtet in der Birke vor Mutters Fenster.

*

Das sonnige Wetter hat die ersten Bewohner auf die Bänke vor dem Haus gelockt, trotz der Kälte. Frühling ist das nicht, auch wenn die Osterglocken in den letzten Tagen fast alle aufgegangen sind. Wo fahren wir hin?, fragt Mutter. Sie sitzt im Rollstuhl. Lass uns nebenan in den Garten gehen, da blüht schon so viel. Gut. Mutter guckt hierhin, dorthin, eher unbeteiligt, auch als sie auf die Magnolie zeigt: Kuck mal da. Ja, sage ich, noch ein paar Tage, dann gehen die ersten Knospen auf.

Eine dunkle Wolke schwächt die Farben der Krokusse auf der Wiese, der kühle Wind gefällt Mutter nicht, so schieben wir wieder zurück, setzen uns noch einen Moment neben den Eingang. Keine zwei Minuten später fahren Rettungssanitäter und Notarzt in die Einfahrt und gehen mit großem Reanimationsgepäck ins Heim. Holen die einen?, fragt Mutter. Vielleicht, sage ich, wenn er hier nicht behandelt werden kann. Der Motor des Rettungswagens läuft, kein schöner Anblick, wir gehen wieder rein.

Mutter fallen die Augen zu, der kurze Aufenthalt an der frischen Luft hat sie müde gemacht. Willst du die Beine hochlegen?, frage ich sie. Ist gut so, sagt sie. Ich setze mich neben sie auf die Armlehne, gebe ihr ein Küsschen auf die Schläfe. Da lacht sie wieder auf, haucht ihr neues Lachen. Irgendwann fresse ich dich auf, sage ich zärtlich. Das machst du nicht, sagt sie glasklar und öffnet kurz die Augen. Schmusen ist heute auch nicht ihr Ding. Ich mache mich dann mal auf den Weg, sage ich. Sie nickt. Bis morgen, Schneckchen. Ich küsse sie zum Abschied auf die Wangen. Ja, mach's gut, sagt sie und hebt die Hand.

Kein Grüß mir deinen lieben Mann, wie vor dem Schlag, überhaupt hat er viele Sätze vernichtet wie Hier wird man noch … oder Ich bin schon ganz kresi. Keine Beschwerden mehr über die Pfleger oder unfreundliche Mitbewohner, wie Der ist vielleicht … mitsamt einer Geste, die eine Art von Ruppigkeit ausdrückte. Die Falte über den Augenbrauen hat sich geglättet, Mutter lächelt alles weg. Die Frau, die immer lächelt, kein Wunder, von einigen wird sie hier jetzt so genannt.

*

Da bist du ja schon wieder, sagt Mutter voller Freude, als ich ihr Zimmer betrete. Ich schätze, sie wollte »endlich« sagen, so überschwänglich ist ihre Begrüßung. Sie breitet ihre Arme aus wie in meiner Kindheit, wenn sie rief: Wer kommt in meine Arme? Ich spiele mit und fliege ihr mit weiten Armen entgegen.

Sie küsst mich auf die Wange, strahlt mich an, als wäre ich überraschend Monate früher von einer langen Reise zurückgekehrt. Sie kann ihre Freude kaum fassen. Einen Abend, eine Nacht und einen Vormittag hat sie auf unser Wiedersehen gewartet, eine lange Zeit für sie, eine lange Zeit für jeden, der fast nur im Sessel sitzt und vor sich hin schaut oder in den Baum vor dem Fenster.

Kuck mal, sagt Mutter, da oben alles blau, und da, drei Säcke. Wahrscheinlich meint sie die schönen weißen Haufenwolken. Sie kann kaum sprechen, hat noch Essen im Mund, presst auch in der linken Hand welches zusammen. Wird zu schnell abgeräumt oder hamstert sie? Mit einem Küchenpapier sammle ich alles ein, stelle dabei fest, dass die untere Prothese nicht sitzt. Also mal alles raus und reinigen. Warum?, fragt Mutter. Dann kannst du wieder schön beißen, ich habe dir Quarkbällchen mitgebracht. Ohooo …

Sollen wir gleich mal an die frische Luft?, frage ich. Mutter nickt. Mit dem Rollstuhl oder dem Rollator?, frage ich. Mit dem!, sagt Mutter und zeigt auf den Rollator.

Ich bin überrascht, dass sie von sich aus laufen will. Umso besser. An der Rezeption begrüßt sie der frühere Pfleger, der an den Wochenenden als Pförtner aushilft. Er hat nie in Mutters Wohngruppe gearbeitet, sie kennt ihn bestenfalls vom Sehen, nickt ihm lächelnd zu. Vor dem Haus finden wir die beiden letzten freien Plätze auf der Bank. Neben uns die Diva und der Liszt-Liebhaber, ihr Adlatus, der rauchend aus einem Adalbert-Stifter-Band vorliest. Der Qualm zieht zu uns rüber. Mutter macht es anscheinend nichts, und ich will den Liszt-Liebhaber nicht in seinem Vortrag stören. Das macht die Diva selbst. Lassense uns mal in der Sonne sitzen, sagt sie nach einer Weile. Wir sitzen in der Sonne, sagt ihr Adlatus erstaunt. Nee, einfach so, mal die Sonne genießen. Der Mann hört auf zu lesen, klappt das Buch zu und zündet sich die nächste Zigarette an, die er aus einem kleinen Kästchen nimmt.

Erzählen Sie mal einen Schwank aus Ihrem Leben!, fordert die Diva ihn auf. Der Adlatus stutzt. Ich meine was Komisches, wo man lachen kann, präzisiert sie, gibt's da nichts? Doch, es gibt etwas, sagt der Liszt-Liebhaber, und dann erzählt er höchst umständlich und völlig ernst von einem jahrzehntealten Bubenstreich. Das Vergnügen der Diva hält sich in Grenzen. Mutter und ich haben die Augen geschlossen, genießen die wärmenden Sonnenstrahlen. Als ein paar Schleierwölkchen Schatten werfen, brechen wir auf. Mutter will ein paar Schritte gehen. Es fällt ihr schwerer als gedacht. Nach knapp zehn Metern kehrt sie um und will zurück auf die Bank. Die Diva und der Liszt-Liebhaber sind reingegangen. Durch die Scheibe kann ich sie sehen.

Später schreibt Mutter eine Geburtstagskarte an Jürgen, im Sessel liegend, die Füße auf dem Stuhl, sie will sich nicht an den Tisch setzen, winkelt kess ein Bein an, das sie als Unterlage benutzt. Ich habe ihr vier Karten zur Auswahl vorgelegt, sie entscheidet sich für die mit roten Rosen. Was soll ich schreiben?, fragt sie. Lieber Jürgen, sage ich, und dann gratulierst du ihm zum Geburtstag. Lieber Jürgen, schreibt sie, herzlichen zum Geburtstag. Ich wünsche Dir alles Liebe und Gute. Deine Mutter. Sie liest sich den Text durch. Da fehlt was, sagt sie, liest noch einmal und hält mir die Karte hin. Ja, sage ich, da fehlt »Glückwunsch«. Schreib es doch darunter und mach einen Pfeil, das ist doch nicht so schlimm, der Jürgen kann es ja lesen. Sie scheint nicht ganz zufrieden mit meiner Lösung, zögert, liest und krakelt schließlich ein unleserliches »Geburtstag« in die Lücke. Sie liest den neuen Text wieder und wieder durch, ist nicht glücklich damit, findet aber auch keine bessere Lösung und reicht mir schließlich die Karte. Hast du schön gemacht, sage ich, der Jürgen wird sich freuen, ist doch toll, von seiner dreiundneunzigjährigen Mutter Post zu bekommen. Drei…und…neun…zig, wiederholt Mutter wie ein ihr fremdes Alphabet.

*

Sie kann alles, aber macht sie nicht von allein, sagt Elena, die polnische Pflegerin mit den meerblauen Augen. Heute sie zu mir gesagt, sie will sterben. Ich sie gefragt: Frau Schröder, haben Sie mit dem da oben gesprochen? Nein, hat sie gesagt. Da habe ich gesagt: Dann können Sie auch nicht gehen! Wie zum Bedauern hebt Elena beide Hände.

Aber sie darf gehen, wenn sie keine Lust mehr hat, in ihrem Alter darf sie das, sage ich lächelnd zu Elena und bin froh, beinahe stolz, dass mir in dem Moment die Augen wirklich nur ein ganz klitzekleines bisschen feucht werden. Ja, klar, sagt Elena und lächelt zurück.

Obwohl Mutter die Jalousien heruntergelassen hat, bildhaft gesprochen, sind ihre Sensoren auf Empfang, sie bekommt alles mit. Jede Regung von mir, jede Änderung meiner Sitzhaltung, selbst wenn ich mal von ihr weg zum Fenster schaue, öffnet sie kurz die Augen, und ich sehe aus dem Augenwinkel, wie sie fragend schaut: Was ist los? Sieh mal, ein Rotkehlchen in der Birke, sage ich und: Kuck mal, da ist dein Ausflugsfreund, der ist aus dem Urlaub zurück, den müssen wir mal fragen, wie es in Österreich war. Mutter schaut hinunter in den Garten, nickt.

Nach einer Weile beugt sie sich vor, sieht mich an und sagt: Einatmen, ausatmen. Ja, sage ich, einatmen, ausatmen. Vergisst du das manchmal? Sie schüttelt den Kopf. Das geht ja auch automatisch, sage ich, nur wenn man mal betont einatmet, zum Beispiel schöne frische Luft – ich atme laut ein und breite dabei die Arme aus –, dann merkt man das, ne? Mutter nickt und lehnt sich wieder zurück.

Ich frage sie, ob sie sich noch an Genscher erinnern kann. Sie nickt wieder. Der ist gestorben, mit neunundachtzig Jahren. Na ja, sagt Mutter, bei so ’nem Alter. Es klingt wie: Kein Wunder, da muss man damit rechnen, ist doch alt genug! Stimmt, sage ich, aber du hast den ja locker überholt, und dann fange ich an zu singen: Meine Mutter, die wird hundert, meine Mutter, die ist klug, meine Mutter, die wird hundert, erst dann hat sie genug. Lalalalala laa laa, lalalalaaa … Das Umfeld färbt allmählich ab, denke ich noch während des Singens. Mutter grinst mit geschlossenen Augen.

Ich lasse sie weiter dämmern oder wie immer ich diesen Zustand bezeichnen soll, träumen tut sie wohl nicht, das habe ich sie öfter schon gefragt. Ihre Hände ruhen auf meinen, die wiederum auf Mutters Oberschenkel liegen. Zwei wärmende Schichten für sie. Mit den Zeigefingern klopft sie ab und zu auf meine Handknochen, ganz zart wie ein Specht in Zeitlupe. Oder sie streichelt mit ihren Händen über meine, manchmal drehen wir die Sache auch um.

Später mache ich noch mal den Test, ob sie weiterhin gegenwärtig ist. Wir wollten doch noch den Papst besuchen, sage ich in die Stille hinein. Sie schlägt blitzartig die Augen auf, guckt mich an, als hätte ich nicht mehr alles Tassen im Schrank, und sagt: den Papst, phh … Ich schätze, sie wird sich nicht mehr daran erinnern, dass der Papst, also der vorherige, der aus Bayern, in Mutters Heimatstadt war, in Erfurt, und Mutter und ich vor dem Fernseher saßen, sie in Bonn und ich in Köln. Kuck mal, da geht es in die Marktstraße, hatte Mutter die Bilder kommentiert, und da ist der Platz, wo die Bauern aus dem Umland ihre Blumen verkaufen, und so weiter. Es ging Mutter nicht um den Papst, sondern um die einmalige Chance, mir etwas von ihrer Stadt zu zeigen.

Mutter möchte, dass ich mich auf den Stuhl setze und ihre Füße halte. Die Decke packe ich noch darüber. Oh, ist das schön warm. Nach einer Weile streiche ich über die immer noch kalten Unterschenkel und lege meine Handflächen auf ihre Knie. Oaahhhh! Ist das warm!!! So habe ich Mutter noch nie aufjuchzen hören. Tut das gut, sagt sie. Wahrscheinlich ist es das erste Mal seit langer Zeit oder vielleicht überhaupt zum ersten Mal, dass jemand ihre Knie umfasst. Sie hält die Augen geschlossen und den Kopf nicht nur angelehnt, sondern richtig ins Kissen geschmiegt. So verharren wir eine Weile, bis sich mein Kreuz meldet und meine Hände von ihren Knien wieder zu den Füßen wechseln.

Da richtet sie sich auf, und wir halten uns jetzt die Hände. Mutters Zeigefinger entdeckt dabei meinen Ehering. Mit wem bist du denn verheiratet?, fragt sie. Mit dem Gerd, sage ich, aber es sieht nicht so aus, als hätte ich ihr damit auf die Sprünge geholfen. Soll ich dir ein Bild von ihm zeigen? Mutter nickt. Ich nehme das gerahmte Foto aus dem Regal hinter ihrem Sessel und zeige es ihr. Erkennst du ihn? Mutter nickt. Ich zeige ihr auch noch ein jüngeres Foto von Gerd und mir auf meinem Handy. Das scheint ihrer Erinnerung näher zu kommen. Wir sind schon einunddreißig Jahre zusammen, sage ich. Ohohh, entfährt es Mutter, als erführe sie von einem Wunder.

*

Mutter ist der Chinesin vorgestern wieder vom Stuhl gerutscht und klagt seitdem über Schmerzen am Knie, jedenfalls in der Bewegung, weswegen sie schwer zu lokalisieren waren. Ich habe dann doch die Ärztin um Rat gefragt, und weil sie eine Fraktur oder einen Bänderanriss nicht ausschließen konnte, soll Mutter heute geröntgt werden.

Nach einer anstrengenden Nacht, in der mir alle Möglichkeiten durch den Kopf gingen, mache ich mich mit kleinen Augen auf ins Heim. Mutter sitzt noch am Frühstückstisch, der schon abgeräumt ist. Wir fahren jetzt ins Krankenhaus, sage ich. Wohin? Ins Krankenhaus. Warum? Dein Knie soll geröntgt werden, die Ärztin war doch gestern da. Auf den Krankenwagen verzichte ich, auf den müssten wir lange warten, außerdem würde Mutter der Anblick nur Angst machen. Also ab in den Rollstuhl und hinüber in die Ambulanz. Wo gehen wir hin?, fragt Mutter wieder, als wir das Heim verlassen. Ins Krankenhaus? Warum? Um dein Knie zu untersuchen. Was ist mit meinem Knie? Das tut dir doch weh? Nein, mir tut nichts weh. Aber beim Laufen sagst du immer auauau. Jahaa?

Ich bin schon mal erleichtert, als in der Wartezone nur ein alter Mann mit einem vielleicht fünfzehnjährigen Jungen sitzt und ein mittelalter Lehrertyp mit Buch. (Erst später sehe ich, dass dahinter im Gang die Leute dicht an dicht vor den Behandlungsräumen warten.) Wo sind wir hier eigentlich?, fragt Mutter. Im Krankenhaus. Warum? Bevor ich antworten kann, kommt ein Pfleger und ruft sowohl den alten Mann als auch den Buchleser auf. Wunderbar, jetzt bin ich mit Mutter alleine. Dauert es noch lange? Ich weiß nicht, ich glaube aber nicht, versuche ich sie zu beruhigen, wir sind ja die Nächsten, die drankommen. Wissen die, wo wir sind? Ja, die kommen uns hier abholen. Sind wir denn schon angemeldet? So viel hat Mutter seit Tagen nicht gesprochen. Sie ist ganz da, will nichts trinken, keine Apfelschnitzel, auch kein Bonbon lutschen, nichts von allem, was ich vorsichtshalber für uns eingesteckt habe.

Mutters Augen sind auf die Tür gerichtet, aus der nach gar nicht so langer Zeit derselbe Pfleger tritt, uns aufruft und zu Behandlungsraum neun bringt, wo wir auf den Arzt warten sollen. Die hintere Wand ist eine Schiebetür, vermutlich zum OP, wenn's schnell gehen soll. Schließlich kommt ein junger, sehr junger Arzt, Assistenzarzt lese ich später im Bericht. Was tut Ihnen weh, Frau Schröder? Nichts. Er sieht auf den Überweisungszettel der Ärztin, greift an Mutters rechtes Knie. Au au. Wir legen Mutter auf die Untersuchungsliege. Der Arzt greift an verschiedene Stellen, dreht Mutters Bein ein bisschen. Au au. Winkelt das Bein an. Au au. Thrombose schließe ich erst mal aus, sagt er. Nimmt sie blutverdünnende Mittel? Ja, ASS. Noch andere? Nein, aber sie hatte im Januar eine TIA. Soso, eine TIA.

Er schreibt etwas auf einen kleinen Zettel, es sieht eher aus wie rumkritzeln, dann schickt er uns zum Röntgen. Sie können sie wieder in den Rollstuhl setzen, Sie werden gleich abgeholt, sagt er. Vielleicht können Sie mir kurz helfen?, frage ich, dann geht es leichter. Au au, entfährt es Mutter beim Aufstehen zusammen mit einem Furz, der in Windeseile den ganzen Raum kontaminiert und den Arzt, kaum dass Mutter sitzt, in die Flucht schlägt. Wir sind im Krankenhaus, nicht im Theater. Zum Glück ist bei Mutter die Luft raus und die Röntgenassistentin wird verschont.

Eine Stunde später sitzen wir wieder da, wo wir zu Anfang saßen.

Keine Fraktur, sagt der Arzt, der jetzt nicht mal mehr die Tür schließt, eher eine Prellung. Also kühlen, einsalben, Schmerzmittel. Schonung oder laufen?, frage ich noch schnell. Mmmh, eher moderat bewegen, sagt er, sonst kann es schlechter werden. Er tippt Mutters Schulter mit zwei Fingern an. Gute Besserung, sagt er mit einem kurzen Blick auch zu mir, dreht sich um und ist weg.

Alles okay, sage ich zu Mutter, jetzt können wir gehen. Draußen ist es kühl, aber trocken. Sollen wir noch eine Runde machen?, frage ich Mutter. Nein, sagt sie, nach Hause! Nach Hause, so hat sie das Heim schon sehr lange nicht mehr genannt.

*

Wenn ich am frühen Nachmittag komme und Mutter die Beine auf dem Stuhl liegen lassen will, setze ich mich auf ihr Bett. Immer weniger machen wir, wir sind einfach nur zusammen. Trink mal einen Schluck, sage ich ab und zu, sonst wird der Kaffee kalt. Beinahe in Zeitlupe bewegt sich dann ihre freie Hand zur Tasse, dreht sie so hin, dass sie den Henkel greifen kann, und balanciert sie bis zu ihrem Mund. Zwei Minischlückchen, die auf einen Teelöffel passen würden, dann im selben Tempo der gleiche Weg zurück. Hoffentlich kippt sie sich den Kaffee nicht über den Bauch, denke ich jedes Mal, greife aber nicht ein, sie kann es schließlich, und jede Bewegung, die sie noch kann, soll sie auch machen, machen dürfen, allein.

Meist genieße ich die Stunden, diese Zeit wunschloser Nähe, in denen ich einfach nur da bin für Mutter, immer in greifbarer Entfernung, wie sie früher für mich als Kind. Ich schaue hinaus in die Birke, träume selbst ein bisschen. Vor ein paar Jahren hätte ich mir nicht vorstellen können, diesen Zustand einmal zu erreichen. Ich war für Mutter lange noch Papas Tochter, wie sie früher sagte, und sie traute mir nicht oder traute mir nicht zu, dass ich auch für sie das Beste wollen könnte, das Beste in ihrem Sinne.

Jetzt weiß, jetzt spürt sie es. Ab und an lächeln wir uns zu. Ich habe gelernt von ihr, geduldiger zu sein, nicht zu viel und nicht alles immer zu wollen, die richtige Zeit für etwas abzuwarten. Ich kann warten, hat sie einmal gesagt, ich habe Geduld. Es hat lange gedauert, bis ich Mutter verstand. Etwas auszuhalten wie ein Leben, zum Beispiel, das nicht immer nach den eigenen Wünschen verläuft. Es muss nicht heißen, dass man daran zerbricht, und es ist auch nicht unbedingt ein Zeichen für Schwachheit, wenn man es aushält, keineswegs. Es kann auch Kraft darin liegen, vor allem, wenn man sich Zartheit und Zärtlichkeit behält in einer ganz und gar rauen Welt.

Aber es gibt auch Tage, da wird mir die Zeit lang, sehr lang. Dann ziehe ich mich am Bettgalgen hoch, schwinge mit dem Oberkörper hin und her, verändere die Position des Affen, nehme ihn auf den Schoß, wenn ich den Eindruck habe, Mutter guckt gleich und amüsiert sich darüber. Denke, ich müsste Mutter zu irgendetwas animieren, wie früher, wie vor dem Schlag. Frage mich Was mache ich hier eigentlich? Was wäre, wenn ich nicht hier säße? Mutter würde weiterdösen, nichts trinken, nichts essen, bis zum Abendbrot, wo sie am Tisch wieder vor dem Essen einnicken würde. Letzteres tut sie ja wohl, wie die Pfleger sagen.

Dehne ich Mutters Leben aus? Die Worte von Mutters Bester kommen mir wieder in den Sinn: Irgendwann muss man auch abbauen dürfen. Wie Tatschhändchen. In ihrem ehemaligen Zimmer hat sich der Professor mittlerweile eingelebt. Jeden Tag nach dem Mittagessen dreht er mit seinem Rollator eine große Runde durchs Viertel. Manchmal begegne ich ihm, wenn er gerade zurückkehrt und sich dann einen Kaffee in der Küche holt und einen Teller mit Plätzchen. Anfangs hat er sich zum Kaffee in die Küche gesetzt, aber seit er nach einer Augenoperation wieder sehen kann, ist er lieber für sich.

Ganz anders als Herr Feiersinger, der gerne vor Publikum seinen Charme spielen ließ. Aber nicht deswegen fehlt er mir, ich habe ihn geschätzt, weil er ein Mensch war, der sein Leben in Eigenregie geführt hat. Das, was er ändern konnte, ist er angegangen, und über den Rest hat er sich nicht künstlich aufgeregt, wie viele andere das hier tun. Die Stern war ihm darin gleich. Das Schönste am Leben, Kindchen, hat sie einmal zu mir gesagt, ist doch nicht, was man erreicht hat, das Schönste ist, dass man lebt. In ihrer Gegenwart habe ich mich jung gefühlt, als läge der Zenit wieder vor mir, als bliebe mir viel mehr Zeit. Sie war so eine kluge, warmherzige Frau, sehr schön, auch mit fünfundneunzig. Sie fehlt mir persönlich am meisten. Ich höre noch ihre Stimme, wie sie mit ihrem leichten Schweizer Akzent meinen Namen ruft: Schau, die Bärbel, da kommt ja die Bärbel. Es gibt nur wenige, die meinen Namen so wohlklingend aussprechen konnten, vor allem in Köln.

Einige Leute habe ich aber auch schon fast vergessen, nicht nur die Namen, bei manchen kann ich nicht mal mehr das Gesicht erinnern, so wie das von dem netten Mann, der vor Herrn Mendel und nach Herrn Sonnenheim in deren Zimmer gewohnt hat. Seine höfliche Art vergesse ich nicht. Auch nicht das Lachen vom seligen König, er war einer der fröhlichsten Menschen im Heim. Die sind alle sehr freundlich hier, das hat auch Mutter an einem der ersten Tage hier zu mir gesagt. Da war die

Stimmung in ihrer Wohngruppe angenehmer, ohne die Dax, die Döse und die Fromm, die Mutter bald das Leben schwer machten mit ihren Bevormundungen und Besserwissereien.

*

Kommst du aus der Schule?, fragt mich Mutter, als ich gegen drei bei ihr erscheine. Das fragt sie neuerdings beinahe jeden Tag. Heute probiere ich es mit einer anderen Antwort. Ich sage nicht: Nein, von zu Hause, oder: Nein, vom Einkaufen, wie ich es in der letzten Zeit getan habe. Diesmal konfrontiere ich Mutter mit der Realität, sage: Ich bin schon sechzig Jahre alt, ich gehe doch nicht mehr zur Schule und du bist ja dreiundneunzig. Mutter sieht mir in die Augen, sagt zu meinem Erstaunen: Ach so, ja!

Vielleicht haben die Pfleger sie auf die Fährte mit der Schule gebracht, sagen vormittags, wenn Mutter nach mir fragt: Ihre Tochter ist noch in der Schule. So wie sie zu dem Bewohner, der immer nach seiner Frau gefragt hat und jetzt schon ein paar Wochen tot ist, gesagt haben, seine Frau sei einkaufen. Das werde ich noch herausfinden.

Song Li schaut herein. Sie habe Mutter schon versorgt, sagt sie zu mir, auch die Beine auf den Stuhl davor und die Decke darüber gelegt, was ich alles unschwer erkennen kann. Ja, müssen Beine hoch, unterstreicht sie noch einmal und fügt freundlich beflissen hinzu: Kaffee auch schon geholt. Ich bedanke mich, tippe ihr an die Schulter und sage: Sie machen das sehr gut!

Später, als Mutter auf dem Gang ein paar Gehübungen mit dem Rollator macht, treffen wir die chinesische Pflegeschülerin wieder. Laufen gut, sagt Song Li, immer laufen. In Deutschland die Menschen nicht laufen, viel zu dick, und viel Herskreiheislauf. Deswegen viehiel Depression. In China alte Menschen nicht Depression. In Chinaaa, sie zieht das A sehr betont in die

Länge, sodass ich automatisch Kaiseeeer mitdenke, also in Chinaaa, wenn Menschen aufstehen, immer lachen!

Ob es sich um ein Wunder handelt oder einen kaiserlichen Befehl, können wir nicht mehr diskutieren, denn Mutter ist an ihrer Zimmertür angekommen. Aber weil die Chinesin sich gerne wiederholt, vielleicht auch um sicherzugehen, dass man sie versteht, sagt sie noch schnell: In Deutschland Menschen nicht lachen, wenn aufstehen, hier so: Sie zieht mit den Fingern ihre Mundwinkel tief nach unten. Dann lacht Song Li gleich wieder. Ja, lachen ist gut, pflichte ich ihr bei, aber Mutter wird allmählich ungeduldig. Die kleine Pflegeschülerin nickt schnell und kräftig und lacht aus vollem Halse, ihr heilsames chinesisches Lachen.

Für Mutter gibt es auch was zu lachen. Ich habe das kleine Album wiederentdeckt, das ich ihr zum achtundachtzigsten Geburtstag geschenkt habe. Sie selbst ist auf jeder Seite zu sehen mit seltsamem bis ausgefallenem Kopfschmuck. Mutter sieht sich jedes Bild lange an, mal ist sie eine leuchtende Sonne, dann Gräfin Mariza, ein Glückspilz, der jecke Tünn, eine mondäne Dame oder im Schmuck flimmernder Federn die Königin der Nacht. Wo war das?, fragt sie immer wieder. In der Karnevalsabteilung von Knauber, da sind wir doch früher oft hingefahren, als du in Bonn gewohnt hast. Sie liest die Reime, die ich zu jedem Foto gemacht habe. Manchmal kann sie meine Schrift nicht entziffern, aber sie kann noch lesen, nach dem Schlag.

Etwas wird wach in ihr, als sie sich in der Mönchskutte wiedererkennt mit Sonnenbrille und Ukulele. Das bin ich, sagt sie, und es klingt irgendwie stolz. Ja, dein Geburtstag lag auf Weiberfastnacht, erinnere ich sie, da hast du uns ein tolles Ständchen gebracht. Sie weiß nicht mehr, wie sie damals sagte: »Gib mir mal den Umhang, ich muss ein bisschen Quatsch machen, sonst fange ich an zu heulen« und wie ich ihr beim Verkleiden geholfen habe und eine Sonnenbrille gesucht und sie nach meiner Ukulele verlangt hat und dann vor allen aufgetreten ist, wie sie es noch nie zuvor getan hat, und gesungen hat wie ein Blinder, zugleich komisch und traurig-schön: Ich weiß, es wird einmal ein Wunder gescheh'n … Für mich verschoben sich in diesem Moment unsere Seelenkontinente, bewegten sich wie zwei tektonische Platten aufeinander zu. Erst später fiel mir das auf – damals spürte ich es nur und Mutter wahrscheinlich auch –, dass da noch etwas anderes war, mehr als ein Spiel. Und es war sicher kein Zufall, dass ich seitdem mein Leben mit Mutter aufschrieb, nicht nur die besonderen Momente, wie ich es lange zuvor begonnen hatte, sondern jeden einzelnen Tag.

*

Der Wind fegt uns ins Getreide, hat Mutter gestern beim Anblick der wehenden Birkenzweige vor ihrem Fenster gesagt. Heute sagt sie: Mir geht die ganze Zeit was im Kopf. Was denn?, frage ich. Sie sieht vor sich hin, sucht nach Wörtern. Ist es was Schönes oder was Blödes?, frage ich nach einer Weile. Ich weiß nicht, sagt sie lächelnd. Der Gedanke ist wohl längst wieder weg. Das sind die traurigsten Momente, wenn sie sich gar nicht ausdrücken kann und ich nicht mal rätseln, weil es keinen Ausgangspunkt gibt, nicht mal eine Ähnlichkeit, einen Klang, eine Farbe oder ein Geräusch.

Aber ein Fingerzeig von ihr reicht, und ich weiß, sie hat genug vom Gehen, vom Garten, will vors Haus wechseln, schauen, wer kommt und wer geht. Nur schauen. So viele Bewohner wie heute waren allerdings selten vor dem Haus, es sieht aus wie beim Almauftrieb. Nicht nur die Frischluftfanatiker wie Herr Palm, die Läuferin, die Döse oder die Dax, der Soziale Dienst hat auch die Rollstühle in die Sonne gekarrt. Mutter will sich nirgends dazusetzen, sie hält den Kopf gesenkt. Wir suchen einen Platz im Schatten, setzen uns dort auf die Bank. Kuck mal, da oben, sagt Mutter und meint wohl die Flugzeuge, die winzig wie Silberfische ihre Bahnen ziehen. Gemeinsam schauen wir hoch in den wolkenlosen Himmel, ich habe meinen Arm um Mutter gelegt. Wie ein Liebespärchen bleiben wir so sitzen, ganz für uns. Niemand spricht uns an. Als stünde auf unserer Stirn »Geschlossene Gesellschaft«, so sehen uns die anderen an. Ist dir noch kalt?, frage ich Mutter. Nein, sagt sie, zeigt wieder mit dem Finger zum Himmel, zwei Kondensstreifen bilden ein Kreuz.

Soll ich dich noch mal anrufen?, frage ich Mutter zum Abschied. Sie schüttelt den Kopf. Sie will nicht mehr, hat nicht mehr das Verlangen. Unser Verhältnis hat sich seitdem verändert. Von der Früh bis zum Zubettgehen waren wir den ganzen Tag über in Kontakt, jetzt sind wir es nur noch in den zwei, drei Stunden, in denen ich real bei ihr bin. Dazwischen liegen mehr als zwanzig Stunden, in denen ich keine Ahnung habe, wie es ihr geht, was sie macht, wo sie ist. Allmählich gewöhne ich mich daran, aber die Umstellung fällt mir nicht leicht. Ob sie mich vermisst, wenn ich nicht da bin?

Ein trauriger Moment, dieser tägliche kleine Abschied, ich kann nicht einschätzen, ob mehr für sie oder mehr für mich. Seit dem Schlag spüre ich unterschwellig, jeder Tag könnte so der letzte sein, für uns beide, für Mutter, für mich.

*

Es duftet nach Gras, nach Goldregen und dem letzten blühenden Flieder. Was ist das?, fragt Mutter, als ich sie um den kleinen Teich schiebe, der komplett mit Entengrütze bedeckt ist. Ich nehme ein Stöckchen und ziehe damit Kreise durchs Wasser, das versteht Mutter ganz ohne Worte. Vom Gemeinschaftsraum tönt es herüber: »Ein Vogel wollte Hochzeit machen …« und später: »Liebeskummer lohnt sich nicht, my darling …«

Wir setzen uns auf die überdachte Terrasse und schauen in

den Garten, auf den ein leichter Regen rieselt. Mutter sieht mich herzlieb an, fragt: Warst du bei deinen Eltern? Ich stutze einen Moment. Du bist doch meine Mutter, ich bin dein Töchterchen, sage ich ihr direkt ins Ohr und küsse sie auf die Wange. Sie lacht mich an. Es sieht aus, als würde sie sagen wollen: Na komm, Liebchen, du machst mir vielleicht Spaß!

Riech mal, sage ich zu Mutter. Ich habe ihr Erdbeeren mitgebracht, halte ihr die Tüte unter die Nase. Erkennst du, was das ist? Mutter steckt ihre Nase in die Tüte, sagt nichts. Vielleicht riecht sie auch nichts, der Geruchssinn soll ja als Erstes vergehen. Ich wasche einen Teil der Erdbeeren, die größten, und stelle den Teller auf den Tisch. Mutter ist höflich: Nimm du die große! Nein, du, sage ich, die wolltest du doch haben. Sie lässt sich nicht lange bitten. Ich wasche noch eine zweite Portion ab, den Rest stecke ich wieder in die Tüte. Als der Teller leer ist, fragt Mutter: Wo hast du die anderen Streichhölzer hin?

Am Nachbartisch redet die alte Lehrerin auf Pony ein. Hast du die vier? Pony, noch im Vollbesitz ihrer geistigen Kräfte, versucht, die Rahn zu verstehen und ihr eine passende Antwort zu geben. Aber was für vier? Sie sagt, wohl annehmend, dass es etwas mit dem Kaffee zu tun hat, weil die Rahn in Richtung Tasse zeigt: Es stimmt, dass der Kaffee aus fernen Ländern kommt. Damit kann die Rahn nichts anfangen. Sie zeigt jetzt auf die Bluse von Pony. Das ist meine Sonntagsbluse, sagt Pony, die ziehe ich immer sonntags an, und heute ist ja so ein bisschen Sonntag. Die alte Lehrerin verzieht das Gesicht, so meinte sie es wohl nicht. Mutter lächelt, sie lächelt nur, macht ihrem Ruf alle Ehre, die Frau, die immer lächelt.

Als es aufhört zu nieseln, machen wir uns auf, verlassen das Grundstück in Richtung Hauptstraße, kaufen Batterien im Eineuroladen, um Mutters Uhr wieder in Gang zu bringen, sehen uns Postkarten an. »Du hast es gut, du hast ja mich«, steht auf einer. Ich nehme sie aus dem Ständer und zeige sie Mutter. Sie haucht ihr neues Lachen. Dann gehen wir zurück und setzen uns wieder in den Garten, mehrmals wechseln wir den Platz. In der Sonne ist es Mutter zu warm, im Schatten zu kalt.

Mutter würde bis zum Abendessen sitzen bleiben, aber ich will nach Hause. Sie weint, als wir uns ihrem Zimmer nähern. Nicht nur ein paar kleine Schluchzer wie sonst, sie weint sehr. Soll ich noch bleiben?, frage ich. Sie schüttelt den Kopf. Aber ich kann Mutter schlecht weinen sehen, setze mich auf die Lehne, streiche ihr über den Rücken und bleibe noch ein bisschen. Wange an Wange versuche ich sie etwas abzulenken. Ich habe schlecht geträumt, sage ich. Wärste doch zu mir gekommen, sagt sie trocken. Gute Idee, sage ich, so wie früher, als wir klein waren und dann zu dir ins Bett gekrabbelt sind, was? Aber jetzt müsste ich durch die dunkle Nacht laufen, sage ich, außerdem ist das Heim dann abgeschlossen. Sie sieht mich an, als redete ich wirres Zeug. Irgendwie glaube ich doch, dass sie manchmal oder vielleicht sogar häufig denkt, dass ich hier wohne, ein paar Zimmer weiter, hier im Heim bei ihr.

*

Mutters Haare stehen ab, sie sieht aus, als habe sie einen Stromschlag bekommen. Wie geht's dir?, frage ich ein bisschen besorgt, weil sie so still ist. Feucht, antwortet sie. Feucht? Mutter lächelt, will nicht weiter darüber reden oder weiß nicht, wie sie es anstellen soll.

Sie legt ihre Hände auf meine Wangen, schaut mir in die Augen, ihre schwimmen in einem See. Bist du traurig?, frage ich. Du, dudu … stottert sie, will mir etwas sagen, aber sie bringt kein weiteres Wort heraus. Dudu du, versucht sie es noch einmal, dann gibt sie auf, sieht mich an wie vom Ufer einer fernen Insel. Sie kann nicht rüber zu mir und ich nicht zu ihr. Fährbetrieb eingestellt. Mir bleibt nicht einmal eine Idee davon, was sie mir sagen will. Wir sehen uns an, unsere Hände zusammen, aber jede für sich, jede von uns beiden allein.

Später sitzen wir am großen Fenster, Mutter hält die Augen eine Weile offen, sieht nach draußen. Kuck mal, da oben, die schwarze Wolke, sage ich, sieht die nicht aus wie ein Krokodil? Mutter sieht zum Himmel, kommentiert mit einem Lacher, ihrem Lacher, der wie Ausatmen klingt. Und wie wir beide in die Wolken gucken, schiebt sich ein Bild aus meiner Kindheit davor, und ich sehe Mutter und mich am Fenster im Schlafzimmer stehen. Dunkle Wolken kommen auf, der Himmel zieht sich zu, in die Lücken dringt giftiges Gelb. Die Welt geht unter, sagt Mutter. Wie ist das, wenn die Welt untergeht?, höre ich mich fragen, aber Mutter findet keine Antwort, sagt nichts, sieht weiter zum Himmel, wo es blitzt und donnert und ein Wolkenbruch unsere Straße in Sekunden unter Wasser setzt. Wir stehen noch am Fenster, als es aufhört zu regnen und das Wasser sich seinen Weg bahnt, abfließt in die Keller, und die Sirenen aufheulen und die Feuerwehrwagen mit ihren Pumpen kommen.

Ich lege meinen Kopf an Mutters Schläfe. Sie drückt zart dagegen, sieht weiter zum Himmel, mit ihren Gedanken ist sie vielleicht auch in der Kindheit, ihrer eigenen, die Zeit meiner Kindheit kennt sie nicht mehr.

*

Sie isst nicht, begrüßt mich Elena, die Pflegerin, morgens auf dem Gang vor Mutters Zimmer, sie nimmt Essen in Mund, aber schluckt nicht. Trinken ja, Essen nein. Ich gefragt, referiert Elena, ob sie Schmerzen hat? Sie sagt nein. Vielleicht kann sein Wetter? Ratlos breitet Elena die Arme aus.

Oder sie baut ab, sage ich. Auch kann sein, sagt Elena, aber ich nicht kann wissen, ich nicht kann hineinschauen. Zum Glück ich nicht kann, fügt sie hinzu, lacht und stopft eine volle Vorlage in den Müllsack des Pflegewagens.

Es gewittert immer noch, landesweit, und es ist sehr, sehr

schwül. Ein Stadtteil von Bonn stand gestern Abend unter Wasser, der Mehlemer Bach, ein winziges Rinnsal, den man gewöhnlich mit einem Schritt überqueren kann, hat eine Brücke mitgerissen. Und auch hier in Köln über unserem Haus rangelten schwarze Wolken, und die Äste der Eiche im Hinterhof bogen sich nach allen Seiten. Dass es am Wetter liegt, kann man also nicht ausschließen, aber Mutter hat eigentlich nie darauf reagiert. Sie hat von den tagelangen Gewittern nicht mal etwas mitbekommen.

Am Nachmittag ist Jürgen bei Mutter, aber ich habe keine Ruhe, will Mutter sehen, nachdem ihre Stimme am Telefon so schwach klang. Soll ich noch vorbeikommen?, habe ich sie gefragt. Natürlich, hat sie geantwortet. Das hat sie so noch nie gesagt.

Wie geht es dir?, frage ich Mutter eine Viertelstunde später. Müde, müde, müde, sagt sie. Ich schlage vor, ein bisschen in den Garten zu gehen. Mutter nickt. Selbst mit unserer Hilfe kommt sie nur schwer in die Senkrechte. Ihre Knie geben so schnell nach, dass sie fast auf der Lehne des Rollstuhls landet, nur im allerletzten Moment verpasse ich ihrem Hintern die nötige Drehung. Ohh, sagt sie erleichtert, als sie sitzt. Auch das Anheben der Beine fällt ihr schwer, ich muss sie festhalten beim Aufklappen der Fußstützen.

Im Garten finden wir ein schattiges Fleckchen neben der roten Holzbank. Mutter lächelt uns an, trinkt ein weiteres Glas Apfelsaft, beinahe ohne Aufforderung, und lässt ihren Blick über die Wiese schweifen, ein Meer aus Gänseblümchen. Da habt ihr doch früher Kränze draus gemacht, sagt Jürgen. Mutter lächelt. Hören kann sie heute jedenfalls, nicht wie gestern, als sie das Gerät zwar im Ohr hatte, aber leider ohne Batterie.

Von der Terrasse kommt ein Mädchen in einem himbeerroten Sommerkleid in den Garten, bückt sich, zupft ein paar

Blüten ab und wirft sie in die Luft. Mutter beobachtet die Kleine. Irgendwann geht das Kind wieder weg, Mutters Blick bleibt bei den Gänseblümchen zurück. Sie wirkt still zufrieden, ganz bei sich.

Es ist schon nach fünf, als ich Mutter zum Abendessen in die Küche schiebe. Die Fromm und die Döse sitzen schon am Tisch. Der junge Wochenendmann hat Dienst. Er sagt, gestern Abend hätte Mutter für eine Schnitte sehr lange gebraucht, trotz Anreichens. Vielleicht ist Brot für Mutter zu trocken. Ich bitte ihn, ihr was Frisches anzubieten, vielleicht eine Tomate, die hätte sie immer gern gemocht. Er schlägt Suppe vom Mittag vor. Auch gut, sage ich, probieren Sie es. Bis morgen, sage ich zu Mutter und küsse sie auf die Wange. Sie lächelt, ohne mich anzusehen, sagt: Ja, gut.

Auf dem Gang treffe ich den Professor. Er hebt den Zeigefinger und sagt: Ich muss Ihnen etwas sagen. Ihre Mutter hat mich heute davor bewahrt, den Kaffee auf die umgedrehte Tasse zu schütten. Ich hatte das nicht gesehen, aber Ihre Mutter hat mich darauf aufmerksam gemacht. Das hat mich gefreut, sagt er mit leuchtenden Augen. Das freut mich, sage ich, auch dass Sie mir das sagen. Ich dachte immer, meine Mutter wäre so abwesend am Tisch. Nein, sagt der Professor, das täuscht.

*

Mutters Hosenbeine sind feucht bis zu den Knien. Sie schafft es gerade noch bis zur Toilette, aber die zwei Schritte zum Waschbecken sind zu viel. Zitternd hält sie sich am Beckenrand fest. Warte, ich hole schnell den Rollstuhl, sage ich, und in letzter Sekunde, bevor ihre Beine nachgeben, schiebe ich ihr den Sitz unter. Mutters Atem flattert, als wäre sie eine steile Treppe hochgestürmt. Ich halte ihr ein Glas Wasser hin, sie greift danach, will trinken, aber es gelingt ihr nicht, so sehr japst sie nach Luft.

Ich fahre sie zurück ins Zimmer, hocke mich neben sie. Und wie ich meinen Arm um sie lege und in ihre Augen schaue, die in tiefen Höhlen ruhen, laufen mir die Tränen übers Gesicht, zum ersten Mal in Mutters Gegenwart. Sie sieht mich an. Ihr Blick ist ernst. Ich mache mir Sorgen, sage ich. Warum?, fragt sie. Weil du nichts isst. Wer sagt denn so was, fragt sie mit schwacher Stimme, das stimmt doch gar nicht. Dann schließt sie die Augen, vielleicht fallen sie ihr auch zu.

Mutter ist gerade zur Ruhe gekommen, ich kann auch wieder klar sehen, als plötzlich die Clowns in der Tür stehen, Törtchen, der große Mann, den Mutter so gerne mag, und die kleine zickige Clownin mit den Pausbäckchen. Ich deute mit dem Finger auf Mutter und gebe leise zu verstehen, sie hätte gerade einen Schwächeanfall gehabt. Doch da hebt Mutter auch schon den Kopf, und der nette Clown legt Mutters kleine Hand in seine große. Ich sage, dass ich kurz mit den Pflegern sprechen wolle, aber gleich zurück sei. Gewöhnlich bleibe ich ja dabei, mache ihren Spaß mit.

Das habe ich auch vor, als ich kurz darauf mit drei Stretchhöschen und einer Flasche Wasser zurück in Mutters Zimmer komme, wo der große Clown auf seiner Ukulele spielt und alle drei zusammen singen, ich weiß nicht einmal mehr, was, nur dass Mutter mitsingt, sich anstrengt, es versucht. Ihre Stimme bricht, sie kann keinen Ton halten, und mir reißt es die Hülle ein wie damals an Vaters Krankenbett, als klar war, dass nichts mehr zu machen war, und wie damals laufe ich raus aus dem Zimmer, weil mir schon wieder die Tränen kommen, und dann stehe ich auf dem Gang und weiß nicht, wohin, ich will auch nicht, dass mich irgendjemand so sieht, und fliehe auf den Balkon, wo zum Glück keiner ist. Ich setze mich ganz klein in eine Ecke und hoffe, dass der Tränenstrom stoppt, aber es wird nur schlimmer, und dann ruft auch schon der große Clown Bärbel! über den Gang, und ich stehe auf und gehe hin, mit nassen Augen, entschuldige mich für meine Verfassung, worauf der große Clown meine Hände greift, was den Tränenstrom auch nicht stoppt, sondern eher neu entfacht. Ich schaue in zwei mitleidvolle Gesichter und versuche es mit einer klaren Diagnose: Sie isst nicht mehr! Darauf drückt der große Clown meine Hände ein bisschen fester und fragt: Will sie nicht mehr? Aber darauf weiß ich keine Antwort, stammele ein verunglücktes Danke und renne zurück in Mutters Zimmer.

Jetzt sitze ich schon eine Stunde neben ihr, neben dem Rollstuhl, den sie nicht mehr verlassen will, auch nicht, um in den bequemeren Sessel umzusteigen. Meine Hand liegt warm an ihrem Nacken, stützt ihren Kopf. Ab und zu sinkt er ein bisschen in Richtung Brust, dann hebt sie ihn wieder an. Sie schläft nicht wirklich, schabt sich, wenn ich sie daran erinnere, mit den Zähnen ein Fitzelchen von den Erdbeeren ab, die ich ihr mitgebracht habe. Vier Erdbeeren in einer Stunde.

Kurz bevor ich gehe, frage ich sie, ob ich den Ergotherapeuten abbestellen soll. Warum?, fragt Mutter. Weil es dir alles zu viel ist. Sie bekommt wieder diesen ernsten Blick und fragt: Darfst du das denn?

Immer noch will sie anderen gegenüber höflich sein, denke ich auf dem Rückweg, niemandem etwas abschlagen, nicht aus der Reihe tanzen, auch wenn es um ihre letzten Kräfte geht. Wie verdammt ängstlich muss sie sein? Ich bin die Einzige, zu der sie schon mal Nein sagt, aber auch nur, wenn ihr etwas ganz gegen den Strich geht, so wie vorhin, als ich noch die Prothesen reinigen wollte, bevor sie Moos ansetzen. Nicht mal nicht zu essen wagt sie. Ich höre Elena, die Pflegerin, sagen: Sie nimmt Essen in Mund, aber schluckt nicht.

*

Geht es Ihnen gut?, fragt die Ärztin. Ja, antwortet Mutter. Haben Sie Schmerzen? Nein, nicht mehr (?). Beim Blutabnehmen weint Mutter, weint auch weiter, als die Nadel längst draußen ist. Ich nehme sie in den Arm, tröste sie, der Ärztin sichere ich zu, den Versuch einer Urinprobe zu wagen. Mutters Beste hat Bedenken, verweist auf viele gescheiterte Versuche. Ich scheitere später auch. Wenn Mutter sitzt, läuft es, wenn sie ihren Po anhebt, um Platz zu machen für den kleinen Behälter, stoppt der Fluss. Nichts zu machen.

Selbst das Säubern der Prothese wird schwierig. Mutter weiß nicht, wie sie zugreifen soll, mit viel Geduld auf beiden Seiten gelingt es uns schließlich, die falschen Zähne wieder einzusetzen. Alles gut?, frage ich. Ich weiß nicht, sagt Mutter und schiebt den Unterkiefer hin und her, ich fürchte, sie hat recht. Also ein neuer Versuch. Geschafft von der anstrengenden Prozedur, will sie danach nur noch im Sessel liegen, Händchen halten und ab und an einen Schluck Apfelsaft. Mutter ist schwach, aber guter Dinge. Den milden Saft scheint sie zu mögen, fast in einem Zug trinkt sie ein Glas aus. Ich schenke ihr ein zweites ein. Darf ich das haben?, fragt sie. Auch als ich ihr die Erdbeeren zeige, fragt sie: Darf ich das haben? Ja, klar, das ist alles für dich, das habe ich doch für dich mitgebracht. Ohhh! Drei Erdbeeren, dann hat Mutter genug.

Ich erinnere sie an ihren Hochzeitstag vor siebzig Jahren. Über zwanzig Jahre lebt sie nun schon allein. Und genauso lange kümmere ich mich um sie, jedes Jahr ein bisschen mehr. Ich habe einen Rahmen mitgebracht für das schönste Foto ihres Festes und stelle es vor den Fernseher, den sie schon lange nicht mehr benutzt. Kannst du es gut sehen?, frage ich. Mutter nickt. Ich zeige ihr noch andere Fotos. Sie erkennt sich selbst auf allen, egal aus welcher Zeit in ihrem Leben, selbst auf den Fotos, wo sie mir eher untypisch oder fremd vorkommt. Was ihre Person angeht, ist sie sicher. Das bin ich, sagt sie. Und wer ist das?, fragt sie bei einem und zeigt auf ein kleines Mädchen im Wintermantel. Das bin ich, sage ich. Möchtest du noch mehr Fotos sehen? Ist egal, sagt sie. Ich zeige ihr noch ein Foto von ihrer Mutter, die sie sofort erkennt, dann räume ich den Karton wieder weg, zurück in das Vertiko.

Möchtest du an die frische Luft?, frage ich später einmal, als sie die Augen kurz öffnet. Ich sitze ihr gegenüber, vorgebeugt, wir kommen uns ganz nah. Nein! Soll ich dir was vorsingen? Mutter schüttelt den Kopf. Sie sieht mich an, streicht mir mit den Händen vom Scheitel über die Schläfen bis hinunter zum Kinn, lächelt ein bisschen dabei, als wollte sie sagen: Lass mal, mach dir nicht so viele Gedanken. Dann schließt sie wieder die Augen.

In diesem kurzen Moment kam etwas Verschollenes zurück, ein Zeichen aus der Zeit vor dem Helfen und Kümmern, ganz unerwartet tauchte es auf: Ich war wieder die Tochter und sie die Mutter, meine Mutter. Alles schien im Lot in diesen wenigen Sekunden. Ihre Fingerspitzen strichen ganz zart, nur mit der äußersten Kuppe über mein Gesicht, als durchzögen sie unser beider gemeinsames Leben, als machten sie eine weite Reise vom Scheitel bis zum Kinn. Ich ahnte, nein, ich war sicher, mein Gefühl in diesem Moment war ein Geschenk, etwas, das mir bleiben würde von Mutter, eingeschrieben in meine Haut.

Die Birkenzweige hängen still

Die Stimme von Mutters Bester klingt ernst. Mutter hätte seit gestern Abend gar nichts mehr gegessen, zwar etwas in den Mund genommen und freundlich gelächelt, aber als sie Kauen! zu ihr sagte und Runterschlucken!, hätte sie es dabei belassen. Getrunken hätte sie zwei Glas Wasser. Die Ärztin sei schon informiert. Man müsse jetzt entscheiden, was man noch will. Nach einer kurzen Pause spricht sie weiter, nennt künstliche Ernährung, Flüssigkeit vom Tropf. Sie sei allerdings sicher, sagt Mutters Beste, das hätte Frau Schröder nicht gewollt. (Ihre Stimme zittert ein bisschen, sie sagt Frau Schröder und nicht wie sonst Ihre Mutter. Ein bisschen formaler Abstand, vermutlich geht es ihr nah.) Das sehen Sie richtig, sage ich.

Ich bin unruhig, gehe schon früher ins Heim, in der Küche beenden die Pfleger gerade die Übergabe. Mutters Beste sagt, sie hätte Mutter ins Zimmer gefahren, sie sitze noch im Rollstuhl, in den Sessel hätte sie nicht gewollt. Mutter scheint froh zu sein, als ich komme. Sie hat diesen Wenn-du-da-bist-ist-alles-gut-Blick. Ich habe ihr wieder Erdbeeren mitgebracht, wasche eine Handvoll ab, halte ihr den Teller hin. Mutter betrachtet die Erdbeeren wie ein reizendes Mitbringsel, essen will sie sie nicht. Möchtest du lieber ein bisschen Wasser? Sie nickt. Ich reiche ihr das Glas an, sie greift danach und trinkt einen Schluck. Mir fällt auf, dass sie das Glas kaum halten kann.

Willst du dich lieber in deinen Sessel setzen und ein bisschen die Beine hochlegen?, frage ich. Sie nickt. Ich fahre den Rollstuhl ganz dicht an den Sessel, sodass sie nur aufstehen und eine kleine Drehung machen muss. Ganz schafft sie sie nicht. Sie stützt die Hände auf die Lehnen und korrigiert kurz ihren Sitz. Ich helfe ihr, die Beine auf den Stuhl zu legen, lege das schmale Kissen unter die Waden, sodass ihre Fersen nicht aufliegen. Ganz zufrieden ist sie damit heute nicht, sie holt das linke Bein gleich wieder zu sich heran, bis sie mit dem Fuß Halt an der Stuhlkante findet. Ihr Gesicht zieht sich zusammen, eine Hand hält ihren Bauch. Tut da was weh?, frage ich. Sie nickt. Ich lege meine Hand auf ihren Bauch. Hier? Sie nickt. Die Lippen sind ein klein wenig geöffnet, heller Breirest vom Mittagessen ist zu erkennen. Soll ich dir einen Tee kochen?, frage ich. Sie nickt. Gut, ich mach dir schnell einen Kamillentee.

Ich laufe in die Küche, werfe den Wasserkocher an und nehme einen Teebeutel aus der Schublade. Als ich kurz darauf ins Zimmer komme und den Beutel rausnehmen will, stelle ich fest, dass ich mich vergriffen habe. Alles rot, Früchtetee. Ich hab den falschen Tee gemacht, sage ich zu Mutter, ich mach dir einen neuen. Mit dem richtigen Tee bin ich, so schnell es geht, zurück, Mutter will sofort trinken. Warte, das ist zu heiß, sage ich, wir schütten etwas Wasser dazu. Das mache ich auch. Sie nimmt einen Schluck, würgt ein bisschen. Ich hole aus dem Bad die rote Plastikschüssel, weil ich fürchte, sie müsse sich übergeben, aber dann ist es nur der kleine Breiklumpen, der in die Schüssel fällt. Jetzt will Mutter wieder trinken. Ihr Herz geht ganz schnell, ihre Brust hebt und senkt sich wie bei einem aufgeregten Kind. Ich hocke mich neben sie, nehme ihre linke Hand in meine. Sie greift zu und lässt sie nicht mehr los. Meine rechte lege ich ihr auf die Schulter. Tut noch was weh? Sie schüttelt den Kopf, hält die Augen geschlossen, ihr Herz rast weiter. Das Handy klingelt, und ich lasse Mutter einen Augenblick los, Ute ist dran. Wir machen es kurz. Ich hocke mich gleich wieder neben Mutter, gebe ihr meine Hand, die sie wie davor festhält, mit der anderen streichle ich ihr über den Kopf, sage: Alles ist gut, Mama, ich bin ja bei dir. Ihr Atem wird ruhiger. Ich lege meine rechte Hand wieder auf ihre Schulter und denke auch, es ist wieder gut. Da holt Mutter auf einmal tief Luft. So kommt es mir erst vor, aber dann ist es genau andersherum, sie stößt sie aus, wobei ein Breifitzelchen über die Lippen wandert. Und auf einmal gehen ihre Augen auf, sehr, sehr langsam, anders als bei einem gewöhnlichen Lidschlag, so unglaublich langsam, wie ich es noch nie zuvor gesehen habe. Mutter sieht mich an, unsere Augen treffen sich, aber ihr Blick geht durch mich hindurch. Langsam dreht sie den Kopf weg von mir, so langsam, als ziehe jemand daran, und sieht hinaus aus dem Fenster zu den Birkenzweigen, die im Wind schaukeln, die Augen immer noch weit offen, ganz weit offen, und dann gehen sie ebenso langsam, wie sie sie zuvor geöffnet hat, wieder zu. Zweimal holt Mutter Luft und stößt sie aus, bei jedem Mal hebt sich ihr Kinn ein wenig und senkt sich wieder mit dem Kopf, ihre Brust ist ganz ruhig jetzt, ich streichle ihr über den Kopf, meine andere Hand immer noch fest in ihrer oder ihre in meiner. Alles ist gut, Mama, alles ist gut!, höre ich mich wieder sagen. Mir scheint, als atme sie nicht mehr, aber dann holt sie plötzlich doch noch einmal Luft, ein allerletztes Mal. Ihre Hand hält meine weiter und ich die ihre, mein Arm um ihre Schultern, so bleiben wir zusammen, bis ich irgendwann meine Füße nicht mehr spüre und meine Knie schmerzen, weil ich die ganze Zeit in der Hocke bin. Ich lasse Mutters Schulter kurz los und versuche ihren Puls zu fühlen, spüre ein leises Klopfen, vielleicht ist es auch das Blut in meinen Fingern. Ich drücke den roten Knopf.

Es dauert ein bisschen, bis Polina da ist, die Pflegerin aus Sankt Petersburg. Mit ihren kräftigen Händen ertastet sie Mutters Puls und sagt bestürzt: Ja, da ist nichts mehr! Auf ihrem Handy ruft sie den Katzich, der gleich kommt und sich zwischen uns hockt, selber nachmisst und es bestätigt. Perfekt, sagt er, entschuldigen Sie das in der Situation, aber das war perfekt! Ganz kurz kneift er die Augen zusammen, nickt mir zu, dann lassen mich beide mit Mutter allein.

Behutsam streichle ich Mutter übers Gesicht, lege meine Hand wieder in ihre, hoffe, sie kann mich noch hören, spreche ihr ins Ohr: Danke, Mama, dass du auf mich gewartet hast, dass ich dich bis zur Grenze begleiten durfte. Jetzt musst du alleine weiter, ohne Hilfe, aber das hast du ja schon mal geschafft. Erst da nehme ich das Hörgerät aus ihrem Ohr, das leise vor sich hin piepst. Ich küsse Mutter immer wieder, halte weiter ihre Hand.

Zwischen unseren Handflächen ist es ein bisschen feucht geworden, das mochtest du nie, wenn meine Hände feucht wurden, dann hast du sie weggezogen und statt Händchen zu halten lieber mit den Fingern auf meine Handrücken geklopft. Jetzt bleibt deine Hand still. Sie ist noch weich und warm.

Irgendwann sieht der Heimleiter nach uns und spricht sein Beileid aus, versichert, ich könne mir alle Zeit nehmen, die ich brauche. Beinahe freundschaftlich wirkt er, wie er zu mir runtersieht, wo ich immer noch eng neben Mutter hocke, er hat mich nie zuvor weinen sehen. Auch die Pflegedienstleiterin klopft an, stellt sich hinter den Stuhl, auf dem Mutters Füße liegen, spricht ein leises Gebet. Das ist meine Form des Abschieds, sagt sie und wünscht mir viel Kraft. Nach einer Weile kommen die Pfleger zurück, Polina und der Katzich, um Mutter umzubetten, wie sie sagen, vom Sessel hinüber auf ihr Bett. Obwohl sie nicht viel wiegt, ist es schwer, ich helfe mit. Sie ziehen ihr die Sachen aus, die Mutter am Morgen frisch angezogen hat, ihre braune Hose, das gestreifte Polohemd mit dem weißen Kragen. Und mehr symbolisch, als weil es nötig wäre, wäscht sie Polina, der Katzich kämmt Mutter das Haar.

Suchen Sie ihr ein schönes Nachthemd aus, sagt der Katzich. Ich nehme das gelbe mit den zarten Blumen, das gefiel ihr sehr. Dann reinige ich ein letztes Mal Mutters Prothesen. Auf Katzichs Wunsch hin läuft Polina in den Garten und kommt mit einem Rosenzweig mit zwei orangeroten Blüten und vielen Knospen zurück. Sie zögert kurz, weil sie nicht weiß, wohin damit, sieht den Katzich an, der schüttelt den Kopf, daraufhin steckt sie den duftenden Zweig zu Jürgens weißen Heckenröschen in die Vase. Dann bin ich wieder mit Mutter allein.

Ich setze mich in deinen Sessel, rücke ihn näher ans Bett. Immer wieder stehe ich auf, streichle deine Hände, deinen Kopf, küsse dich auf die Stirn. Langsam wird sie kalt, die Farbe weicht aus deinem Gesicht, deine Hände sind fast weiß. Erst traue ich mich nicht, aber dann mache ich doch ein Foto von dir, wie du daliegst, so friedlich, so schön, ein letztes Foto, das du nicht mehr sehen kannst und zu dem du nicht mehr sagen wirst: Das bin ich!

Nico wollte seine Oma eigentlich am Vormittag besuchen. Warte doch bis zum Nachmittag, dann können wir uns alle sehen, hatte ich ihn am Telefon umgestimmt. Nun kommt er zu spät, was schwer für ihn ist, schwer für uns beide. Lange halten wir uns im Arm, setzen uns gegenüber in Mutters Sessel und auf ihren Stuhl, da, wo sie eben noch gelegen hat, und halten uns die Hände. Ab und zu steht einer auf, geht zu dir ans Bett und küsst dich und streichelt dir die Hände. Über zwei Stunden verbringen wir so, bis Jürgen kommt und wir zu dritt um dein Bett stehen und weinen.

Irgendwann muss Nico los, ich hole mir eine Flasche Wasser aus der Küche. Auf dem Gang begegne ich dem persischen Pfleger aus der Nachtschicht. Er spricht mir sein Beileid aus und sagt, was er immer gesagt hat, wenn wir uns begegnet sind: Ihre Mutter ist meine Liebste. Er begleitet mich zurück ins Zimmer, will sich von Mutter verabschieden, sagt auch zu Jürgen, der inzwischen in Mutters Sessel sitzt: Frau Schröder war meine Liebste, ich wollte immer dieses Bild von ihr haben, er zeigt auf das handkolorierte Foto, auf dem Mutter achtzehn Jahre alt ist. Ich habe zu ihr gesagt, dann heiraten wir. Aber da hätte sie immer abgewinkt und gesagt: Nein, das ist vorbei. Der Pfleger legt seine Hände übereinander. Ja, sie war meine Liebste, sagt er versonnen, so etwas wird es hier lange nicht geben, so lieb, sagen alle.

Dann wird es auch für Jürgen Zeit. Er sieht dich lange an, sehr lange, und es scheint, als habe er dir noch etwas zu sagen. Vielleicht schweigt ihr aber auch beide, so wie jeden Sonntag, wenn ihr euch nach dem Kaffee gegenübergesessen habt, versonnen, still, ohne viele Worte.

Ich mache es wie immer, bleibe noch bei dir, damit der Übergang leichter wird und du nicht plötzlich alleine bist. Vielleicht ist es jetzt aber auch umgekehrt. Ich setze mich in deinen Sessel, schaue mich in deinem Zimmer um. Alles ist anders mit einem Mal, selbst der Blick in die Birke. Die Zweige schaukeln nicht mehr, der Wind hat sich gelegt. Viel Kraft, der Wunsch der Pflegedienstleiterin fällt mir kurz ein, weht aber wertlos an mir vorbei. Ich werde keine Kraft mehr brauchen, deine und meine Wege haben sich gerade getrennt, das Kümmern fällt weg. Ich bin jetzt frei. Oder wie du es selbst manchmal gesagt hast: frei, frei, frei.

Für ein neues Gefühl reicht es noch nicht. Ich stehe wieder auf, öffne das Fenster ein bisschen weiter. Und da überfällt mich eine mir fremde Erschöpfung, nicht am ganzen Körper wie nach einem hektischen Tag, sondern nur im Kopf und in der Brust, so als hätte ich die ganze Zeit die Luft angehalten, die jetzt langsam entweicht.

Gegen Abend bringt Polina mir etwas zu essen, einen warmen Toast. Toast Hawaii, das hätte dir geschmeckt. Ich bleibe weiter in deinem Zimmer, sitze still im Sessel. Das Fenster steht immer noch weit auf, die Luft ist schwül. Die Bilder vor meinen Augen sind das Einzige, was sich bewegt. Ab und an drehe ich mich zu dir, fühle deine Hand, lege die Hand auf deinen Kopf, deine Stirn, ich weiß einfach nicht wie von dir weg.

Es wird spät, die Ärztin war längst da, um deinen Tod zu

bescheinigen. Schön, dass sie so leicht gegangen ist, hat sie gesagt und dir zum Abschied sanft auf die Schulter gefasst. Vor dem Zimmer ist es schon eine Weile ruhig geworden, deine Nachbarn sind alle zu Bett, als ich Gerd anrufe und er mich schließlich holt und ich dem Affen, der zu deinen Füßen sitzt, die Totenwache überlasse. Ich streiche dir über den Kopf, küsse dich auf die kühle Wange und sage, als wäre alles wie immer: Mach's gut, Schneckchen, schlaf schön, bis morgen!

*

Wie versprochen sehen wir uns wieder, erst im Heim, wo du unverändert liegst. Dein Gesicht sieht noch immer schön aus, ganz entspannt, dein Mund hat sich ein wenig geöffnet. Nach Schlaf sieht es nicht aus, auch nicht nach Träumen, eher wie eingefrorene Zeit. Ich setze mich neben dein Bett und warte mit dir auf Elsa, deine jüngste Enkelin, die ins Flugzeug gestiegen ist, damit sie dich hier noch einmal sehen kann, in deinem Zimmer mit den Fotos und vielen kleinen Dingen um dich herum, die dir lieb waren. Und nachdem sie ihr Zaudern überwunden hat, streicht auch sie über deine Hände, die immer noch übereinanderliegen, kein bisschen verrutscht, wie ich es vorher befürchtet hatte.

Erst nach Elsas letztem Gruß lassen wir die beiden Bestatter herein, die dich mitnehmen und in deren Abschiedsraum ich dich drei Stunden später zusammen mit Ute, deiner jüngeren Tochter, wiedersehe, ein allerletztes Mal. Und wo du jetzt nicht mehr im Nachthemd, sondern in deinen Lieblingssachen im Sarg liegst, ein bisschen wie Schneewittchen. So eine feine Frau, sagt der ältere der beiden Bestatter, so was findet man selten. Zu schade, dass du das nicht hören kannst. Ich küsse dich auf die Wange, doch deine Haut gibt nicht mehr nach und fühlt sich auf einmal kalt und fest an, fast wie ein Stein. Ich streiche dir über die Haare und wünsche dir eine gute Reise, genauso wie ich es Vater gewünscht habe, als er so dalag. Und unter deine weißen Hände legen Ute und ich dir jede einen Brief. Von uns aus wären wir nicht auf die Idee gekommen, weil es keinen Sinn macht, dir jetzt noch Post mit auf den Weg zu geben, aber Papier und Umschläge waren so anrührend ausgelegt in dem sanft beleuchteten Raum, dass es uns ignorant und herzlos vorgekommen wäre, wenn wir das Angebot nicht wahrgenommen hätten.

Grüß den Paps, habe ich als Erstes geschrieben (weil mit seinem Auftrag ja eigentlich alles angefangen hat, und ich hoffe, dass ich ihn zu seiner Zufriedenheit erfüllt habe, viel mehr hätte ich auch nicht geschafft. Aber von all dem wusstest du nichts, auch nicht, dass er glaubte, du seist ein ärm Dier, was am Ende nicht stimmte, ich habe dir auch nie etwas davon gesagt, weil ich fürchtete, dass du dich dann wieder kleiner fühlst, so klein, wie du gar nicht warst), und dann habe ich dir noch einmal gedankt, dass du meinen liebsten Wunsch erfüllt hast und ich dir bis zum Schluss die Hand halten durfte. »Deine Bärbel« habe ich daruntergeschrieben, denn das war ich ja nun wirklich über all die Jahre, so gesehen und so.

*

Wie ein Lauffeuer ging die Kunde von deinem Tod durchs Heim. Pony fuhr mit dem Rollstuhl an dein Totenbett, um von dir Abschied zu nehmen. Haben wir denn die ganze Zeit übersehen, wie schön Ihre Mutter war?, fragte sie mich oder eher sich selbst, als sie aus deinem Zimmer kam. Später, als ich ihr zur Erinnerung einen Seidenschal von dir geschenkt hatte, gab sie mir noch einen Kuss auf die Stirn oder genauer gesagt auf meine Haare, die mir ins Gesicht fielen, als ich mich zu ihr runterbeugte. Auch Frau Herbst, die mit den Büchern, war zutiefst betroffen und kondolierte mit Tränen in den Augen. Selbst die Dax ließ es sich nicht nehmen, mir die Hand zu schütteln mit einem Verweis auf den Katzich, dem der Tod von Mutter wohl viel ausgemacht hätte, was mir nicht entgangen ist. Wir haben uns kurz abgeklatscht wie zwei Sportler nach einem gewonnenen Spiel. (Ich hoffe, du hast es nicht gesehen.) Mutters Beste hat mich in den Arm genommen und ich sie auch, ich habe mich bei ihr für die viele Hilfe bedankt. Die kleine Chinesin war leider nicht da. Die Frau aus Ostpreußen, der ich Mutters Globus geliehen hatte, hat lange meine Hand gehalten, ich musste ihr versprechen, wiederzukommen, wenn alles vorbei ist. Das habe ich auch getan. Den Professor und Rollstuhlwolff, der dich seit dem Schlag beim Mittagstisch vermisste, und Herrn Palm, der uns noch am letzten Sonntag mit seinem munteren »Ich grüße euch« im Garten begegnet ist, als wir dort zusammen auf der Bank saßen und du dem kleinen Mädchen zugesehen hat, wie es Gänseblümchen pflückt, diese drei freundlichen Männer habe ich nicht gesehen.

Frau Bellevie und Schneeweißchen hätte ich auch gerne die Hand gedrückt, nicht zu vergessen der Sechsundneunzigjährigen, die dich und mich immer mit Namen grüßte und selbst im tiefsten Winter zum Händeschütteln ihre Handschuhe auszog. Ich hätte noch an viele Türen im Heim klopfen müssen, um adieu zu sagen, aber dafür blieb am Ende keine Zeit. Wir mussten schnell alles ausräumen (die Offizierstochter bewachte das Auto, die Wallratter winkte uns nach!) für den Nächsten auf der Warteliste, der nun dein Zimmer bekommt, wo du viereinhalb Jahre gesessen, geschlafen, geträumt und in die Wolken geschaut hast.

Und für alle, vor allem die, die ich nicht mehr traf, habe ich ein Foto von dir ans Schwarze Brett gehängt, auf dem du an deinem Platz am Fenster sitzt, so wie dich die meisten hier kennen, mit einem kurzen Text dazu, auf dem ich Abschied genommen und mich für vieles bedankt habe. Das habe ich schon einmal gemacht, als du in Bonn aus dem Heim gezogen bist. Damals waren die letzten Worte: … und freue mich auf ein Wiedersehen! Das ließ ich diesmal weg.

Und elf Tage später, an Gerds Geburtstag, haben die drei Urenkel mit ihren Spielzeugschaufeln den kleinen braunen Hügel abgetragen und deine Urne bedeckt, und als sie damit fertig waren, haben wir ein Erdkissen mit Gänseblümchen darübergelegt, wie eine Sommerwiese sah es aus, was dir gefallen hätte, sicher mehr als der Ort, der eher Vaters Ort war. Hier oben auf dem Berg habe ich meine schönsten Jahre verbracht, hat er am Ende seines Lebens zu mir gesagt. Aber deine schönsten Jahre waren vielleicht doch die in Erfurt, wo du geboren wurdest und eine schöne Kindheit hattest, jedenfalls so schön, wie das in jenen Zeiten ging. Nur von dort hast du die letzten Monate erzählt, immer wieder, nicht nur mir. Auch die anderen im Heim wussten, dass du aus Erfurt kommst, weil du erzählt hast von dem Mühlrad an der Gera, wo ihr herumgeplanscht habt und du dabei deinen Schuh verloren hast. Und von den Domstufen, die ihr jeden Tag um die Wette hoch- und runtergelaufen seid und wo ihr an St. Martin mit euren Fackeln die Lutherrose zum Leuchten gebracht habt.

Deshalb habe ich, bevor Nico, dein Enkelsohn, die Urne zum Grab getragen hat, heimlich einen Teil herausgenommen und in eine Kaffeedose gefüllt und bin dorthin gefahren und habe deine Asche auf den Domstufen verstreut, da, wo du so glücklich gewesen bist, jedenfalls hast du es immer gesagt. Ich hatte es mir so ausgedacht in den Tagen davor, als deine Urne im Sessel neben meinem Schreibtisch stand, bewacht von dem kleinen Affen. Aber dann kam es mir doch nicht passend vor, dich ein letztes Mal in zwei Teile zu teilen, wie es dir in deinem Leben oft genug geschehen war, deshalb habe ich nur die kleinen Steine genommen, die du über die Jahre hinweg gesammelt hast und die alle eine eigene Geschichte mit dir hatten. Mit denen habe ich mich am Ende des Sommers in den

Langsam zerstreuen sich meine Zweifel, ob ich alles richtig, also in Mutters Sinn gemacht habe. Es war oft nicht leicht herauszufinden, was das Beste für sie ist, die Bedingungen änderten sich schnell, nichts blieb länger stabil, immer kam etwas anderes dazu, wie Mutter sagte, ich selbst veränderte mich auch, das Leben hält nicht für einen an.

Letztlich hatte ich auch ein bisschen Glück bei der Suche nach einer sonnigen Nische für Mutter, in der sie (zumindest ein Teil von ihr) lachen und schäkern konnte, in der sie wieder gesungen hat und sogar getanzt, alles mit schönen Bewegungen, die im Laufe ihres Lebens ins Stocken geraten oder zum Stillstand gekommen waren. Im Heim boten sich Möglichkeiten, sie wieder in Gang zu bringen, und selbst wenn Mutter sich nicht an alles erinnerte, gespürt hat sie diese schönen Bewegungen schon. Glaube ich, hoffe ich jedenfalls.

Manche Fragen bleiben offen, neue kommen dazu. Wie durch die Briefe, die ich in Mutters Nachlass fand. Es war nicht dieser einzige Feldpostbrief, mit dem Vater sie ins Rheinland gelockt hat, den sie mir gezeigt hatte und in dem er schrieb: Ich hab das Liebste in Erfurt zurückgelassen. Mehr als ein Dutzend Briefe von ihm steckten in dem brüchigen Kuvert, das ein Band zusammenhielt. Alles lange Briefe, mit Bleistift geschrieben, die Buchstaben winzig klein, unglaublich, wie viel auf eine Seite passt. Briefe mit Plänen für sie beide, in einem hat Vater das Zimmer in der Notwohnung aufgemalt, mit kleinen Kreuzen, Vier- und Dreiecken für Stuhl, Bett und Schrank. Wo bleibst Du denn, wollte er in einem anderen wissen, ich habe Dir schon dreizehn Briefe geschrieben, antworte mir doch mal. Wir reden über nichts anderes mehr hier, schrieb er weiter und meinte mit »wir« auch seine Mutter und Schwester, wir freuen uns alle auf Dich. Sie müsse sich keine Sorgen machen, schrieb er immer wieder, er habe Arbeit, verdiene Geld. Manchmal endete ein Brief: Es ist spät geworden, ich bin so müde, ich muss jetzt ins Bett.

Nach dem vierzehnten Brief muss sich Mutter auf den Weg gemacht haben. Ich bin einfach los, hatte sie mir oft erzählt, und für mich hatte es immer wie ein Hals-über-Kopf geklungen, wie eine Liebeslaune, endlich was Schönes nach dem langen Krieg. Aber so wie es jetzt aussieht, hat Mutter eine ganze Zeit lang mit sich gerungen, den Weg in die Fremde zu gehen. Vielleicht ahnte sie, dass ihre Mutter ihr diesen Schritt nicht verzieh. Keinen Brief von ihr an Mutter fand ich, nur einen an Vater. »Lieber Hans« beginnt er und endet ohne Gruß an ihre Tochter, seine Frau. Auch bei den Glückwünschen zur Hochzeit war keiner von Großmutter dabei. Vielleicht hat sie Mutter wirklich nie verziehen. Es gab ja auch keine Gelegenheit, noch einmal etwas geradezurücken, was schiefgelaufen war. Unüberwindlich war die Grenze, nicht nur die Leute, auch die Gedanken konnten nicht mehr hin und her.

Vielleicht war das der Grund, warum Mutter seitdem alles richtig machen wollte, damit es nicht wieder falschlief wie bei diesem einen Mal. Möglich, dass Vater sich vielleicht sogar ein bisschen mitschuldig fühlte, weil er sie zu sehr gedrängt hatte, Mutter war noch so jung, jedenfalls muss er in diese Richtung etwas gespürt haben. Und ich glaube, fast bin ich sicher, dass er das im Sinn hatte, als er zu mir sagte: Die Mamm is 'n ärm Dier. Nicht körperlich meinte er es oder weil sie keinen hatte, der für sie da war, das war ja alles nicht so. Er hatte an Mutters Seele gedacht, sie war das ärm Dier, das ein Leben lang nicht heilen konnte. Es würde auch erklären, warum Mutter bis zuletzt das Bild nicht aus dem Kopf ging, wie ihre Mutter heulend am Fenster steht, als sie von ihr geht.

Was hab ich meiner Mutter nur angetan?, fragte sie mich so oft. Und hatte vergessen oder in ihrer Erinnerung nicht mehr zugelassen, wie schön es mit Vater war, als sie hier ankam, also nicht, wie sie mir erzählte, alles nur schwer, schwer, schwer. Das ist auf den vielen Fotos zu erkennen, die ich unter den Briefen fand, kaum größer als eine Wertmarke mit Mausezäckchen am

Rand, mit der Lupe habe ich sie alle angeschaut, Mutter zwischen Trümmern, am Alten Zoll in Bonn, hinter ihr die Brücke zerstört, im Rhein halb versunken, aber zwischen all dem grauen Schrecken strahlt Mutter, in ihren Augen leuchten Hoffnung und Zuversicht. Von dieser Zeit hat sie mir nichts erzählt. Im Nachhinein freut es mich aber, freut mich sehr, dass da doch etwas mehr war als nur ein kleines bisschen Glück.

Magdalena Bienert

Ein Mann für Mama

Wie ich mit meiner Mutter loszog,
um die Liebe zu finden

»Meine Mutter ist einfach cool und für jeden eine Bereicherung. Aber Single. Jetzt ist sie Anfang 70, und ich kann mir nicht vorstellen, dass es niemanden geben soll, der ihr Leben nicht ein klein bisschen auf den Kopf stellen kann.«

Also begeben Magdalena Bienert und ihre Mutter Monika sich auf Männersuche: von analog bis digital, vom Blind Date bis zum Tanzcafé – das sympathische Duo macht die Männerwelt unsicher. Immer dabei ist das Mikro, denn Magdalena beobachtet nicht nur, ihr Erfolgs-Podcast begeistert. Während die Suche Fahrt aufnimmt, stürzt Magdalena sich tiefer in die Recherche und deckt verrückte Details auf über Sehnsüchte und Bedürfnisse einer ganzen Generation. Und dann trifft Mama Monika die nächste Verabredung …

»Hochamüsant.« *Brigitte.de* zum gleichnamigen Podcast

KNAUR

Ilka Piepgras

Letzte Reisen

Wie Sterbende mich lehrten, was es heißt, zu leben

Ilka Piepgras steht in der Mitte ihres Lebens, sie hat heranwachsende Kinder und alte Eltern, um die sie sich sorgt. Als sie von dem plötzlichen Tod ihres gerade fünfzigjährigen Nachbarn überrumpelt wird, fühlt sie sich hilf- und sprachlos. Schlagartig wird ihr bewusst: Ein zweites Mal will sie dem Tod nicht unvorbereitet begegnen. Und so fasst sie den Entschluss, eine Ausbildung zur Sterbebegleiterin zu machen. Die Begegnungen mit den Sterbenden sind zu Beginn erschütternd und existenziell aufrüttelnd – doch nach und nach verändern sie Ilka Piepgras' Sicht auf die Welt. Und je mehr sie sich mit dem Tod befasst, desto mehr lernt sie über das Leben.

Der sehr persönliche Bericht einer Sterbebegleiterin, die beschloss, dem Tod auf die Spur zu kommen, und dadurch ihr Leben veränderte.

DROEMER